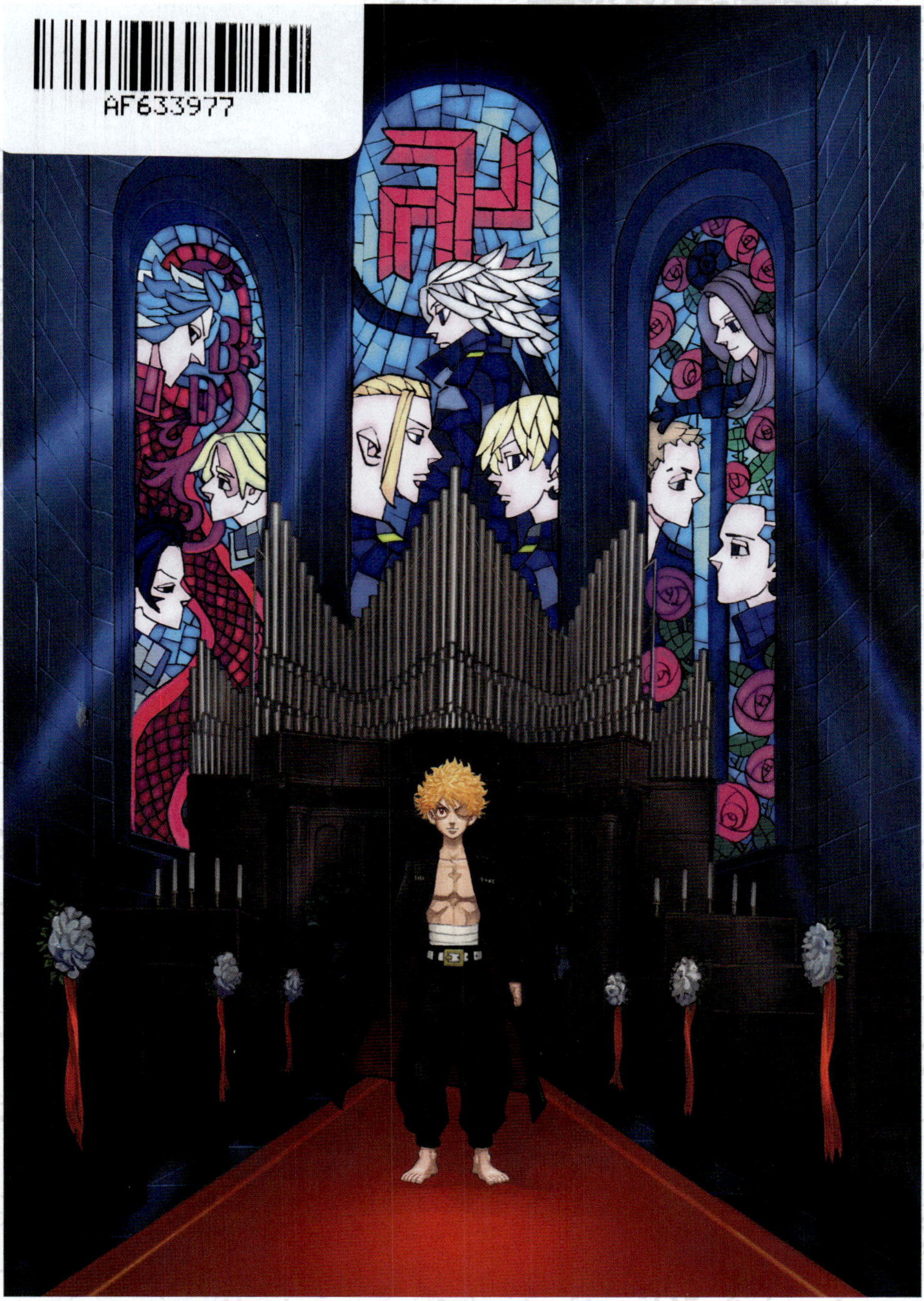

TOKYO REVENGERS FARBILLUSTRATIONEN

Hier, in dieser Illustration, wollte ich – im Kontrast zum Bild des Waschlappens, das er sonst normalerweise abgibt – einen starken Takemichi darstellen, wie er in sich die Kraft entdeckt, sich Taiju in den Weg zu stellen. Die Kirchenorgel und Buntglasfenster im Hintergrund sind Motive, die ich schon seit Langem einmal zeichnen wollte. (Erstveröffentlichung: Weekly Shonen Magazine, Ausgabe 26/2019, Farbseite)

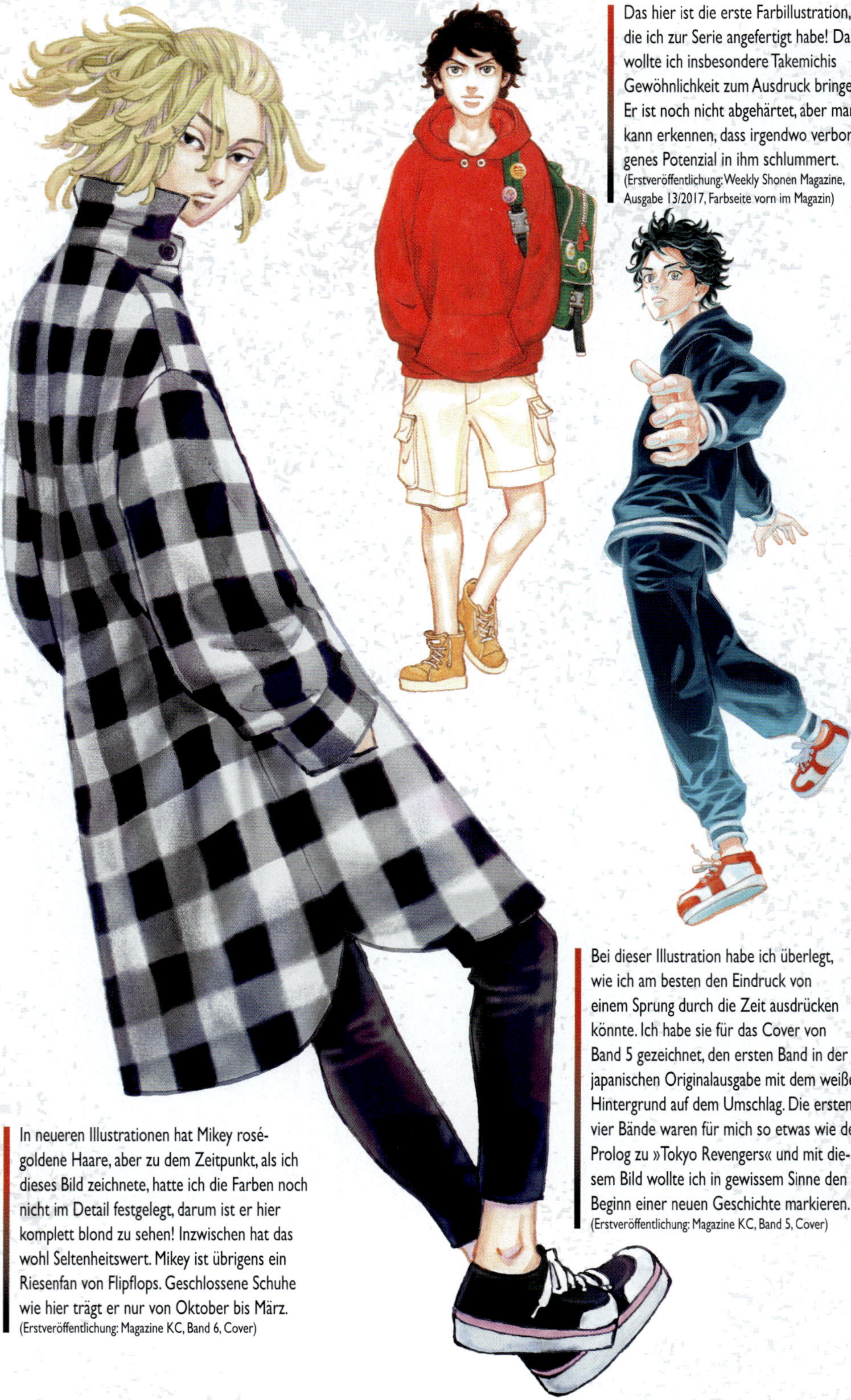

Das hier ist die erste Farbillustration, die ich zur Serie angefertigt habe! Dabei wollte ich insbesondere Takemichis Gewöhnlichkeit zum Ausdruck bringen. Er ist noch nicht abgehärtet, aber man kann erkennen, dass irgendwo verborgenes Potenzial in ihm schlummert.
(Erstveröffentlichung: Weekly Shonen Magazine, Ausgabe 13/2017, Farbseite vorn im Magazin)

Bei dieser Illustration habe ich überlegt, wie ich am besten den Eindruck von einem Sprung durch die Zeit ausdrücken könnte. Ich habe sie für das Cover von Band 5 gezeichnet, den ersten Band in der japanischen Originalausgabe mit dem weißen Hintergrund auf dem Umschlag. Die ersten vier Bände waren für mich so etwas wie der Prolog zu »Tokyo Revengers« und mit diesem Bild wollte ich in gewissem Sinne den Beginn einer neuen Geschichte markieren.
(Erstveröffentlichung: Magazine KC, Band 5, Cover)

In neueren Illustrationen hat Mikey roségoldene Haare, aber zu dem Zeitpunkt, als ich dieses Bild zeichnete, hatte ich die Farben noch nicht im Detail festgelegt, darum ist er hier komplett blond zu sehen! Inzwischen hat das wohl Seltenheitswert. Mikey ist übrigens ein Riesenfan von Flipflops. Geschlossene Schuhe wie hier trägt er nur von Oktober bis März.
(Erstveröffentlichung: Magazine KC, Band 6, Cover)

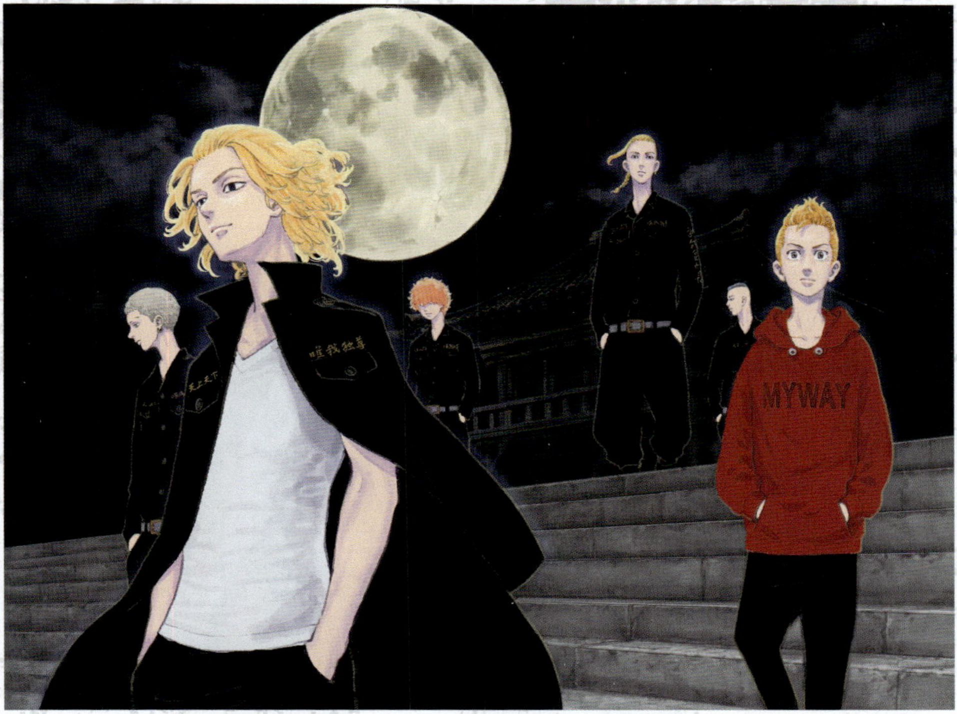

Hier stehen die Führungsmitglieder der Tokyo-Manji-Gang zusammen im Mondlicht. In diesem Bild wollte ich ihre coole Bad-Boy-Seite hervorheben! Beachtet, wie Takemichi »seinem Weg« (MY WAY) folgt (Haha!).

(Erstveröffentlichung: Weekly Shonen Magazine, Ausgabe 49/2017, Doppelfarbseite vorn im Magazin)

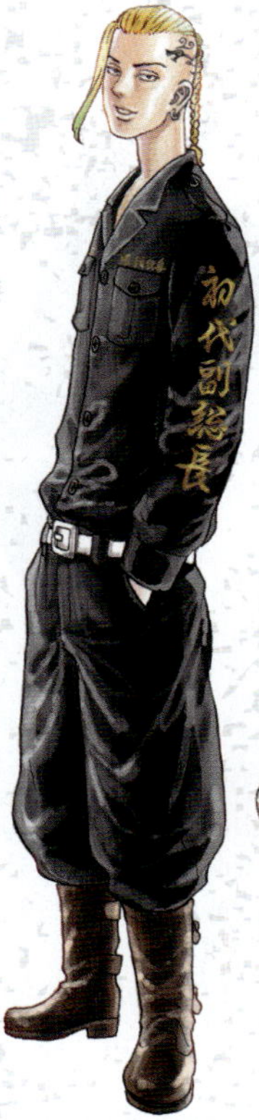

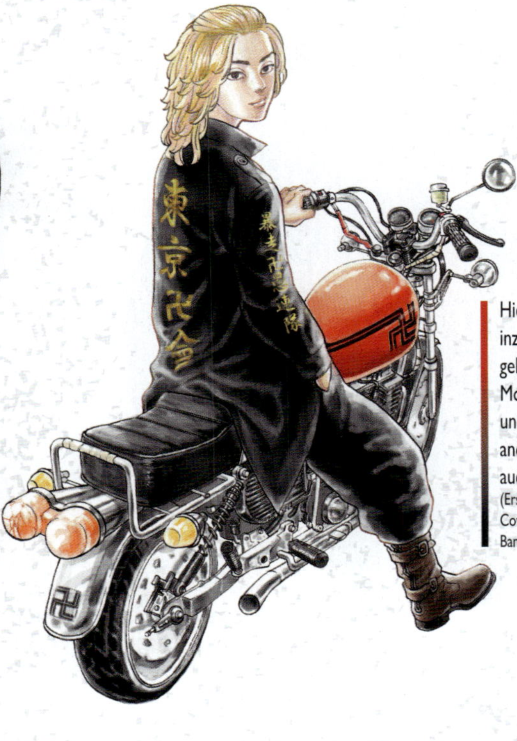

Hier zwei weitere Illustrationen, die inzwischen wohl als ungewöhnlich gelten müssen! Der Tank von Mikeys Motorrad ist rot und beide, Draken und er, haben hier noch eine ganz andere Haarfarbe. Ihre Stiefel sind auch noch braun und nicht beige.

(Erstveröffentlichung: [links] Magazine KC, Band 3, Cover Neuauflage; [rechts] Magazine KC, Band 4, Cover Neuauflage)

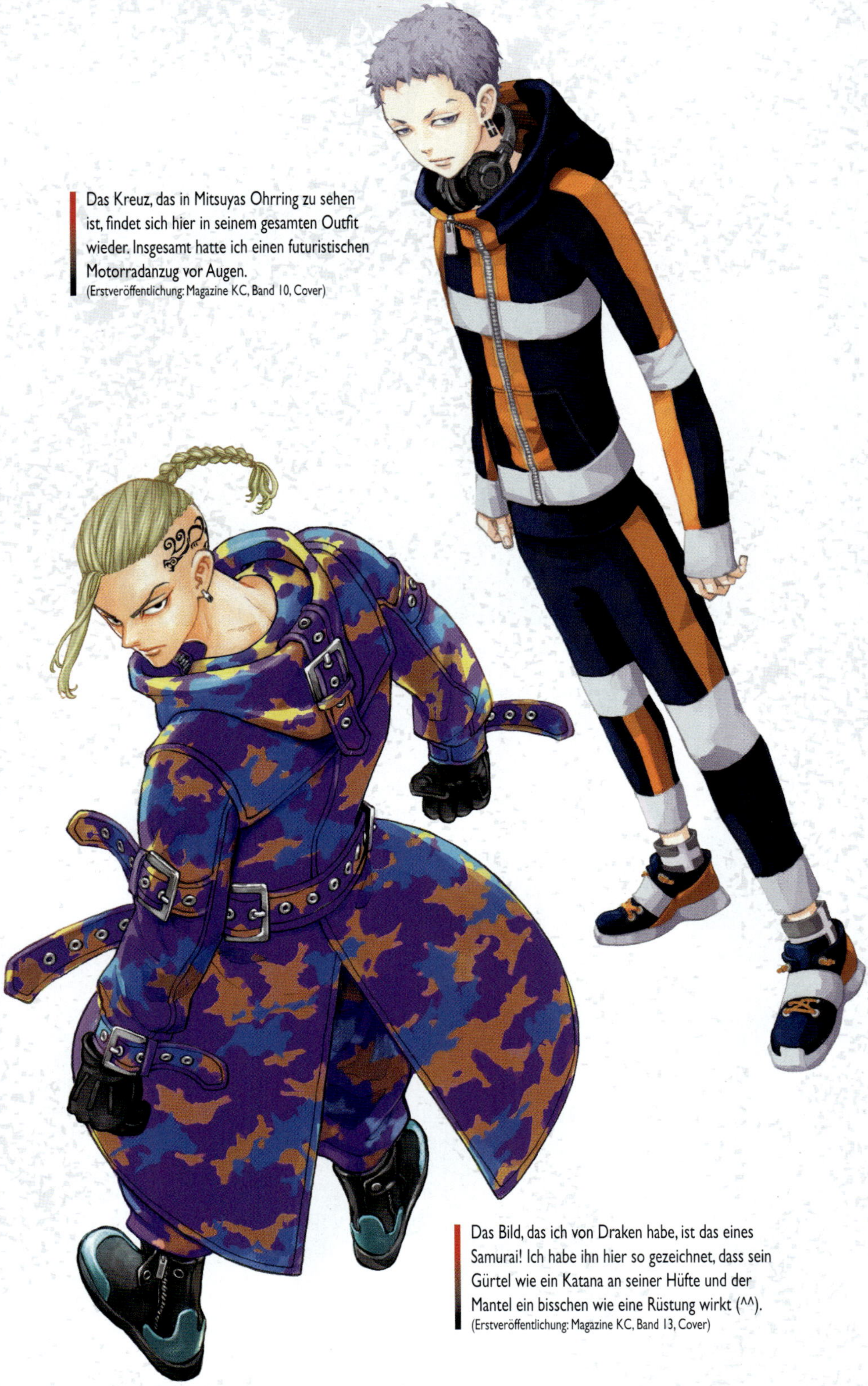

Das Kreuz, das in Mitsuyas Ohrring zu sehen ist, findet sich hier in seinem gesamten Outfit wieder. Insgesamt hatte ich einen futuristischen Motorradanzug vor Augen.
(Erstveröffentlichung: Magazine KC, Band 10, Cover)

Das Bild, das ich von Draken habe, ist das eines Samurai! Ich habe ihn hier so gezeichnet, dass sein Gürtel wie ein Katana an seiner Hüfte und der Mantel ein bisschen wie eine Rüstung wirkt (^^).
(Erstveröffentlichung: Magazine KC, Band 13, Cover)

Das Konzept für Chifuyu Matsuno lautet: Loyalität. Daher die Schwert- und Lilienmotive auf seinem Pullover, die an die Werte eines Ritters erinnern.
(Erstveröffentlichung: Magazine KC, Band 9, Cover)

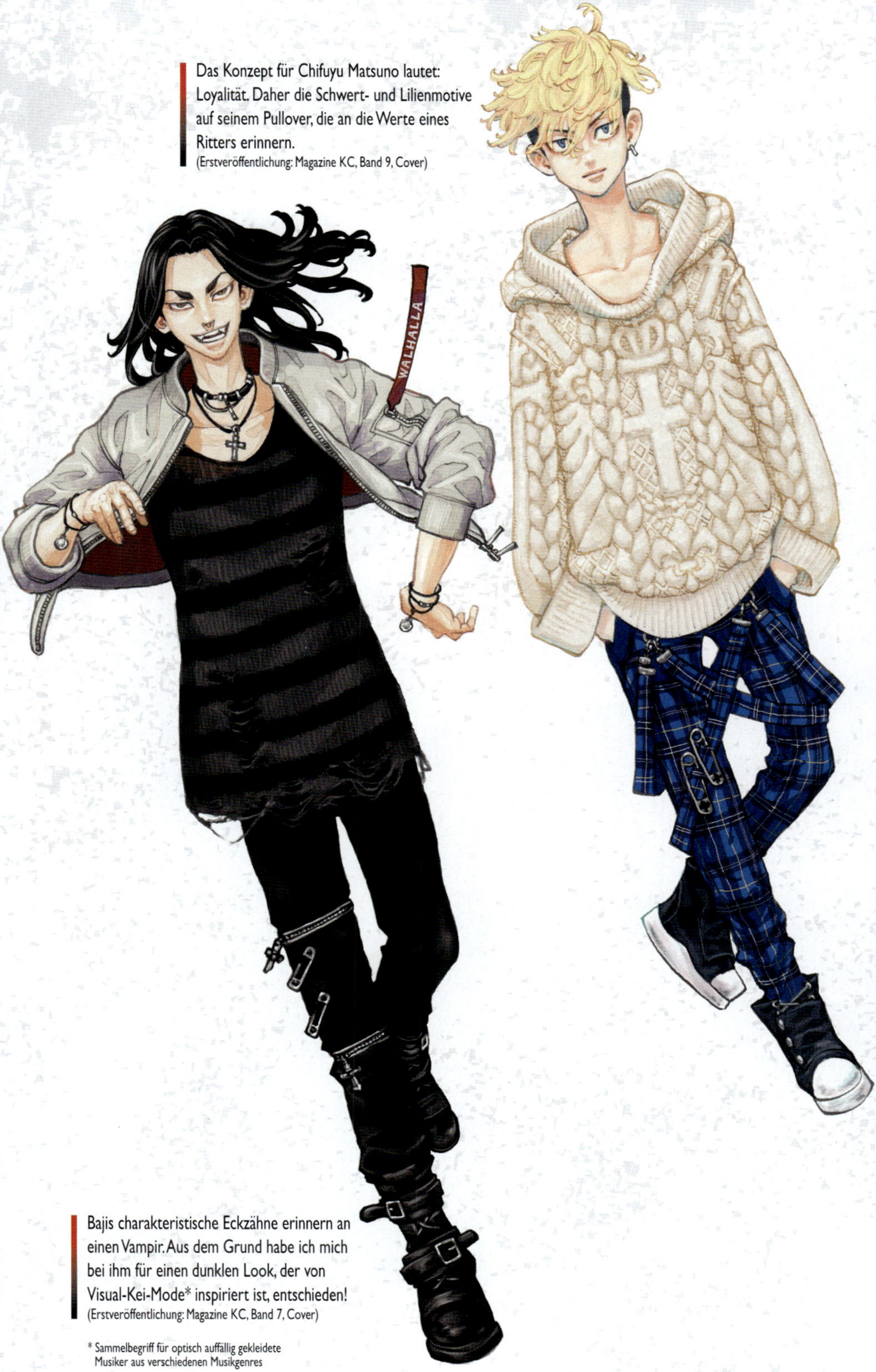

Bajis charakteristische Eckzähne erinnern an einen Vampir. Aus dem Grund habe ich mich bei ihm für einen dunklen Look, der von Visual-Kei-Mode* inspiriert ist, entschieden!
(Erstveröffentlichung: Magazine KC, Band 7, Cover)

* Sammelbegriff für optisch auffällig gekleidete Musiker aus verschiedenen Musikgenres

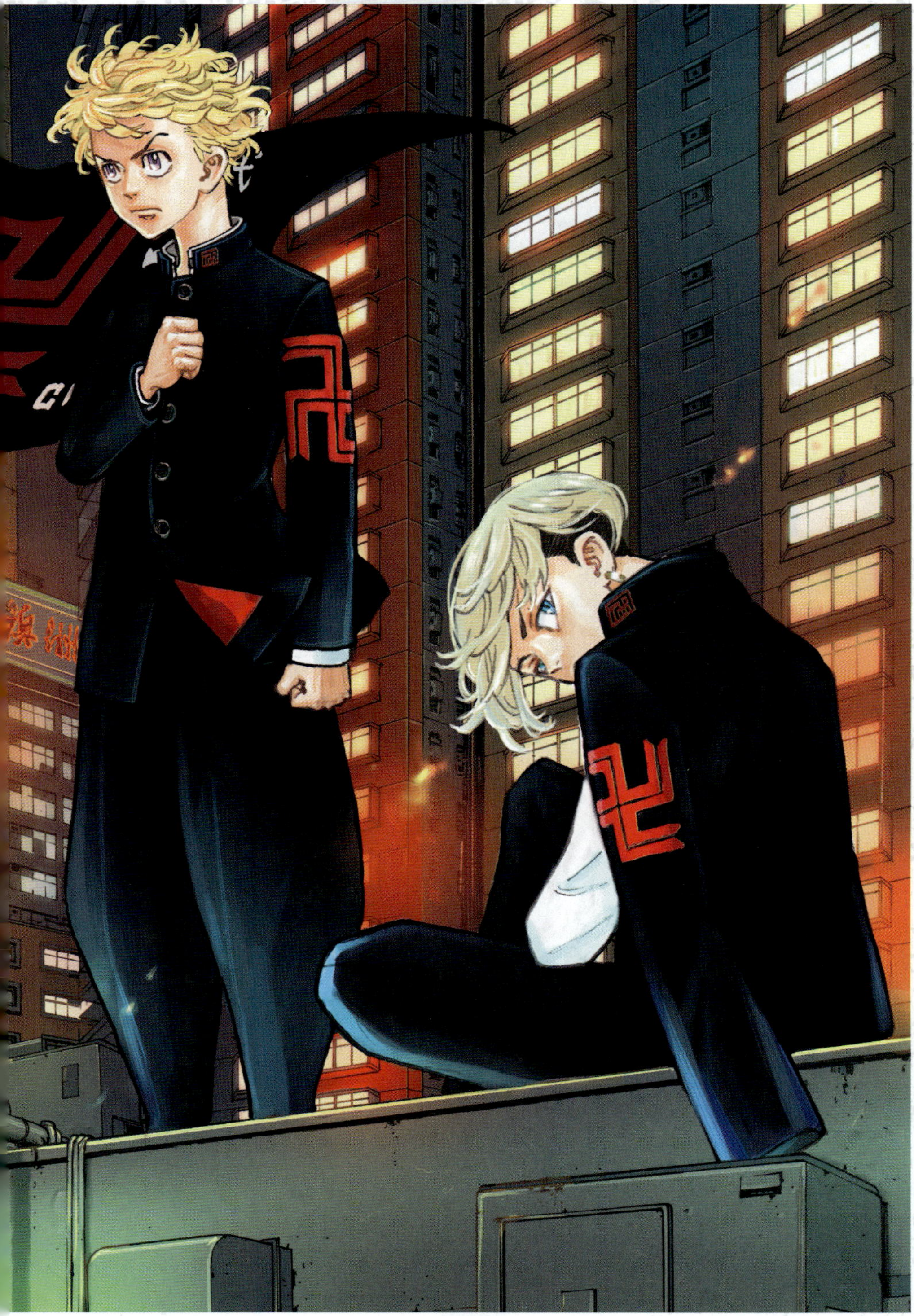

Hier ein Bild der Mitglieder der Tokyo-Manji-Gang in der Aufmachung eines klassischen Anfeuerungsteams mit Stehkragenuniformen!
Da mir persönlich der Anblick von Hongkong bei Nacht sehr gut gefällt, hab ich mich beim Zeichnen des Hintergrunds davon inspirieren lassen.

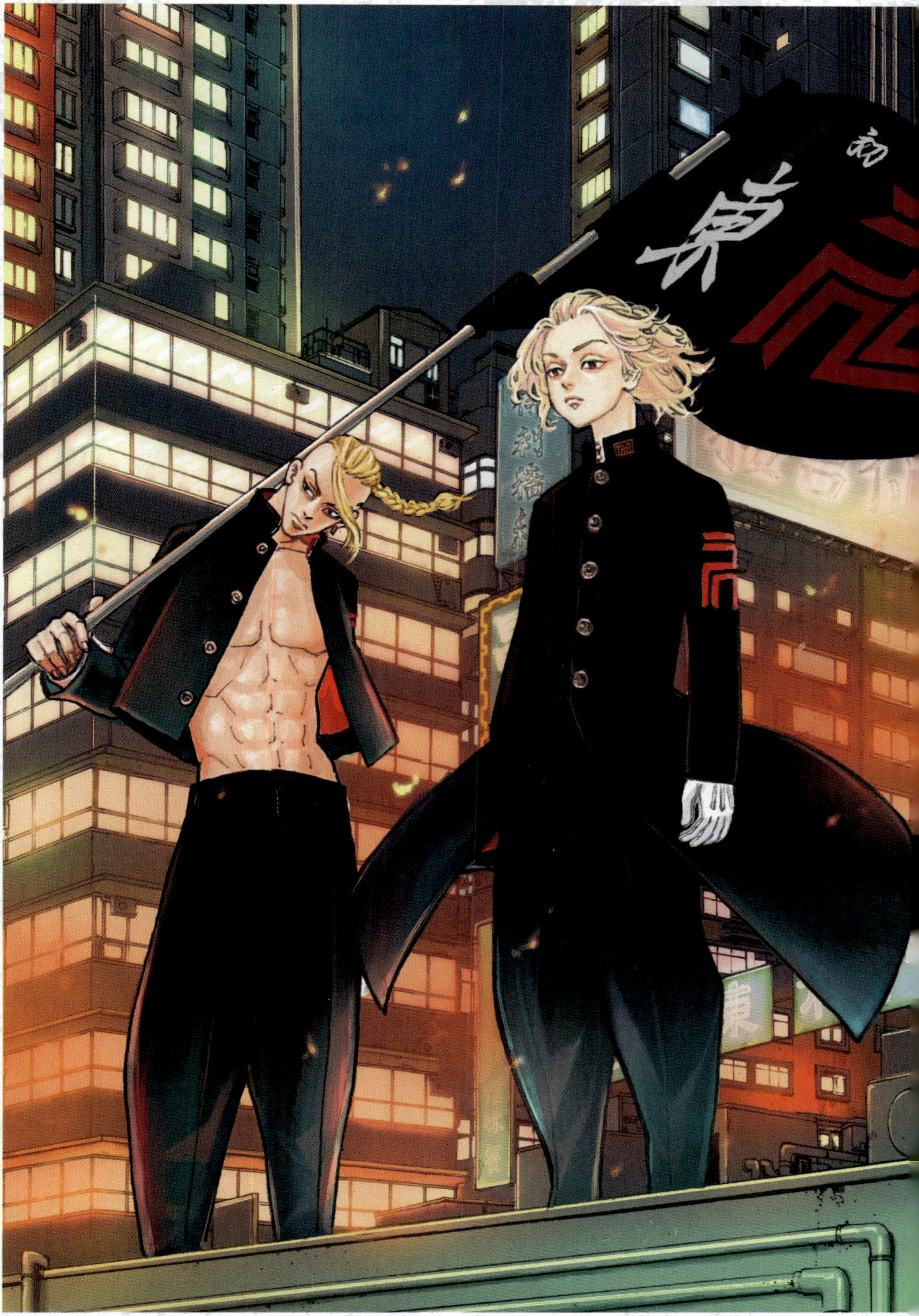

Das Bild wurde von der Redaktion und den Buchhandlungen extrem positiv aufgenommen und auch für Poster verwendet. Diese Zeichnung, in die ich mein Herzblut gesteckt habe, hängt jetzt also überall im Land! (Erstveröffentlichung: Weekly Shonen Magazine, Ausgabe 14/2019, Doppelfarbseite vorn im Magazin)

Bei ihm hatte ich eine Oiran, eine hochrangige Kurtisane, im Kopf. Allerdings ließ ich ihn anstelle eines echten Kimonos ein modern abgewandeltes Outfit tragen, das eine Spur daran erinnert, und habe versucht ihm eine gewisse Sexyness zu verpassen.
(Erstveröffentlichung: Magazine KC, Band 8, Cover)

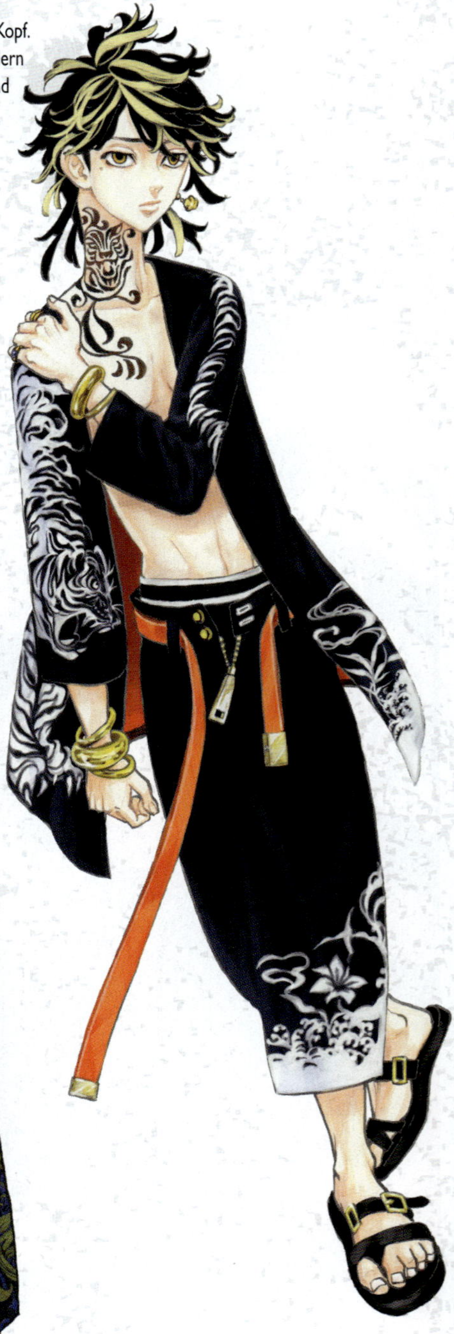

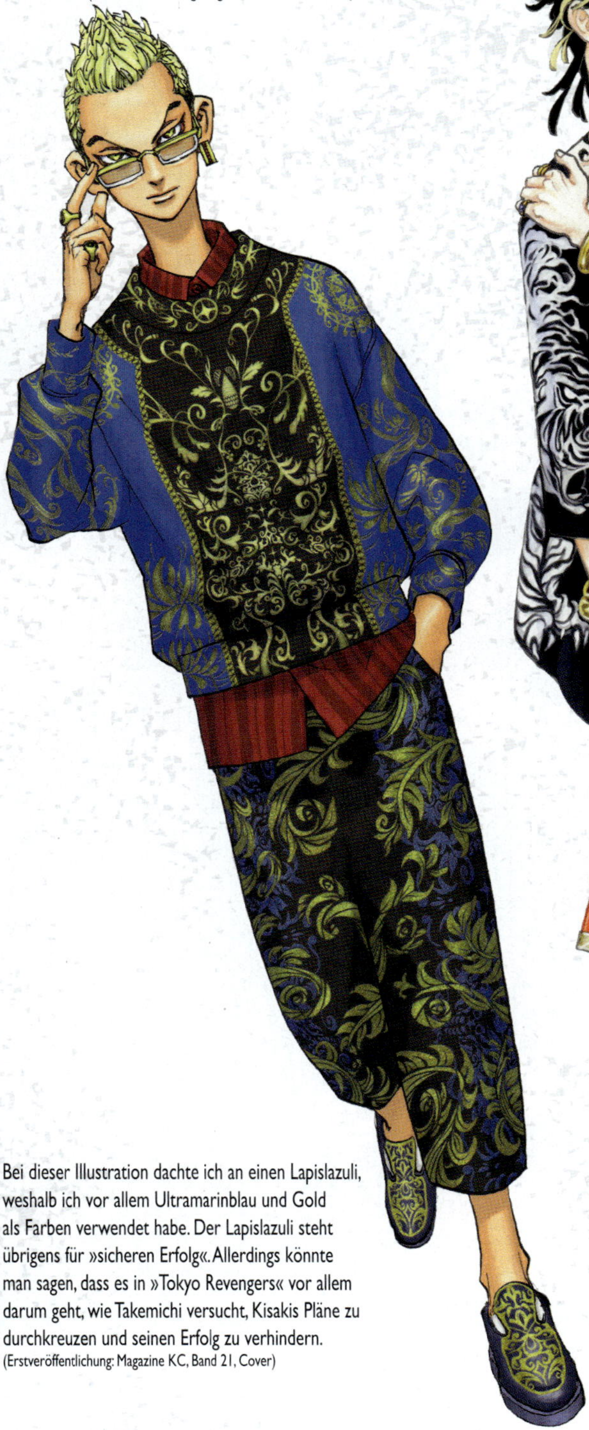

Bei dieser Illustration dachte ich an einen Lapislazuli, weshalb ich vor allem Ultramarinblau und Gold als Farben verwendet habe. Der Lapislazuli steht übrigens für »sicheren Erfolg«. Allerdings könnte man sagen, dass es in »Tokyo Revengers« vor allem darum geht, wie Takemichi versucht, Kisakis Pläne zu durchkreuzen und seinen Erfolg zu verhindern.
(Erstveröffentlichung: Magazine KC, Band 21, Cover)

Tokyo Revengers

Character Guide

Tenjo Tenge
Im Himmel und auf Erden

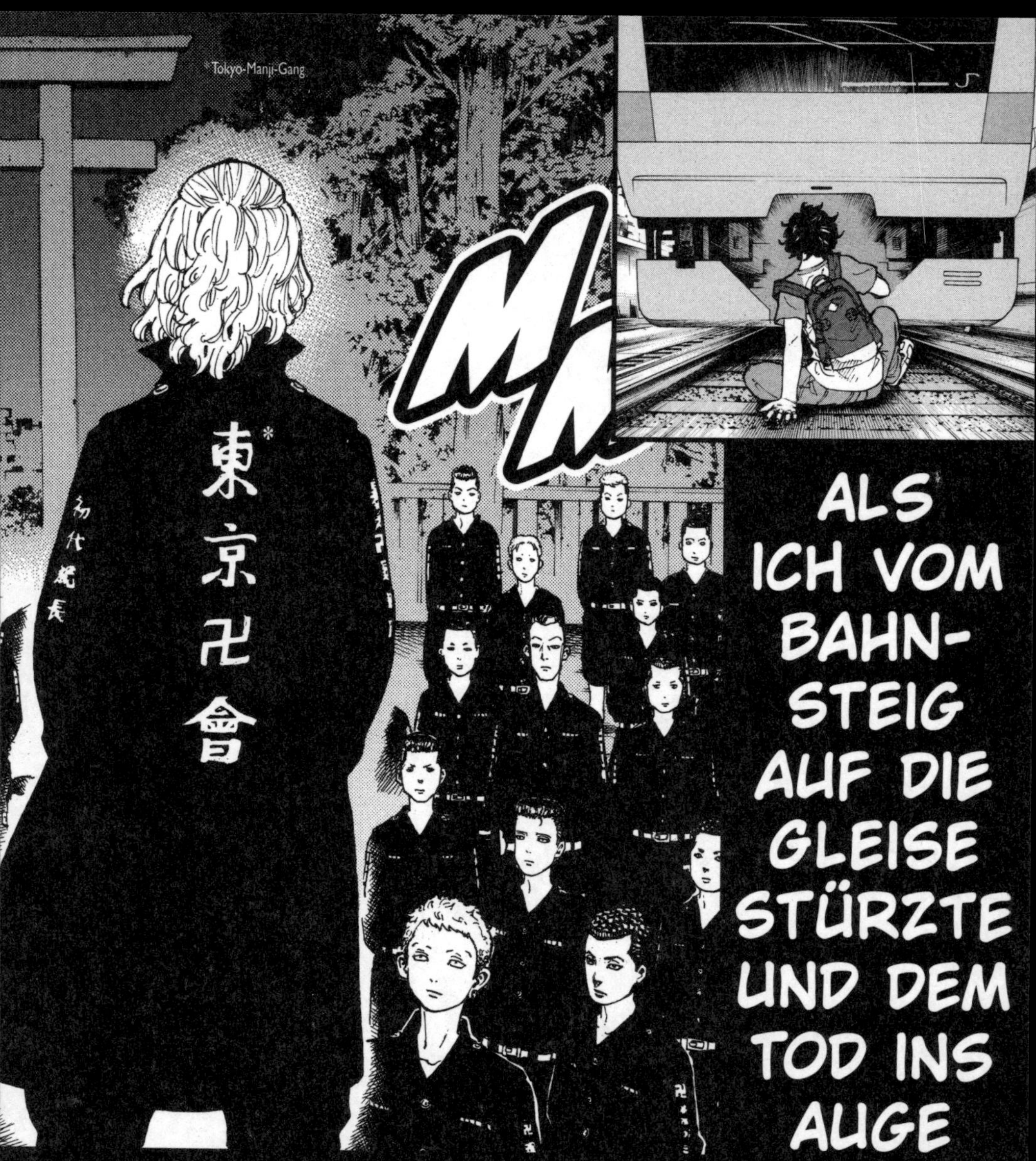

Takemichi Hanagaki ist 26 Jahre alt und schlägt sich mit undankbaren Gelegenheitsjobs durchs Leben. Er hat weder große Träume noch besondere Talente. Auf der Arbeit muss er sich von einer sechs Jahre jüngeren Chefin herumkommandieren lassen und in seiner kleinen, schäbigen Wohnung mit papierdünnen Wänden erwartet ihn seine keifende Nachbarin. Wie ist es nur dazu gekommen?
Doch während Takemichi über diese Frage nachgrübelt, erhält er plötzlich die Chance, sein Leben noch einmal zu leben. Nachdem er am Bahnsteig vor einen Zug gestoßen wird, findet er sich plötzlich zwölf Jahre in der Vergangenheit wieder, als er noch Mittelschüler war und sich als Rowdy aufzuspielen versuchte.

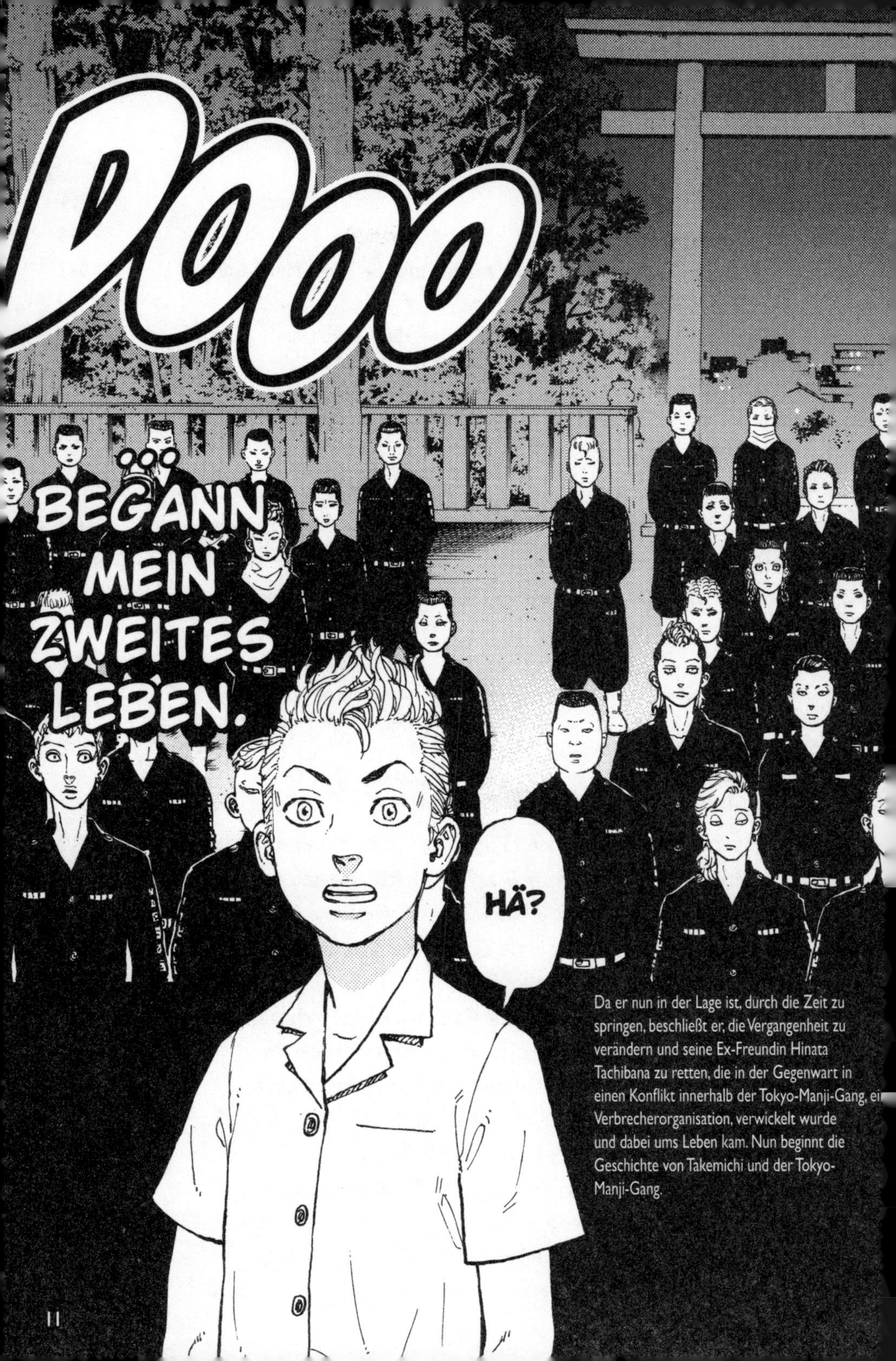
DOOO
...BEGANN MEIN ZWEITES LEBEN.
HÄ?
Da er nun in der Lage ist, durch die Zeit zu springen, beschließt er, die Vergangenheit zu verändern und seine Ex-Freundin Hinata Tachibana zu retten, die in der Gegenwart in einen Konflikt innerhalb der Tokyo-Manji-Gang, ei Verbrecherorganisation, verwickelt wurde und dabei ums Leben kam. Nun beginnt die Geschichte von Takemichi und der Tokyo-Manji-Gang.

INHALT

Charakter-Steckbriefe, Teil 1

Takemichi Hanagaki und die Tokyo-Manji-Gang

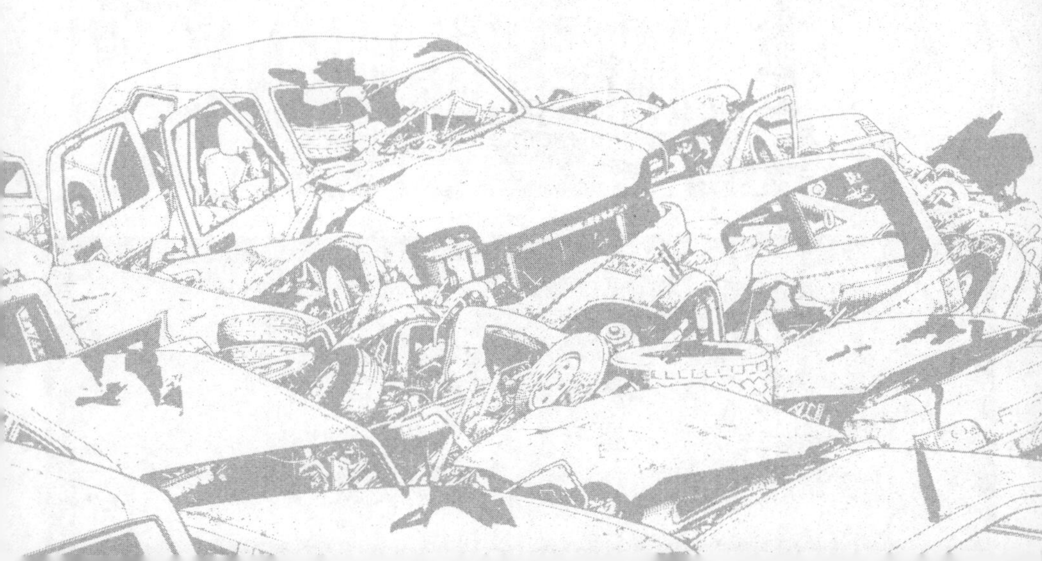

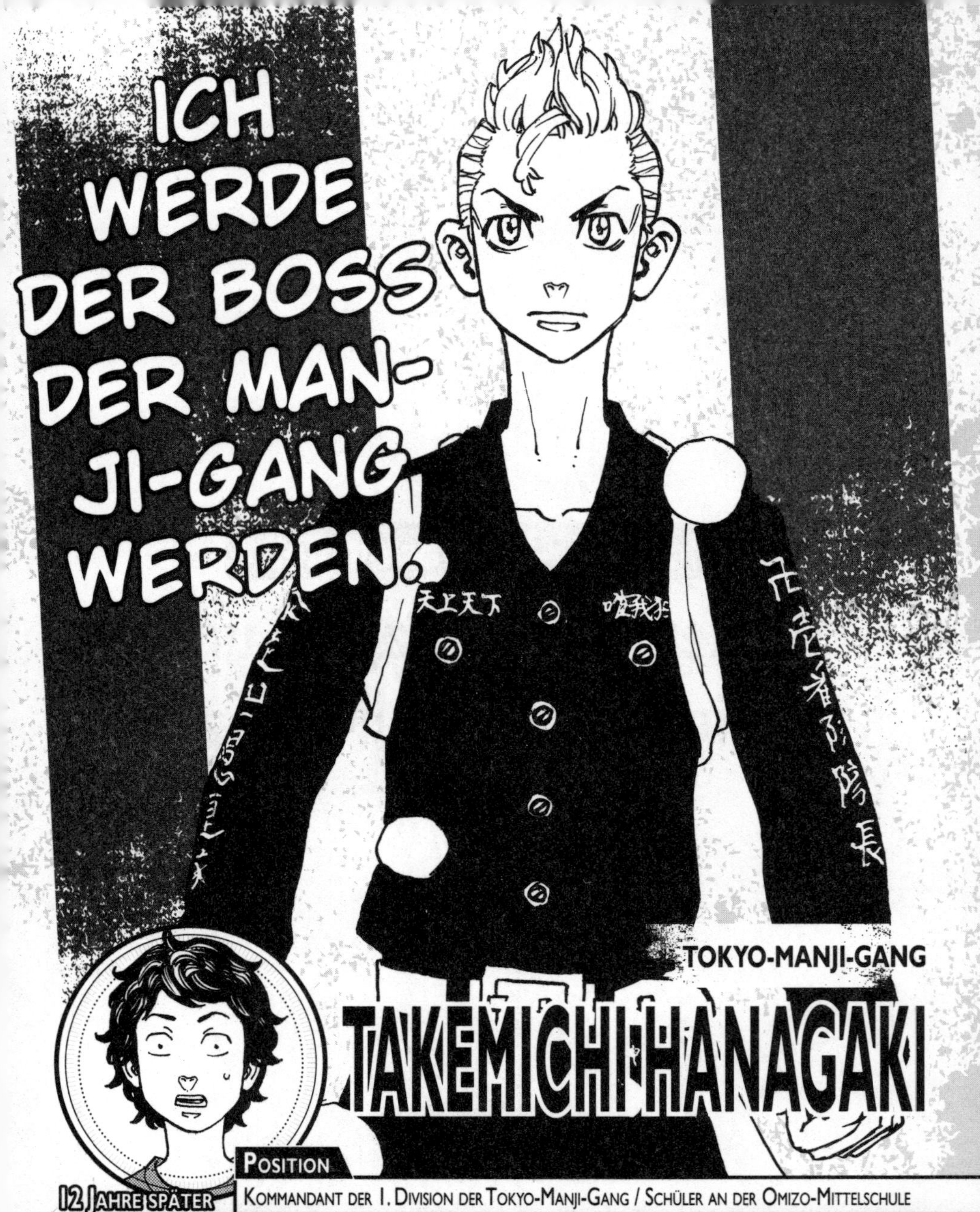

TOKYO-MANJI-GANG

TAKEMICHI HANAGAKI

POSITION

KOMMANDANT DER 1. DIVISION DER TOKYO-MANJI-GANG / SCHÜLER AN DER OMIZO-MITTELSCHULE

♦ Größe: 1,65 m (Vergangenheit) / 1,65 m (Gegenwart) ♦ Gewicht: 55 kg ♦ Alter: 14 Jahre (8. Klasse, in der Vergangenheit) / 26 Jahre (Gegenwart) ♦ Geburtstag: 25. Juni 1991

♦ Sternzeichen: Krebs ♦ Blutgruppe: A ♦ Spitzname: Takemitchy ♦ Themenfarbe: Hellgrün ♦ Liebt: Chips (mit Suppengeschmack) ♦ Hasst: Gespenster

♦ Besondere Fähigkeit: gut im Puzzeln ♦ Bewundert: Mikey, Draken ♦ Kommt nicht so gut zurecht mit / Hat Angst vor: Kazutora, Peh

♦ Traum: Was war das noch mal? Kann sich nicht erinnern. ♦ Bemerkenswerte (oder bedauernswerte) Leistung: Bei der Arbeit wurde er von einem jüngeren Kollegen scharf zurechtgewiesen, weil er DVDs falsch ins Regal einsortiert hatte. ♦ Lieblingsort: Deich am Fluss

♦ Ein Tag aus seinem Leben: Beim Frühstück erhält er eine Nachricht von Hina und schwelgt für eine Weile in Glückseligkeit. ⇒ Weil er im Matheunterricht nicht aufgepasst hat, wird er ausgeschimpft und zu Nachhilfestunden verdonnert. ⇒ In der Mittagspause spielt er mit seinen Kumpels Fußball. ⇒ Nach der Schule geht er mit Hina auf ein Date ins Bahnhofsviertel, wo sie ein wenig herumschlendern. ⇒ Bevor er ins Bett geht, will er Hina noch per SMS Gute Nacht sagen, feilt aber so lange am Text herum, dass er erst spät ins Bett kommt, verschläft am nächsten Morgen und bekommt in der Schule wieder Ärger.

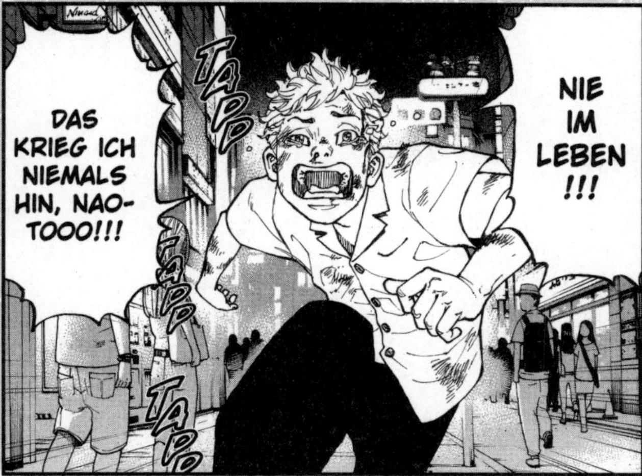

Persönlichkeit

Früher ein unscheinbarer Rowdy, doch dann…

In der Vergangenheit war Takemichi ein Niemand, ein einfacher Rowdy, ebenso schwach wie feige. Doch durch seine Sprünge zurück in der Zeit beginnt er sich enorm weiterzuentwickeln.

Entschlossenheit

Um seine ehemalige Freundin zu retten, verfolgt er Kisaki durch die Zeit!

Um seine Ex-Freundin Hinata, die in der Gegenwart in einen Konflikt innerhalb der Tokyo-Manji-Gang verwickelt wurde und dabei ums Leben kam, und einen seiner besten Freunde, der ebenfalls Opfer der Manji-Gang wurde, zu retten, beschließt Takemichi, durch die Zeit zurück in die Vergangenheit zu springen, um Kisaki, der Wurzel allen Übels, das Handwerk zu legen und selbst zum Boss der Manji-Gang zu werden. Zudem will er herausfinden, wie es dazu kam, dass sich die Gang, deren Mitglieder wie Pech und Schwefel zusammenhielten, 12 Jahre später zu einer Verbrecherorganisation entwickeln konnte.

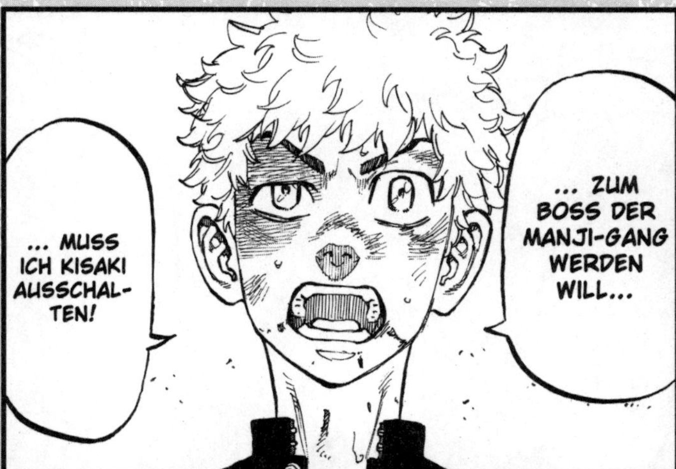

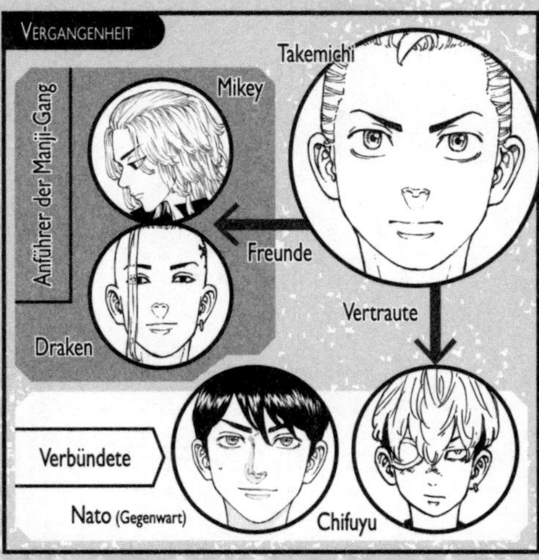

Beziehungen

Seine Standhaftigkeit zieht Aufmerksamkeit auf sich!

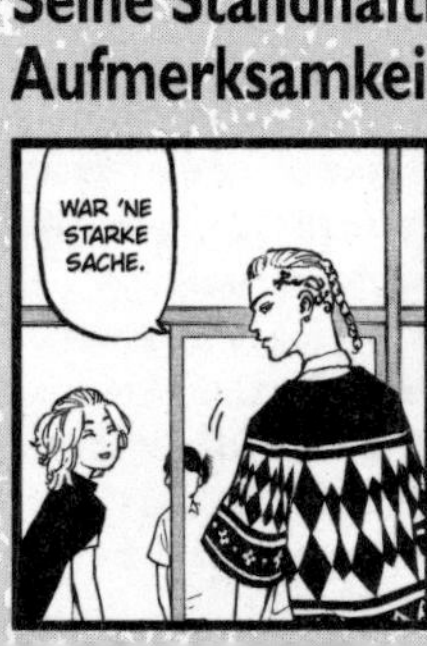

Zurück in der Vergangenheit schreckt Takemichi vor keinem Gegner mehr zurück und bleibt standhaft. Seine Entschlossenheit beeindruckt die Mitglieder der Manji-Gang, allen voran Mikey und Draken.

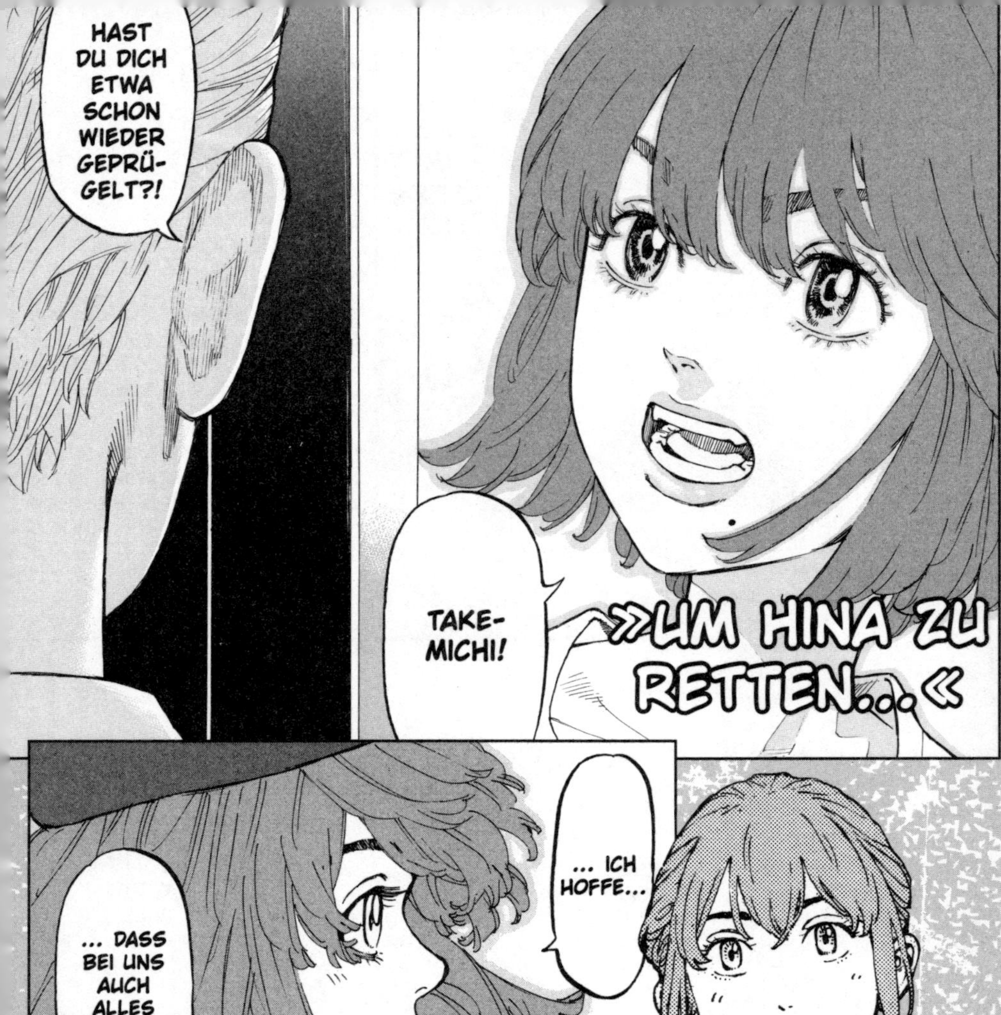

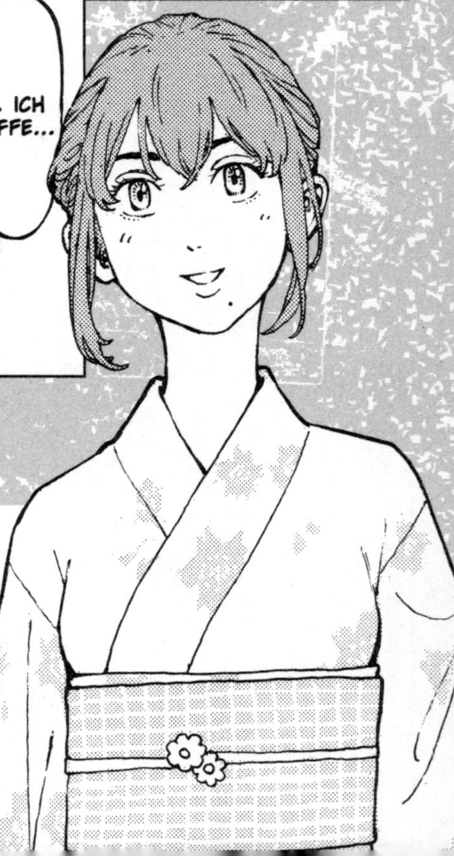

Um Hina und seine Freunde zu retten, verändert er die Vergangenheit!

Nach einem Zwischenfall erwacht Takemichi plötzlich zwölf Jahre in der Vergangenheit. Anfangs sieht er in seiner Fähigkeit, durch die Zeit zu springen, nur einen Weg seine geliebte Hinata zu retten, doch nachdem er seine alten Freunde von damals wieder getroffen und sich mit Mitgliedern der Tokyo-Manji-Gang, allen voran Mikey und Draken, angefreundet hat, möchte er nicht nur Hinata, sondern sie alle beschützen.

Um Hinata und seine Freunde vor den Tragödien zu bewahren, die sie in der Gegenwart erwarten, greift Takemichi mehrmals erfolgreich in die Geschichte ein. Es gelingt ihm unter anderem zu verhindern, dass sein bester Freund Akkun Kiyomasa ersticht, Draken ums Leben kommt und Mikey Kazutora tötet. Doch sooft er die Vergangenheit auch verändert,

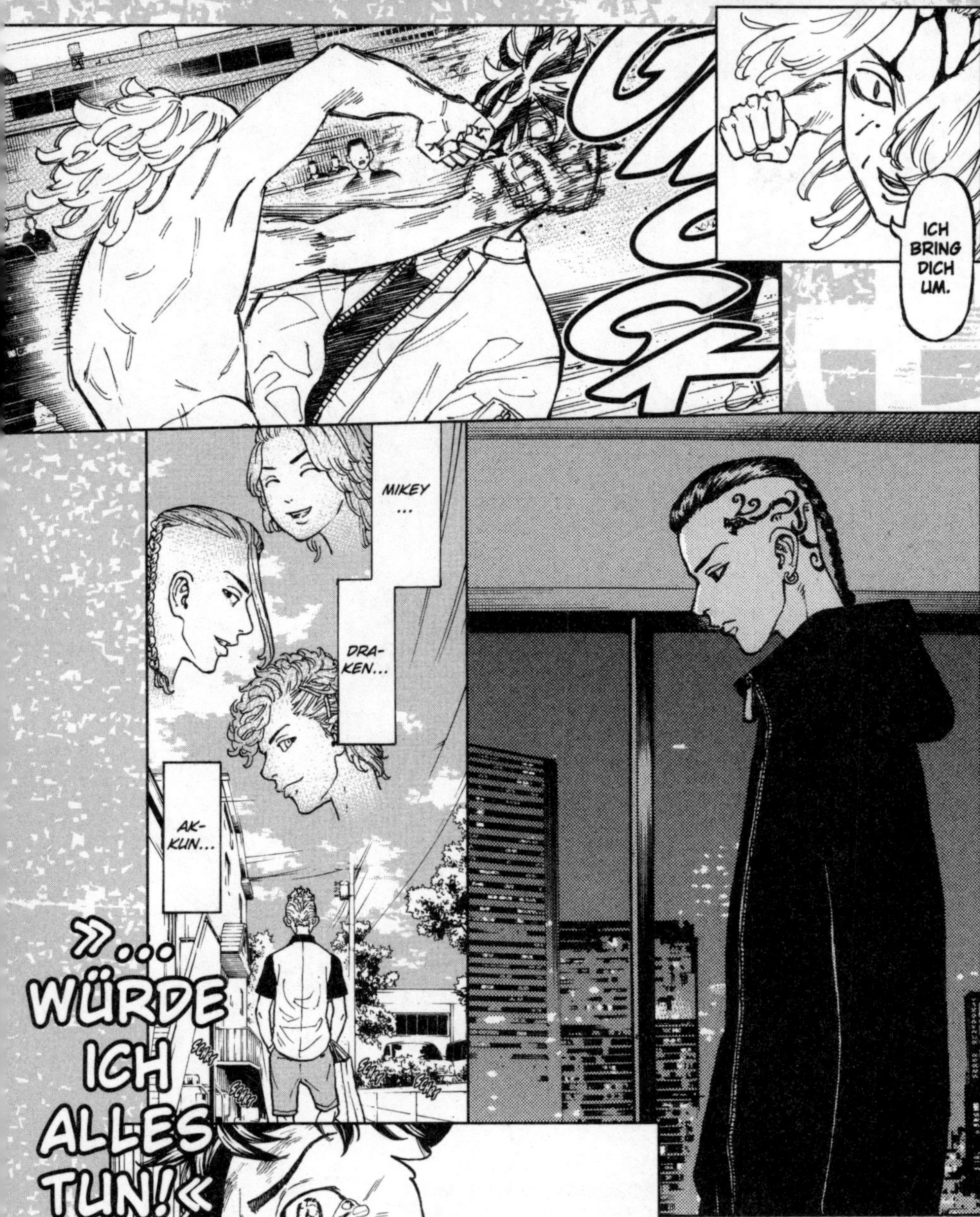

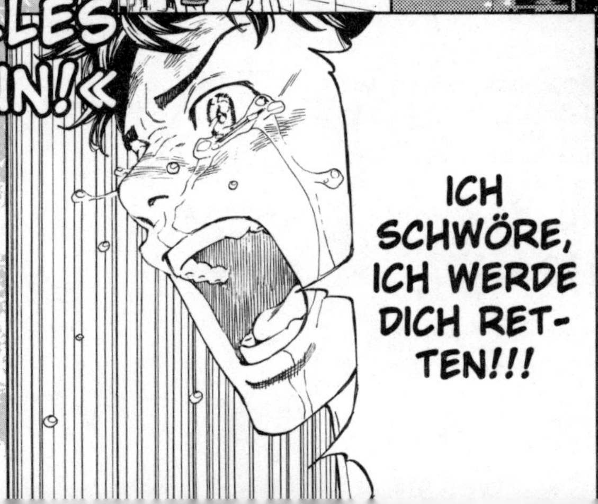

muss er in der Gegenwart jedes Mal feststellen, dass die Tokyo-Manji-Gang nach wie vor eine ruchlose Verbrecherorganisation ist, Hinata dem Tod wieder nicht entkommen konnte und seine Freunde immer noch einem traurigen Schicksal ausgeliefert sind.

Takemichi gibt jedoch nicht auf. Er kämpft weiter, um die Geschichte grundlegend zu verändern.

»ICH MACH DAS NICHT NUR FÜR DIE ANDEREN! SONDERN AUCH FÜR MICH SELBST! DAS IST MEIN KAMPF!«

DOPPELBAND 2, KAPITEL 24

Takemichi ist erfüllt vom GEIST DER MANJI-GANG

Takemichi ist früher immer vor allen unangenehmen Dingen davongelaufen. Doch jetzt, wo er in die Vergangenheit zurückgesprungen ist, um Hinata und seine Freunde zu retten, gibt es für ihn keinen simplen Ausweg mehr. In ihm brennt nun eine lodernde Flamme der Entschlossenheit, nicht mehr zu fliehen und sich jedem Kampf zu stellen, auch wenn es keine Aussichten auf einen Sieg gibt. Hier sehen wir einige seiner Worte, die alle durch und durch vom Geist der Manji-Gang beseelt sind!

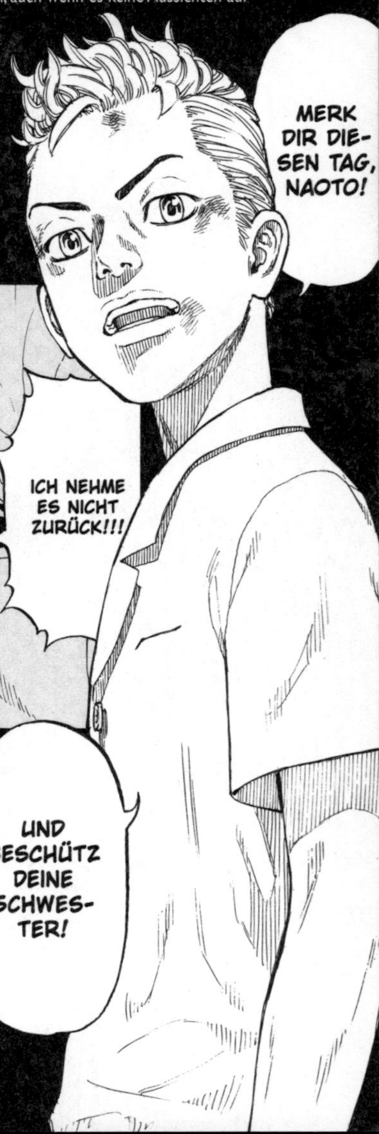

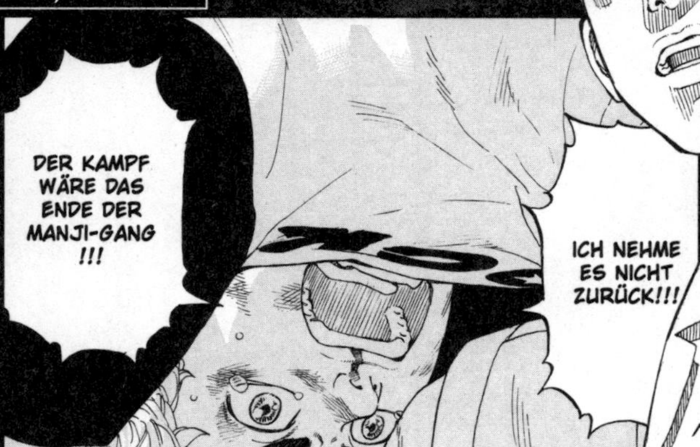

DOPPELBAND 2, KAPITEL 13

»ICH STEH VOLL HINTER DIR! DU WIRST AUF JEDEN FALL EINER!«

»DIESE **EINE** SACHE WERD ICH MIR **NIEMALS** NEHMEN LASSEN! **NICHT NOCH MAL!**«

DOPPELBAND 1, KAPITEL 5

»DIE GANZE GANG WÜRDE DESWEGEN AUSEINANDERBRECHEN! UND DAS WÄR DOCH **ECHT VERFLUCHT TRAURIG!!!**«

DOPPELBAND 2, KAPITEL 18

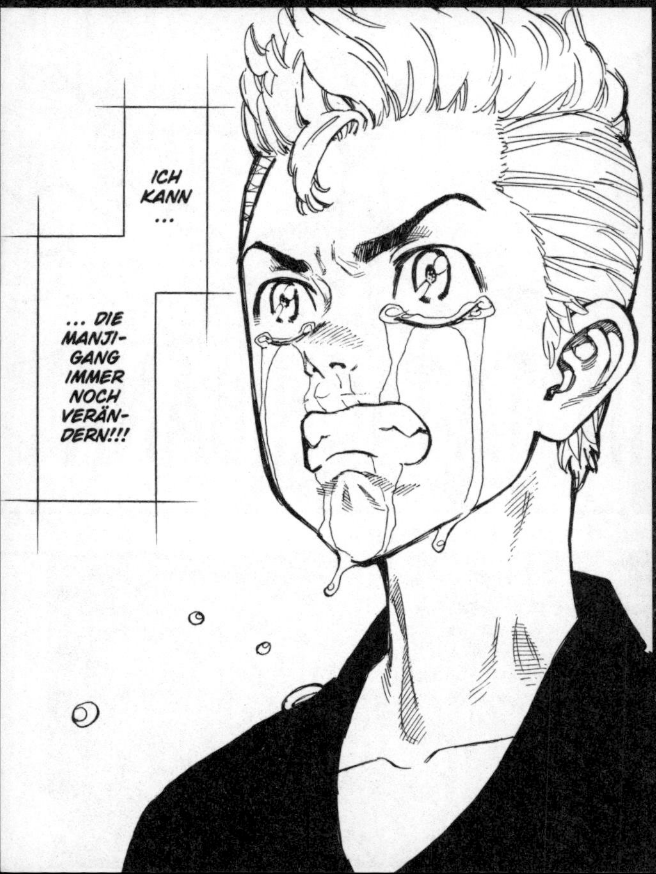

»ABER ICH... BIN BLOSS EIN **VERSAGER.**«

DOPPELBAND 2, KAPITEL 20

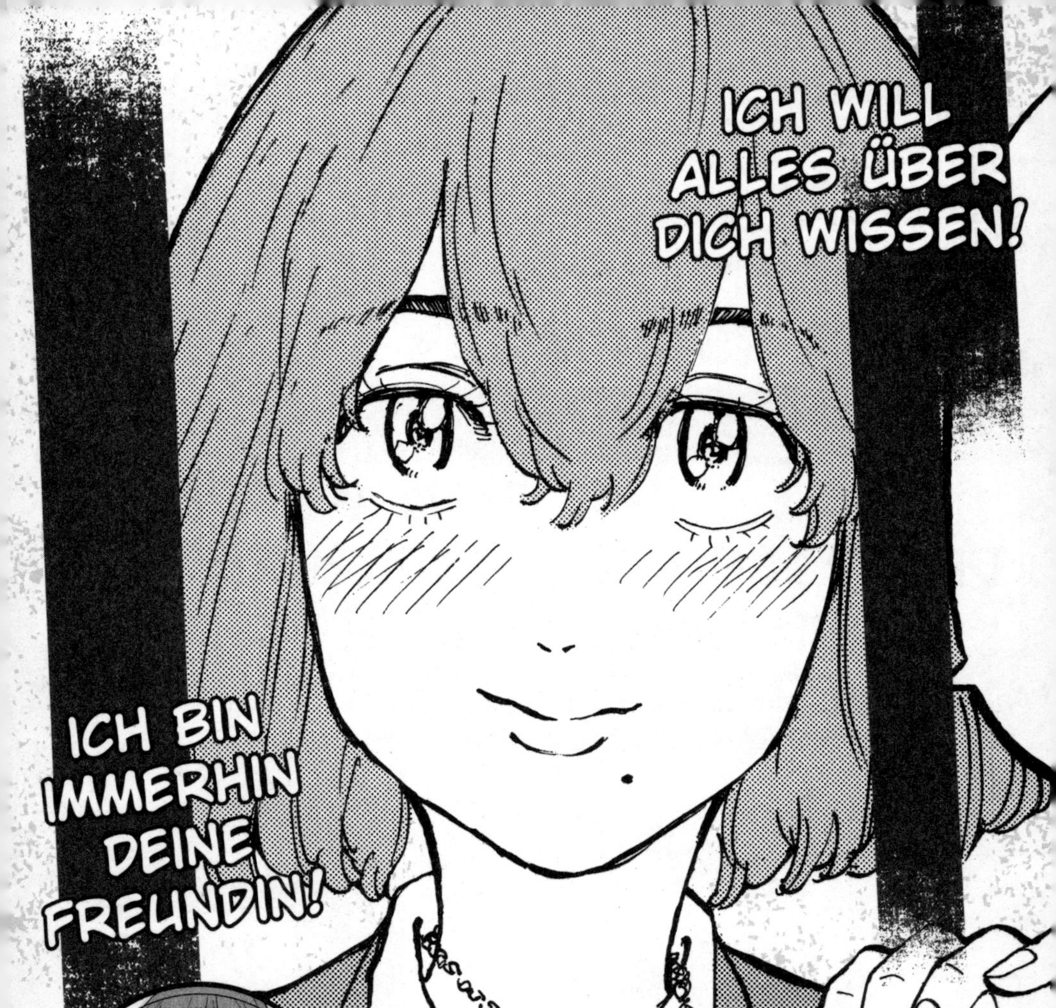

HINATA TACHIBANA

POSITION

SCHÜLERIN AN DER OMIZO-MITTELSCHULE (VERGANGENHEIT)

♦ Große: 1,53 m (Vergangenheit) / 1,53 m (Gegenwart) ♦ Gewicht: streng geheim ♦ Alter: 14 Jahre (8. Klasse, in der Vergangenheit) / 26 Jahre (Gegenwart)

♦ Geburtstag: 21. Mai 1991 ♦ Sternzeichen: Zwillinge ♦ Blutgruppe: A ♦ Spitzname: Hina ♦ Themenfarbe: Weiß ♦ Liebt: Kakao ♦ Hasst: bitteren Kaffee

♦ Besondere Fähigkeit: spielt Klavier ♦ Lieblingstier: Delfin ♦ Bewundert: ihre Mutter & Helen Keller ♦ Kommt nicht so gut zurecht mit / Hat Angst vor: ihrem Vater, wenn er zu weitschweifigen Geschichten ausholt, die kein Ende nehmen ♦ Traum: Krankenschwester zu werden ♦ Bemerkenswerte (oder bedauernswerte) Leistung: Takemichi lobte die Kekse, die sie gebacken hatte! (Es sollten eigentlich Makronen sein, aber was soll's!) ♦ Lieblingsort: die Dachterrasse ihres Wohnhauses, weil sie sich von dort aus gemeinsam mit Takemichi das Feuerwerk angesehen hat

♦ Ein Tag aus ihrem Leben: Geht mit Naoto zur Schule und kommt wie immer etwas früher als die anderen aus ihrer Klasse an. → Nimmt am Unterricht teil. Den Musikunterricht mag sie am liebsten. → In der Mittagspause isst sie gemeinsam mit ihren Freundinnen zu Mittag. → Nach der Schule geht sie mit Takemichi auf ein Date! → Vor dem Schlafengehen nimmt sie ein langes Bad, wünscht Takemichi per SMS eine Gute Nacht und geht ins Bett.

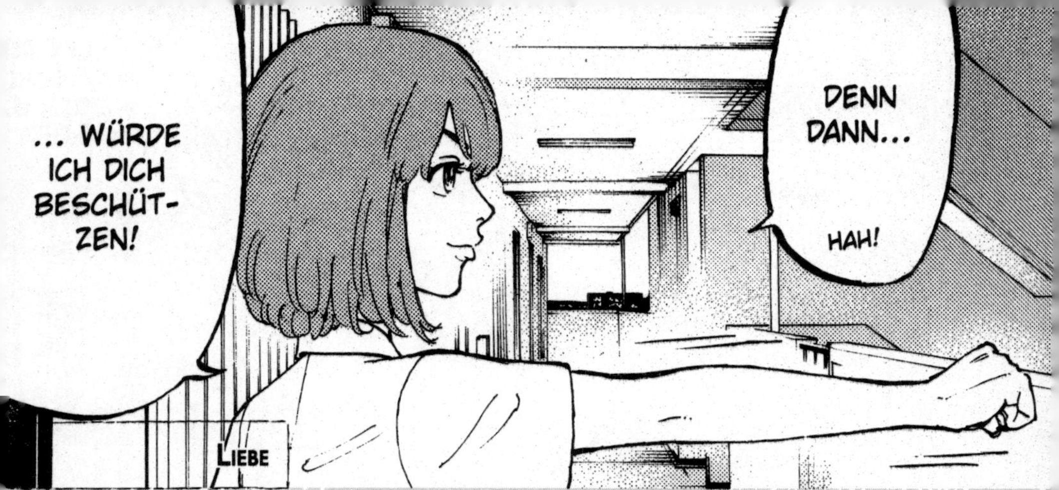

Liebe

Die süße Freundin, die Takemichi immer anfeuert

Takemichis entzückende und willensstarke Freundin in der Vergangenheit. Sie ist ein wundervolles Mädchen, das Takemichi nicht nur dafür zurechtweist, dass er sich ständig bei Prügeleien verletzt, sondern auch entschlossen versucht, ihn vor schlechtem Umgang zu bewahren.

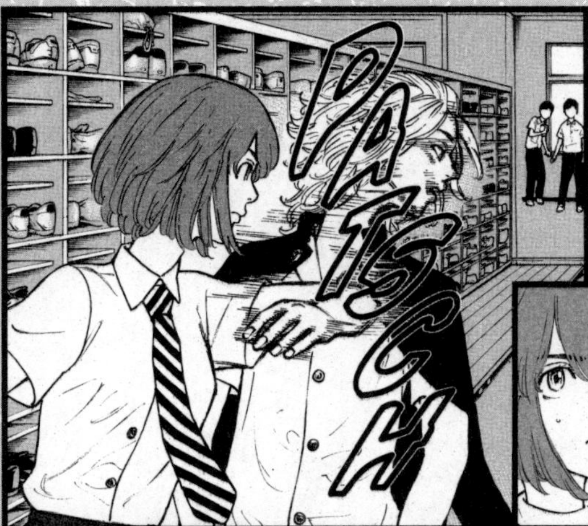

Persönlichkeit

Wenn es um das Wohl ihres Liebsten geht, ohrfeigt sie sogar Mikey!

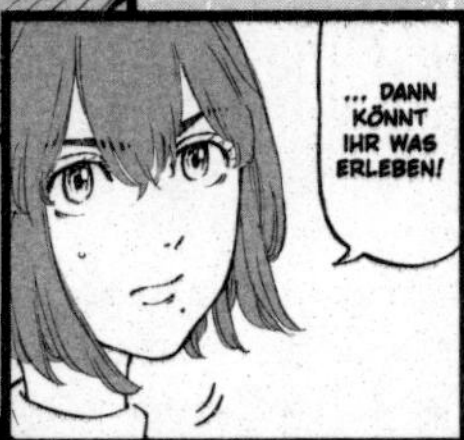

Als Mikey und Draken vorgeben üble Kerle zu sein, um Takemichi zu testen, stellt sie sich ihnen trotz ihrer Angst tapfer entgegen, verpasst Mikey eine Ohrfeige und löst damit ihr Versprechen ein, Takemichi zu beschützen.

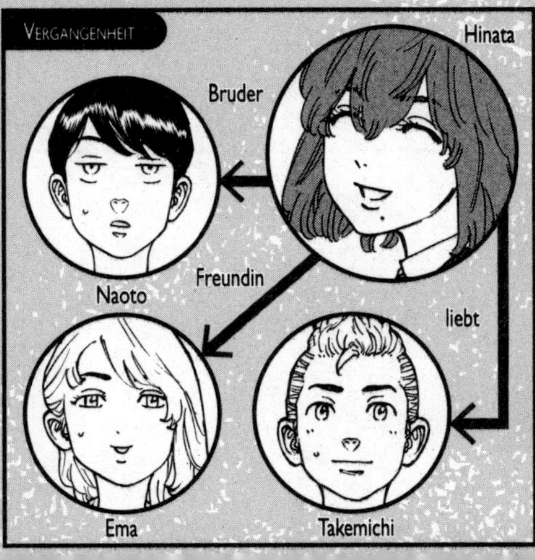

Beziehungen

Für Takemichi in der Vergangenheit ein Engel auf Erden!

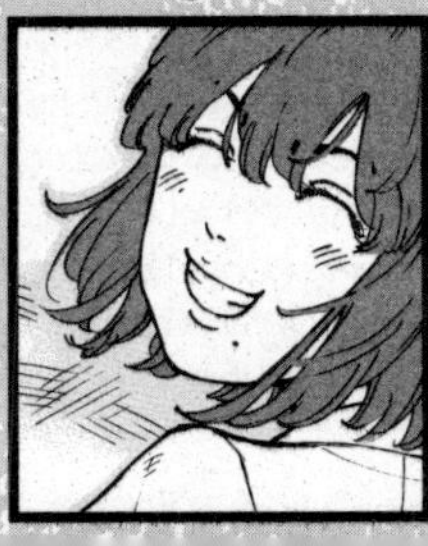

Zwölf Jahre in der Vergangenheit ist Hinata stets zur Stelle, wenn Takemichi, der in so viele Konflikte verwickelt wird, Trost benötigt. Zudem findet sie in Mikeys kleiner Schwester Ema eine sehr gute Freundin. Für die Menschen in ihrer Umgebung ist sie ein Engel, den sie sofort ins Herz schließen.

»Du bist nicht Draken.«

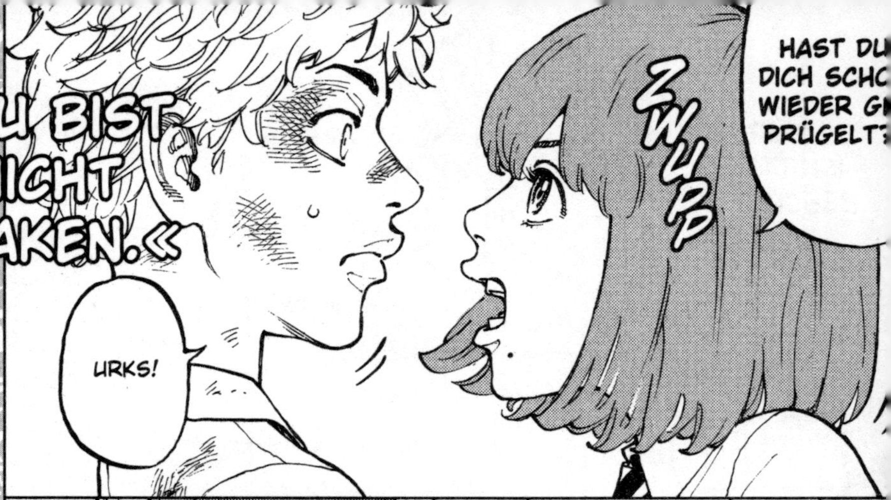

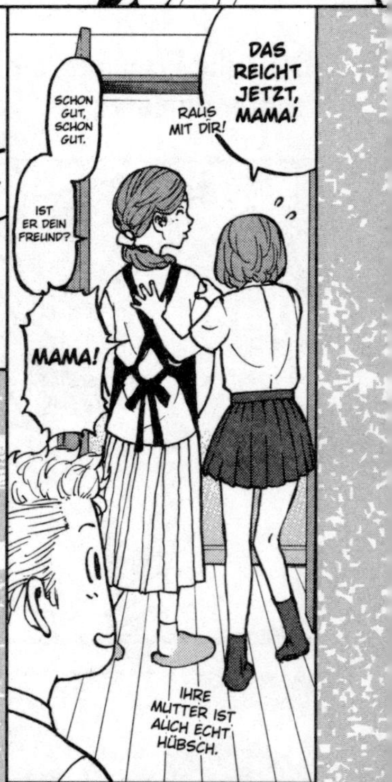

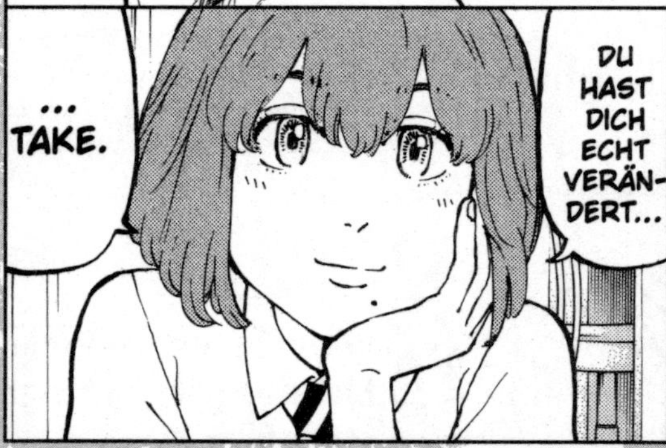

Für Hina gibt Takemichi alles, was er kann!

Für Takemichi, der sein ganzes Leben lang vor allem davongelaufen war, war Hinata nur eine Ex-Freundin, an deren Gesicht er sich nicht einmal erinnern konnte. Als er jedoch durch die Zeit zurückspringt und ihr in der Vergangenheit nochmals begegnet, weiß er sofort wieder, was ihn an dem entzückenden, willensstarken Mädchen mit ihrer fröhlichen und süßen Art, »Bye-bye!« zu sagen, so begeistert hat, und seine zwölf Jahre zurückliegende Liebe entbrennt aufs Neue.

Doch eines ist diesmal anders: Takemichi weiß, welches Schicksal Hinata in der Zukunft erwartet. Sie kommt zwölf Jahre später ums Leben, als sie in einen Konflikt der Tokyo-Manji-Gang verwickelt wird, und ehemalige Rowdys, die früher groß von sich reden machten, wie Kisaki, Mikey oder Hanma, scheinen bei diesem Unglück ihre Finger im Spiel zu haben.

Natürlich will Takemichi sie nicht nur beschützen, weil sie für ihn seine süße Freundin ist. Sie merkt, dass an ihm, der ja zwölf Jahre aus der Zukunft kommt, irgendetwas anders ist, akzeptiert das, ist für ihn da und unterstützt ihn, selbst wenn er sich von seiner schwächsten Seite zeigt. Sie hat nur Augen für ihn und bleibt bei ihm, genau weil er ist, wer er ist. Darum ist Takemichi bereit, alles zu tun, um Hinata zu retten und Vergangenheit und Zukunft für sie zu verändern.

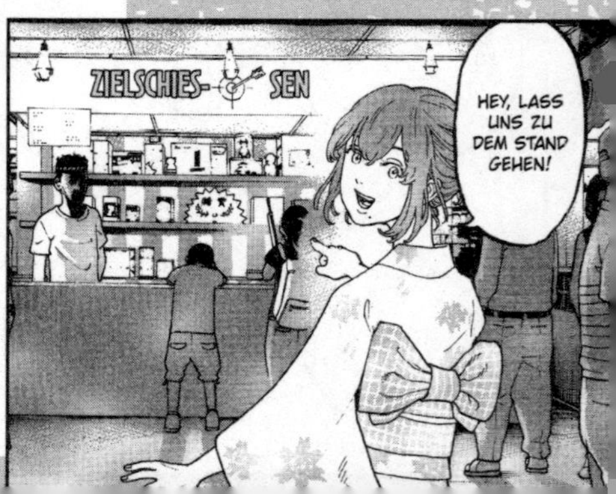

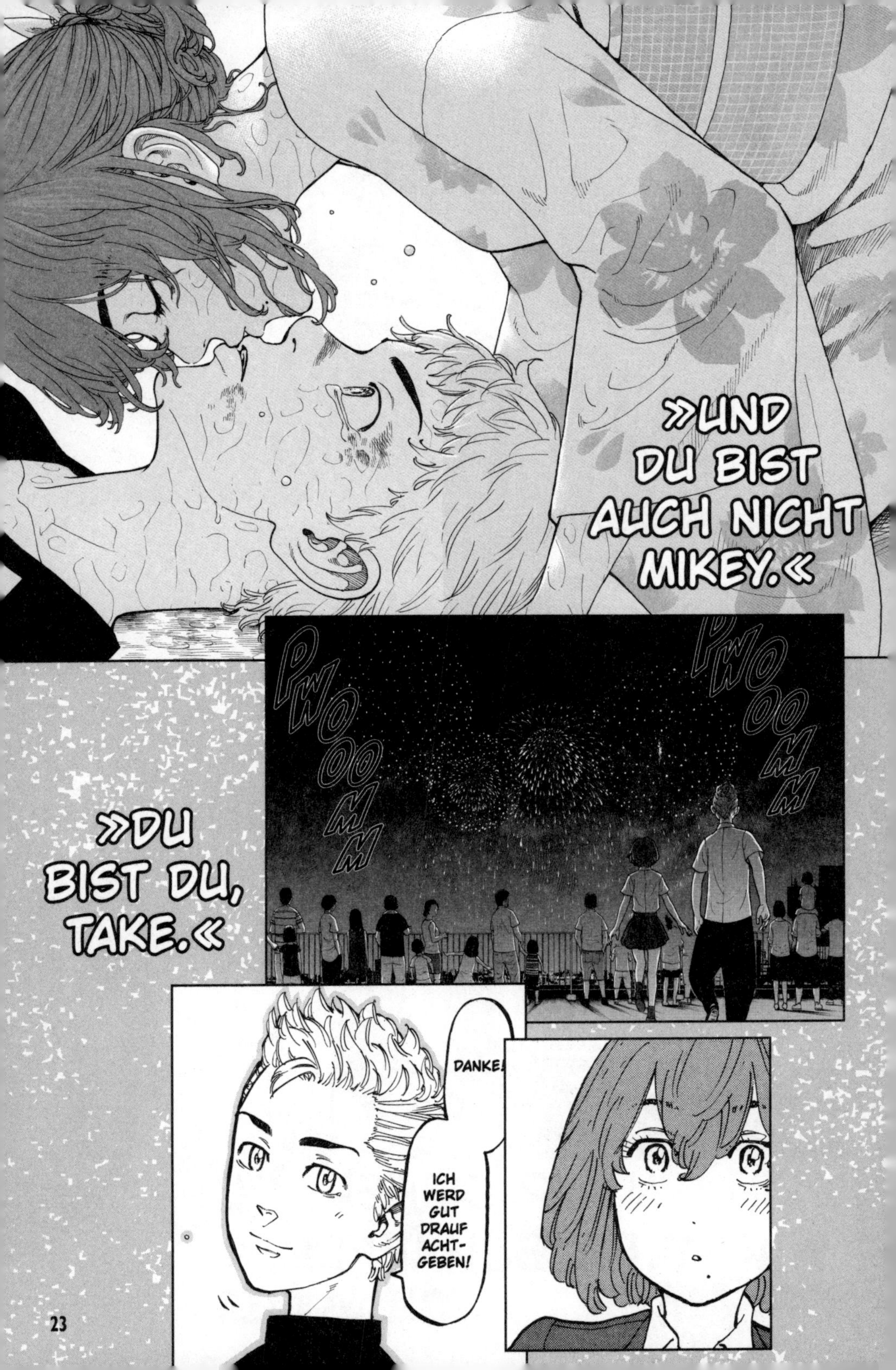
»UND DU BIST AUCH NICHT MIKEY.«
PWOOOMMM
PWOOOMMM
»DU BIST DU, TAKE.«
DANKE!
ICH WERD GUT DRAUF ACHT-GEBEN!

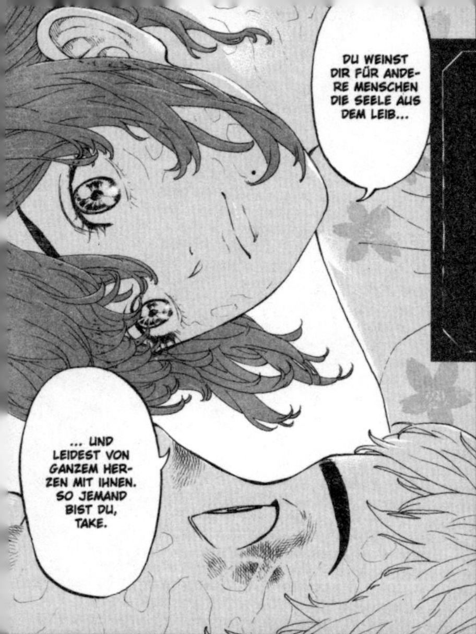

Die Liebe, die Takemichi beflügelt

Hinatas Worte an Takemichi sind stets voller Wärme und Verständnis. Doch so sanft sie auch sind, so stark sind sie auch. Denn Takemichi genügt ein einziges, um seinen Kummer zu überwinden, von einer ungeahnten Entschlossenheit durchströmt zu werden oder von einer Traurigkeit überwältigt zu werden, wie er sie noch nie zuvor erlebt hat. Schauen wir uns hier noch einmal einige ihrer liebevollen Worte an.

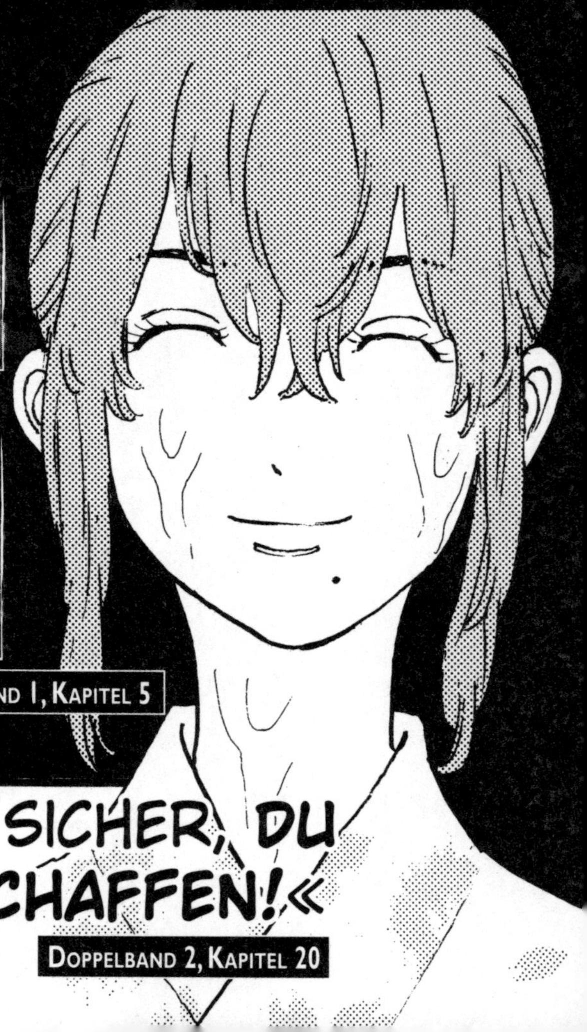

»IHR PLATZT EINFACH SO IN EINE FREMDE SCHULE UND WOLLT JEMANDEN ZWINGEN, MIT EUCH ZU KOMMEN. RICHTIGE FREUNDE WÜRDEN SO WAS NIEMALS TUN.«

Doppelband 1, Kapitel 5

»ICH BIN MIR SICHER, DU WIRST ES SCHAFFEN!«

Doppelband 2, Kapitel 20

»IST DOCH TOLL, ODER? JETZT HABEN WIR BEIDE DIE GLEICHE.«

DOPPELBAND 3, KAPITEL 49

»ABER TROTZDEM WÜRD ICH DICH BESCHÜTZEN.«

DOPPELBAND 1, KAPITEL 2

»ICH HOFFE, DASS BEI UNS AUCH ALLES KLAPPT.«

DOPPELBAND 4, KAPITEL 66

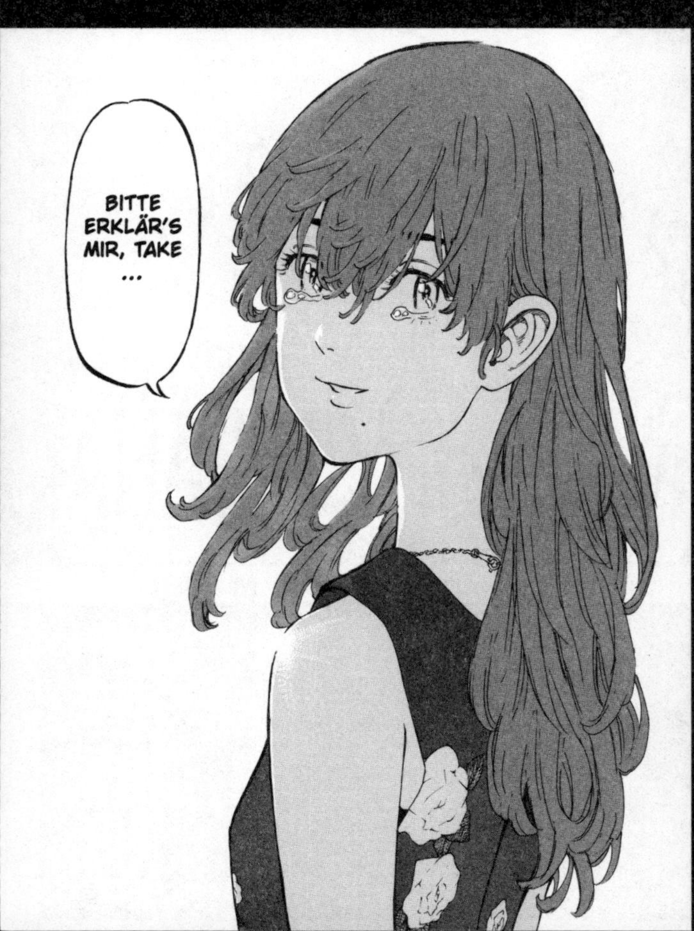

»ICH VERSTEH BIS HEUTE NICHT, WARUM ER MIT MIR SCHLUSS GEMACHT HAT.«

DOPPELBAND 2, KAPITEL 32

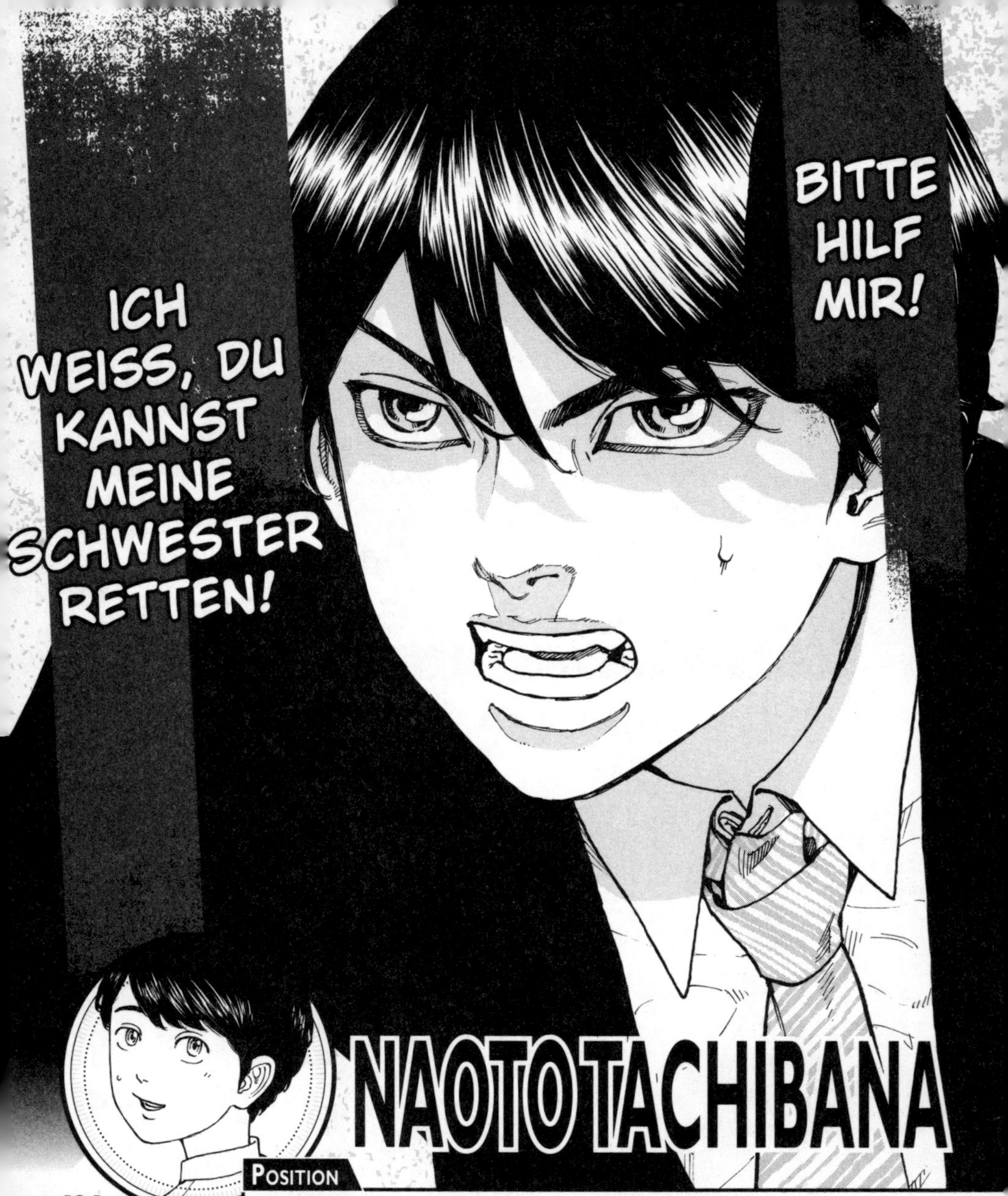

NAOTO TACHIBANA

12 Jahre früher

Position

Kriminalpolizist (Gegenwart) / Schüler an der Omizo-Mittelschule (Vergangenheit)

♦ Größe: 1,48 m (Vergangenheit) / 1,75 m (Gegenwart) ♦ Gewicht: 39 kg (Vergangenheit) / 61 kg (Gegenwart) ♦ Alter: 13 Jahre (7. Klasse, in der Vergangenheit) / 25 Jahre (Gegenwart) ♦ Geburtstag: 12. April 1992 ♦ Sternzeichen: Widder ♦ Blutgruppe: A ♦ Themenfarbe: Grau ♦ Liebt: die Zeitschrift »Mu« für Okkultes und Paranormales ♦ Hasst: Karaoke ♦ Besondere Fähigkeit: gut in Kalligrafie ♦ Bewundert: Aleister Crowley ♦ Kommt nicht so gut zurecht mit / Hat Angst vor: seiner großen Schwester, wenn sie sauer ist ♦ Traum: Polizist zu werden ♦ Bemerkenswerte (oder bedauernswerte) Leistung: Eine seiner Postkarten an »Mu« wurde im Magazin veröffentlicht.
♦ Lieblingsort: die Bücherei

♦ Ein Tag aus seinem Leben: Auf dem Weg zur Schule muss er sich von seiner Schwester Beschwerden darüber anhören, dass er ihren Pudding aus dem Kühlschrank geklaut und gegessen hat. ⇨Ist sehr fleißig im Unterricht und holt beim Mathetest die volle Punktzahl. ⇨Er isst in der Schulkantine zu Mittag und liest währenddessen ein Buch. ⇨Nach der Schule geht er bei einem Buchladen vorbei. ⇨Am Abend spielt er Super Smash Bros. gegen seine Schwester, wird von ihr total plattgemacht und geht schmollend ins Bett.

Verbündete

Takemichis einziger Verbündeter in der Gegenwart! Gemeinsam wollen sie der ruchlosen Manji-Gang auf die Spur kommen!

Nachdem Takemichi in der Zeit zurückgesprungen war und ihn in der Vergangenheit dazu aufforderte, seine Schwester zu beschützen, beschließt Naoto, Kriminalpolizist zu werden. Gemeinsam mit Takemichi verfolgt er nun die Tokyo-Manji-Gang, um seine Schwester zu retten.

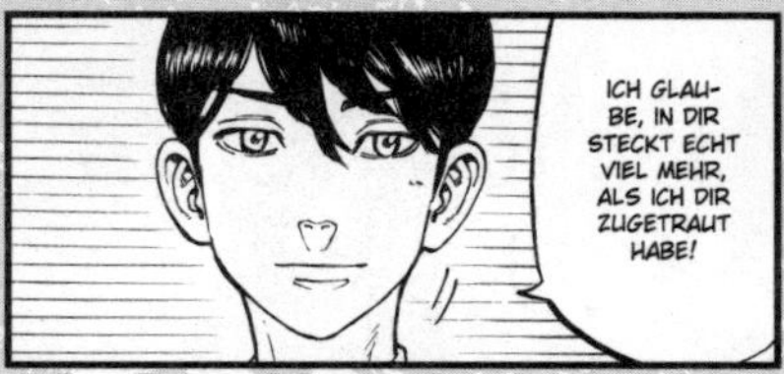

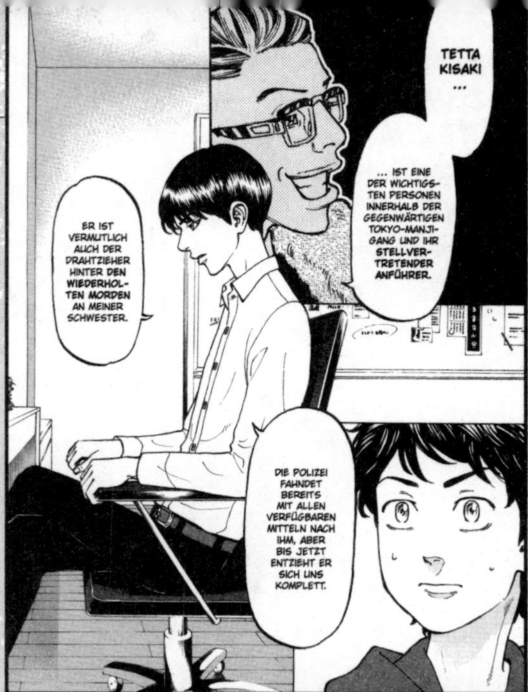

Auslöser

Durch einen Händedruck mit Naoto kann Takemichi durch die Zeit springen!

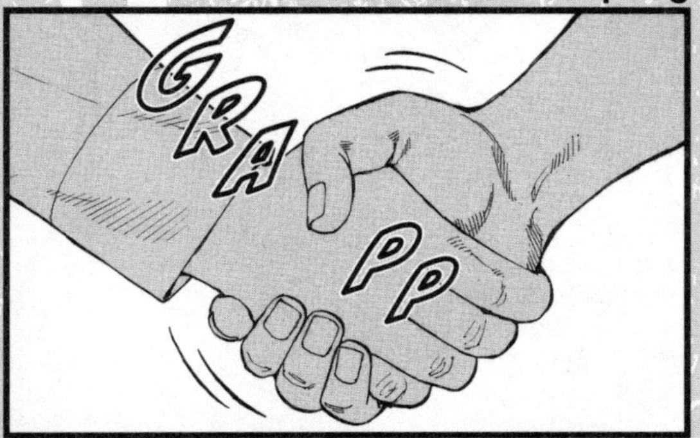

Aufgrund seiner Begegnung mit Takemichi zwölf Jahre zuvor konnte Naoto Vorkehrungen treffen und seinem Tod entgehen. Nun ist er in der Lage, Takemichis Zeitsprünge auszulösen. Ein Händedruck mit ihm ermöglicht es Takemichi, zwischen Vergangenheit und Gegenwart hin und her zu reisen.

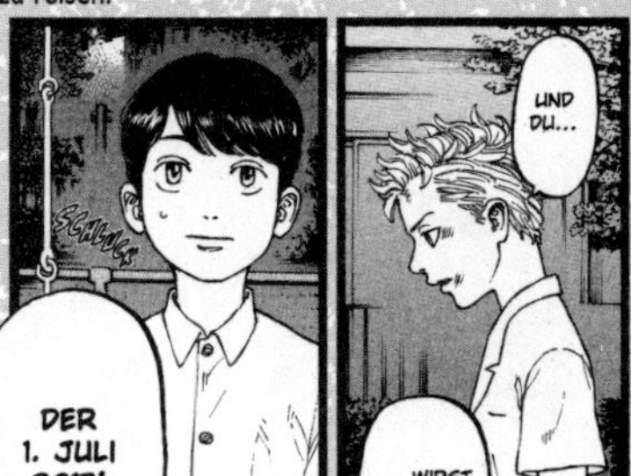

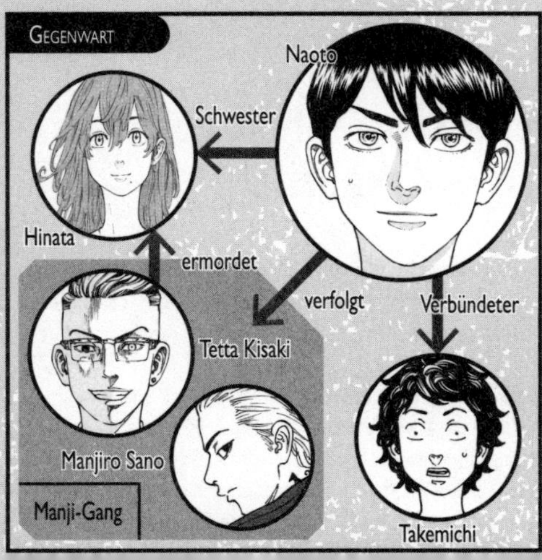

Ziel

Alles, was er tut, dient der Rettung seiner Schwester!

Naoto selbst kann nicht durch die Zeit reisen. Nachdem Takemichi in die Vergangenheit zurückgesprungen ist, versucht er in der Gegenwart mehr Informationen über die Manji-Gang zu sammeln. Um zu verhindern, dass Kisaki Hinata ermorden lässt, bleibt ihm nur ein einziger Weg: Er muss durch Takemichi die Vergangenheit verändern.

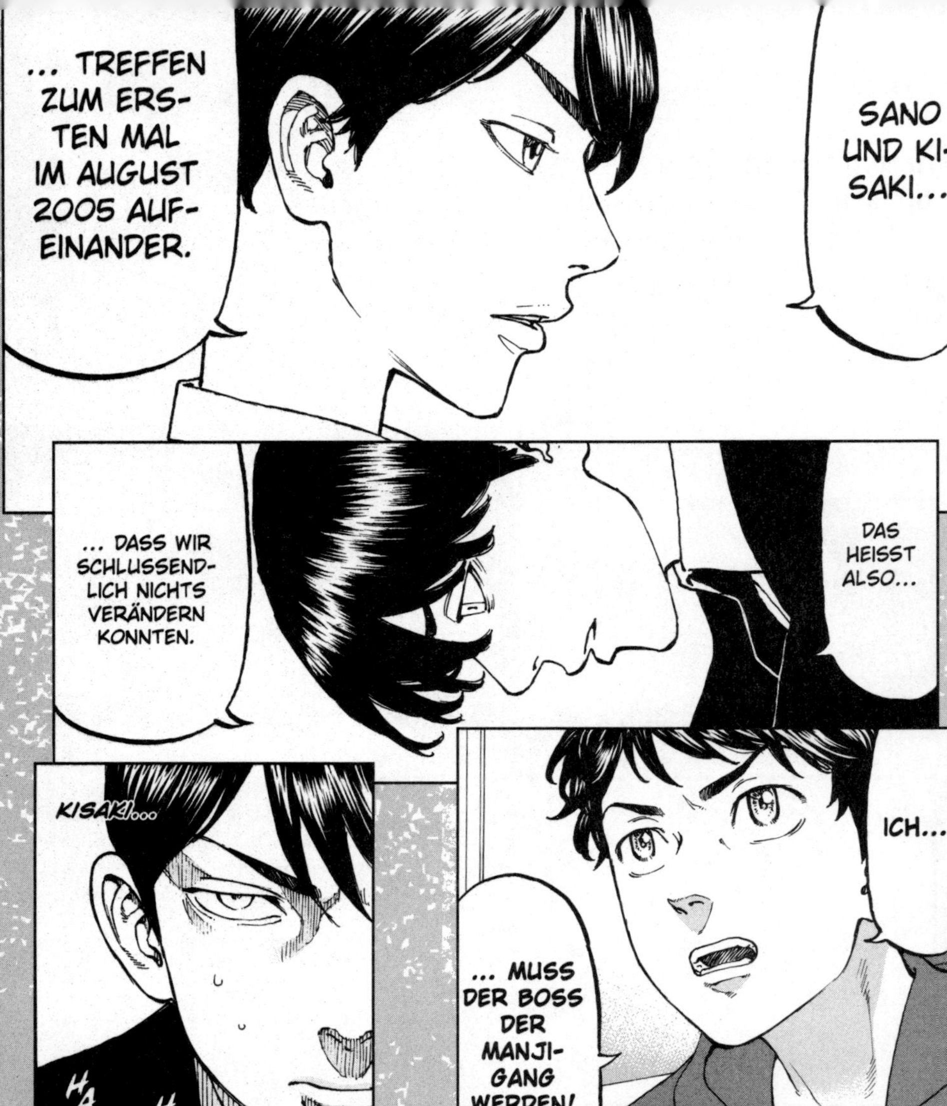

Angespornt von Takemichis Entschlossenheit überwindet er Rückschläge und nähert sich der Wahrheit!

Dank der Hinweise, die Naoto bei seinen Ermittlungen in der Gegenwart gefunden hat, und durch die Zusammenarbeit mit Takemichi gelingt es ihm, zu verhindern, dass seine Schwester Hinata in einen Konflikt der Manji-Gang verwickelt wird. Aber das Schicksal ist grausam. Auch in der neuen Zeitlinie kommt Hinata ums Leben, diesmal bei einem Unfall, der von Hanma und anderen inszeniert wurde.

Naoto, der das Gefühl hat, dass all ihre Bemühungen sinnlos waren, versinkt in tiefer Verzweiflung, doch Takemichis Weigerung, aufzugeben, verschafft ihm neuen Mut. Takemichi will das Übel an der Wurzel zu packen. Er plant, selbst zum Boss der Manji-Gang zu werden, die Gang zu zerschlagen und so die Gegenwart zu verändern. Angespornt von Takemichis unerschütterlichem Willen, dieses absurde Vorhaben in die Tat umzusetzen, rafft sich Naoto zu einem neuen Versuch auf, seine Schwester zu retten. Und egal wie viele Rückschläge er auch erleidet, er wird es immer wieder versuchen. Hinata zuliebe kann er sich nicht erlauben aufzugeben.

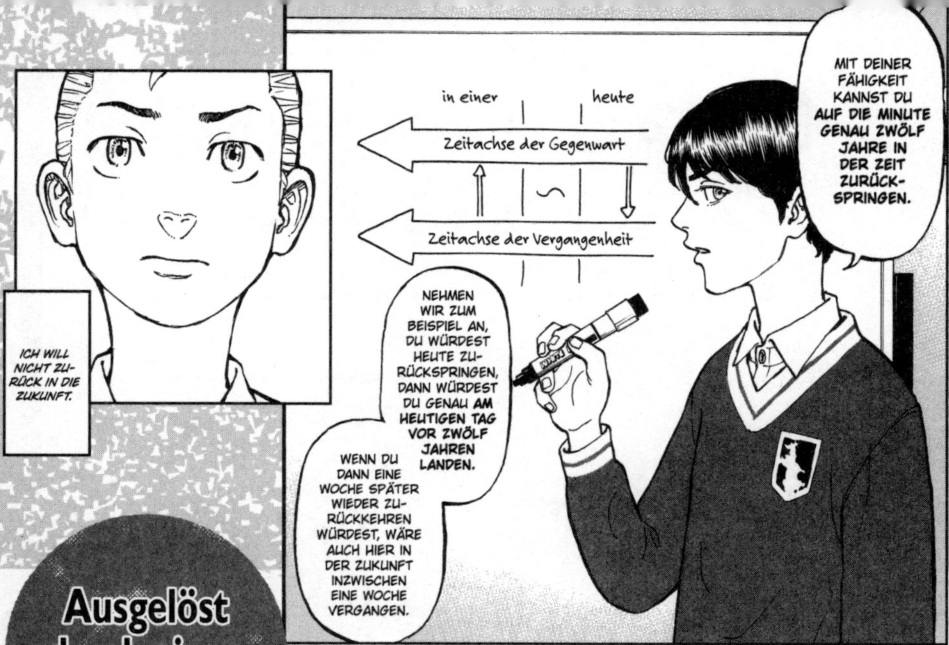

Ausgelöst durch einen Händedruck

Die Regeln für Takemichis Zeitreisen

Regeln

1. Takemichi springt durch die Zeit, sobald er Naoto die Hand schüttelt.
2. Er kann genau zwölf Jahre in die Vergangenheit und wieder zurück in die Gegenwart springen.

Takemichis Sprünge durch die Zeit, die durch einen Händedruck mit Naoto ausgelöst werden, folgen bestimmten Regeln. Zunächst einmal kann Takemichi ausschließlich zwölf Jahre in die Vergangenheit und wieder zurück in die Gegenwart springen. Er kann weder weiter in die Vergangenheit noch weiter in die Zukunft reisen. Zudem landet er immer exakt am gegenwärtigen Tag vor zwölf Jahren oder in zwölf Jahren. Das heißt, wenn er Naoto am 4. Juli 2017 die Hand gibt, springt er zum 4. Juli 2005, und ein Händedruck am 11. Juli 2005 befördert ihn zurück in die Gegenwart zum 11. Juli 2017.

Und auch ein versehentlicher Händedruck bringt ihn zurück in die Gegenwart!

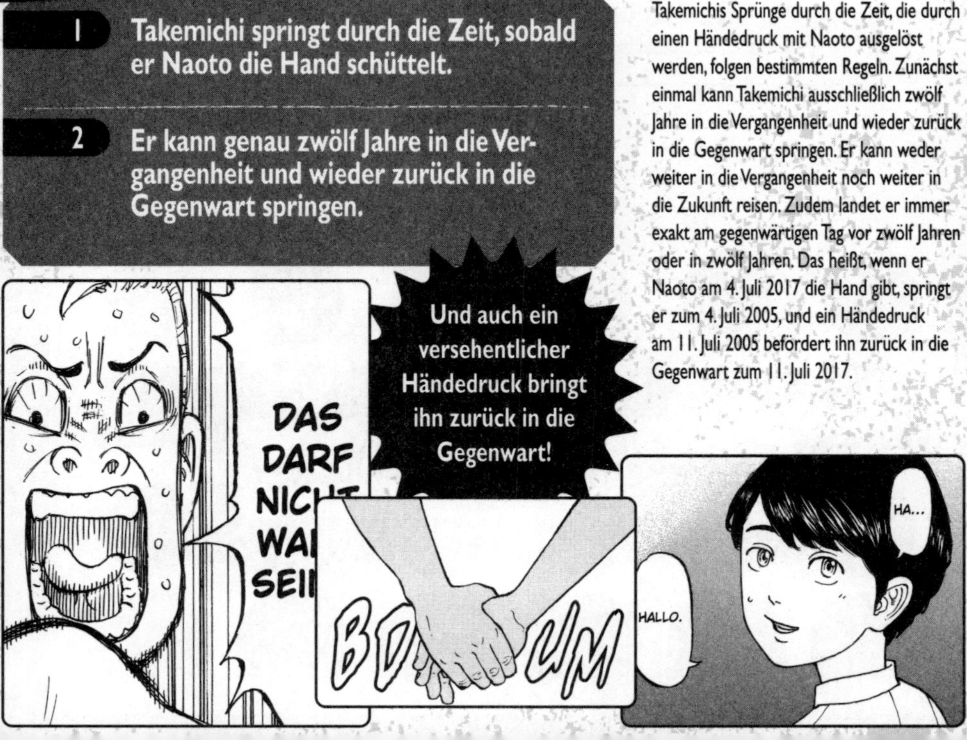

Die Tokyo-Manji-Gang und ihre Opfer

(Stand in Doppelband 1, Kapitel 13)

Takemichis Sprünge durch die Zeit enthüllen nach und nach Einzelheiten über die Manji-Gang in der Gegenwart und ihre Opfer. Hier ist ein Überblick darüber, was zum Zeitpunkt von Kapitel 13 über die Gang bekannt ist.

Die beiden Anführer der Gang

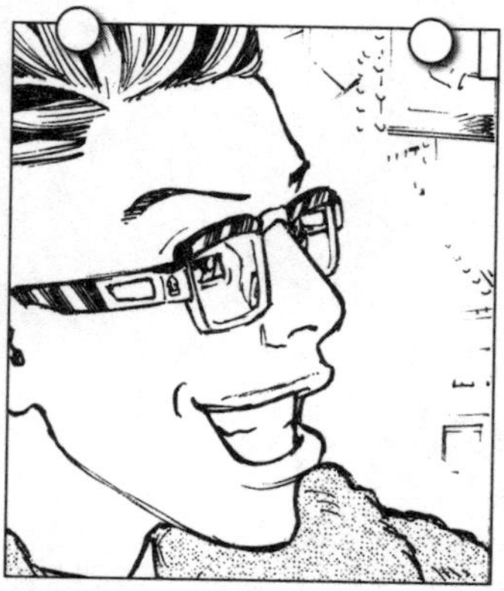

Vizeoberhaupt: Tetta Kisaki

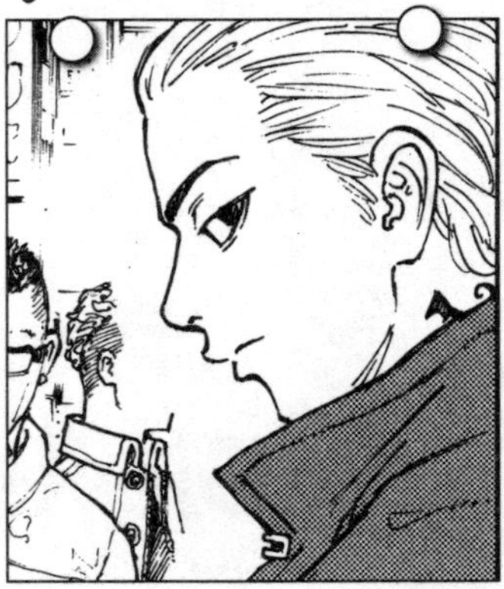

Oberhaupt: Manjiro Sano

Ken Ryugujis Tod

Ken Ryuguji kommt zwölf Jahre zuvor bei einem Konflikt ums Leben. Tetta Kisaki wird daraufhin Vizeoberhaupt und Nummer 2 der Gang.

Mehrere Hundert Mitglieder

Manager eines Hostessenklubs

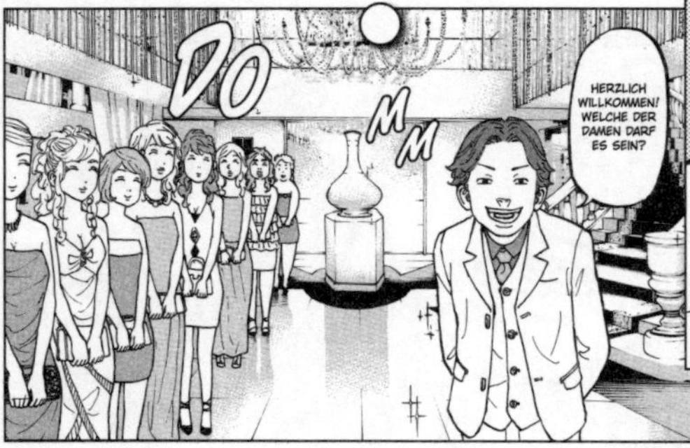

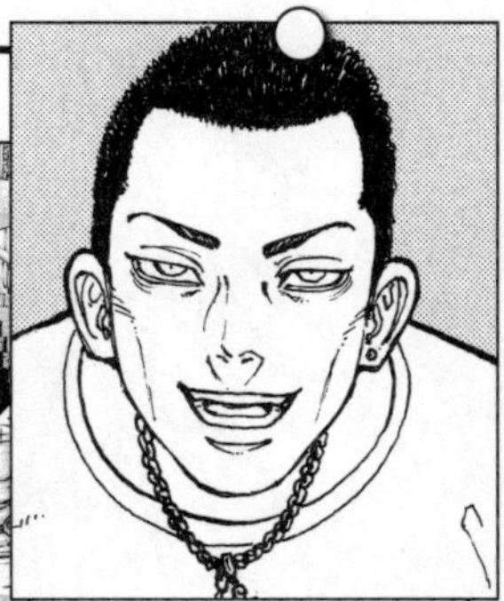

befiehlt den Mord an Takemichi

verstorben

Führungsmitglied
Atsushi Sendo

Nachdem er Takemichi Hanagaki die ganze Wahrheit erzählt hat, stürzt sich Atsushi Sendo in den Tod.

Geldgeber

Opfer

Die Mitglieder der Rockergang, die vor 12 Jahren in einem Konflikt mit der Tokyo-Manji-Gang stand, befinden sich immer noch unter Tetta Kisakis Einfluss. Ein Teil von ihnen dient ihm aller Wahrscheinlichkeit nach weiterhin als Handlanger.

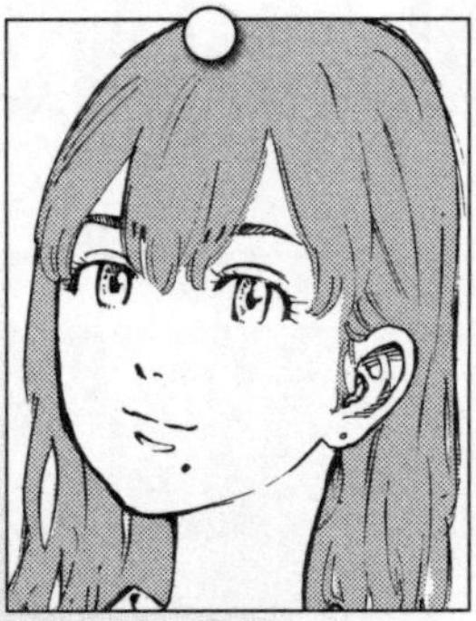

verstorben

Hinata Tachibana

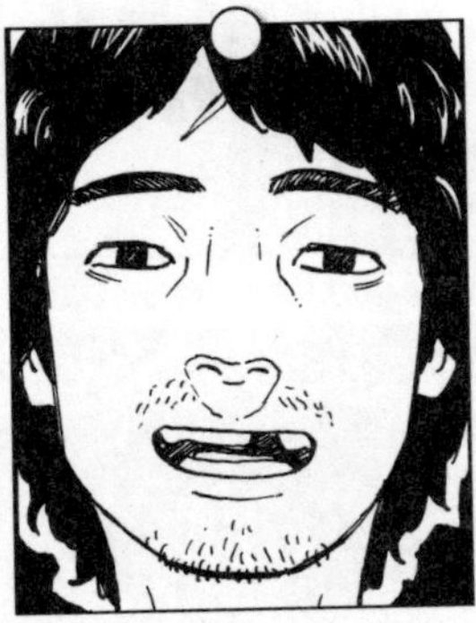

Nobutaka Osanai

Wurde vor 12 Jahren von Kisaki manipuliert, was schließlich zum Kampf vom 3. August führte.

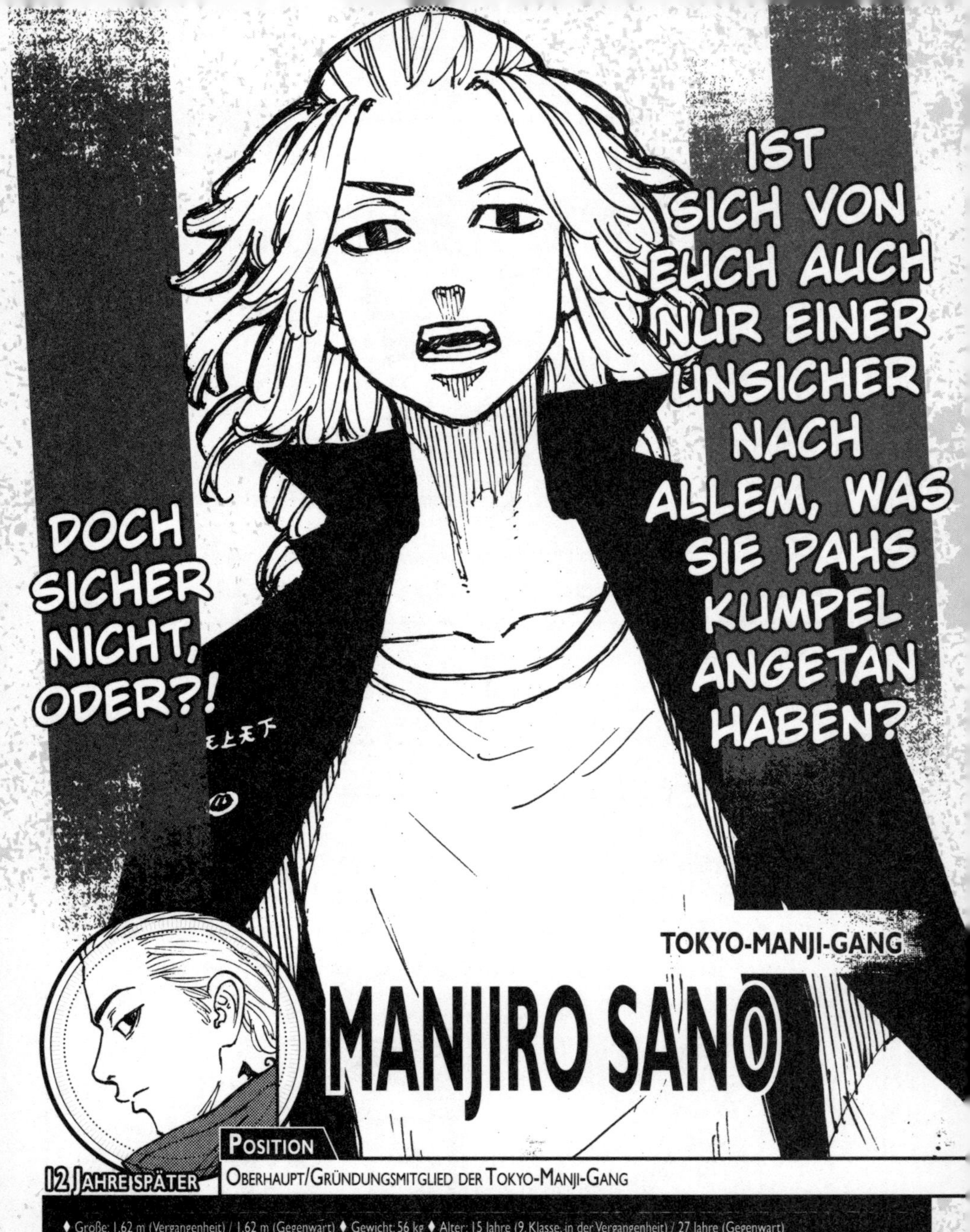

TOKYO-MANJI-GANG

MANJIRO SANO

POSITION

12 JAHRE SPÄTER OBERHAUPT/GRÜNDUNGSMITGLIED DER TOKYO-MANJI-GANG

♦ Größe: 1,62 m (Vergangenheit) / 1,62 m (Gegenwart) ♦ Gewicht: 56 kg ♦ Alter: 15 Jahre (9. Klasse, in der Vergangenheit) / 27 Jahre (Gegenwart)

♦ Geburtstag: 20. August 1990 ♦ Sternzeichen: Löwe ♦ Blutgruppe: B ♦ Spitzname: Mikey ♦ Themenfarbe: Rot ♦ Liebt: Reisomelett (mit Fähnchen drauf), gefüllte Pfannkuchen, Taiyaki (mit Bohnenpaste gefüllte Waffeln in Fischform) ♦ Hasst: scharfes Essen ♦ Besondere Fähigkeit: kann sich seine Gelenke aus- und wieder einrenken

♦ Bewundert: sich selbst ♦ Kommt nicht so gut zurecht mit / Hat Angst vor: niemandem ♦ Traum: eine neue Ära der Rowdys einzuleiten

♦ Bemerkenswerte (oder bedauernswerte) Leistung: kann zwar keine Drunken Fist, ist dafür aber auch im Schlaf unschlagbar

♦ Lieblingsort: eine Ecke seines Schmusetuchs

♦ Ein Tag aus seinem Leben: Wird von Draken geweckt und geht zur Schule, nur um dort die Kantine zu nutzen. Während des Unterrichts lädt er seine Energien auf (d. h., er schläft). ⇨ Im Lehrerzimmer geht eine »Anleitung für den Umgang mit Sano« herum. Auch in der Mittagspause lädt er weiter seine Energien auf (d. h., er schläft weiter). ⇨ Begibt sich mit Draken zu einem Treffen der Manji-Gang und fährt danach die ganze Nacht mit dem Motorrad herum.

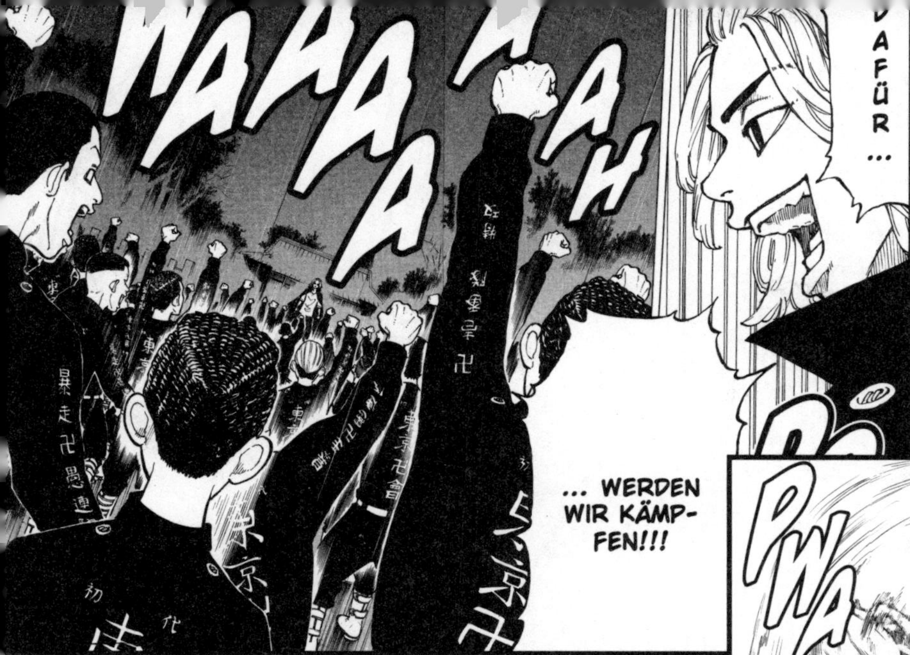

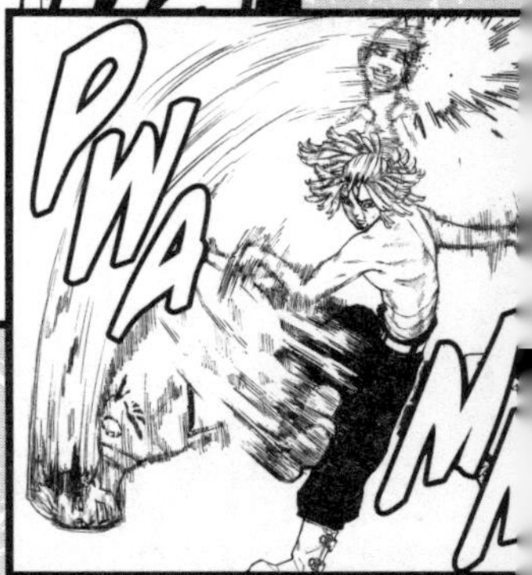

ANFÜHRER | **Der unschlagbare Boss der Manji-Gang!**

Das Gründungsoberhaupt der Manji-Gang und ihr unbesiegbarer Boss! Ein einziger seiner explosiven Tritte genügt, um jeden Gegner zu Boden zu strecken! Er ist der charismatische Anführer, der sich für seine Freunde jeder Herausforderung stellt und der Gang ihre Strahlkraft verleiht.

PERSÖNLICHKEIT | **Er hat auch eine kindische Seite!**

Der große Boss der Manji-Gang besitzt auch eine überraschend kindische Seite, wie zum Beispiel seine Begeisterung für das Fähnchen auf dem Kindermenü zeigt. Beide Seiten, die kindische und die des Anführers, existieren in ihm ganz natürlich nebeneinander.

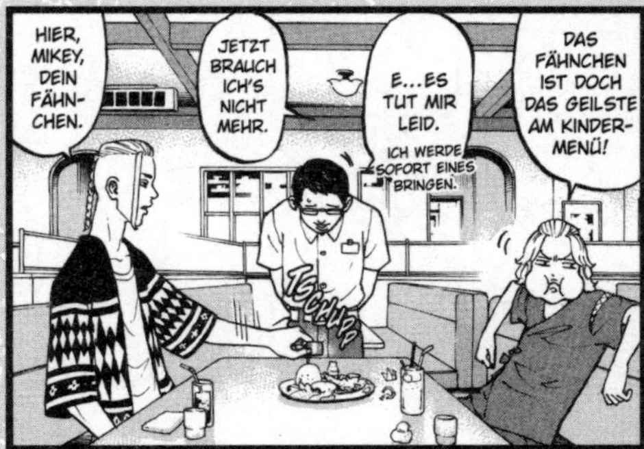

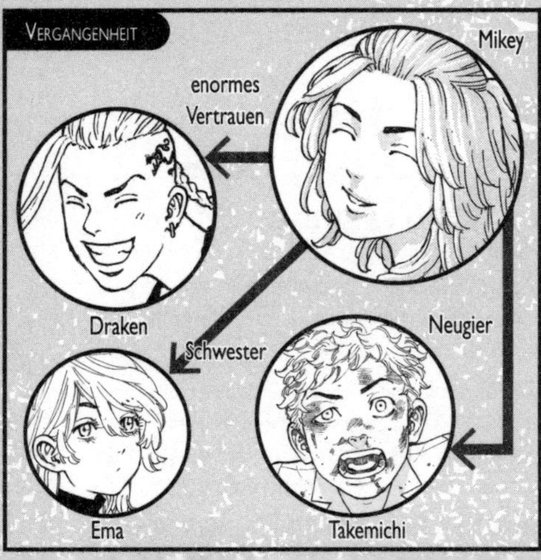

BEZIEHUNGEN

Draken und Takemichi sind sein moralischer Kompass!

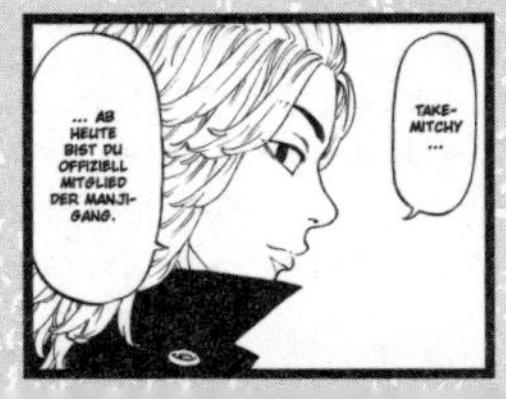

Mit dem Tod seines Bruders verlor Mikey eine wichtige seelische Stütze. Diese Lücke scheint er nun mit Takemichi und Draken füllen zu wollen.

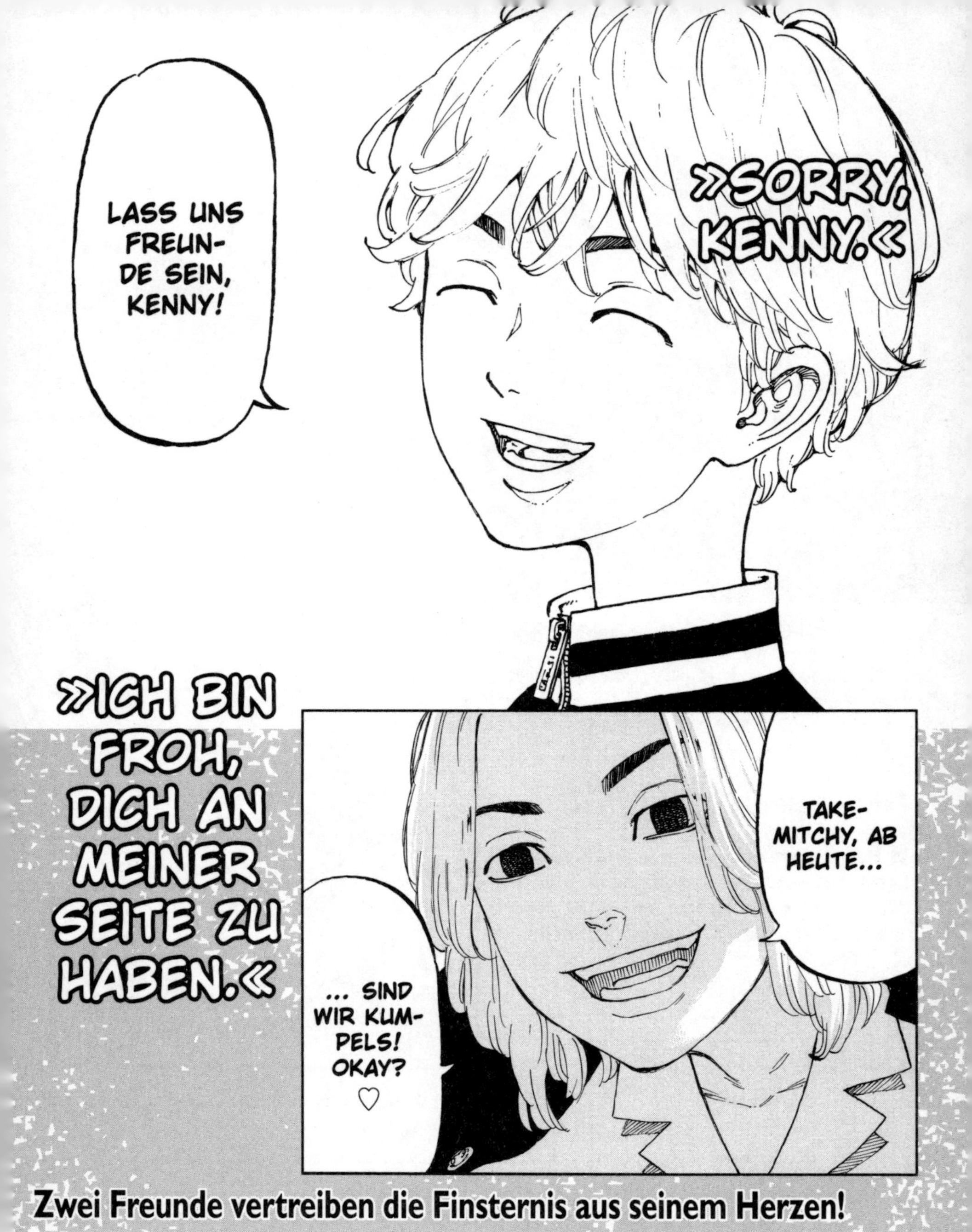

Zwei Freunde vertreiben die Finsternis aus seinem Herzen!

Mikey wurde von den Gründungsmitgliedern einstimmig zum Anführer ernannt. Doch es gibt Momente, in denen auch der große Boss der Manji-Gang nicht mehr weiterweiß. Dann fragt er sich oft, was wohl sein älterer Bruder tun würde. Leider ist dieser nicht mehr da, um ihm zu helfen.

Diejenigen, die ihn stattdessen unterstützen, sind seine Freunde Draken und Takemichi. Draken ermahnt ihn, ein Herz zu haben und an seine Mitmenschen zu denken, wenn er zu aggressiv reagiert, und Takemichi, der ihn an seinen verstorbenen Bruder erinnert, hält ihn immer wieder auf, bevor er zu weit gehen kann. Mikey kann längst nicht mehr ohne die beiden sein. Sie sind zwei unschätzbar wertvolle Begleiter, die ihn auf den rechten Weg zurückholen, wenn er dabei ist, einen schweren Fehler zu begehen.

Takemichi und Draken sind auch der Schlüssel, um zu verhindern, dass sich die Manji-Gang in eine ruchlose Verbrecherorganisation

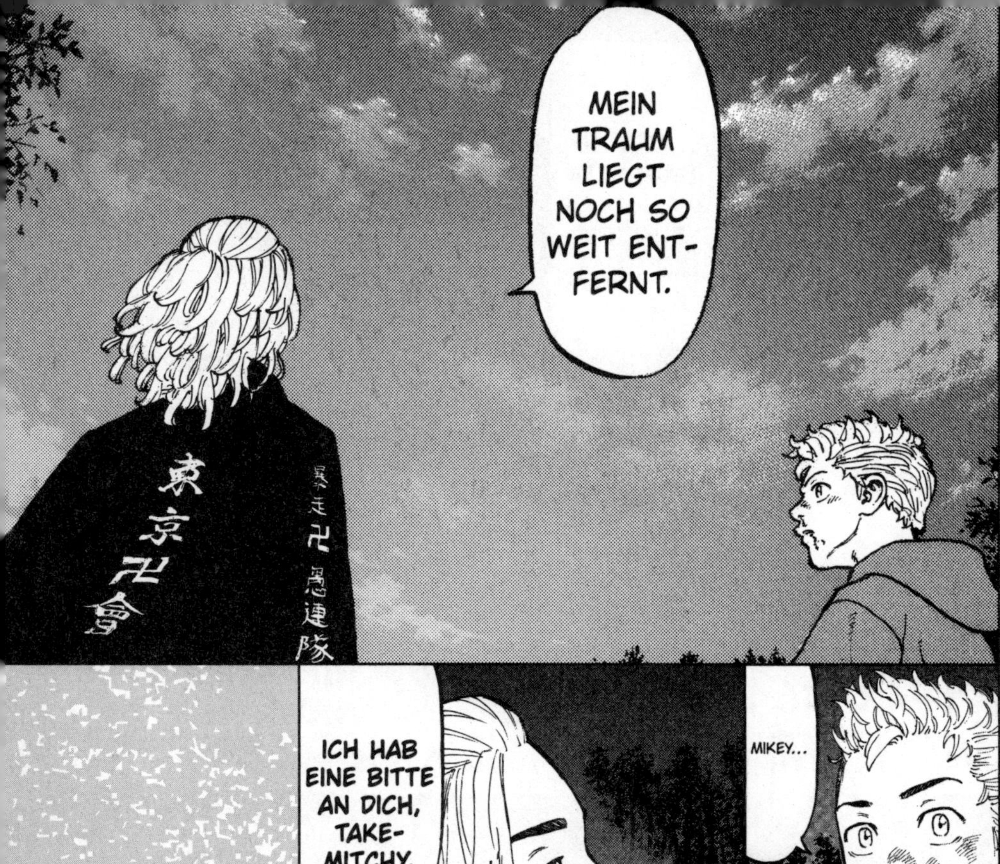

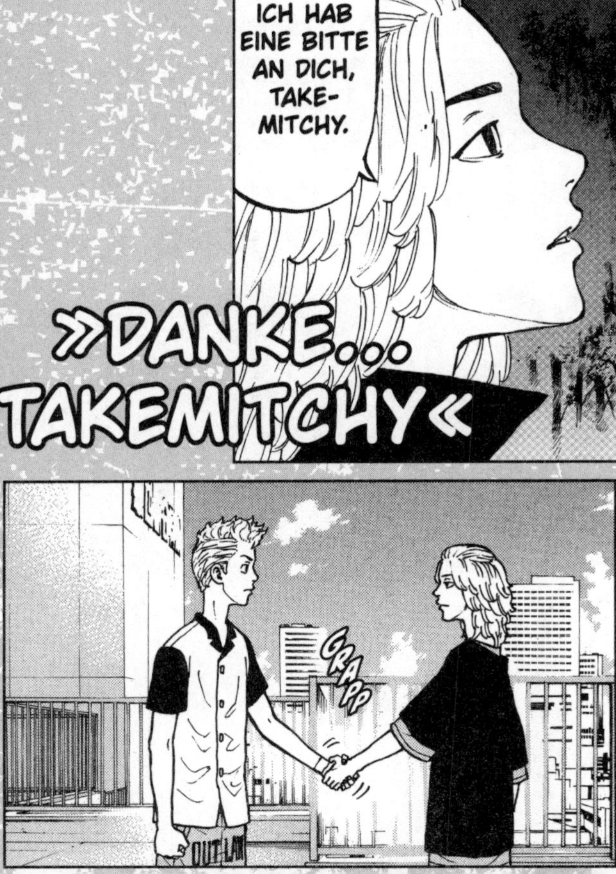

verwandelt. Es liegt an Takemichi, in der Vergangenheit dafür zu sorgen, dass Mikey nicht in den dunklen Abgrund stürzt, der in ihm lauert, und sich die Gang dadurch zum Schlechteren entwickelt. Er unterstützt Mikey, und Mikey scheint das auch recht zu sein, vorerst zumindest.

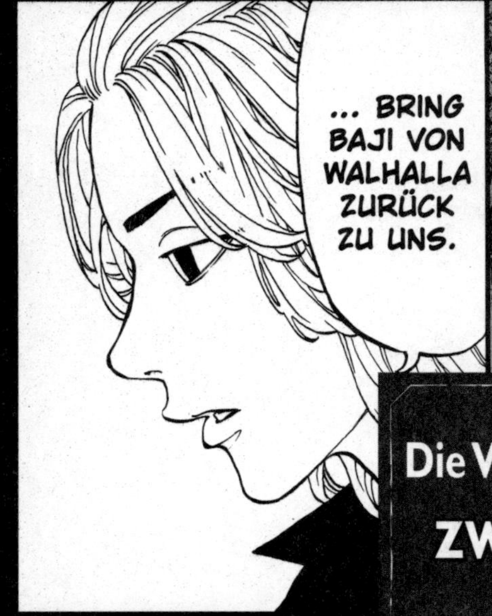

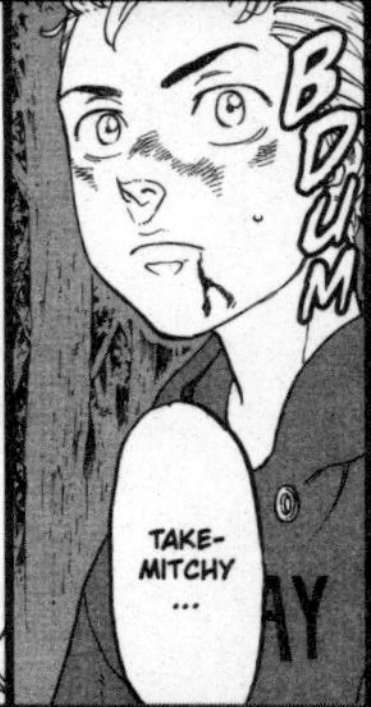

Für Mikey ist die Manji-Gang ein Team, in dem jeder jederzeit sein Leben für den anderen aufs Spiel setzen würde. Deshalb ist er auch ohne Zögern bereit einen Krieg mit einer anderen Gang zu beginnen, wenn es darum geht, einem seiner Gangbrüder zu helfen. Um der tiefen Freundschaft und der engen Bande gerecht zu werden, ist Mikey entschlossen, alles auf sich zu nehmen.

Die Verbundheit und Freundschaft zwischen Mikey und der Manji-Gang

»ER LIEGT MIR NÄMLICH ECHT AM HERZEN.«

DOPPELBAND 3, KAPITEL 39

»DU ERINNERST MICH AN MEINEN GROSSEN BRUDER.«

DOPPELBAND 1, KAPITEL 5

»UND SOLANGE ICH HINTER IHR STEHE, WIRD NIEMAND VON UNS VERLIEREN!«

DOPPELBAND 2, KAPITEL 15

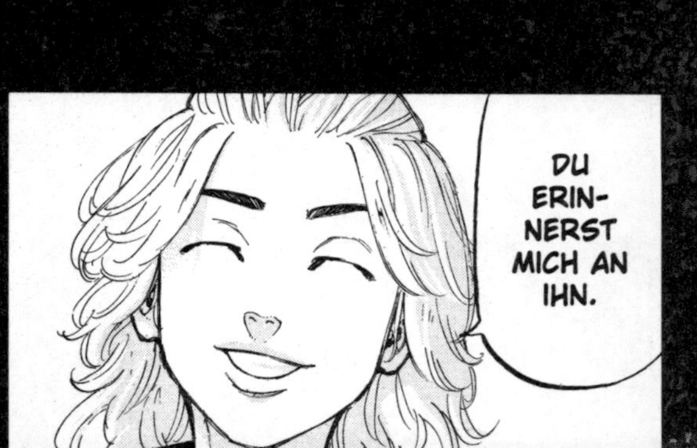

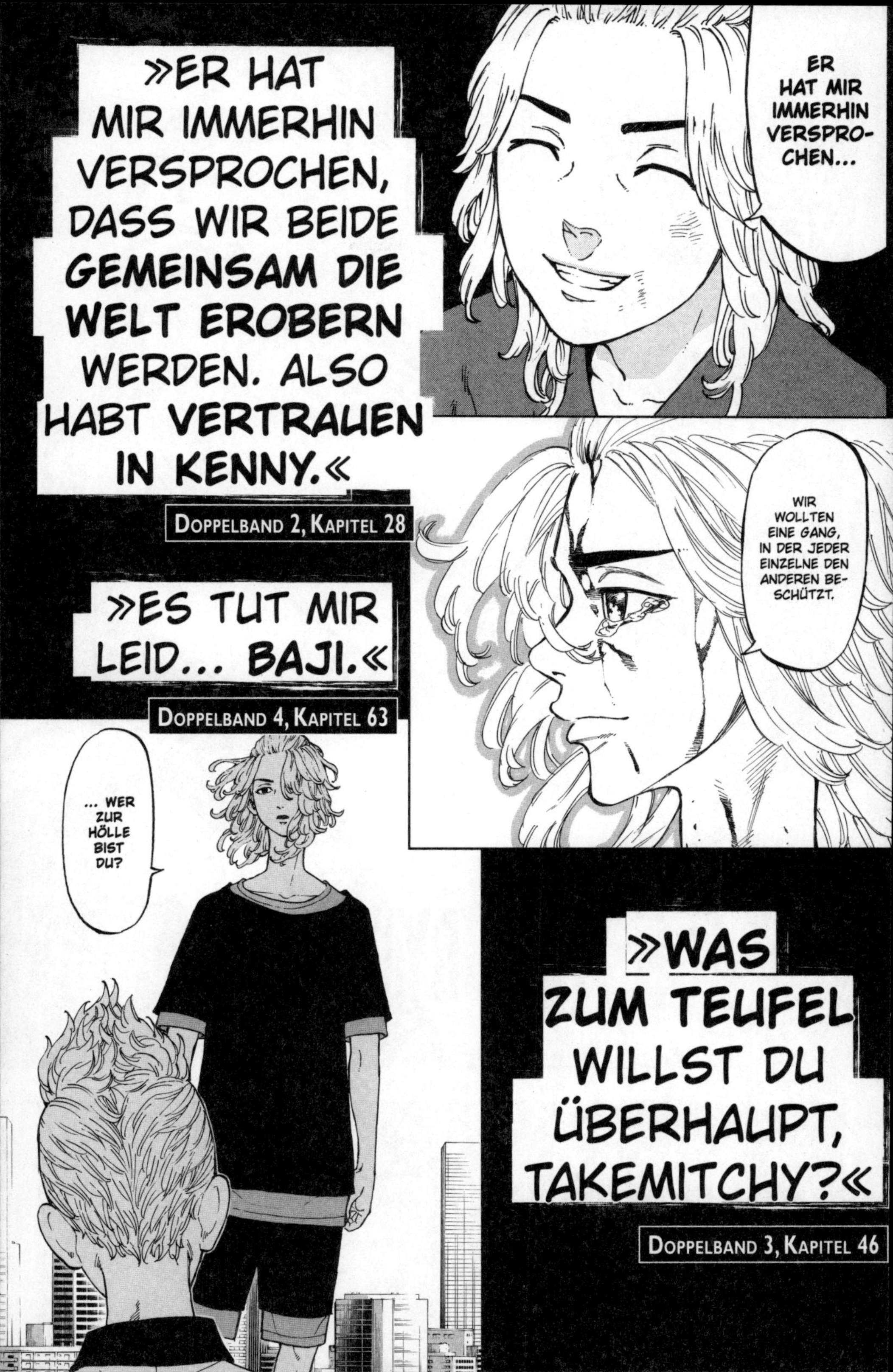
ER HAT MIR IMMERHIN VERSPRO-CHEN...
»ER HAT MIR IMMERHIN VERSPROCHEN, DASS WIR BEIDE GEMEINSAM DIE WELT EROBERN WERDEN. ALSO HABT VERTRAUEN IN KENNY.«
DOPPELBAND 2, KAPITEL 28
WIR WOLLTEN EINE GANG, IN DER JEDER EINZELNE DEN ANDEREN BE-SCHÜTZT.
»ES TUT MIR LEID... BAJI.«
DOPPELBAND 4, KAPITEL 63
... WER ZUR HÖLLE BIST DU?
»WAS ZUM TEUFEL WILLST DU ÜBERHAUPT, TAKEMITCHY?«
DOPPELBAND 3, KAPITEL 46

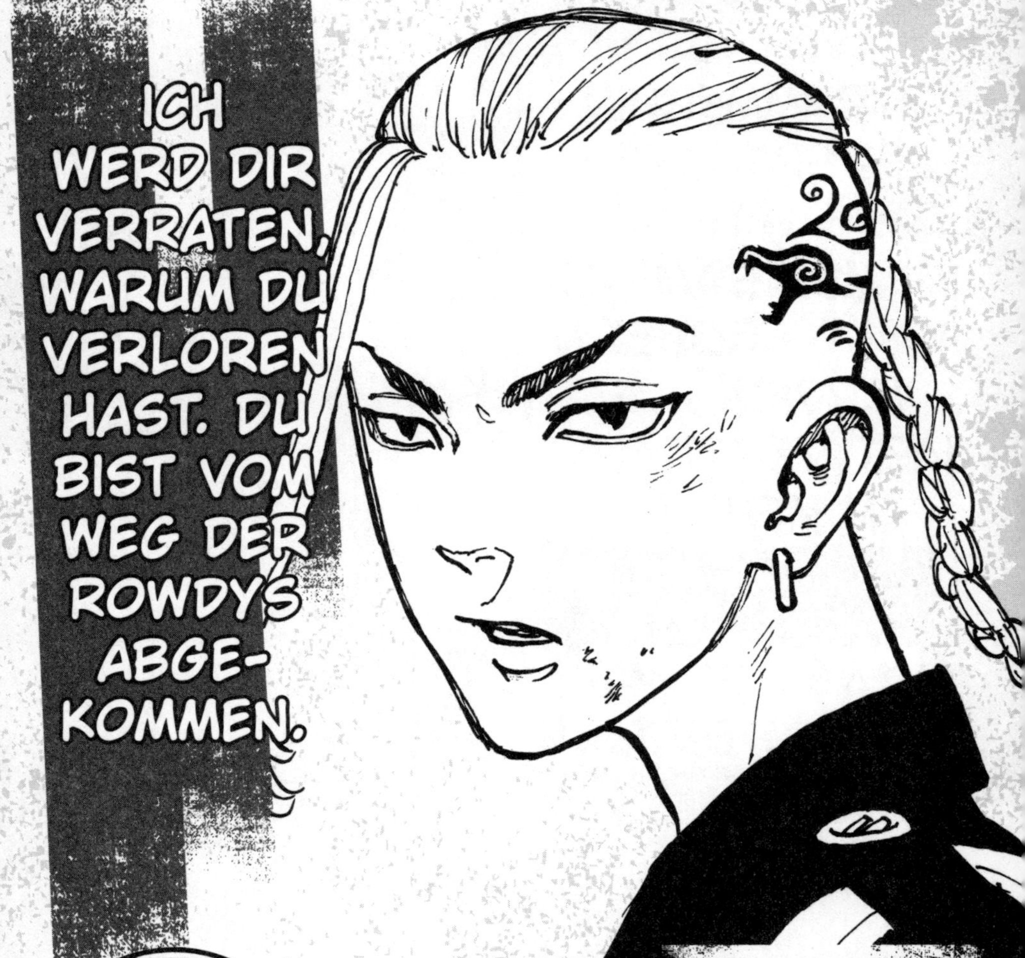

TOKYO-MANJI-GANG

KEN RYUGUJI

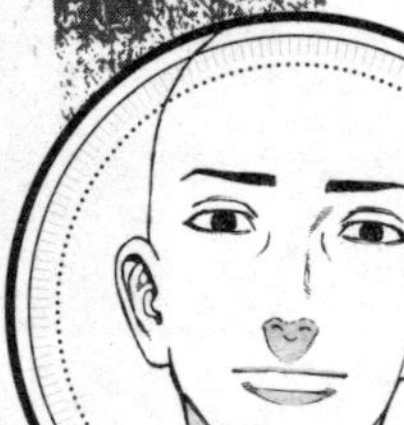

12 JAHRE SPÄTER

POSITION

VIZEOBERHAUPT / GRÜNDUNGSMITGLIED DER TOKYO-MANJI-GANG

♦ Größe: 1,85 m (Vergangenheit) / 1,85 m (Gegenwart) ♦ Gewicht: 75 kg ♦ Alter: 15 Jahre (9. Klasse, in der Vergangenheit) / 27 Jahre (Gegenwart)

♦ Geburtstag: 10. Mai 1990 ♦ Sternzeichen: Stier ♦ Blutgruppe: 0 ♦ Spitzname: Draken ♦ Themenfarbe: Pink

♦ Liebt: an Motorrädern herumzuschrauben ♦ Hasst: alte Männer, die nach Parfum stinken ♦ Besondere Fähigkeit: Lebensratschläge zu geben (weil er ein offenes Ohr für die Mädchen im Bordell hat und ihnen jeden Tag zuhört) ♦ Bewundert: Manjiro Sano

♦ Kommt nicht so gut zurecht mit / Hat Angst vor: Kazutora ♦ Traum: seine untere Körperhälfte durch ein Motorrad zu ersetzen ♦ Bemerkenswerte (oder bedauernswerte) Leistung: Nahm einmal eine ganze Rockergang auseinander, während er einen schlafenden Mikey auf dem Rücken trug.

♦ Lieblingsort: das Viertel Dogenzaka in Shibuya

♦ Ein Tag aus seinem Leben: Fährt zu Mikey, um ihn aufzuwecken, und danach gehen sie entweder zur Schule, mischen Rowdys aus einer anderen Schule auf oder basteln an Motorrädern herum, je nachdem, wonach Mikey gerade der Sinn steht.

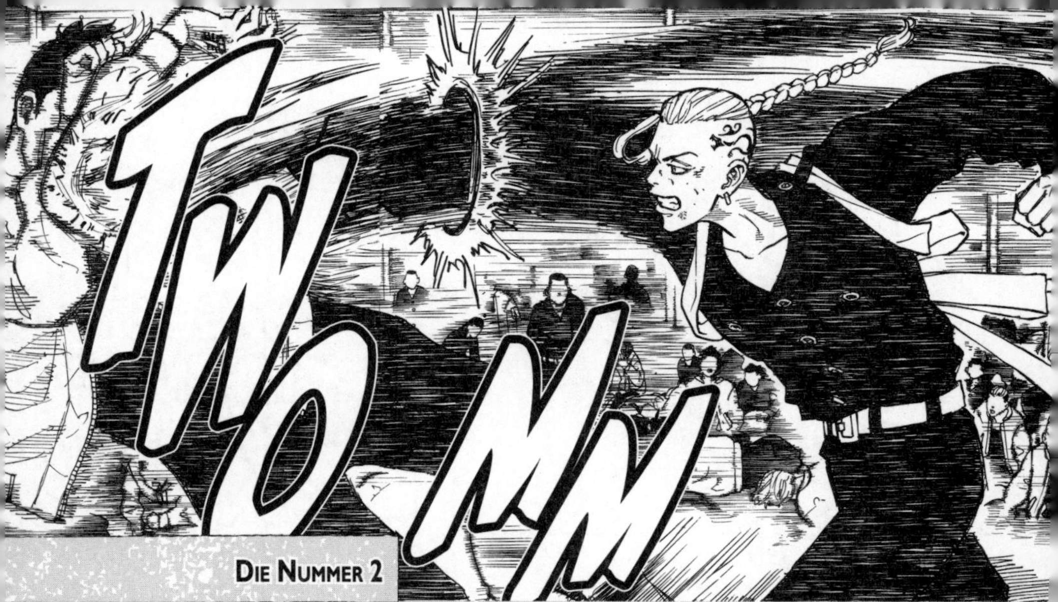

DIE NUMMER 2

Der Vizeboss der Manji-Gang, der das Blatt im Alleingang wendet!

Mit einer Power, die der von Mikey in nichts nachsteht, erledigt er im Alleingang Dutzende von Rowdys und wendet das Blatt in der Schlacht! In seinen Fäusten steckt solche Kraft, dass er Hanma beim Blutigen Halloween mit einem Treffer meterweit davonfliegen lässt, obwohl dieser den Schlag blocken konnte! Bei einer gewöhnlichen Schlägerei kann ihm niemand das Wasser reichen!

PERSÖNLICHKEIT

Er folgt dem Weg der Rowdys, nimmt aber Rücksicht auf andere!

Für Draken gilt der Grundsatz, Außenstehenden keinen Ärger zu bereiten. Dass er Mikey im Krankenhaus dazu zwingt, sich zu verbeugen, geschieht auch aus diesem Mitgefühl für seine Mitmenschen heraus.

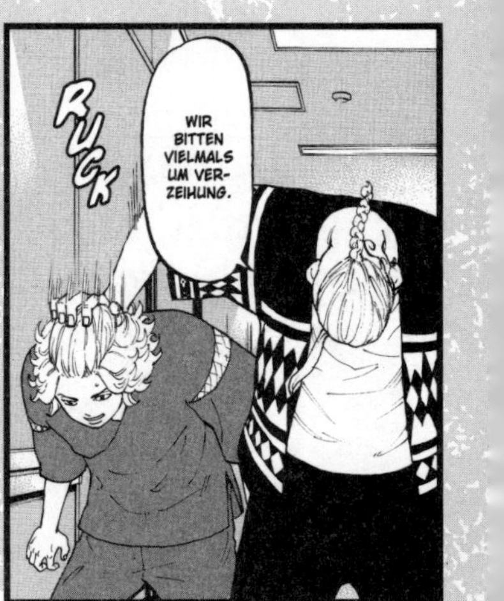

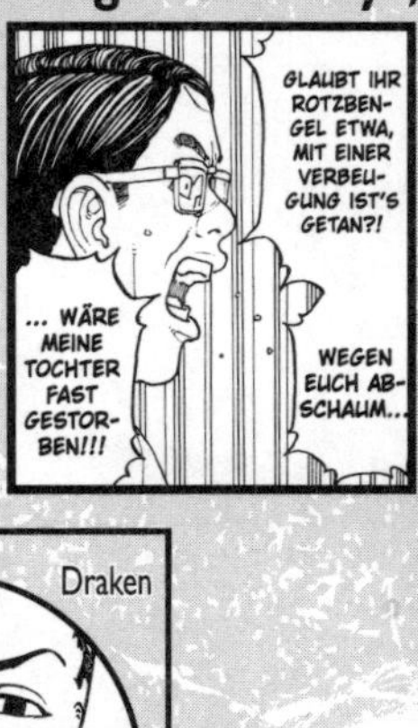

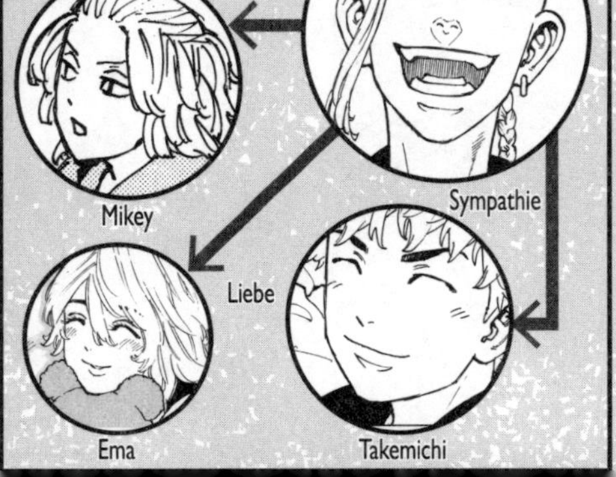

BEZIEHUNGEN

Für seine Freunde ist er immer mit vollem Einsatz zur Stelle!

Er lernt Mikey kennen, als er in der fünften Klasse ist, und von dessen Stärke fasziniert freundet er sich mit ihm an. Takemichi, der Mut beweist, als es drauf ankommt, ist ihm auch schnell sympathisch. Er sieht sie nun beide als beste Freunde.

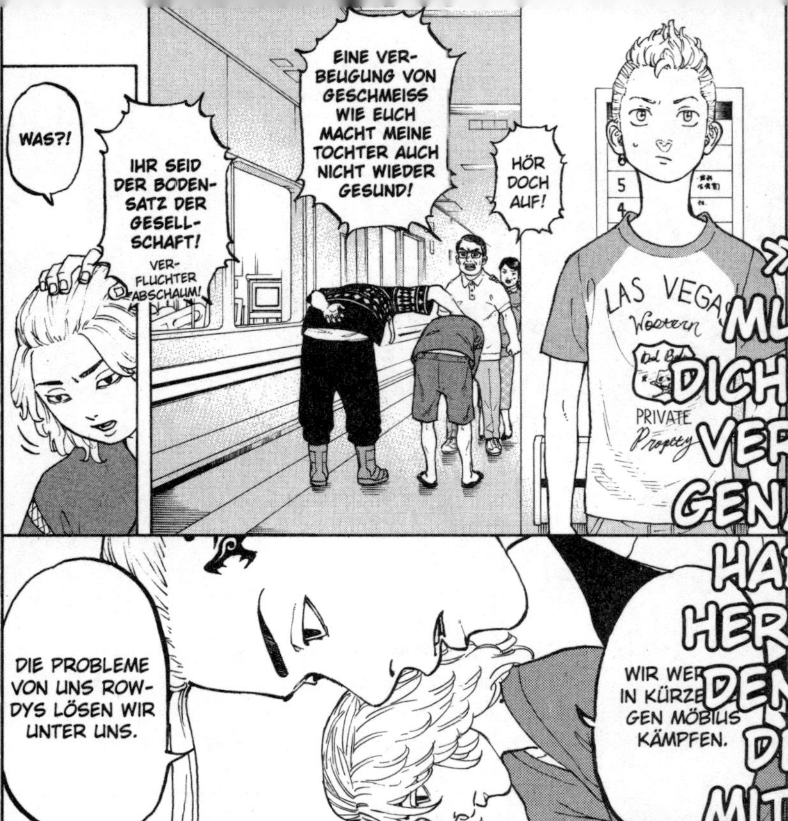

»Du musst dich nicht verbeugen, aber hab ein Herz und denk an deine Mitmenschen.«

Er vermittelt Takemichi und Mikey, was wirklich zählt!

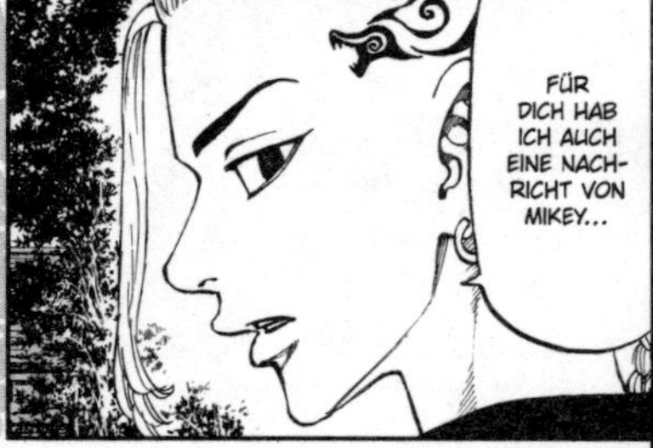

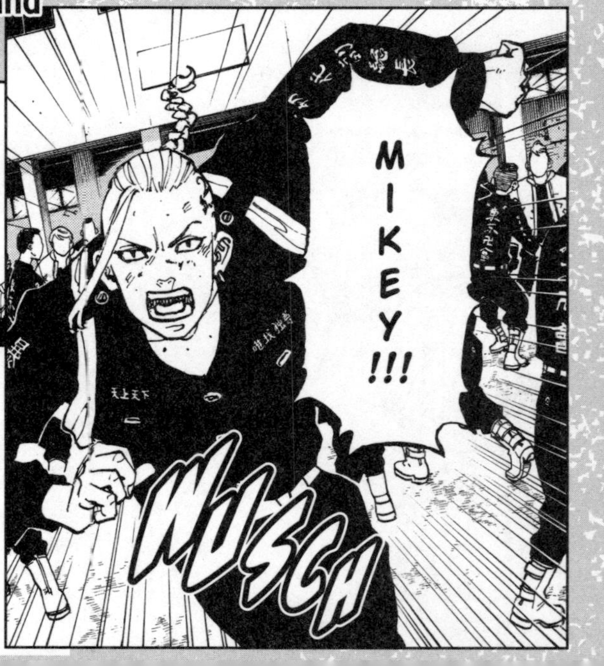

Seit ihrer ersten Begegnung als Grundschüler steht Draken Mikey als Stütze zur Seite. Er ist auch derjenige, der Mikey bremst, wenn dieser zu weit geht. Doch es gibt auch Momente, in denen selbst Draken nicht mehr zu ihm durchdringt, wie etwa als Mikey beim Blutigen Halloween seinem Hass auf Kazutora freien Lauf lässt.

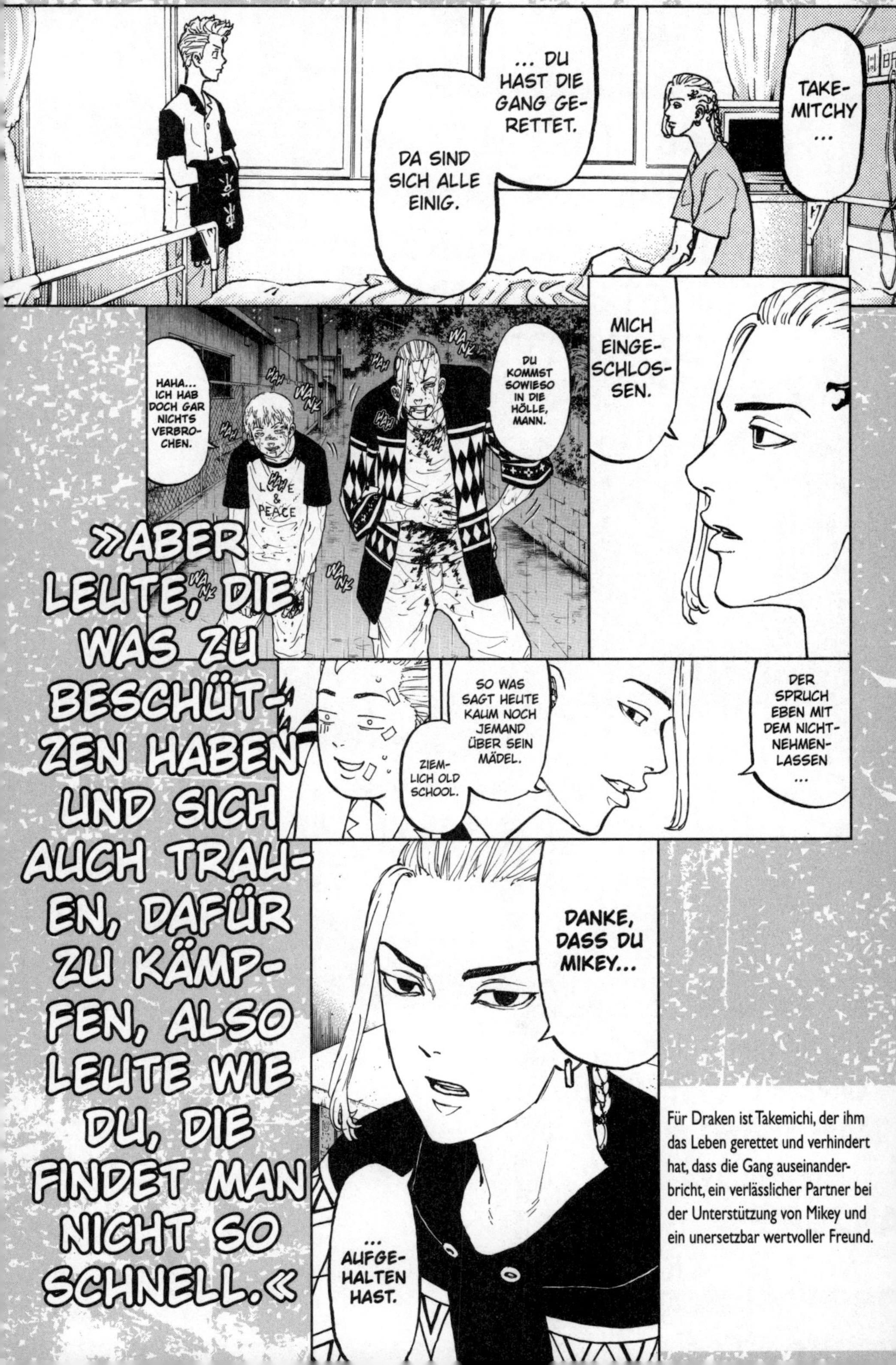

»Aber Leute, die was zu beschützen haben und sich auch trauen, dafür zu kämpfen, also Leute wie du, die findet man nicht so schnell.«

Für Draken ist Takemichi, der ihm das Leben gerettet und verhindert hat, dass die Gang auseinanderbricht, ein verlässlicher Partner bei der Unterstützung von Mikey und ein unersetzbar wertvoller Freund.

»DANKE, TAKEMITCHY. ICH HAB DIR MEIN LEBEN ZU VERDANKEN. BITTE STEH MIKEY... ZUR SEITE...«

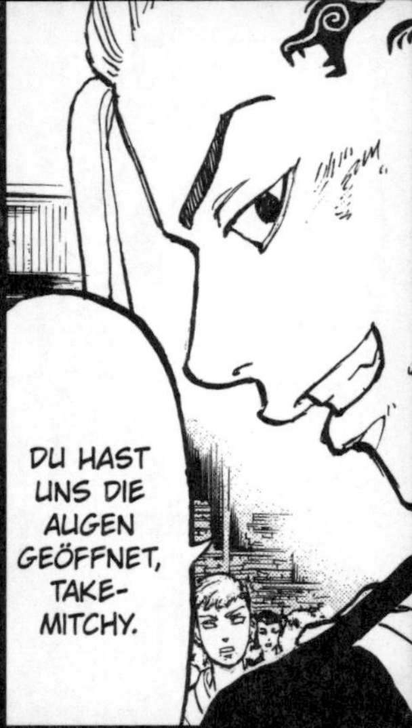

DOPPELBAND 2, KAPITEL 27

Was Draken ausmacht: sein Herz für andere

Drakens Grundsatz lautet: Ein Rowdy, der etwas auf sich hält, zeigt nicht jedem, dem er begegnet, sofort die Zähne. Ein wahrer Rowdy nimmt Rücksicht auf seine Mitmenschen und reicht seinen Kameraden stets eine helfende Hand. Solange es Draken gibt, werden die Mitglieder der Gang durch ein festes Band verbunden bleiben. Drakens Worte sind von seinem Mitgefühl geprägt.

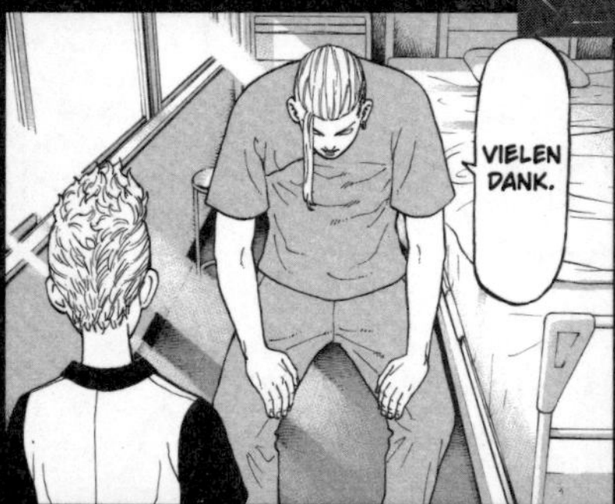

»UND BITTE HALTE DIE UNIFORM IN EHREN.«

DOPPELBAND 2, KAPITEL 29

»HAHA! COOL, ODER? DAS IST DAS ERSTE MAL, DASS JEMAND ANDERS ALS MIKEY MICH BESUCHT.«

DOPPELBAND 4, KAPITEL 65

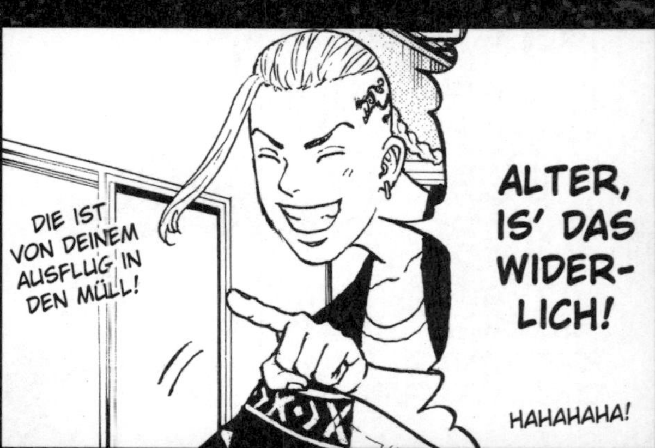

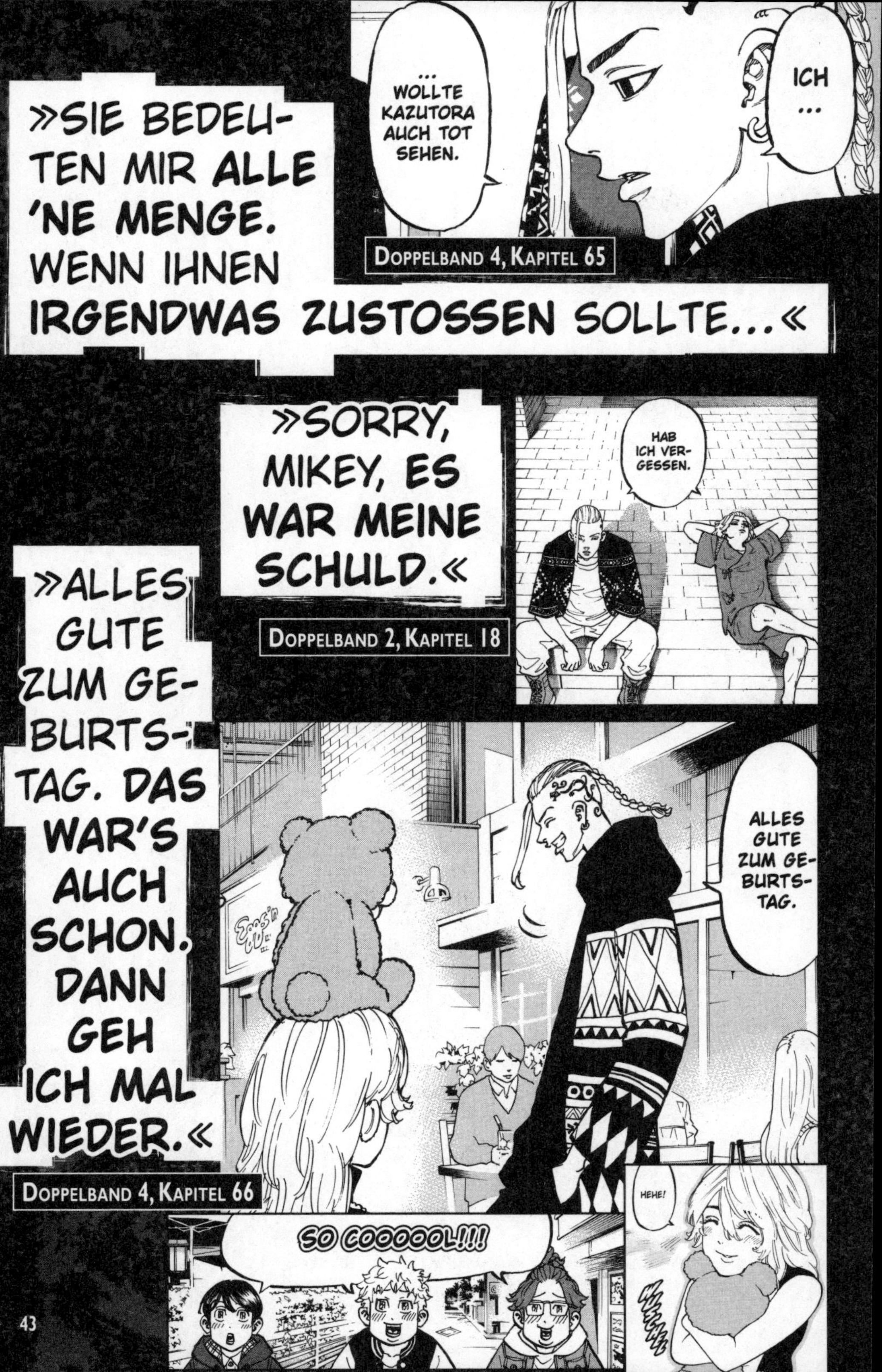

Doppelband 4, Kapitel 65

Doppelband 2, Kapitel 18

Doppelband 4, Kapitel 66

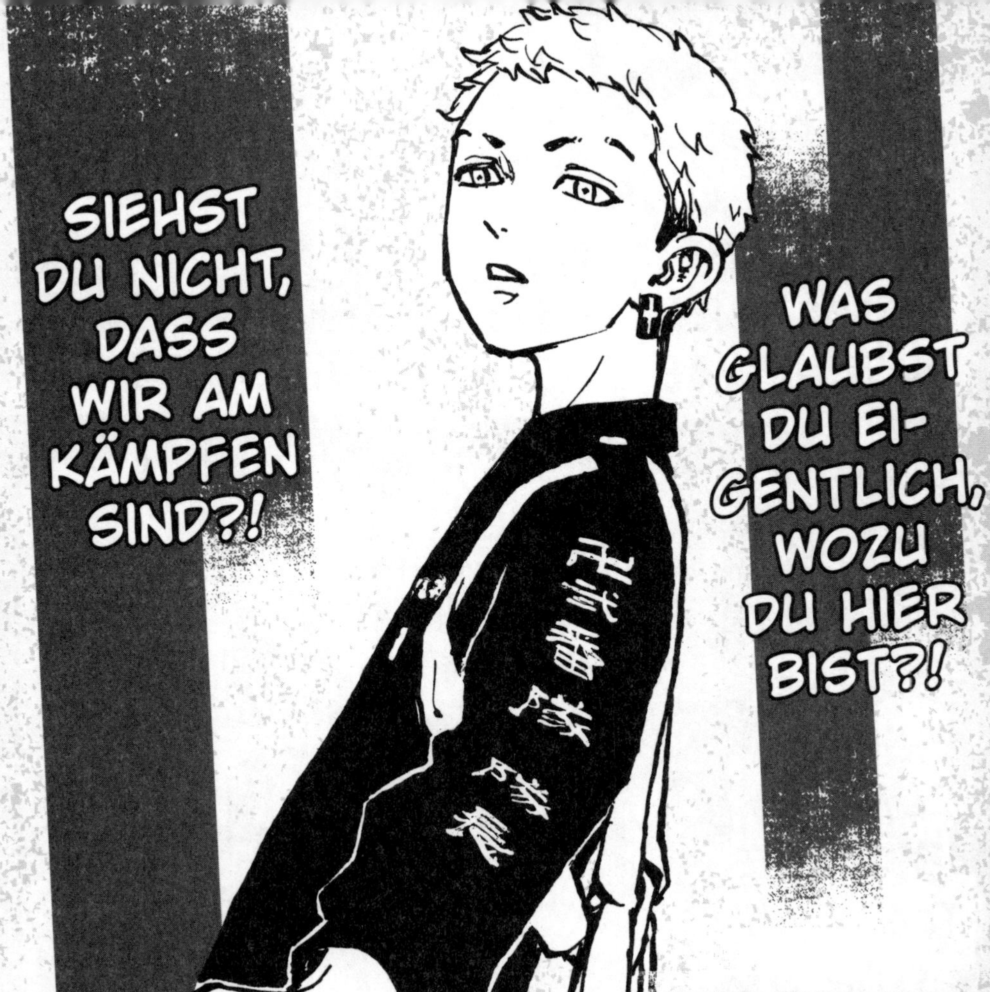

TOKYO-MANJI-GANG

TAKASHI MITSUYA

POSITION

KOMMANDANT DER 2. DIVISION UND GRÜNDUNGSMITGLIED DER TOKYO-MANJI-GANG / SCHÜLER AN DER 2. SHIBUYA-MITTELSCHULE

♦ Größe: 1,70 m, laut ihm selbst (Vergangenheit) ♦ Gewicht: 57 kg ♦ Alter: 15 Jahre (9. Klasse, in der Vergangenheit) / 27 Jahre (Gegenwart)

♦ Geburtstag: 12. Juni 1990 ♦ Sternzeichen: Zwillinge ♦ Blutgruppe: A ♦ Themenfarbe: Orange ♦ Liebt: den Moment beim Bügeln, wenn die Falten verschwinden

♦ Hasst: Hakkai, wenn dieser ausrastet und zu weit geht ♦ Besondere Fähigkeit: kann Stoffe allein durch Anfassen erkennen ♦ Bewundert: Coco Chanel

♦ Kommt nicht so gut zurecht mit / Hat Angst vor: Runa, wenn sie gerade erst aufgestanden ist, und Mana, wenn sie sich wie eine melodramatische Diva aufführt

♦ Traum: Modedesigner zu werden ♦ Bemerkenswerte (oder bedauernswerte) Leistung: Bei der Sportart Beach Flags kann ihm keiner aus der Gang das Wasser reichen.

♦ Lieblingsort: ein leeres Klassenzimmer am Nachmittag nach dem Unterricht

♦ Ein Tag aus seinem Leben: Damit seine Mutter ihren ersten freien Tag seit Langem in Ruhe genießen kann, nimmt er seine kleinen Schwestern und geht mit ihnen raus. Da er weiß, dass die beiden Hakkai mögen, lädt er ihn ein, sich ihnen im Park anzuschließen. Und während Hakkai mit den Mädchen spielt, macht er es sich auf einer Bank gemütlich, um seine Kreation für den nächsten Wettbewerb der Handarbeits-AG fertig zu nähen.

Persönlichkeit

Ein fürsorglicher Typ, der sich um die Neuen kümmert!

Mitsuya ist ein fürsorglicher Mensch, der stets um das Wohlergehen seiner Kameraden besorgt ist und bei jeder Gelegenheit auf den neu hinzugestoßenen Takemichi aufpasst. Er beschützt ihn zum Beispiel vor dem wütenden Pah oder hat auch ein Auge darauf, wie das geheime (?) Gespräch zwischen Mikey und ihm verläuft.

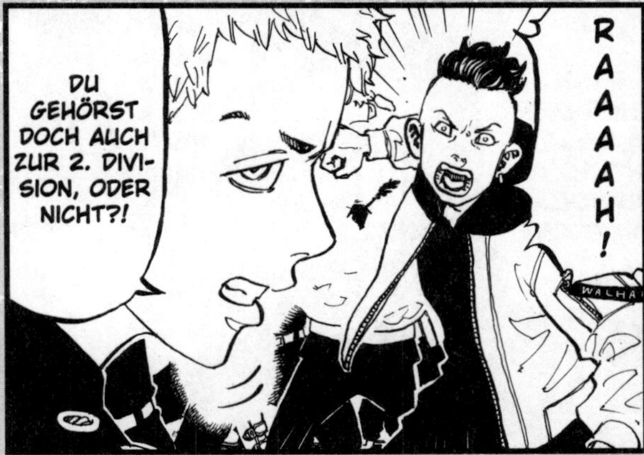

Vertrauen

Takemichis Bescheidenheit und Kampfgeist beeindrucken ihn!

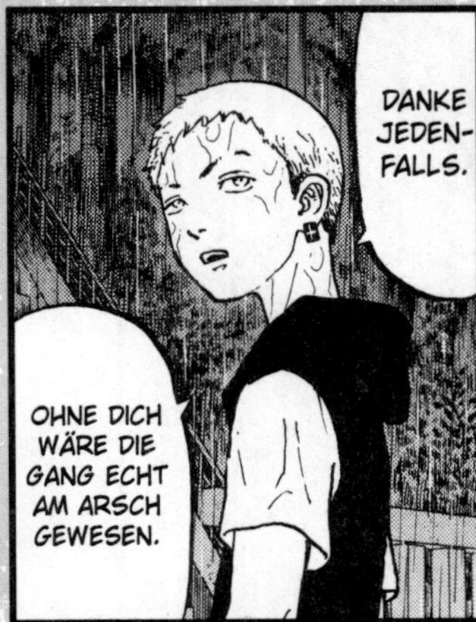

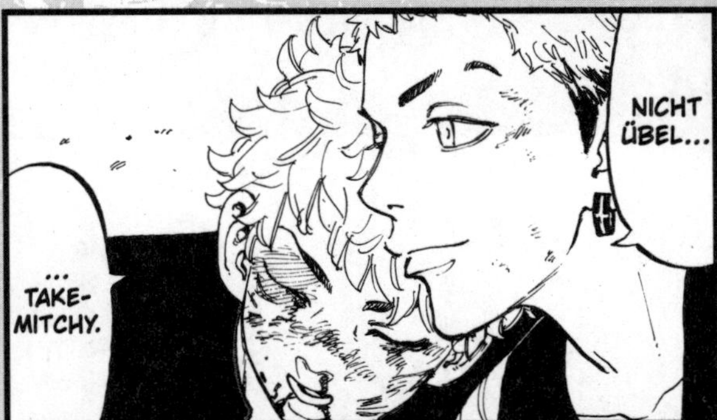

Mitsuya ist Takemichi dankbar dafür, dass er Mikey und Draken versöhnt und beim Blutigen Halloween den anderen Mitgliedern der Manji-Gang mit seiner todesmutigen Entschlossenheit die Augen geöffnet hat, und zeigt sich bei ihm mit einer von Hand geschneiderten Gang-Uniform erkenntlich.

Beziehungen

Takemichi wird unter seine Obhut gestellt!

Auf Mikeys Befehl hin nimmt Mitsuya Takemichi in die 2. Division auf, die er anführt. Außerdem geht er mit Peh, dem Vizekommandanten der 3. Division, auf dieselbe Schule. Seit dem Kampf vom 3. August scheinen sich die beiden sehr gut zu verstehen.

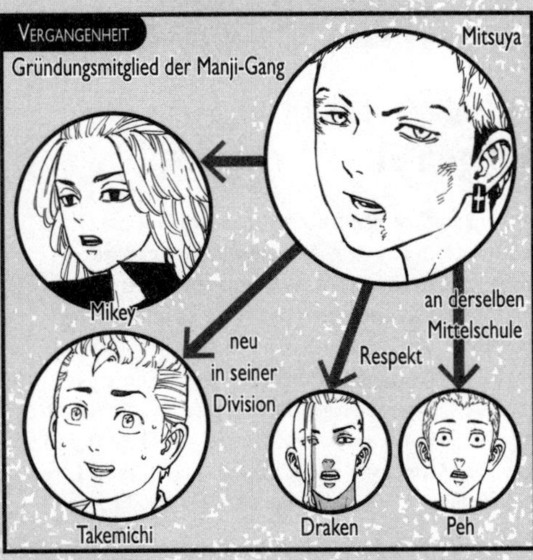

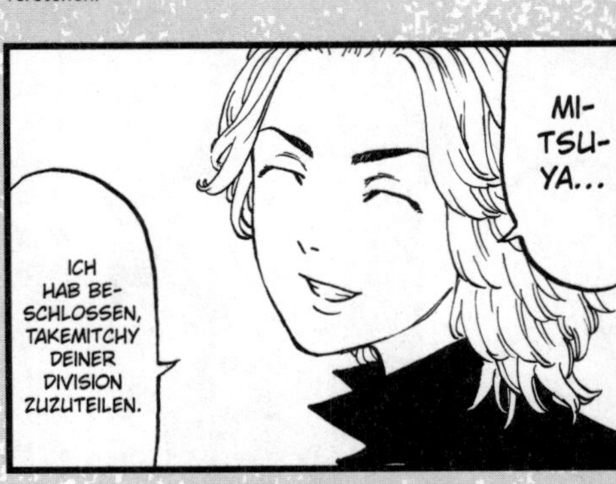

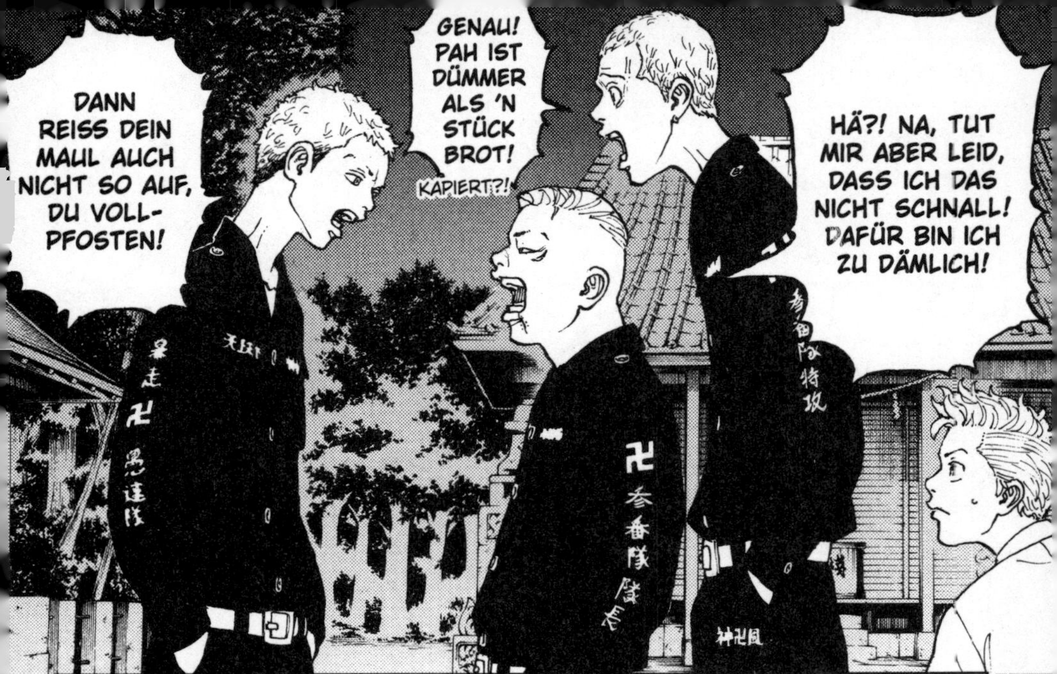

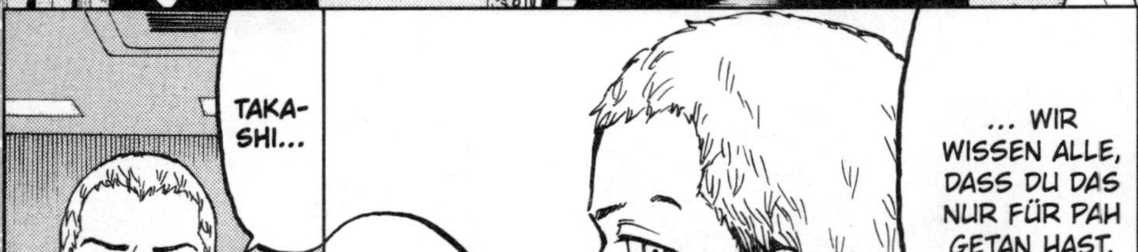

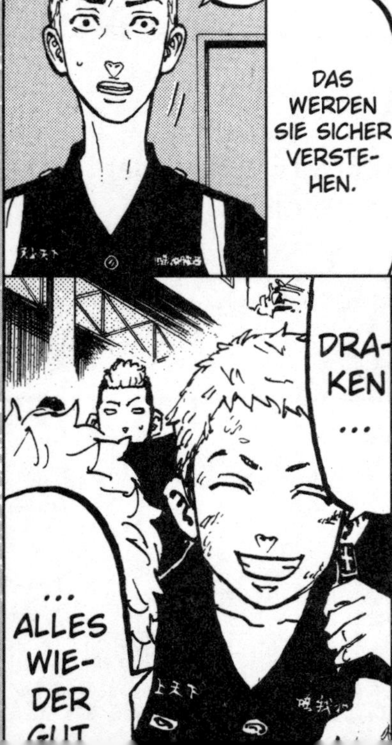

Er greift aktiv ein, um Spannungen zu entschärfen!

In der Manji-Gang sind Streitigkeiten und Prügeleien zwischen den Mitgliedern verboten. Doch wo viele Rowdys zusammenkommen, bleiben Spannungen nicht aus und jeder noch so kleine Streit birgt das Potenzial, zu eskalieren und zu einem Konflikt auszuarten, der die gesamte Gang erschüttern könnte.

In solchen Fällen ist Mitsuya von unschätzbarem Wert, denn er ergreift sofort die Initiative, um Streit zwischen den Mitgliedern zu schlichten. Er überzeugte nach dem Kampf vom 3. August auch Peh, der Draken angegriffen hatte, unter vier Augen davon, dass er sich immer noch mit der Gang versöhnen könne. Mitsuya trägt großen Anteil daran, dass die Mitglieder der Manji-Gang so fest zusammenhalten.

In der Gang als auch in der Schule aktiv!

Mitsuyas überraschende Leidenschaft!

Zu Mitsuyas beeindruckenden Qualitäten gehört, dass er seine Aktivitäten als Kommandant der 2. Division und sein Schulleben gekonnt unter einen Hut kriegt. In der Schule entfaltet er als Leiter der Handarbeits-AG sein volles Potenzial und scheint sehr beliebt unter den AG-Mitgliedern zu sein.

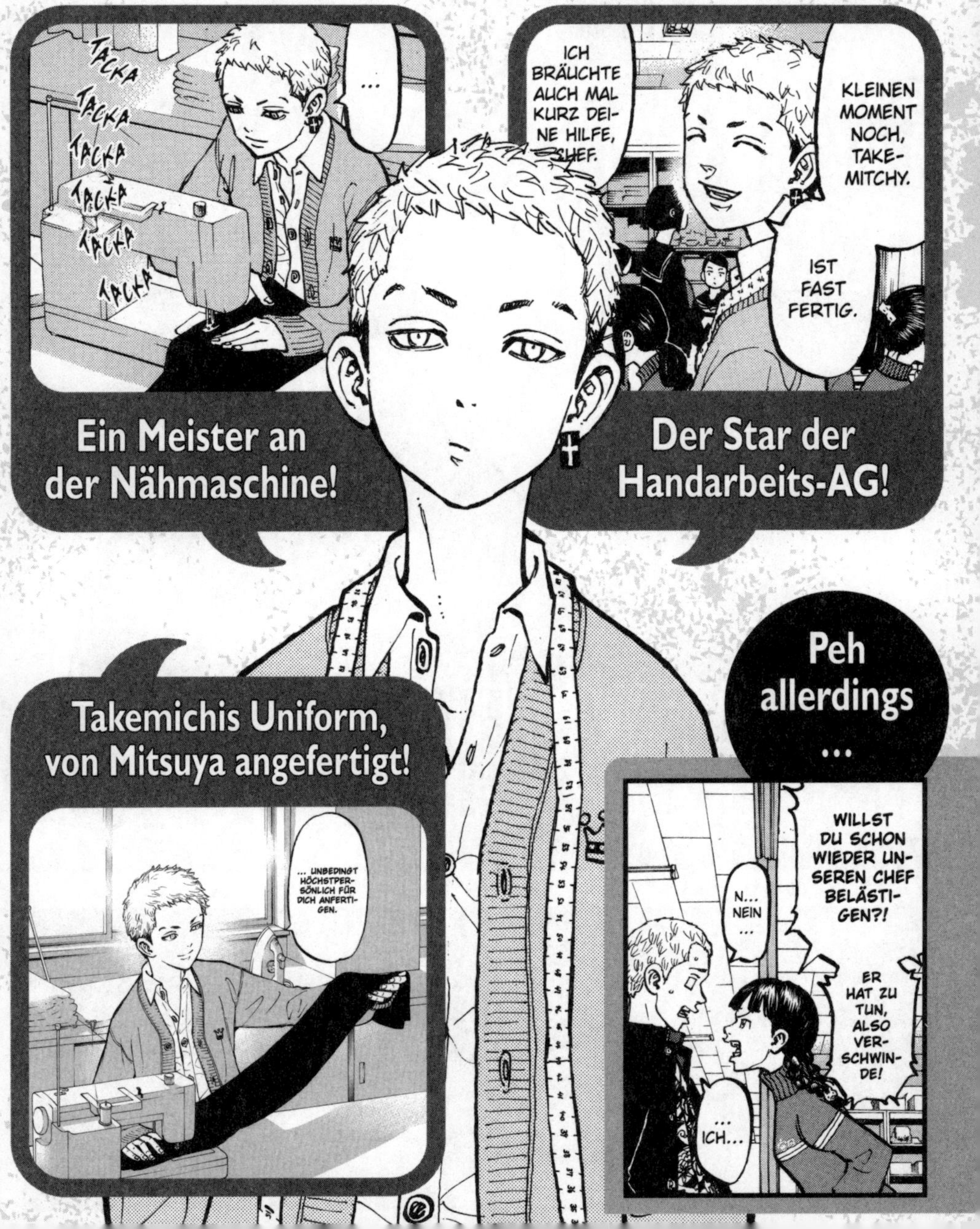

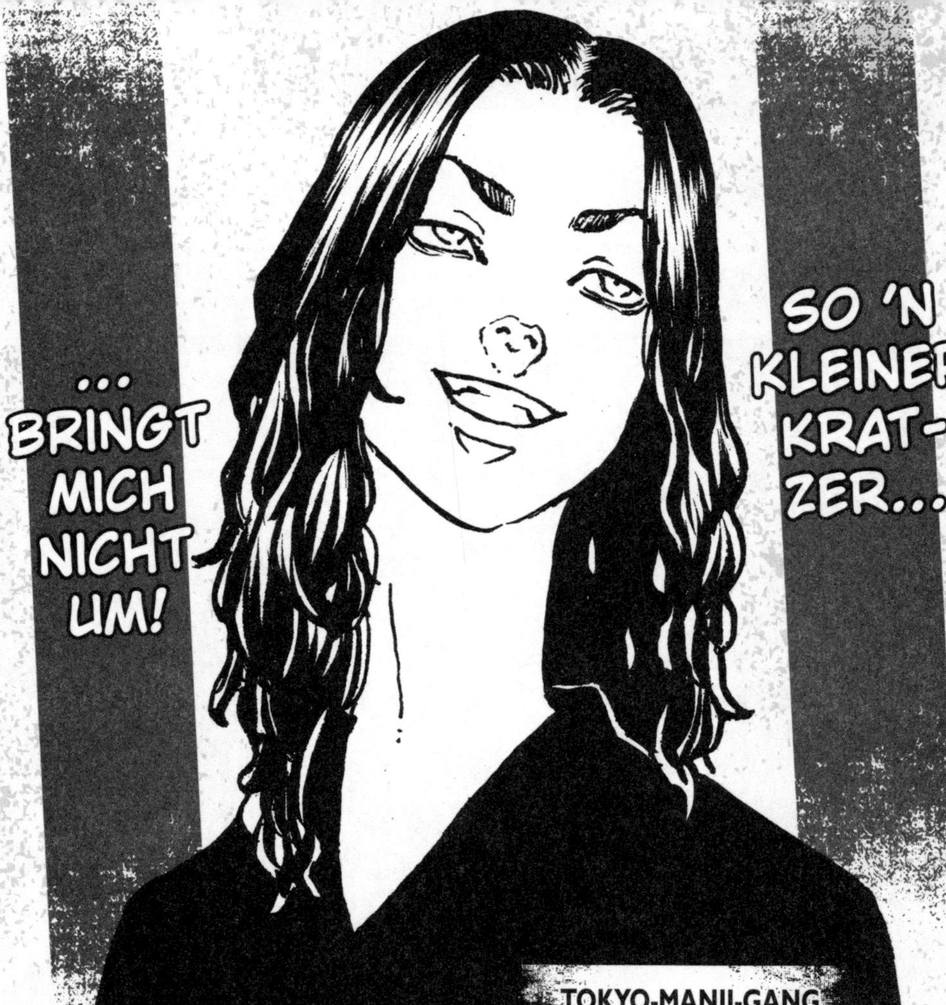

TOKYO-MANJI-GANG

KEISUKE BAJI

POSITION

ZUVOR KOMMANDANT DER 1. DIVISION / GRÜNDUNGSMITGLIED DER TOKYO-MANJI-GANG, JETZT MITGLIED VON WALHALLA

♦ Größe: 1,75 m (Vergangenheit) ♦ Gewicht: 58 kg ♦ Alter: 14 Jahre (8. Klasse, in der Vergangenheit) ♦ Geburtstag: 3. November 1990 ♦ Sternzeichen: Skorpion

♦ Blutgruppe: AB ♦ Themenfarbe: Dunkelblau ♦ Liebt: Krimiserien ♦ Hasst: Eintopfgerichte ♦ Besondere Fähigkeit: zuerst die Fäuste sprechen zu lassen

♦ Bewundert: die Schauspielerin Yuko Natori ♦ Kommt nicht so gut zurecht mit / Hat Angst vor: seiner Mutter ♦ Traum: seine eigene Tierhandlung zu betreiben

♦ Bemerkenswerte (oder bedauernswerte) Leistung: Er ist bei Tieren sehr beliebt. In seinem Zimmer tauchen laufend streunende Katzen auf.

♦ Lieblingsort: das Dojo von Mikeys Familie ♦ Ein Tag aus seinem Leben: Seine Mutter hat geweint, weil er sitzengeblieben ist. Er weiß, dass er sich beim Lernen mehr anstrengen muss, aber nichts davon, was er im Unterricht hört, bleibt hängen. Er fragt Mikey um Rat, der ihm vorschlägt, sich erst mal eine Brille zuzulegen, denn die würde ihn sicher schlauer machen. Er macht sich mit Draken und Mikey auf den Weg nach Shibuya, um sich eine zu kaufen. Dort kommt es zum Streit mit einem Rowdy, den er angerempelt hat. Der Typ ist stinksauer und droht, seine Kumpels zu rufen, also warten sie. Als circa 40 weitere Kerle auftauchen, spielen Mikey, Draken und er eine Runde Stein-Schere-Papier. Als Sieger darf er dann allein seinen Spaß mit den 40 Gegnern haben. Die Brille vergisst er.

Verrat?

Er verlässt die Manji-Gang und geht zu Walhalla!

Obwohl er der Kommandant der 1. Division ist, tritt er plötzlich aus der Manji-Gang aus und schließt sich Walhalla an, einer neuen Gang, die durch den Zusammenschluss mehrerer Manji-feindlicher Gruppen entstand. Nachdem er offiziell zu einem Mitglied von Walhalla ernannt wurde, erklärt er der Manji-Gang den Krieg. Doch sein Verrat hat einen Grund.

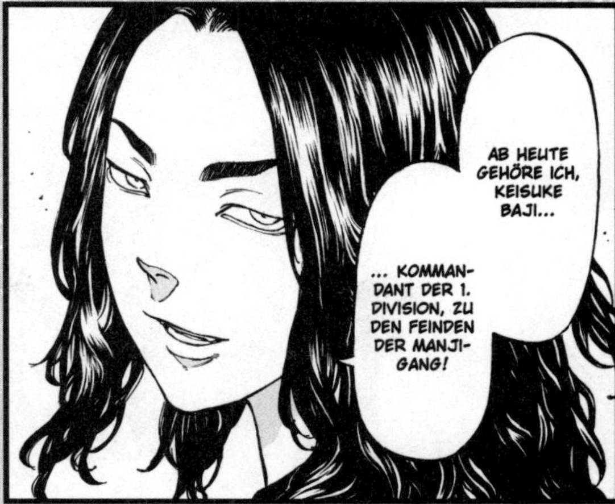

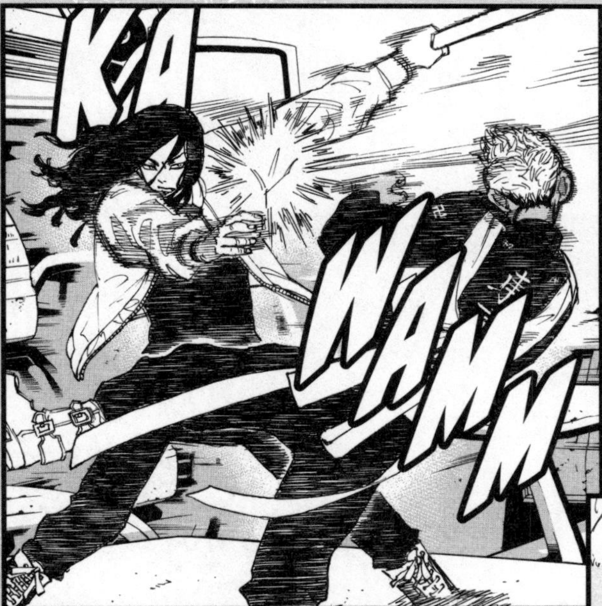

Persönlichkeit

Allein gegen Kisaki!

Baji hat die Manji-Gang nur verraten, um Kisaki auf die Schliche zu kommen. Wie heißt es doch? »Um den Feind in die Irre zu führen, muss man erst seine Verbündeten täuschen.« Beim Blutigen Halloween kämpft er sich allein durch die feindlichen Linien, um Kisaki zu stellen und mit einem heftigen Schlag zur Strecke zu bringen.

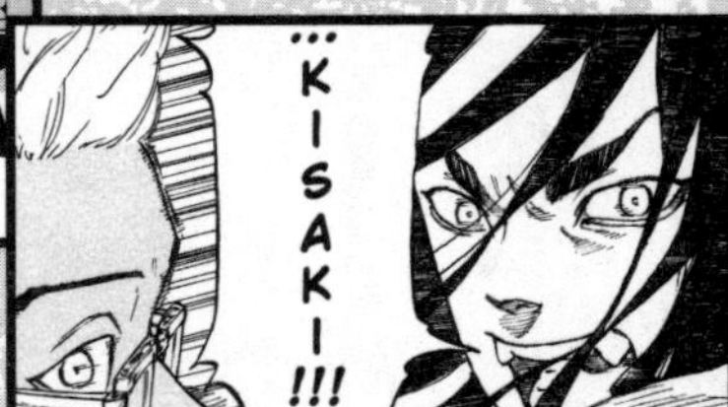

Vergangenheit

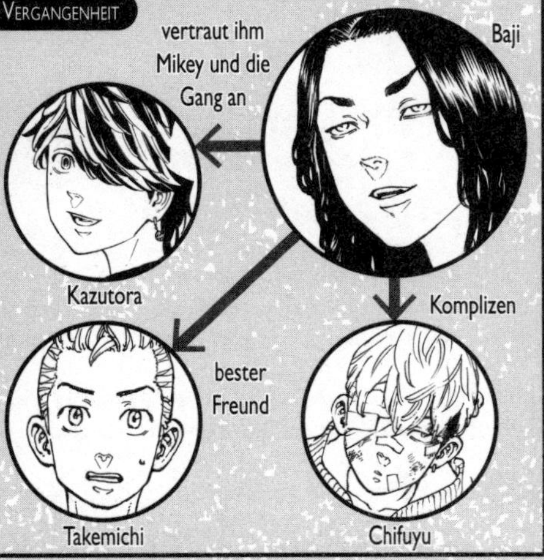

Beziehungen

Eines der sechs Gründungsmitglieder der Tokyo-Manji-Gang!

Er mag nicht der Hellste sein, wie seine traurige Leistung, bereits in der Mittelschule eine Klasse wiederholen zu müssen, beweist, doch was die Hingabe zu seinen Freunden betrifft, kommt niemand an ihn heran. Er ist Mitbegründer der Manji-Gang und beschützt sie im wahrsten Sinne des Wortes unter Einsatz seines Lebens.

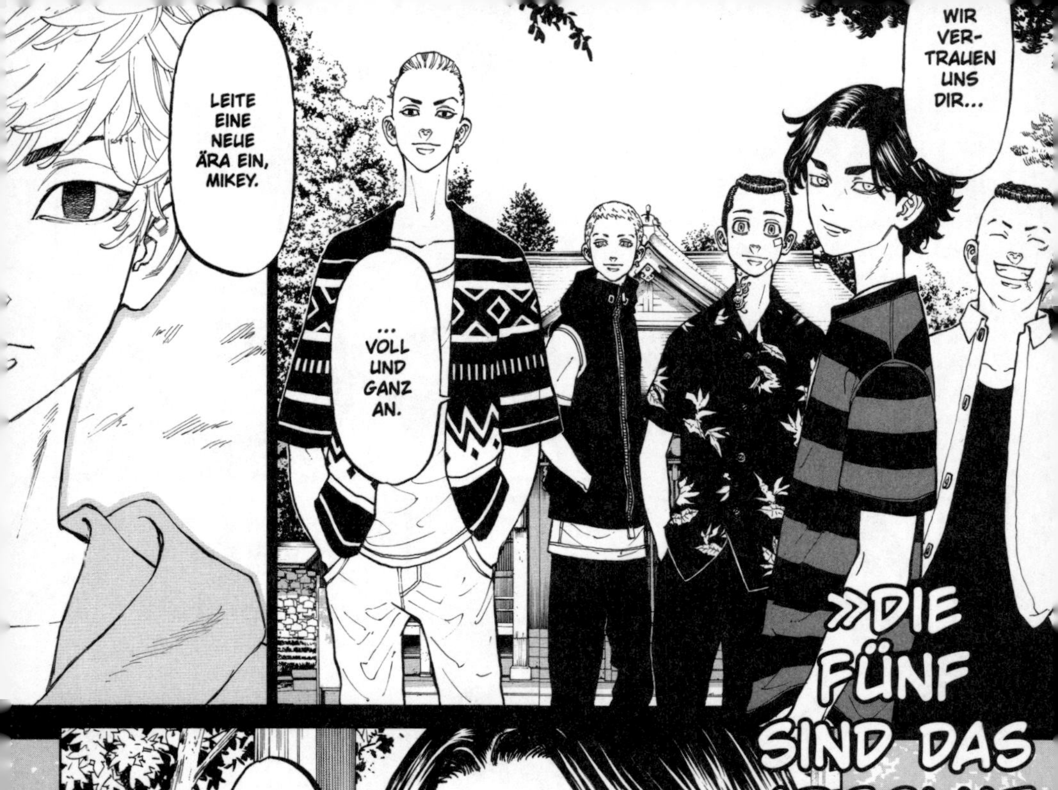

Geteilte Verantwortung für ein Verbrechen

Die Gründungsmitglieder der Manji-Gang bedeuten Baji alles und sind für ihn das Wertvollste in seinem Leben. Als einer von ihnen, Kazutora, Shin'ichiro tötet, beschließt Baji, der ebenfalls vor Ort ist, als das Unglück geschieht, gemeinsam mit ihm die Verantwortung für das Verbrechen zu übernehmen und damit das Versprechen zu erfüllen, das sie sich bei der Gründung der Gang gaben. Nämlich bereit zu sein, notfalls das eigene Leben für die anderen zu riskieren.

Diese Entscheidung belastet jedoch seine Beziehung zu Mikey schwer. Sein von Natur aus wildes Temperament und seine unbeholfene Art helfen auch nicht dabei, die Situation zu verbessern, und führen schließlich dazu, dass eine Distanz zwischen ihm und den anderen Gangmitgliedern entsteht.

Doch tief im Innersten ist Baji immer noch derselbe. Aus diesem Grund macht er sich im Alleingang auf, Kazutora zu retten und Mikey und die Manji-Gang vor Kisaki zu beschützen. Indem er sein Leben opfert, gelingt es am Ende, den alten Geist der Gang in Mikey und Kazutora

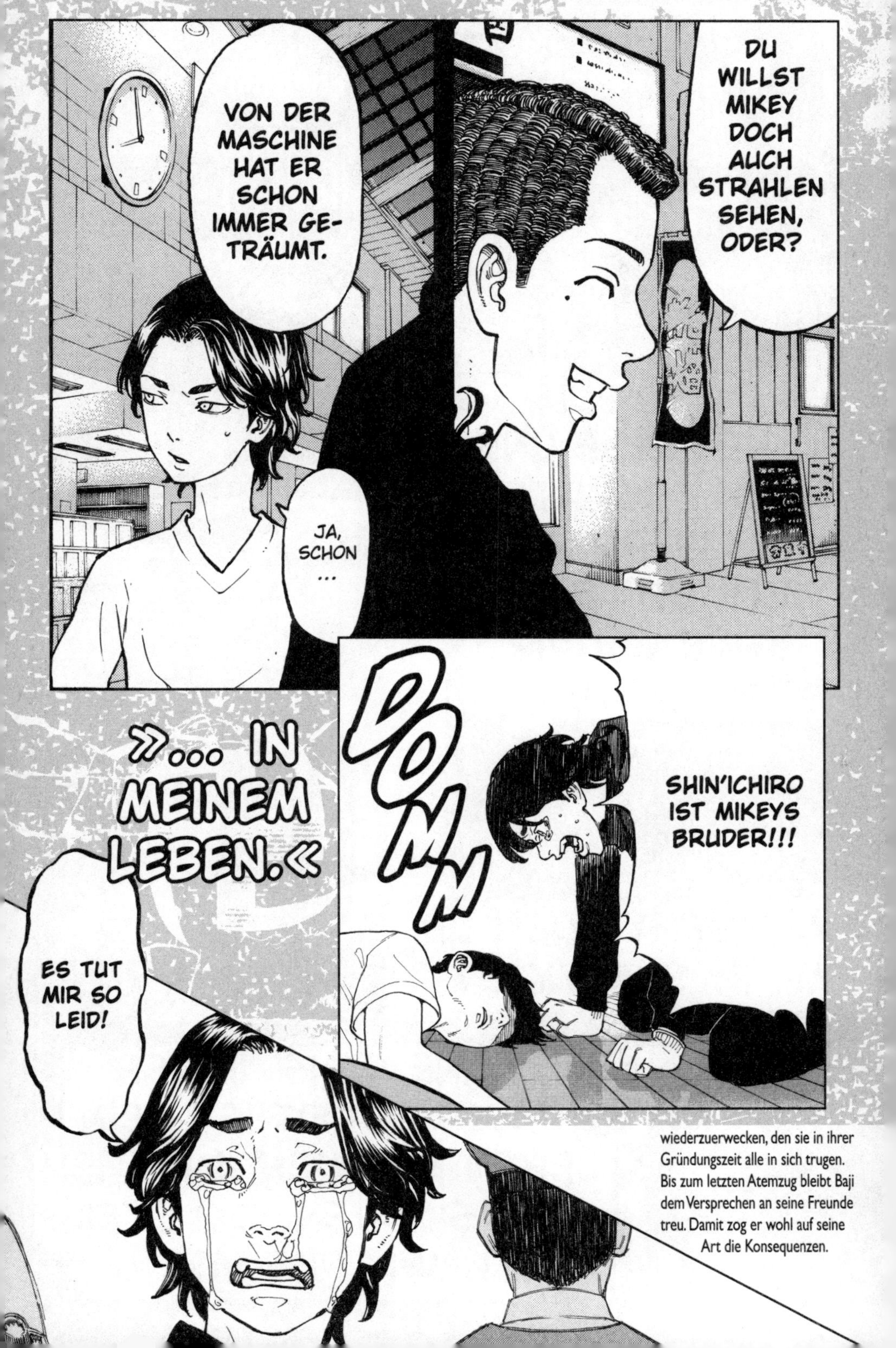

wiederzuerwecken, den sie in ihrer Gründungszeit alle in sich trugen. Bis zum letzten Atemzug bleibt Baji dem Versprechen an seine Freunde treu. Damit zog er wohl auf seine Art die Konsequenzen.

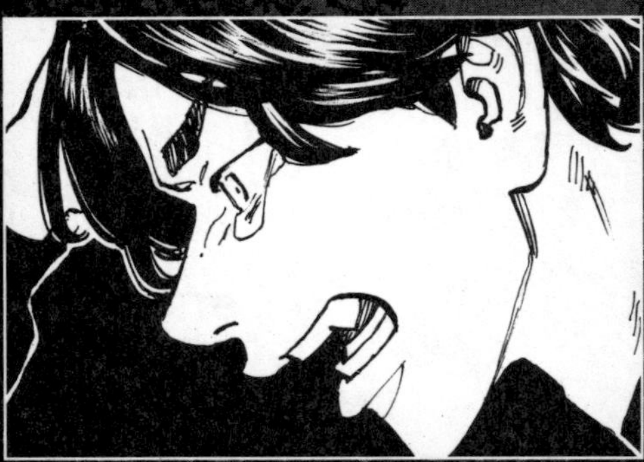

Entschlossenheit, für seine Freunde alles auf sich zu nehmen.

Solange er nur weiß, dass das, was er tut, zum Wohle seiner Freunde ist, ist es ihm völlig egal, ob sie ihn als Verräter beschimpfen. Mit diesem mutigen, doch tragischen Entschluss rast Baji schließlich auf das Ende seines kurzen Lebens zu. Nachdem er das Versprechen an seine Freunde erfüllt und die Zukunft der Gang in Takemichis Hände gelegt hat, tritt er in den Armen seines Freundes Chifuyu und umgeben von seinen Kameraden seine letzte Reise an.

»WAS FÜR EINE HÖLLE UNS AUCH ERWARTET, ICH WERD BIS ZUM BITTEREN ENDE BEI DIR BLEIBEN!«

DOPPELBAND 4, KAPITEL 60

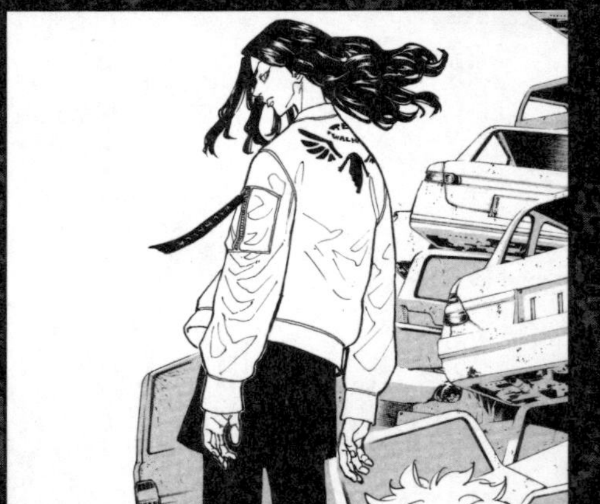

»KÜMMERT EUCH UM MIKEY FÜR MICH.«

DOPPELBAND 4, KAPITEL 58

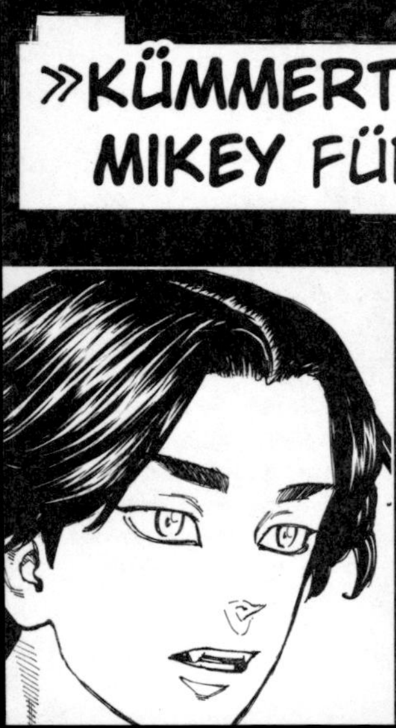

»EINE GANG, IN DER JEDER BEREIT IST SEIN LEBEN FÜR DEN ANDEREN ZU RISKIEREN. SO STELL ICH MIR DAS VOR.«

DOPPELBAND 4, KAPITEL 63

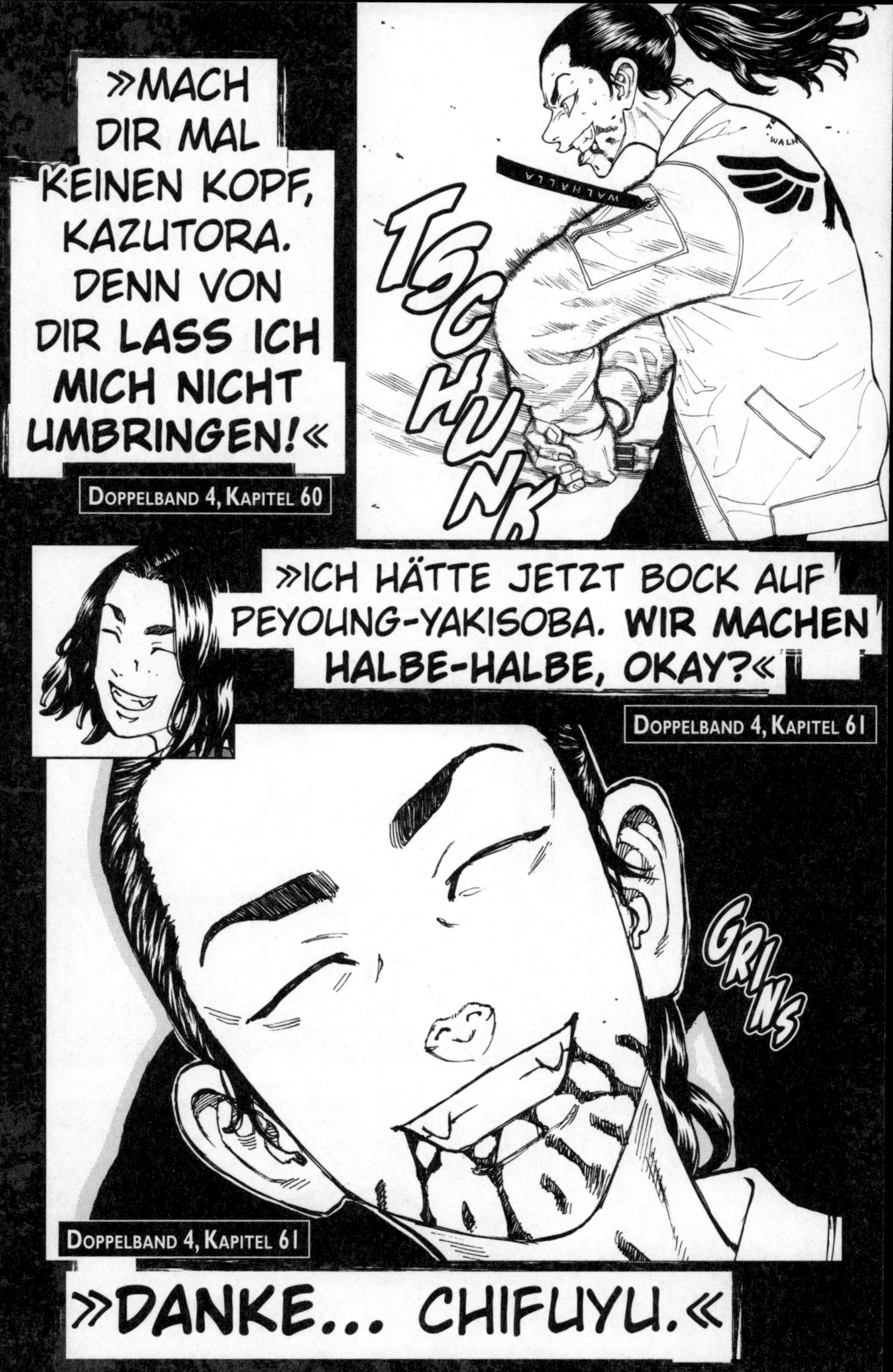
»MACH DIR MAL KEINEN KOPF, KAZUTORA. DENN VON DIR LASS ICH MICH NICHT UMBRINGEN!«
DOPPELBAND 4, KAPITEL 60
TSCHUNK
»ICH HÄTTE JETZT BOCK AUF PEYOUNG-YAKISOBA. WIR MACHEN HALBE-HALBE, OKAY?«
DOPPELBAND 4, KAPITEL 61
GRINS
DOPPELBAND 4, KAPITEL 61
»DANKE... CHIFUYU.«

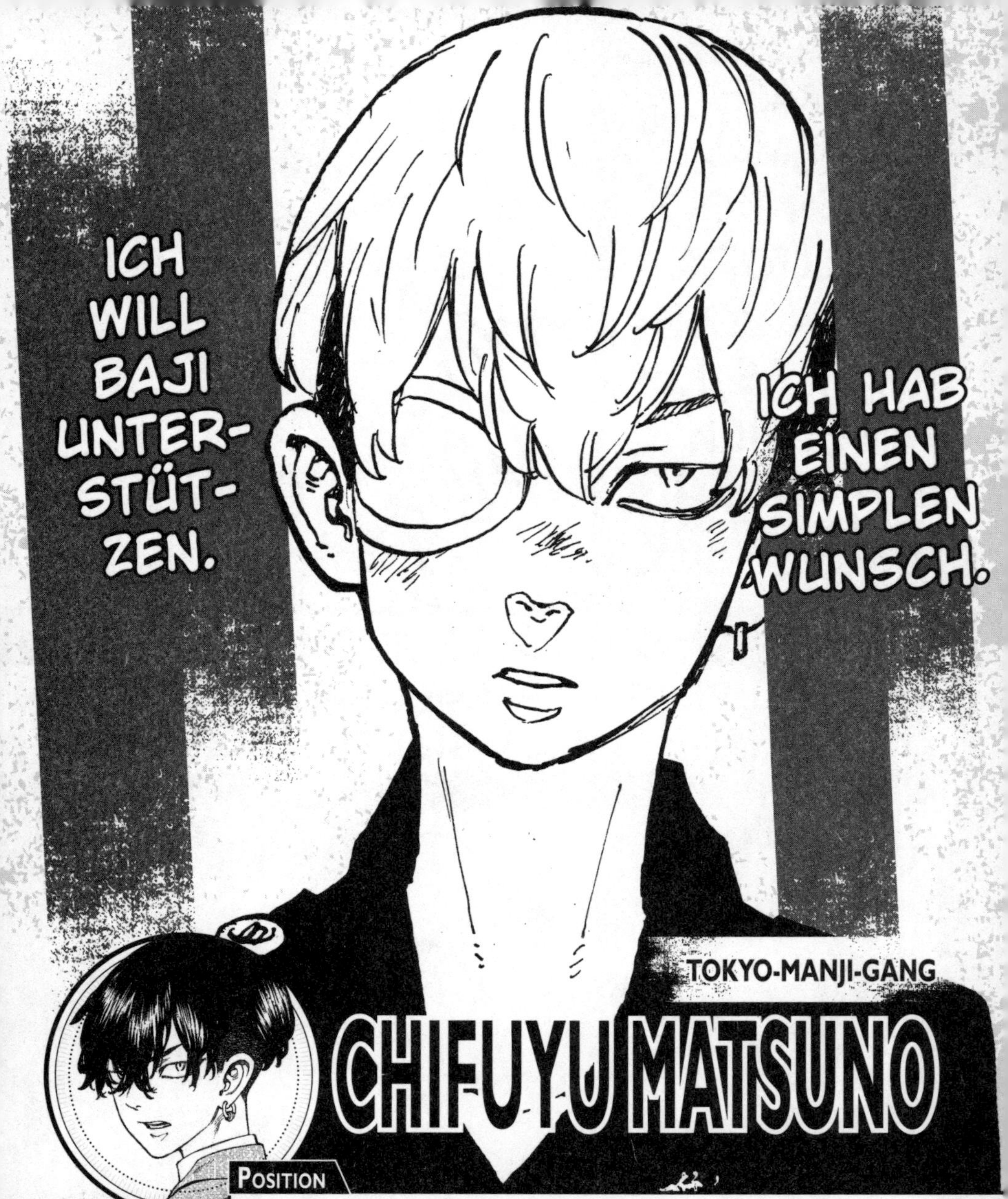

TOKYO-MANJI-GANG

CHIFUYU MATSUNO

POSITION

VIZEKOMMANDANT DER 1. DIVISION DER TOKYO-MANJI-GANG

♦ Größe: 1,68 m (Vergangenheit) ♦ Gewicht: 58 kg ♦ Alter: 13 Jahre (8. Klasse, in der Vergangenheit) / 25 Jahre (Gegenwart) ♦ Geburtstag: 19. Dezember 1991 ♦ Sternzeichen: Schütze ♦ Blutgruppe: 0 ♦ Themenfarbe: Hellblau ♦ Liebt: mit seiner Katze Peke-J zu spielen, Luftfahrtmagazine, die Werke der Mangaka Ai Yazawa ♦ Hasst: Hierarchien ♦ Besondere Fähigkeit: kann mit Tieren sprechen (glaubt er) ♦ Bewundert: Keisuke Baji ♦ Kommt nicht so gut zurecht mit / Hat Angst vor: Kazutora, Nostradamus (weil ihm dessen Prophezeiungen so Angst machen, dass er deswegen schon schlaflose Nächte verbracht hat) ♦ Traum: Pilot zu werden ♦ Bemerkenswerte (oder bedauernswerte) Leistung: Einmal, als er seiner Katze hinterherjagte, stürzte er aus seiner Wohnung im 1. Stock, blieb aber völlig unverletzt. ♦ Lieblingsort: die Treppe im Wohnhaus, wo er oft bis zum Morgengrauen mit Baji gequatscht hat

♦ Ein Tag aus seinem Leben: Er steht auf, badet mit Peke-J und spielt danach noch eine Weile mit ihm. Da es dann schon Mittag wird, beschließt er, dass es sich nicht mehr lohnt, in die Schule zu gehen, und macht sich direkt auf den Weg zu Takemitchy. Dort verspürt er einen kleinen Hunger, öffnet den Kühlschrank und stößt auf ein Mille-Crêpe-Törtchen mit einem Zettelchen dran, auf dem »Meins!« steht. Er ignoriert den Zettel und isst das Törtchen. Takemitchy bemerkt es und fordert ihn zu einem Duell heraus. Als er Takemitchy dann bei einem Kampfspiel in der Spielhalle plattmacht, bricht dieser allerdings zornig in Tränen aus, also besorgt er ihm auf dem Heimweg eine Tafel Schokolade als Wiedergutmachung.

PERSÖNLICHKEIT

Absolutes Vertrauen in Baji!

Bajis Verrat an der Manji-Gang kann Chifuyus Vertrauen in ihn nicht erschüttern, selbst nachdem er Chifuyu am Treffpunkt von Walhalla grün und blau geschlagen hat. Die beiden sind mehr als nur Kommandant und Vizekommandant. Sie verbindet etwas viel Stärkeres.

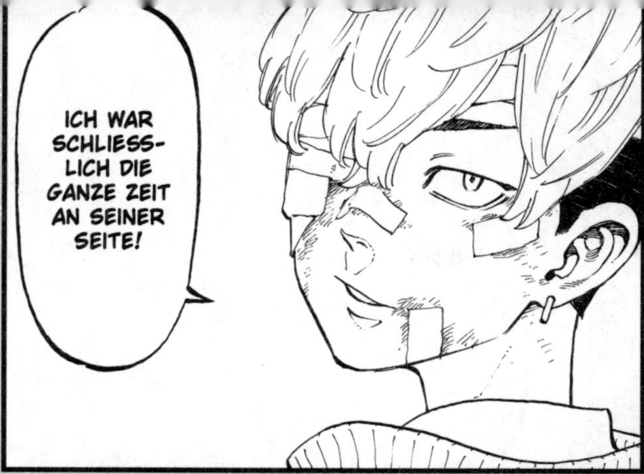

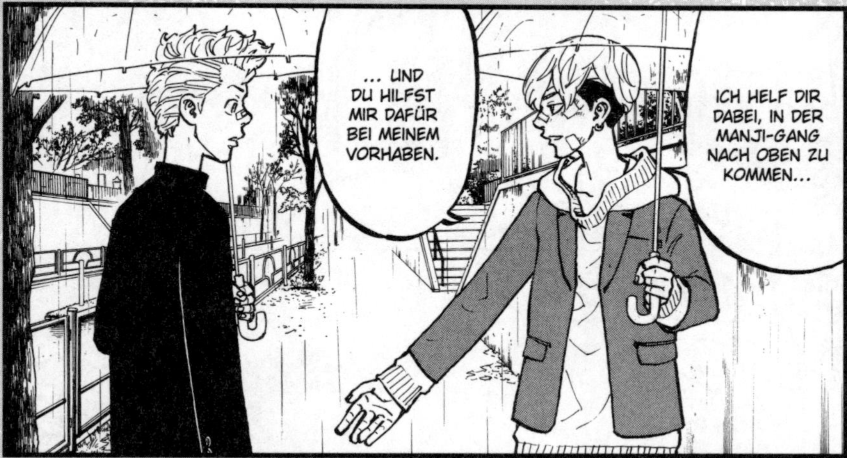

ZUSAMMENARBEIT

Ein perfektes (?) Duo mit Takemichi!

Nachdem Chifuyu beim Treffen der Manji-Gang beobachtet hat, wie Takemichi Kisaki, der eben zum Kommandanten der 3. Division ernannt wurde, mit der Faust ins Gesicht schlägt, steht für ihn fest, den perfekten Partner gefunden zu haben, um gemeinsam gegen Kisaki vorzugehen. Sie beschließen, ab jetzt zusammenzuarbeiten. Nach dem Blutigen Halloween und dem Tod von Baji ernennt er schließlich Takemichi zum neuen Kommandanten der 1. Division, was ihre Freundschaft weiter festigt.

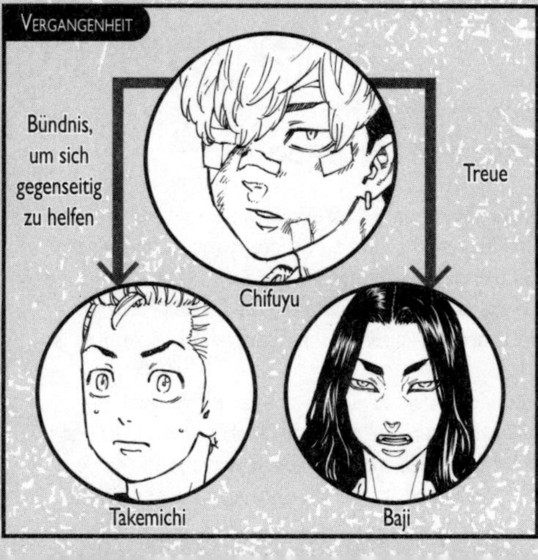

BEZIEHUNGEN

Als Vize unterstützt er seinen Kommandanten!

Nachdem er sich im Alter von 12 Jahren in der Mittelschule mit Baji angefreundet hat, sind die beiden unzertrennlich. Jetzt, wo er mit Takemichi zusammenarbeitet, ist er auch ihm ein verlässlicher Vize und unterstützt ihn, so gut er kann.

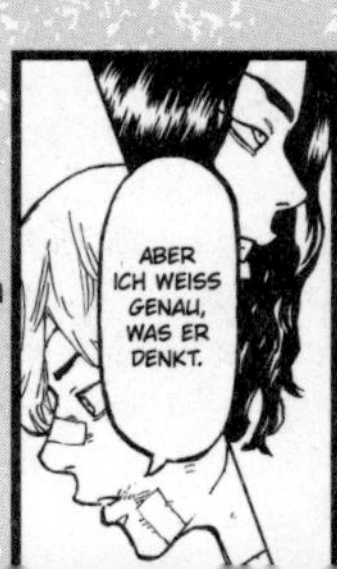

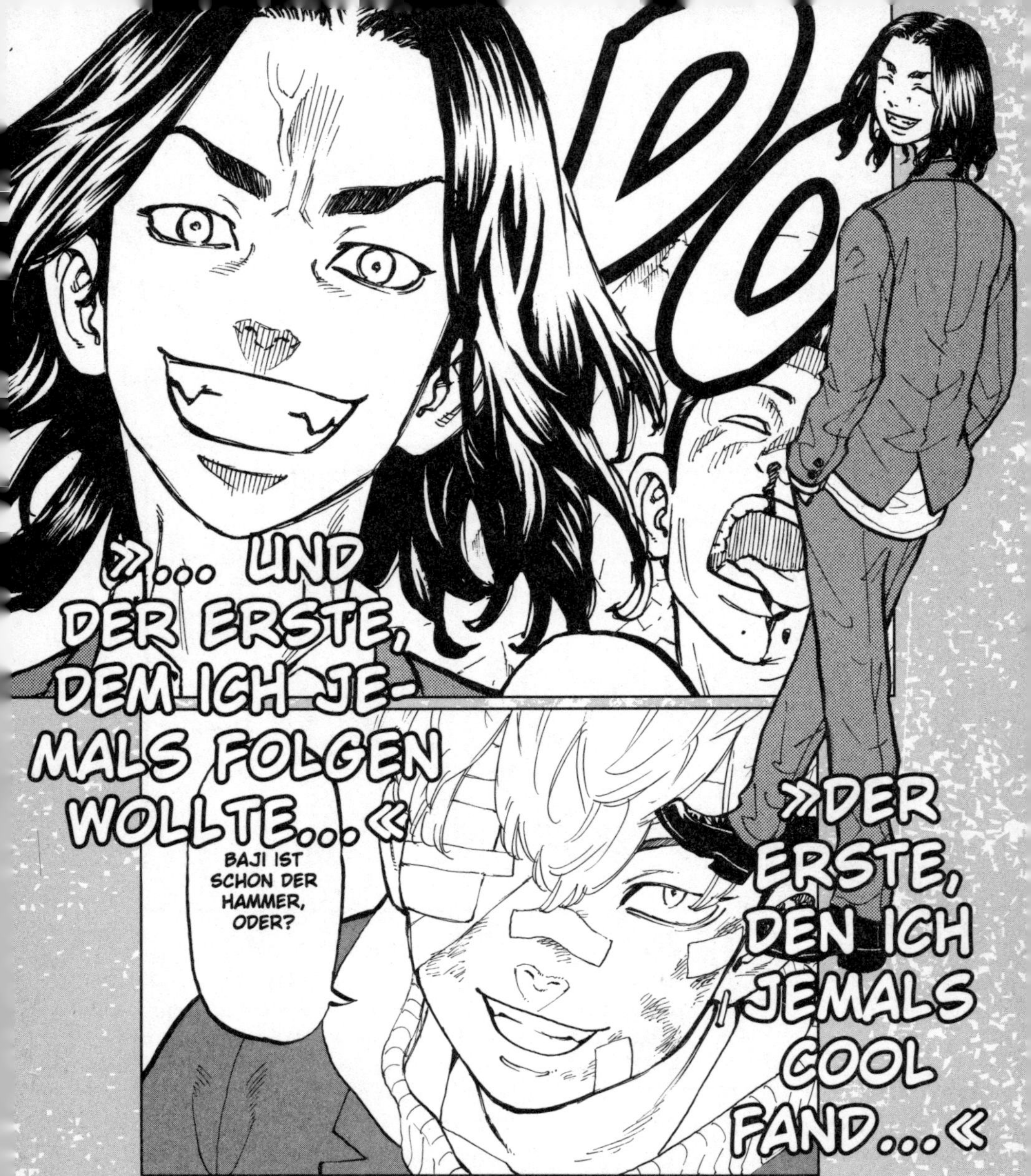

Bereit, Baji um jeden Preis zu verteidigen!

Chifuyu kann es kaum glauben, als er an der Mittelschule von einem Mitschüler hört, der tatsächlich eine Klasse wiederholen muss. Er beschließt, dem Typen auf der Stelle zu zeigen, wer der Stärkere ist, damit dieser gar nicht erst auf die Idee kommt sich aufzuspielen. Er stellt allerdings fest, dass der Typ eigentlich ganz sympathisch ist, wenn auch offenbar ein Streber.
Doch genau dieser »Streber« hilft Chifuyu aus der Klemme, als er von einer Bande Rocker angegriffen wird. Zu Chifuyus Erstaunen erledigt sein Retter die zwanzig Angreifer im Alleingang und verkündet, dass er mit allen kurzen Prozess macht, die sich an einem seiner Kumpels vergreifen. Und der Name dieses Typen lautet Keisuke Baji.
Danach weicht Chifuyu Baji nicht mehr von der Seite. Er ist der erste Mensch, den Chifuyu bewundert und dem er folgen will – ein netter Mensch, der nicht mit seiner Kraft protzt und immer bereit ist seine Peyoung-Yakisoba* mit seinem Kumpel zu teilen. Das sind die Gründe, warum Chifuyu tut, was er kann, um ihn zu unterstützen. Er kennt Bajis Stärke und Freundlichkeit besser als jeder andere und hat absolutes Vertrauen in ihn, selbst als dieser die Manji-Gang verrät. Er weiß ganz genau, dass Baji einen guten Grund für das hat, was er tut.

* eine bestimmte Marke Instantnudeln

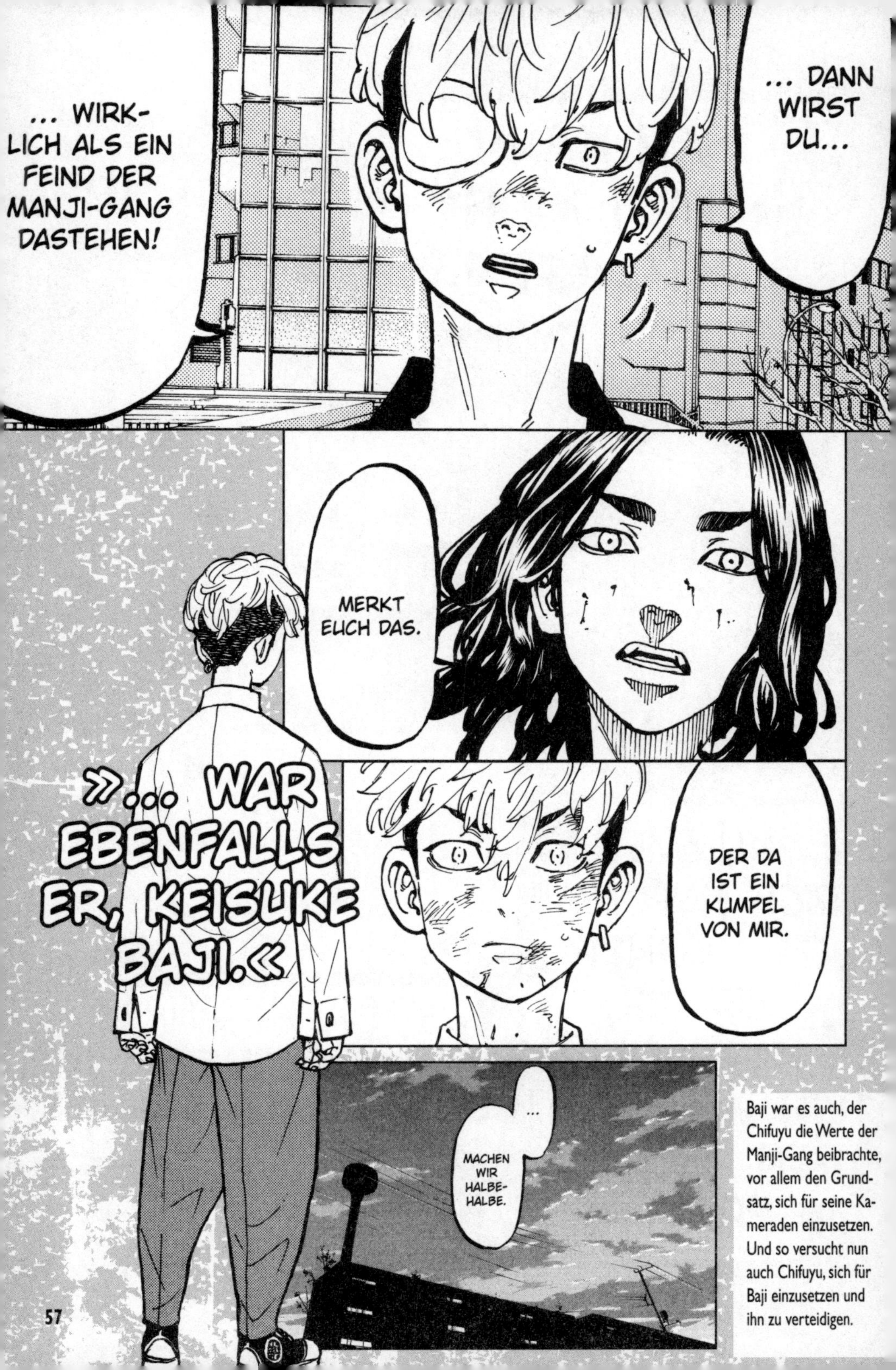

Baji war es auch, der Chifuyu die Werte der Manji-Gang beibrachte, vor allem den Grundsatz, sich für seine Kameraden einzusetzen. Und so versucht nun auch Chifuyu, sich für Baji einzusetzen und ihn zu verteidigen.

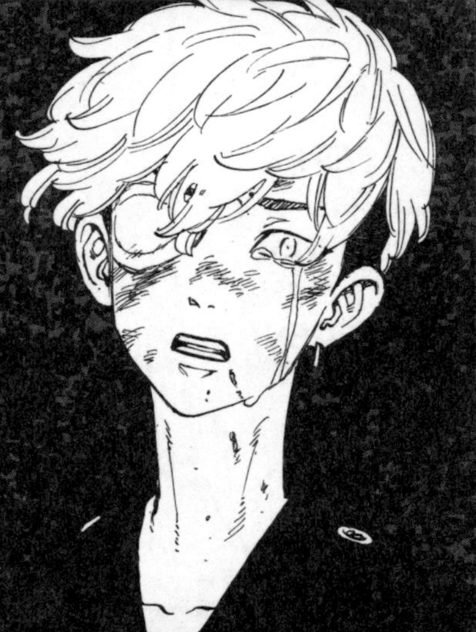

»ICH KANN ... BAJI NICHT SCHLAGEN.«

Doppelband 4, Kapitel 57

Nur Takemichi und Baji bekommen es zu sehen

Chifuyus wahres Gesicht

Menschen, denen er einmal vertraut, zeigt Chifuyu offen und unverblümt sein wahres Gesicht. In den vielen Äußerungen, die er an Takemichi und Baji richtet, kommen seine Gefühle ganz direkt zum Ausdruck. Blicken wir hier auf einige seiner Worte zurück, mit denen er sein Vertrauen in Baji deutlich macht und Takemichi anspornt.

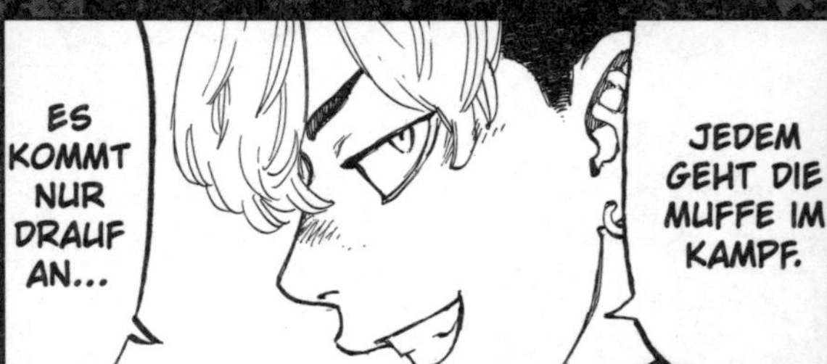

»ICH ZÄHL AUF DICH, PARTNER!«

Doppelband 3, Kapitel 46

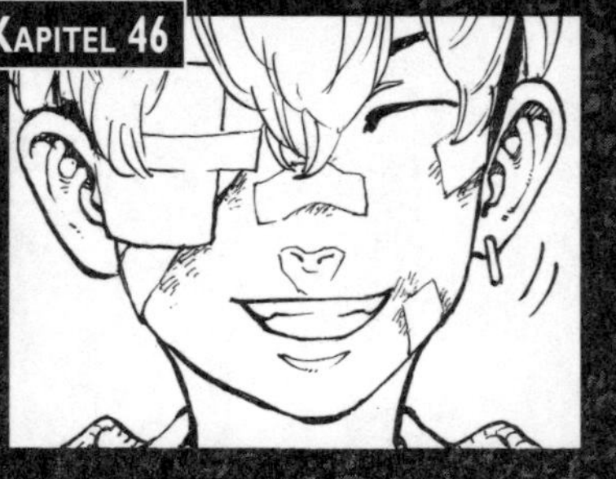

»KÜMMER DICH NUR UM DIE GEGNER VOR DIR, PARTNER. ICH HALT DIR DEN RÜCKEN FREI!«

Doppelband 4, Kapitel 52

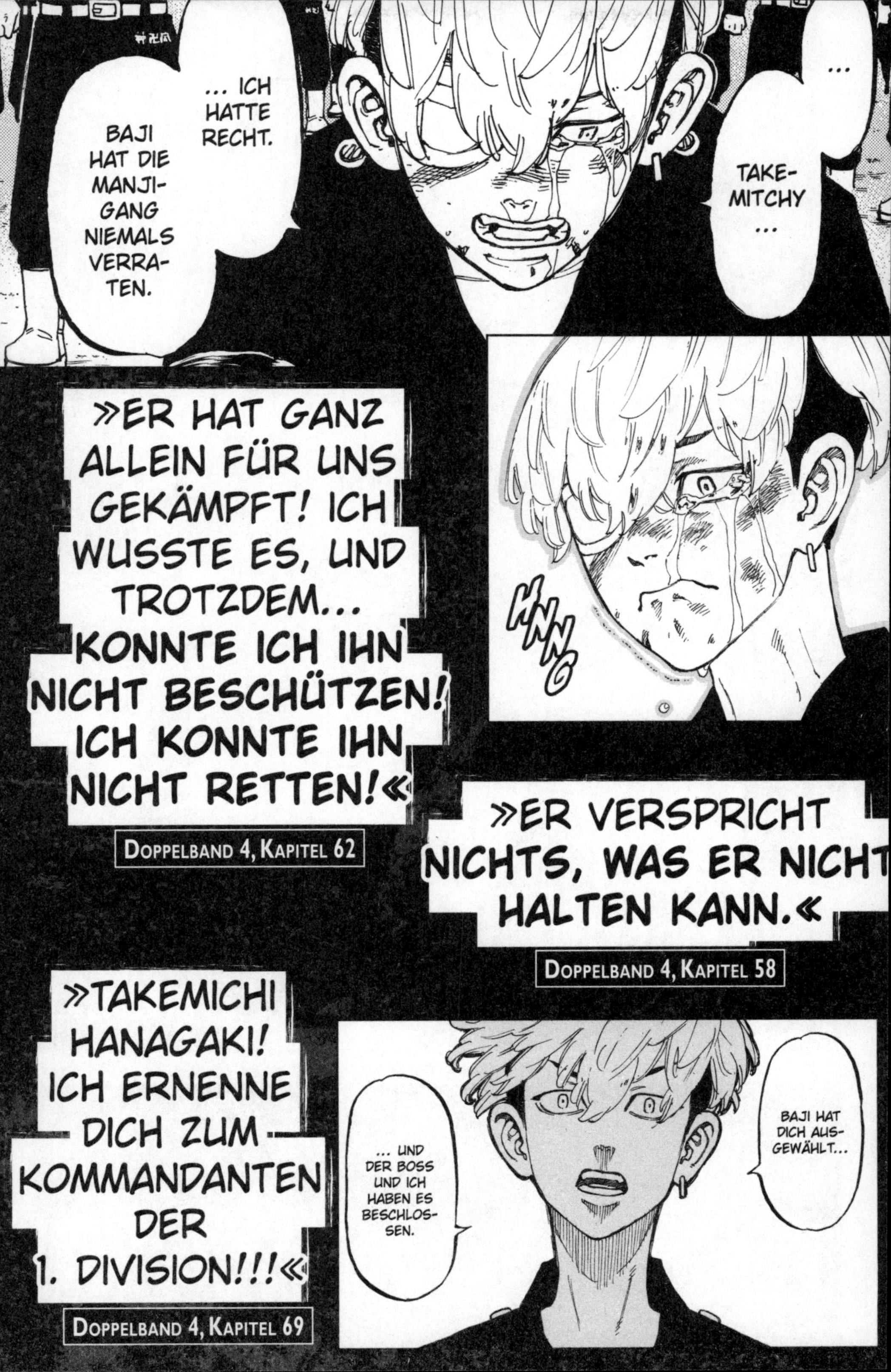
... TAKE-MITCHY ...
... ICH HATTE RECHT.
BAJI HAT DIE MANJI-GANG NIEMALS VERRATEN.
HNNG
»ER HAT GANZ ALLEIN FÜR UNS GEKÄMPFT! ICH WUSSTE ES, UND TROTZDEM... KONNTE ICH IHN NICHT BESCHÜTZEN! ICH KONNTE IHN NICHT RETTEN!«
DOPPELBAND 4, KAPITEL 62
»ER VERSPRICHT NICHTS, WAS ER NICHT HALTEN KANN.«
DOPPELBAND 4, KAPITEL 58
BAJI HAT DICH AUSGEWÄHLT...
... UND DER BOSS UND ICH HABEN ES BESCHLOSSEN.
»TAKEMICHI HANAGAKI! ICH ERNENNE DICH ZUM KOMMANDANTEN DER 1. DIVISION!!!«
DOPPELBAND 4, KAPITEL 69

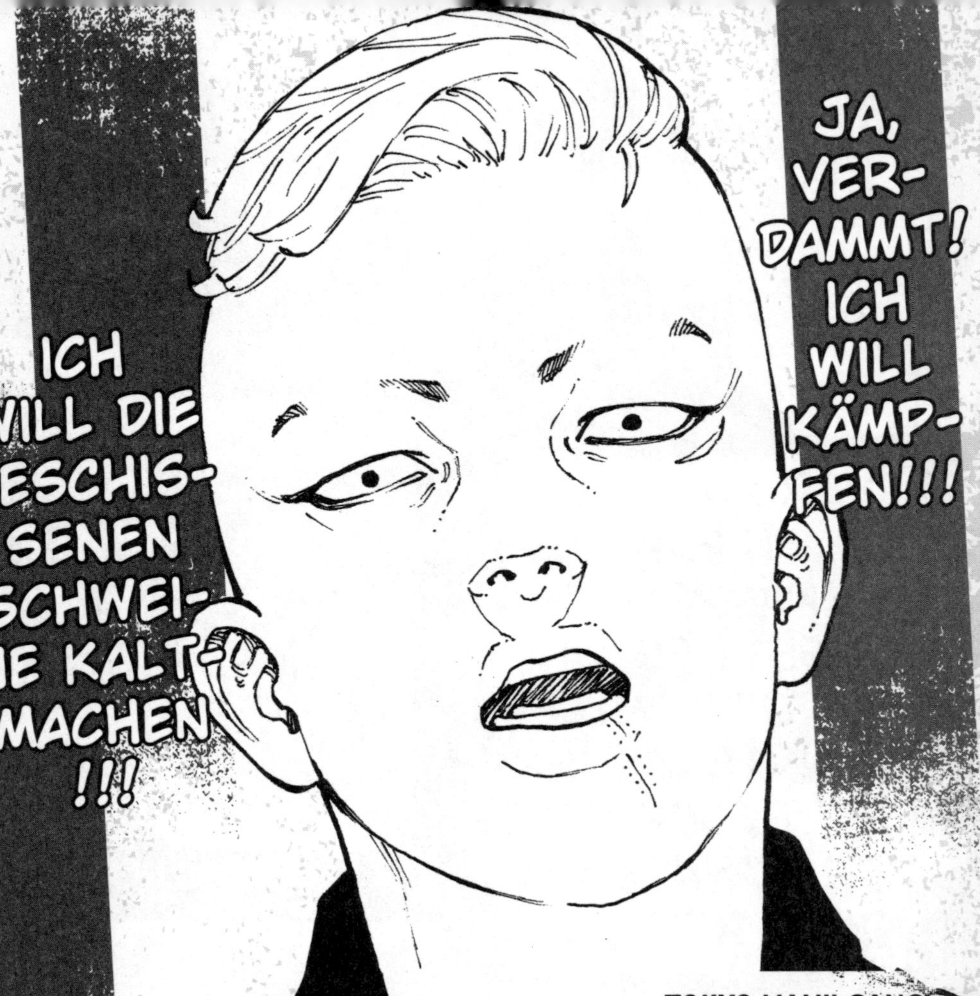

TOKYO-MANJI-GANG

HARUKI HAYASHIDA

POSITION

EX-KOMMANDANT DER 3. DIVISION (STAND ZUM ENDE VON DOPPELBAND 4) UND GRÜNDUNGSMITGLIED DER TOKYO-MANJI-GANG / SCHÜLER AN DER 2. SHIBUYA-MITTELSCHULE

♦ Größe: 1,64 m (Vergangenheit) ♦ Gewicht: 80 kg ♦ Alter: 14 Jahre (9. Klasse, in der Vergangenheit) / 26 Jahre (Gegenwart) ♦ Geburtstag: 24. Februar 1991
♦ Sternzeichen: Fische ♦ Blutgruppe: 0 ♦ Spitzname: Pah ♦ Themenfarbe: Gelb ♦ Liebt: Tiger ♦ Hasst: Insekten ♦ Besondere Fähigkeit: den Highscore beim Boxautomaten in der Spielhalle zu schlagen ♦ Bewundert: Manjiro Sano ♦ Kommt nicht so gut zurecht mit / Hat Angst vor: Küchenschaben ♦ Traum: einmal einen Kampf gegen Mikey zu gewinnen ♦ Bemerkenswerte (oder bedauernswerte) Leistung: Er hat Mikey bereits zehn Mal herausgefordert und jedes Mal verloren. Mikey war es auch, der seine Siegesserie beendet hat. ♦ Lieblingsort: bei Peh zu Hause
♦ Ein Tag aus seinem Leben: In einer Modezeitschrift, die Kazutora mitgebracht hat, stößt er auf ein echt cooles Hawaiihemd. Sie machen sich sofort zu einer Boutique im Viertel Daikanyama auf, wo sich beide total begeistert jeweils ein Hemd kaufen. Aber als sie später bei einem Treffen der Manji-Gang-Führungsmitglieder stolz in ihren neuen Hemden auftauchen, bekommen sie von allen anderen gesagt, dass sie wie zwei Yakuza*-Schläger aussehen. Sie sind schwer frustriert. Dabei sah das Hemd im Magazin doch so toll aus. Warum nicht auch an ihnen?

* Japanische Gangster

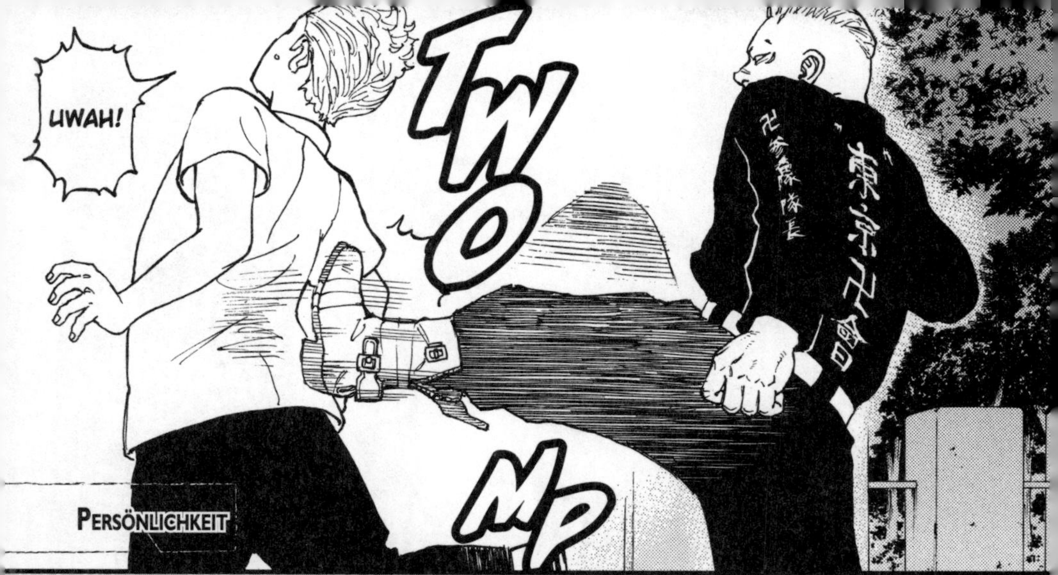

Persönlichkeit

Der beste Kämpfer der Manji-Gang lässt sofort die Fäuste sprechen!

Er ist das kampflustigste und impulsivste Mitglied der Gang. Als Takemichi zum ersten Mal an einem Treffen der Manji-Gang teilnimmt, verpasst Pah ihm ohne Vorwarnung einen Tritt. Sein Vizekommandant Peh betont gerne, dass Pah dümmer als ein Stück Brot sei.

Aufopferungsbereitschaft

Wenn es um seine besten Freunde geht, gibt er keinen Deut nach!

Um einen seiner besten Kumpels und dessen Freundin zu rächen, fordert er Osanai, den Boss von Möbius, zu einem Duell heraus. Er weicht keinen Schritt zurück und ist so entschlossen, dass er selbst dann noch aufrecht stehen bleibt, als er schon das Bewusstsein verloren hat. Nichts ist ihm wichtiger als seine Freunde.

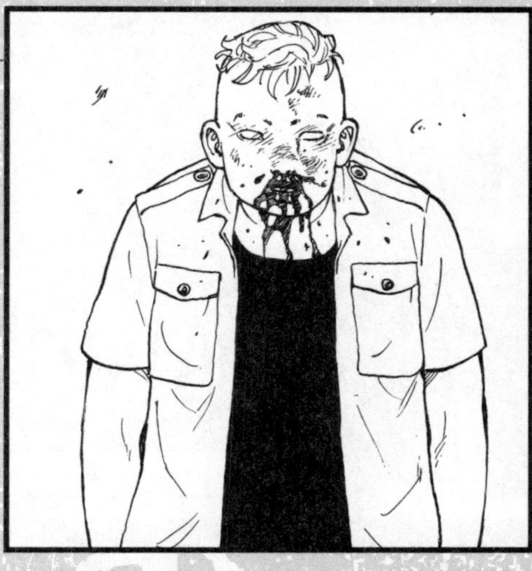

Vergangenheit

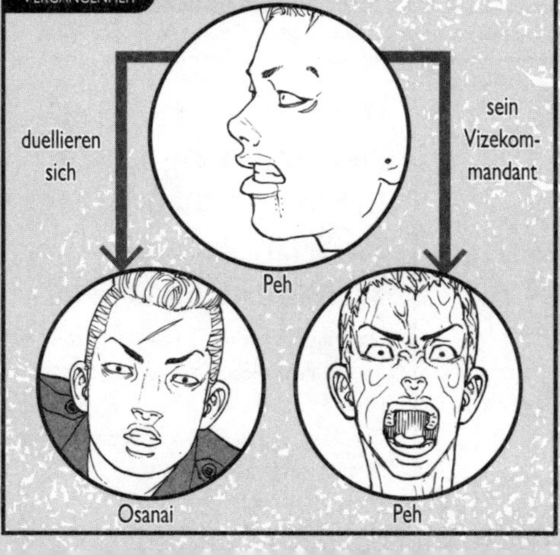

Beziehungen

Ein gutes Duo mit Peh?

Ehemals Kommandant der 3. Division der Manji-Gang, sitzt er jetzt in der Jugendstrafanstalt, nachdem er sich von seiner Wut überwältigen ließ und Osanai niederstach. Sein Partner Peh wünscht sich sehr, dass er wieder zurückkommt und seine alte Position einnimmt.

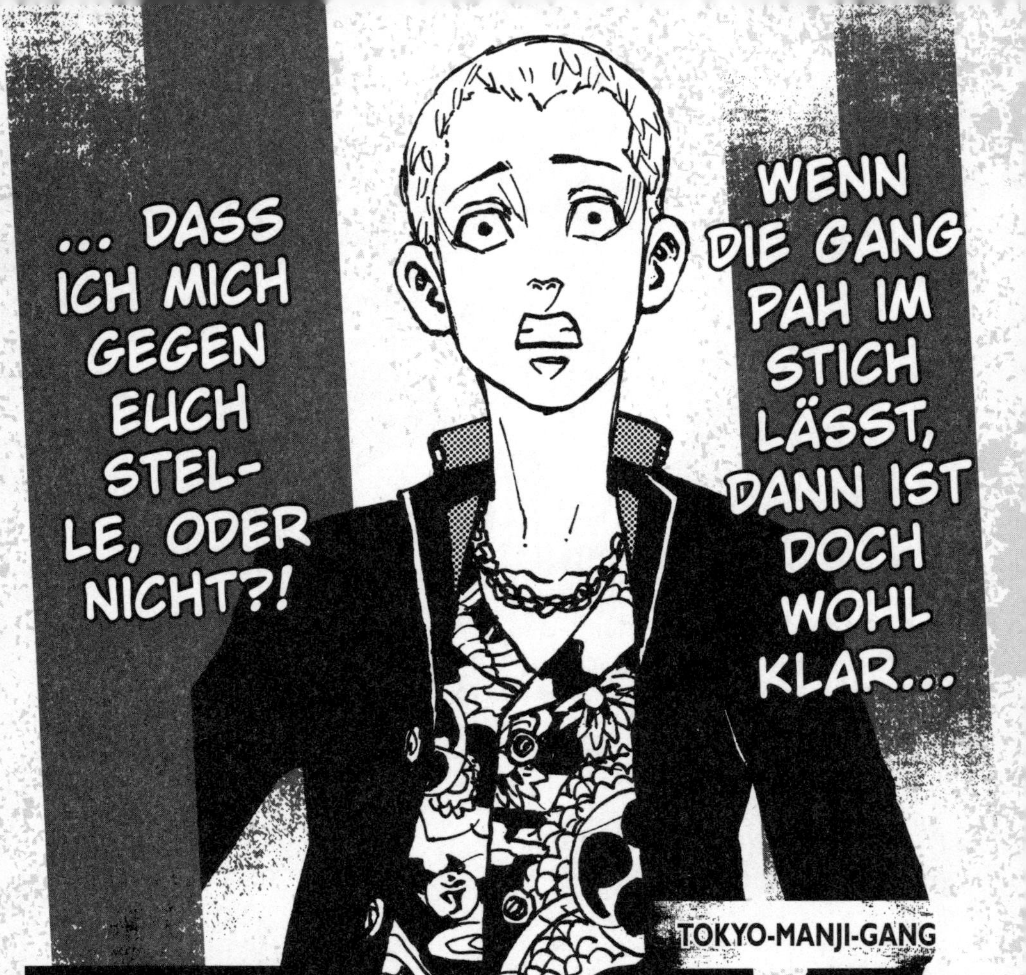

TOKYO-MANJI-GANG

RYOHEI HAYASHI

- Große: 1,76 m (Vergangenheit)
- Gewicht: 56 kg ♦ Alter: 15 Jahre (9. Klasse, in der Vergangenheit) / 27 Jahre (Gegenwart)
- Geburtstag: 15. Oktober 1990
- Sternzeichen: Waage
- Spitzname: Peh
- Themenfarbe: Smaragdgrün

Position

Vizekommandant der 3. Division der Tokyo-Manji-Gang, später 2. Division (Stand zum Ende von Doppelband 4) / Schüler an der 2. Shibuya-Mittelschule

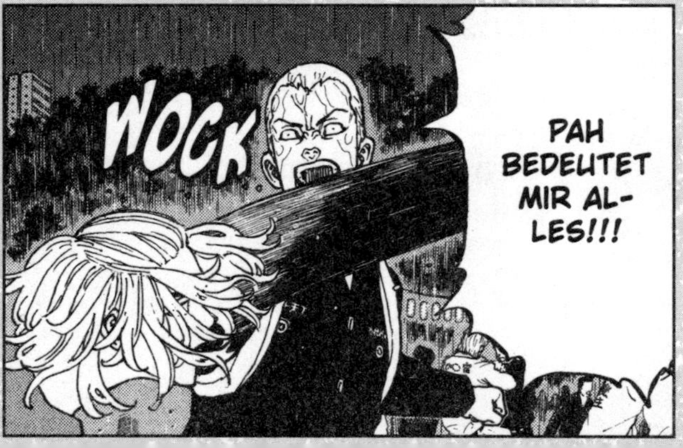

Trotz seines Grolls auf die Manji-Gang schlägt im Vizekommandanten der 3. Division im Grunde ein gutes Herz!

Neben seiner Position als Vizekommandant ist er auch Pahs engster Vertrauter und bester Freund. Er war fest davon überzeugt, dass die Manji-Gang Pah, der ihm alles bedeutet, einfach fallenlassen hat, doch Mikey konnte ihn wieder zur Vernunft bringen.

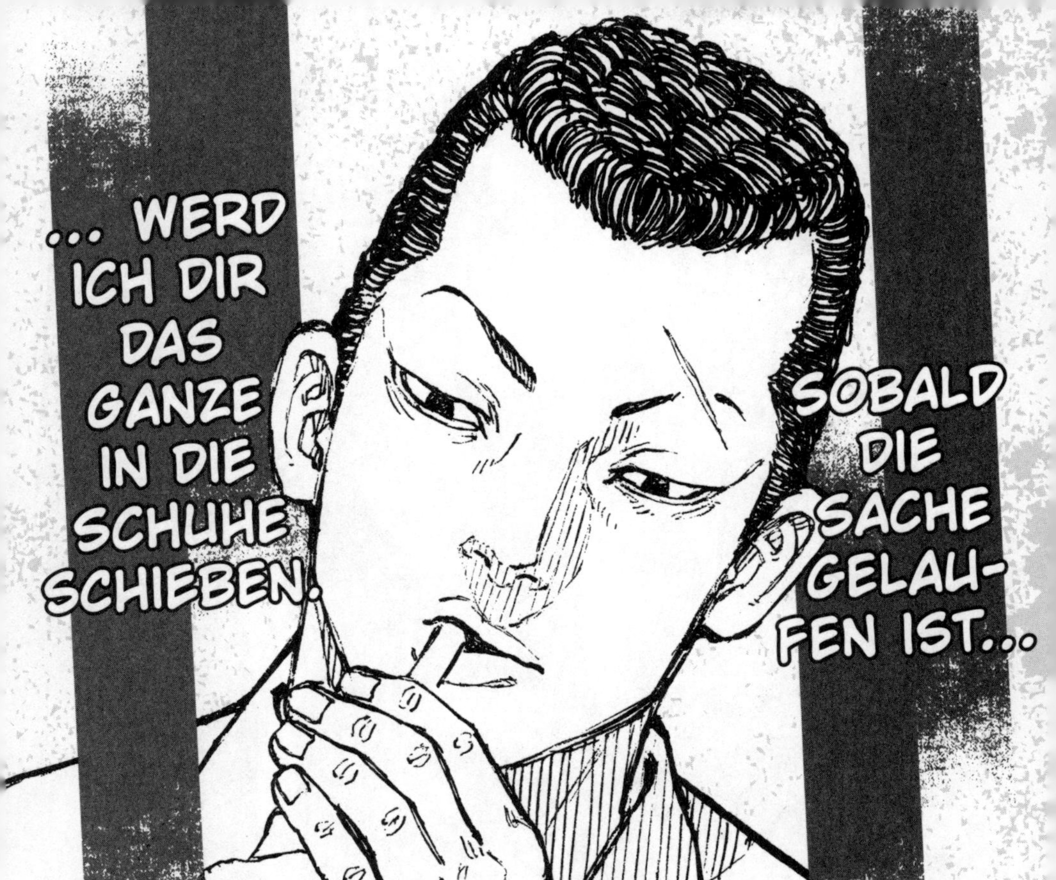

TOKYO-MANJI-GANG

MASATAKA KIYOMIZU

- Größe: 1,82 m (Vergangenheit)
- Alter: 14 Jahre (9. Klasse, in der Vergangenheit) / 26 Jahre (Gegenwart)
- Geburtstag: 18. Januar 1991
- Sternzeichen: Steinbock
- Spitzname: Kiyomasa

POSITION

Mitglied der 3. Division der Tokyo-Manji-Gang / Schüler an der 3. Shibuya-Mittelschule

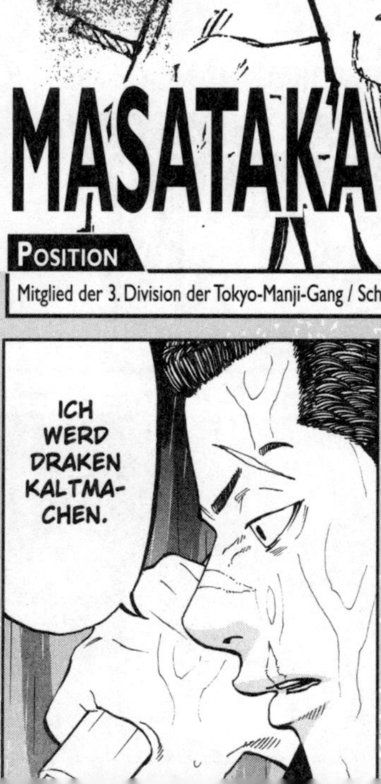

Von Draken vorgeführt sinnt er auf Rache!

Kiyomasa ist ein Mitglied der 3. Division, das hinter Mikeys und Drakens Rücken auf eigene Faust Kampfwetten veranstaltet und sich damit bereichert. Als die Sache auffliegt, wird er vor allen Zuschauern von Draken fertiggemacht. Bitter verärgert nutzt er das Chaos beim Kampf vom 3. August aus, um Draken niederzustechen. Jedoch hat er die Rechnung ohne Takemichi gemacht, der unerwartet zurückschlägt und ihn bewusstlos zu Boden schickt. Was er seither macht oder wo er sich aufhält, ist nicht bekannt.

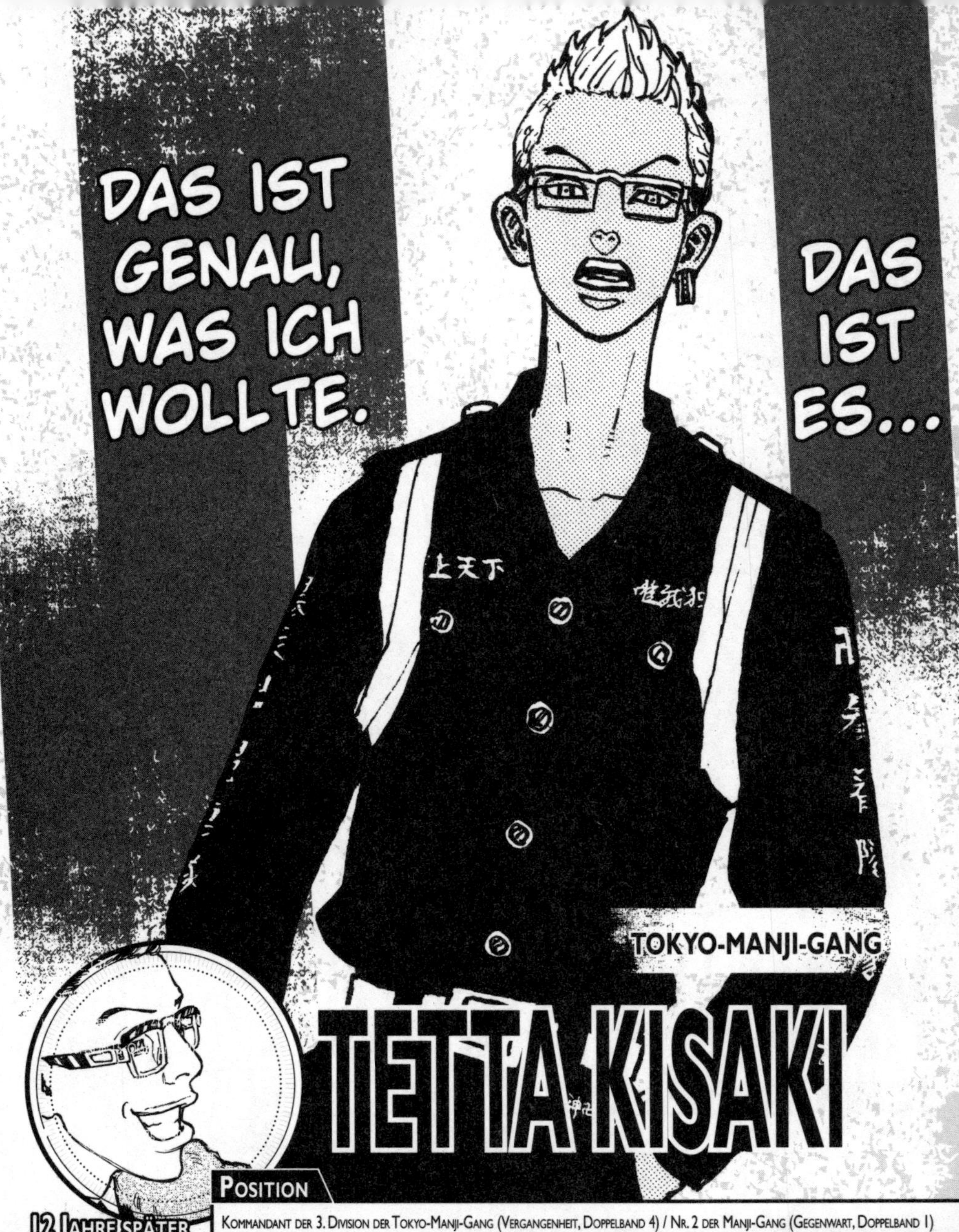

TOKYO-MANJI-GANG

TETTA KISAKI

POSITION

12 JAHRE SPÄTER

KOMMANDANT DER 3. DIVISION DER TOKYO-MANJI-GANG (VERGANGENHEIT, DOPPELBAND 4) / NR. 2 DER MANJI-GANG (GEGENWART, DOPPELBAND 1)

♦ Größe: 1,64 m (Vergangenheit) ♦ Gewicht: 58 kg ♦ Alter: 13 Jahre (8. Klasse, in der Vergangenheit) / 25 Jahre (Gegenwart)

♦ Geburtstag: 20. Januar 1992 ♦ Sternzeichen: Wassermann

♦ Blutgruppe: A ♦ Themenfarbe: Schwarz

♦ Liebt: nichts ♦ Hasst: Schwachköpfe

♦ Besondere Fähigkeit: Lernen, vor allem Mathematik

♦ Bewundert: niemanden

♦ Traum: die größte Verbrecherorganisation Japans zu erschaffen

♦ Bemerkenswerte (oder bedauernswerte) Leistung: nichts, was der Rede wert wäre

♦ Lieblingsort: oben auf einer Fußgängerbrücke bei Nacht

GEGENWART

Die Nummer 2 der verbrecherischen Manji-Gang!

In der Gegenwart, in der sich Takemichi und Naoto befinden, ist er der stellvertretende Boss der Tokyo-Manji-Gang, die sich zu einer Verbrecherorganisation entwickelt hat. Außerdem scheint er hinter Hinatas Ermordung zu stecken. Des Weiteren stiftete er Draken zum Mord an und sorgte dafür, dass Mikey jeden verlor, der ihm eine Stütze hätte sein können. Kisaki hat sich eine Position verschafft, von der aus er die Gang frei nach seinem Willen lenken kann. Er konnte eine solche Macht erlangen, weil er sich bereits vor zwölf Jahren durch List und Tücke Mikeys Vertrauen erschlichen hatte. Die gegenwärtige Manji-Gang entstand durch seinen Einfluss.

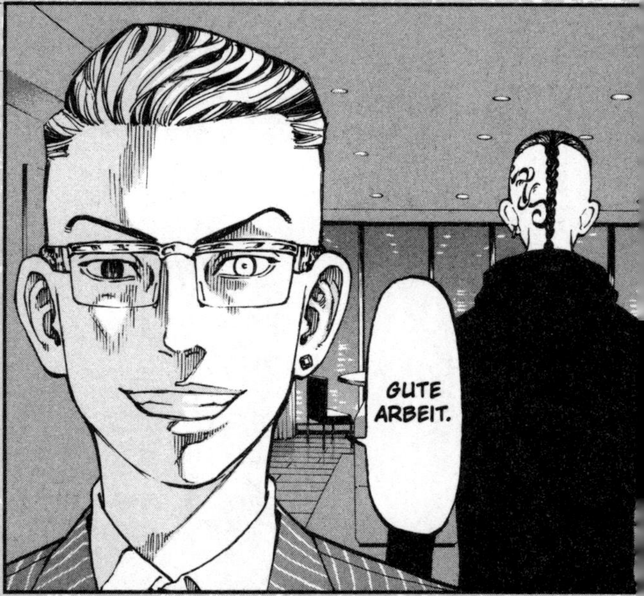

VERGANGENHEIT

Er agiert hinter den Kulissen, um an Mikey heranzukommen!

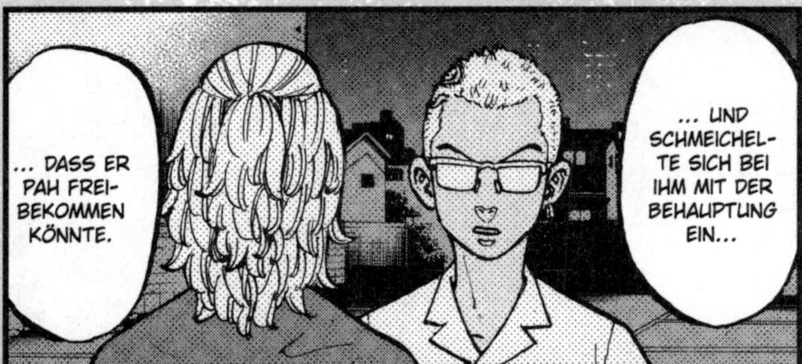

Kisaki kämpft nicht mit den Fäusten, sondern mit seinem Verstand. Dass er in der Gegenwart den Posten des stellvertretenden Bosses der Manji-Gang innehat, verdankt er seinen sorgfältigen Plänen in der Vergangenheit. Indem er andere manipuliert, kriegt er das, was er will, ohne sich selbst die Hände schmutzig machen zu müssen. Das ist seine Methode.

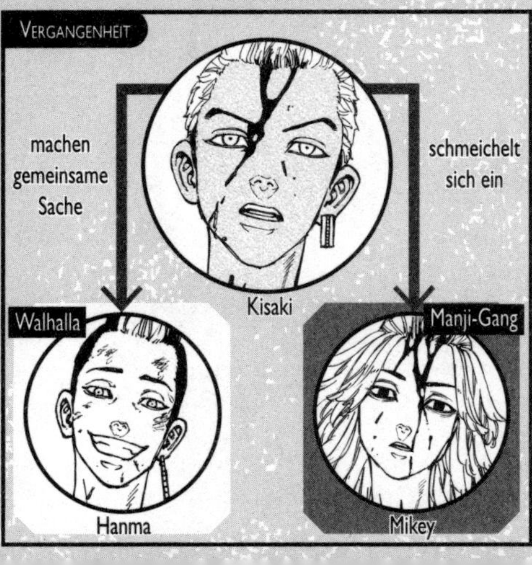

SEIN WAHRES GESICHT

Besessen von Mikey gründet er eine feindliche Gang

In der Vergangenheit sind Takemichi, Baji und Chifuyu die Einzigen, die bemerken, dass Kisaki hinter den Ereignissen rund um die Manji-Gang steckt. Während er hinter den Kulissen heimlich mit Hanma, dem Vizeboss von Walhalla, verbündet ist, überzeugt er auf gerissene Art und Weise Mikey davon, ihn zum Kommandanten der 3. Division zu machen.

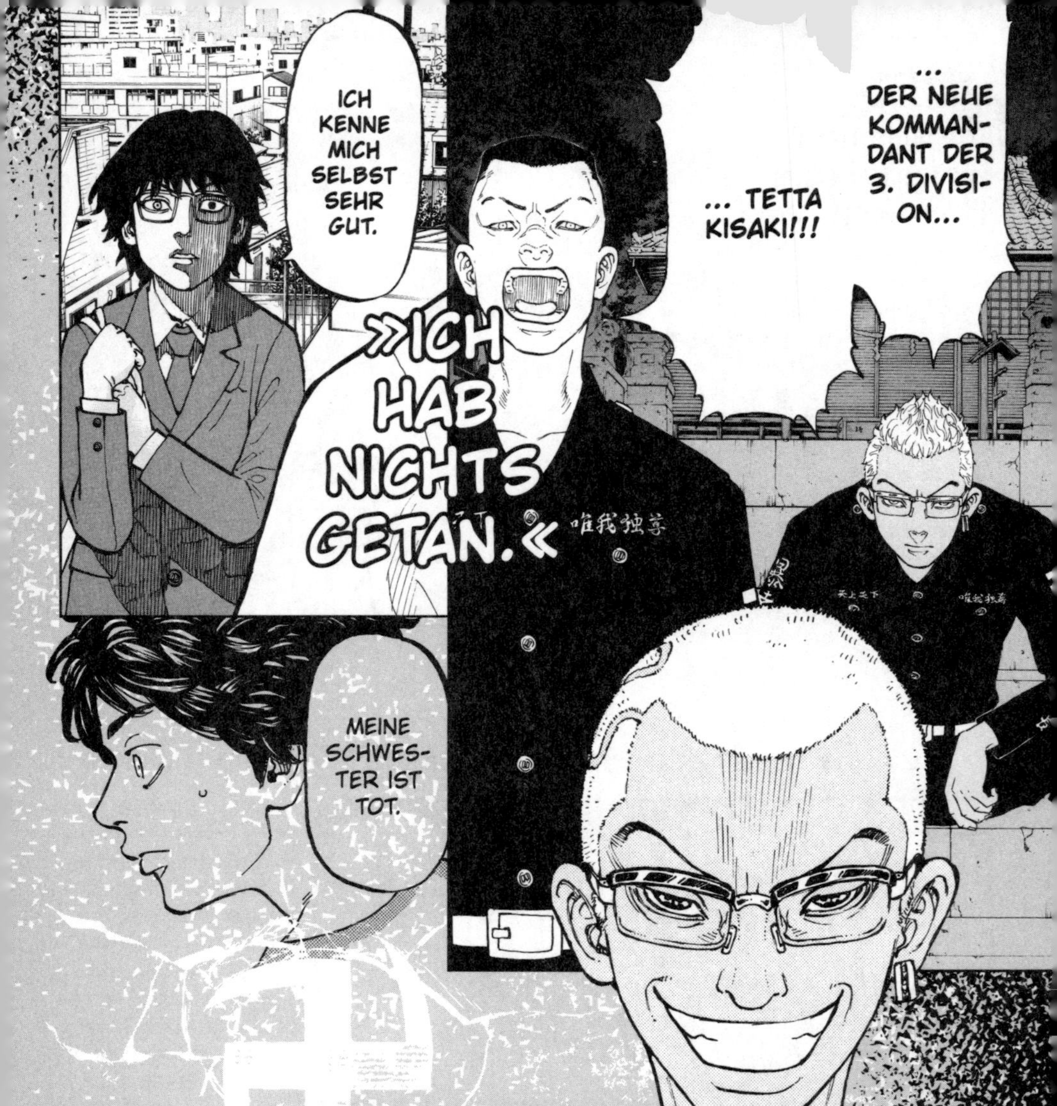

Hinter all den Tragödien steckt Kisaki!

Zahlreiche Tragödien ereignen sich sowohl in der Vergangenheit als auch in der Gegenwart, und hinter all diesen steckt Kisaki. Er erpresst Akkun, um ihn dazu zu zwingen, Takemichi vor den Zug zu stoßen und das Auto zu rammen, in dem Hinata sitzt, und sie so zu töten. Er ist es auch, der in der Vergangenheit Kiyomasa dazu anstiftet, Draken beim Kampf vom 3. August zu erstechen.

Kisaki greift zu solchen hinterhältigen Methoden, weil er sich selbst und seine Stärken besser kennt als jeder andere. Er weiß, dass er nicht stark genug ist, um durch rohe Gewalt an die Spitze zu gelangen. Darum bleibt ihm nichts anderes übrig, als andere hinterhältig aus dem Weg zu räumen, wenn er erfolgreich sein will.

Das heißt jedoch nicht, dass das, was er tut, jemals akzeptabel wäre. Für Kisaki sind andere Menschen bloß Mittel zum Zweck. Er sieht in ihnen nur Werkzeuge, um seine Ziele zu erreichen. Seine Denkweise steht im genauen Gegensatz zur Philosophie der

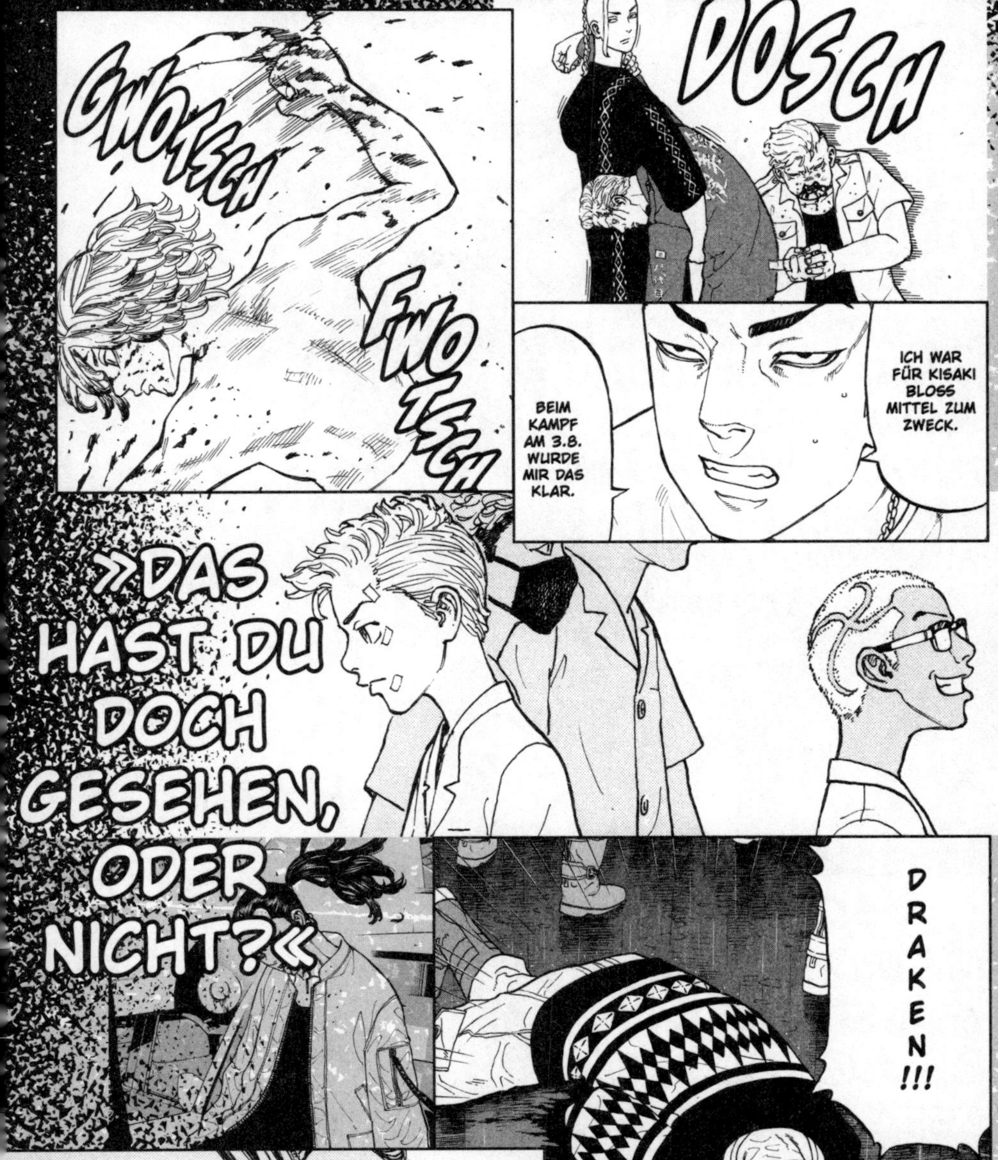

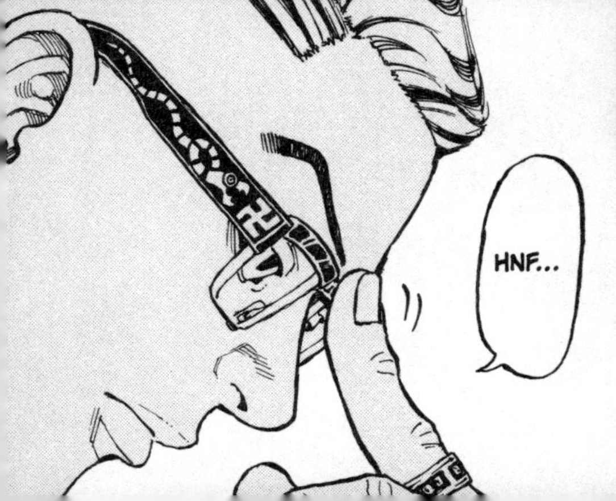

Manji-Gang, die eine Truppe sein möchte, in der jeder bereit ist, für den anderen sein Leben zu riskieren.
Und genau deshalb versucht Takemichi auch, ihn aufzuhalten und die Tragödien zu verhindern. Doch selbst nachdem er Drakens Tod abwenden und Mikey davon abhalten konnte, Kazutora zu töten, ist Hinata noch immer dazu verdammt, zu sterben. Was ist der Grund dafür, dass sich die Zukunft nicht zum Positiven wendet?

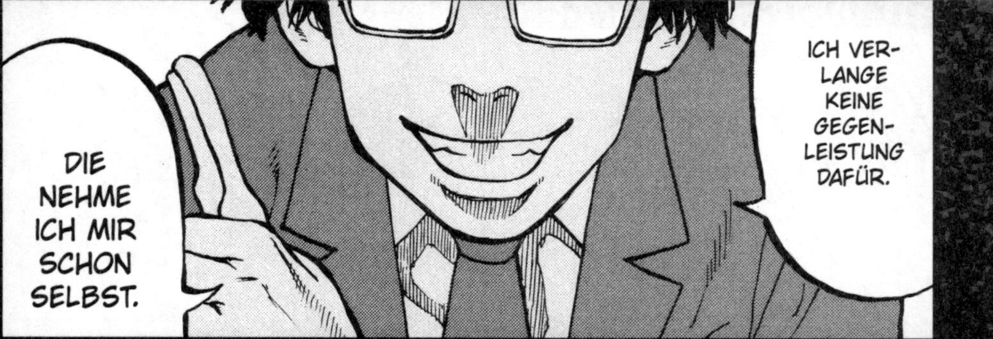

»ICH, TETTA KISAKI, KOMMANDANT DER 3. DIVISION, WERDE MIKEY BESCHÜTZEN!«

DOPPELBAND 4, KAPITEL 56

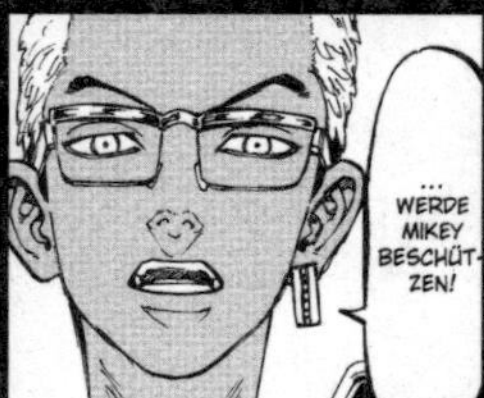

»SCHWIRRT UM MICH RUM UND GLAUBT, SIE KANN MICH AUSSPIONIEREN, DIESE LÄSTIGE KLEINE FLIEGE. SCHLAGT DAS VIEH TOT.«

DOPPELBAND 4, KAPITEL 57

»ICH KENN MICH SELBST SEHR GUT. DER MOND KANN NICHT VON ALLEIN SCHEI-NEN.«

DOPPELBAND 3, KAPITEL 47

Alles, um seine Ziele zu erreichen

Kisakis Ruchlosigkeit

Kisaki versucht zu glänzen, indem er andere benutzt. Seine eigenen Interessen stehen für ihn immer an erster Stelle. Viele seiner Worte lassen durchblicken, welche Skrupellosigkeit und Finsternis in ihm lauert, wenn es um die Durchsetzung seiner Ziele geht.

Auch nach dem Blutigen Halloween ist kein Ende für Kisakis Pläne in Sicht

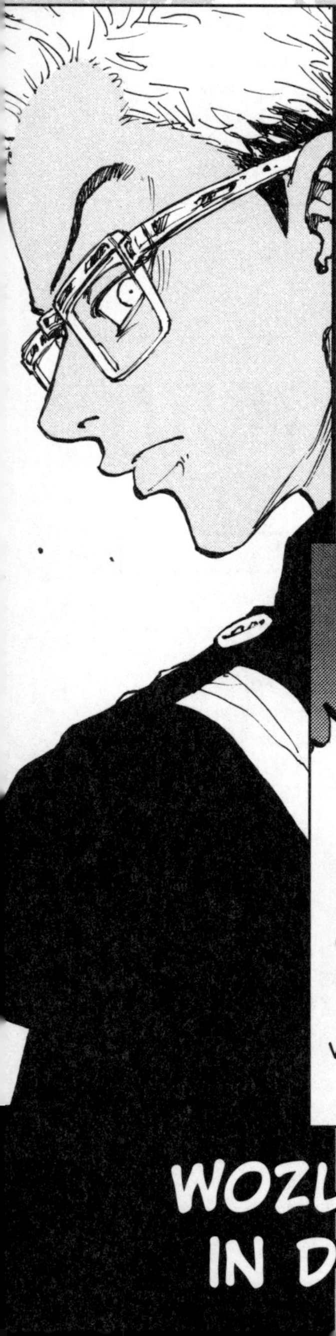

Anders, als es Kisaki beabsichtigt hat, endet das Blutige Halloween, der Kampf zwischen der Manji-Gang und Walhalla, mit einem Friedensabkommen zwischen Mikey und Kazutora. Doch auch das kann Kisakis Pläne nicht erschüttern. Er übernimmt die Rolle des Vermittlers zwischen Mikey und Hanma und sorgt dafür, dass Walhalla als 6. Division in die Manji-Gang eingegliedert wird. Zur großen Überraschung sind nun sowohl Kisaki als auch Hanma Teil der Manji-Gang. Was hat er jetzt vor, nachdem er seinen Helfer Hanma in die Gang geholt hat? Womöglich ist auch Takemichi nicht mehr als eine Schachfigur in Kisakis Spiel.

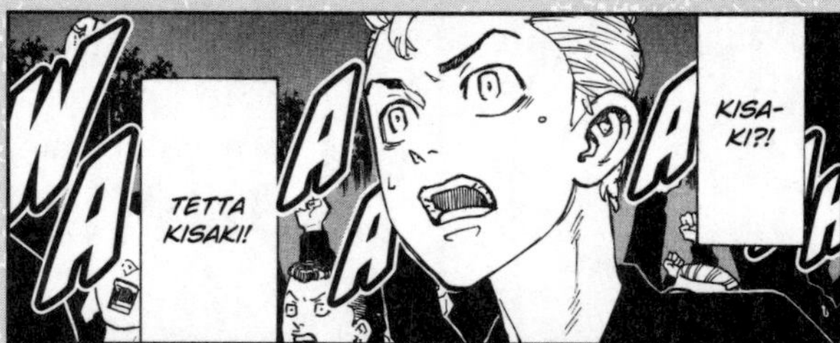

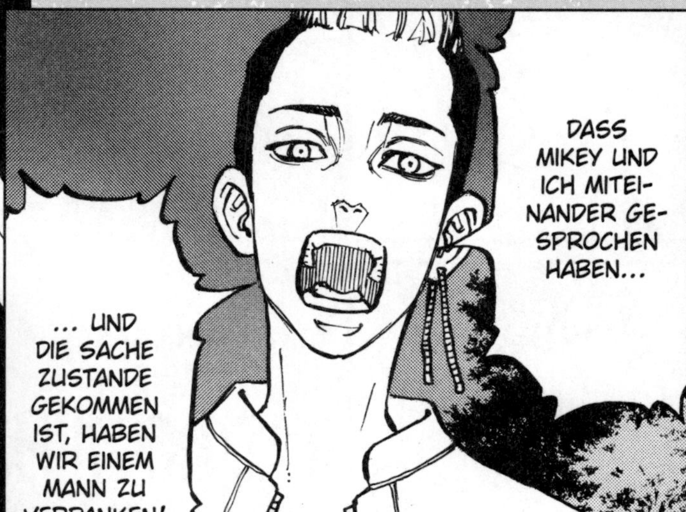

WOZU HOLT ER HANMA IN DIE MANJI-GANG?

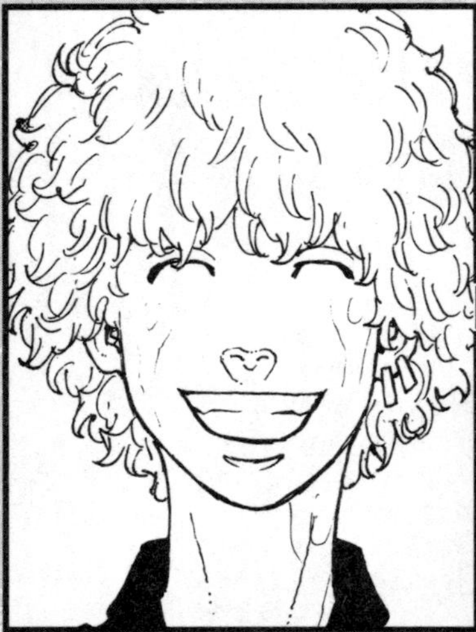

TOKYO-MANJI-GANG

NAHOYA KAWATA

POSITION

KOMMANDANT DER 4. DIVISION DER TOKYO-MANJI-GANG (VERGANGENHEIT)

- ♦ Größe: 1,70 m (inkl. Haare: Vergangenheit)
- ♦ Gewicht: 56 kg ♦ Alter: 16 Jahre (10. Klasse, in der Vergangenheit) / 28 Jahre (Gegenwart)
- ♦ Geburtstag: 25. Mai 1989
- ♦ Sternzeichen: Zwillinge ♦ Spitzname: Smiley
- ♦ Themenfarbe: Orange

Sein Lächeln ist so breit, wie seine orangefarbene Mähne voluminös ist. Deshalb wird der Kommandant der 4. Division auch Smiley genannt. Mehr ist über ihn und seine Fähigkeiten noch nicht bekannt.

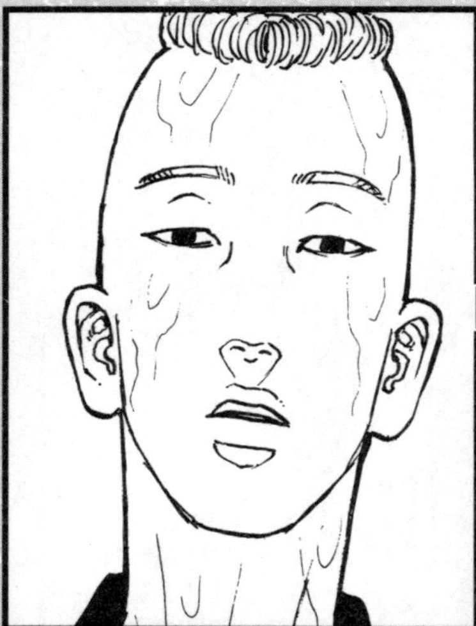

TOKYO-MANJI-GANG

YASUHIRO MUTO

POSITION

KOMMANDANT DER 5. DIVISION DER TOKYO-MANJI-GANG (VERGANGENHEIT)

- ♦ Größe: 1,87 m (Vergangenheit)
- ♦ Alter: 18 Jahre (12. Klasse, in der Vergangenheit) / 30 Jahre (Gegenwart)
- ♦ Geburtstag: 28. April 1987
- ♦ Sternzeichen: Stier ♦ Spitzname: Mucho
- ♦ Themenfarbe: Kaki

Tritt in den ersten Bänden oft mit Smiley gemeinsam auf. Ein stämmiger Typ mit einer ausdruckslosen Miene, die es schwer macht zu erraten, was er gerade denkt.

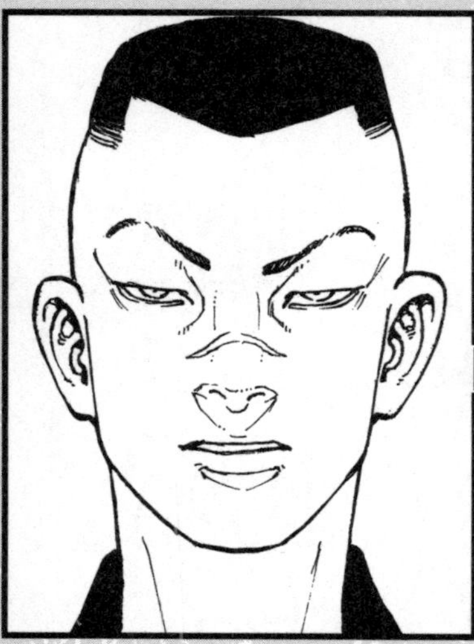

TOKYO-MANJI-GANG

TADAOMI HAMADA

POSITION

VIZEKOMMANDANT DER 3. DIVISION DER TOKYO-MANJI-GANG (VERGANGENHEIT, STAND AM ENDE VON DOPPELBAND 4)

Wurde zum Vizekommandanten der 3. Division, als Kisaki die Division übernahm. Dürfte ein Handlanger von Kisaki sein und vermutlich auch einer der beiden Jungs, mit denen Kisaki in Doppelband 1, Kapitel 5 unterwegs ist.

Organigramm der Tokyo-Manji-Gang (nach dem Blutigen Halloween)

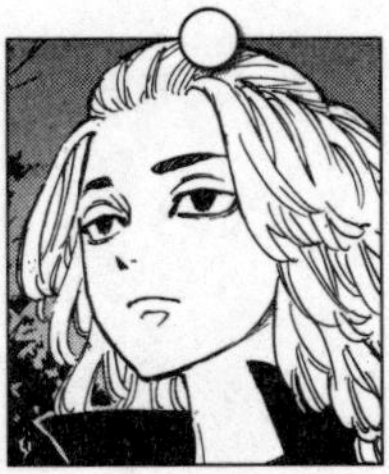

Oberhaupt
Manjiro Sano

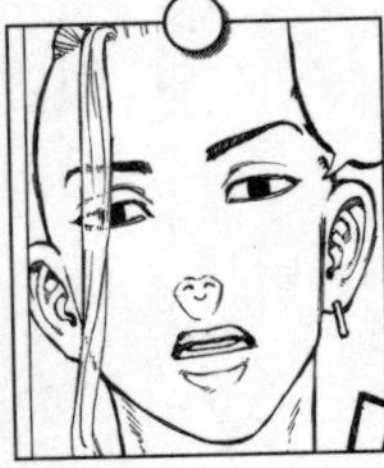

Vizeoberhaupt
Ken Ryuguji

1. Division

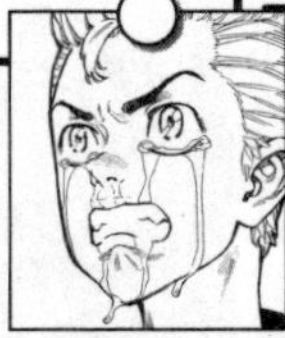

Kommandant: Takemichi Hanagaki
Vizekommandant: Chifuyu Matsuno
Ex-Kommandant: Keisuke Baji (verstorben)

2. Division

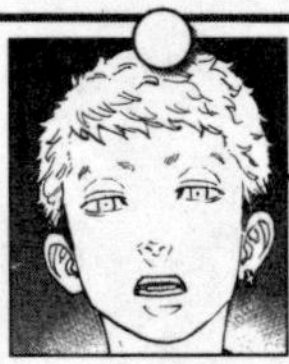

Kommandant: Takashi Mitsuya
Vizekommandanten: Hakkai Shiba, Ryohei Hayashi

3. Division

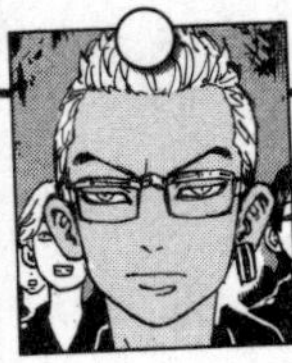

Kommandant: Tetta Kisaki
Vizekommandant: Tadaomi Hamada
Ex-Kommandant: Haruki Hayashida (derzeit in der Jugendstrafanstalt)

4. Division

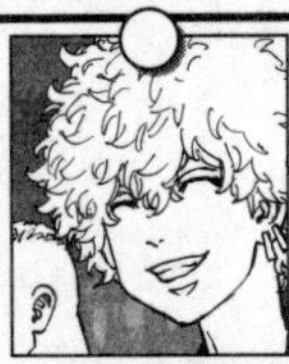

Kommandant: Nahoya Kawata
Vizekommandant: Soya Kawata

5. Division

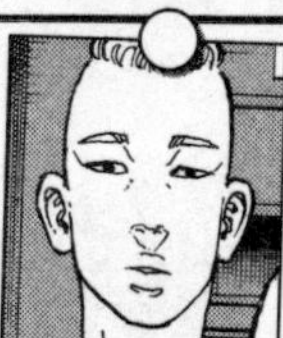

Kommandant: Yasuhiro Muto
Vizekommandant: Haruchiyo Sanzu

6. Division

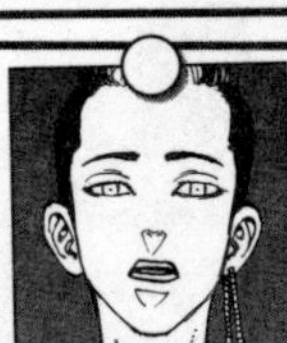

Kommandant: Shuji Hanma

nach Fusion neu gebildet ← Walhalla

Die große Werbekampagne in Dotonbori anlässlich der Anime-Adaption und der Realverfilmung!

»Tokyo Revengers« erobert Osaka!

Vom 16. bis zum 28. Februar 2021 waren diese Poster auf 16 Werbewänden im Dotonbori-Viertel in Osaka angebracht. Auf den nächsten Seiten findet ihr alle dieser speziell zum damaligen Anlass gezeichneten wunderschönen, großformatigen Valentinstagsillustrationen zusammen mit jeweils einem Kommentar von Autor Ken Wakui!

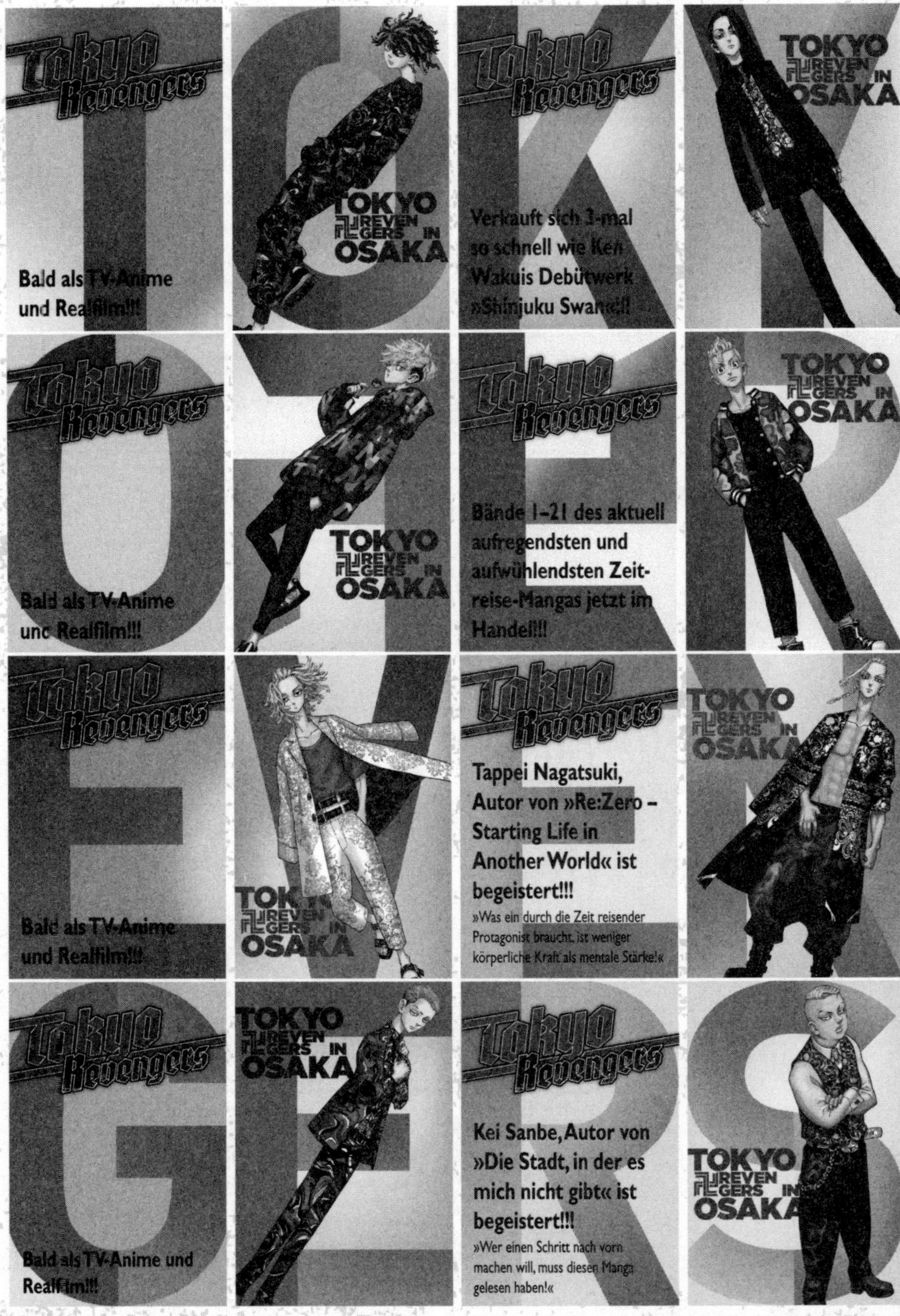

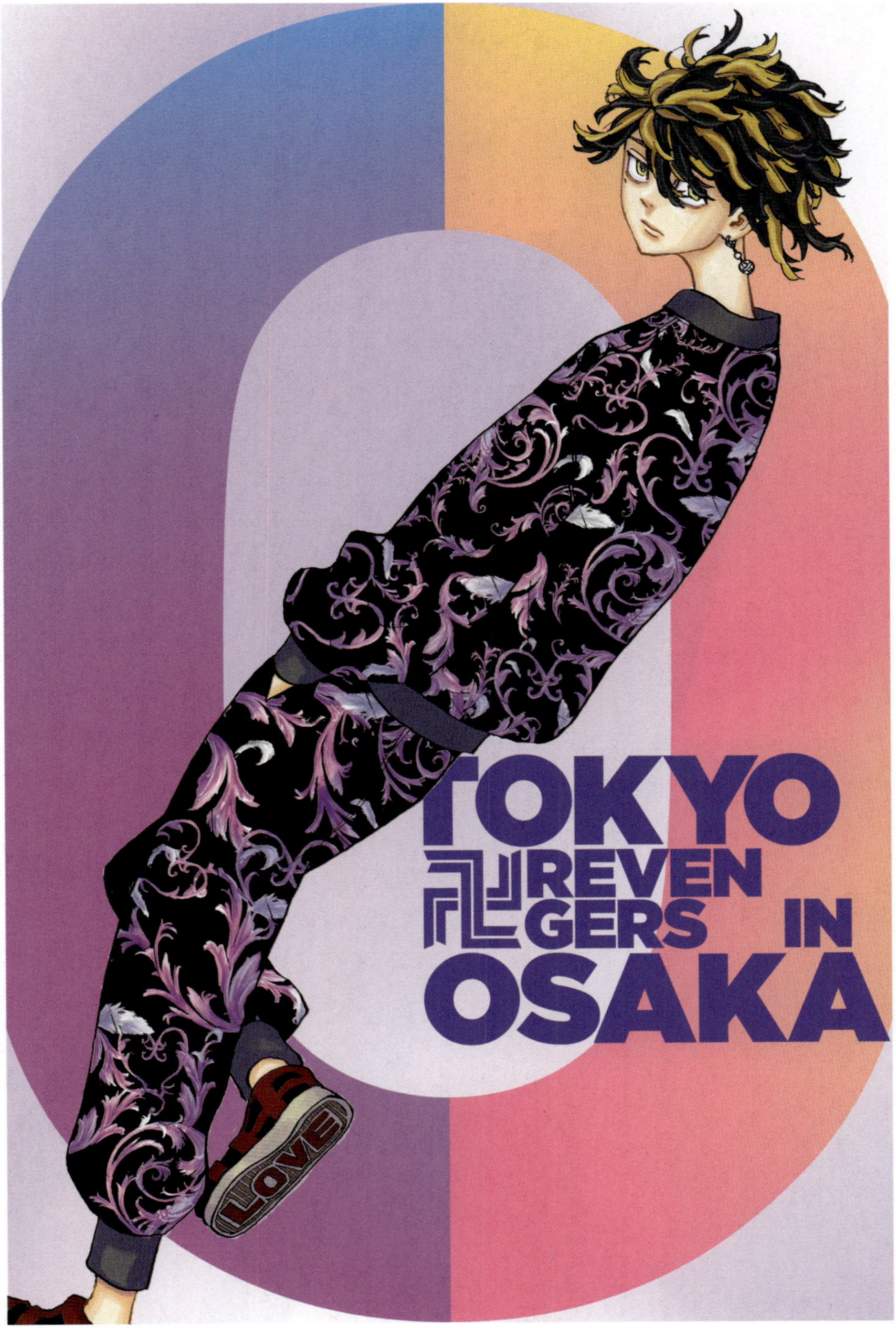

Illustration Nr. 1: Kazutora
Kommentar von Ken Wakui: »Das Thema für diese Illustration lautete ›Gefallener Engel‹.
Ich dachte dabei vor allem an Federn, Dornen und eine verdrehte Liebe.«

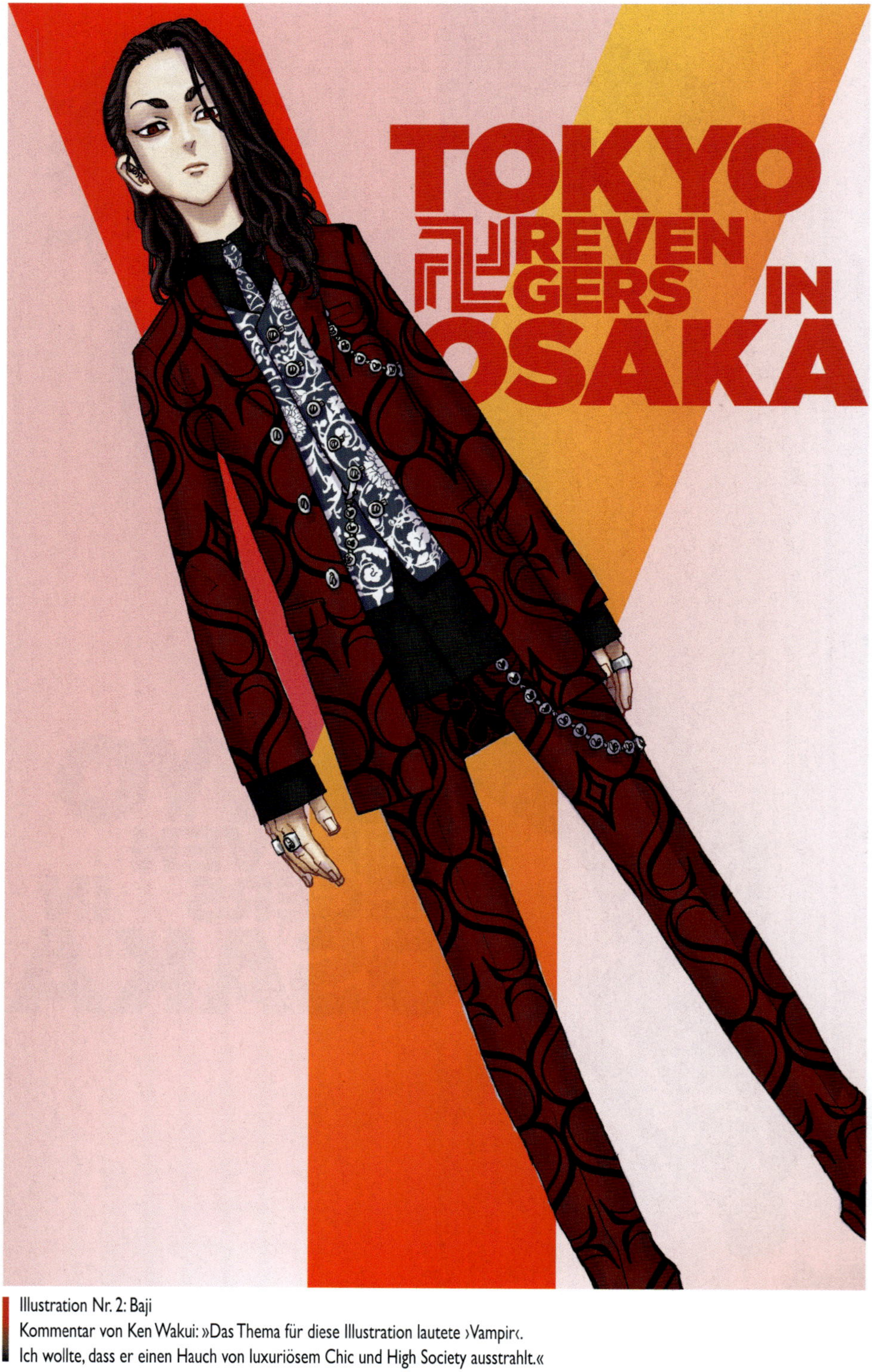

Illustration Nr. 2: Baji
Kommentar von Ken Wakui: »Das Thema für diese Illustration lautete ›Vampir‹. Ich wollte, dass er einen Hauch von luxuriösem Chic und High Society ausstrahlt.«

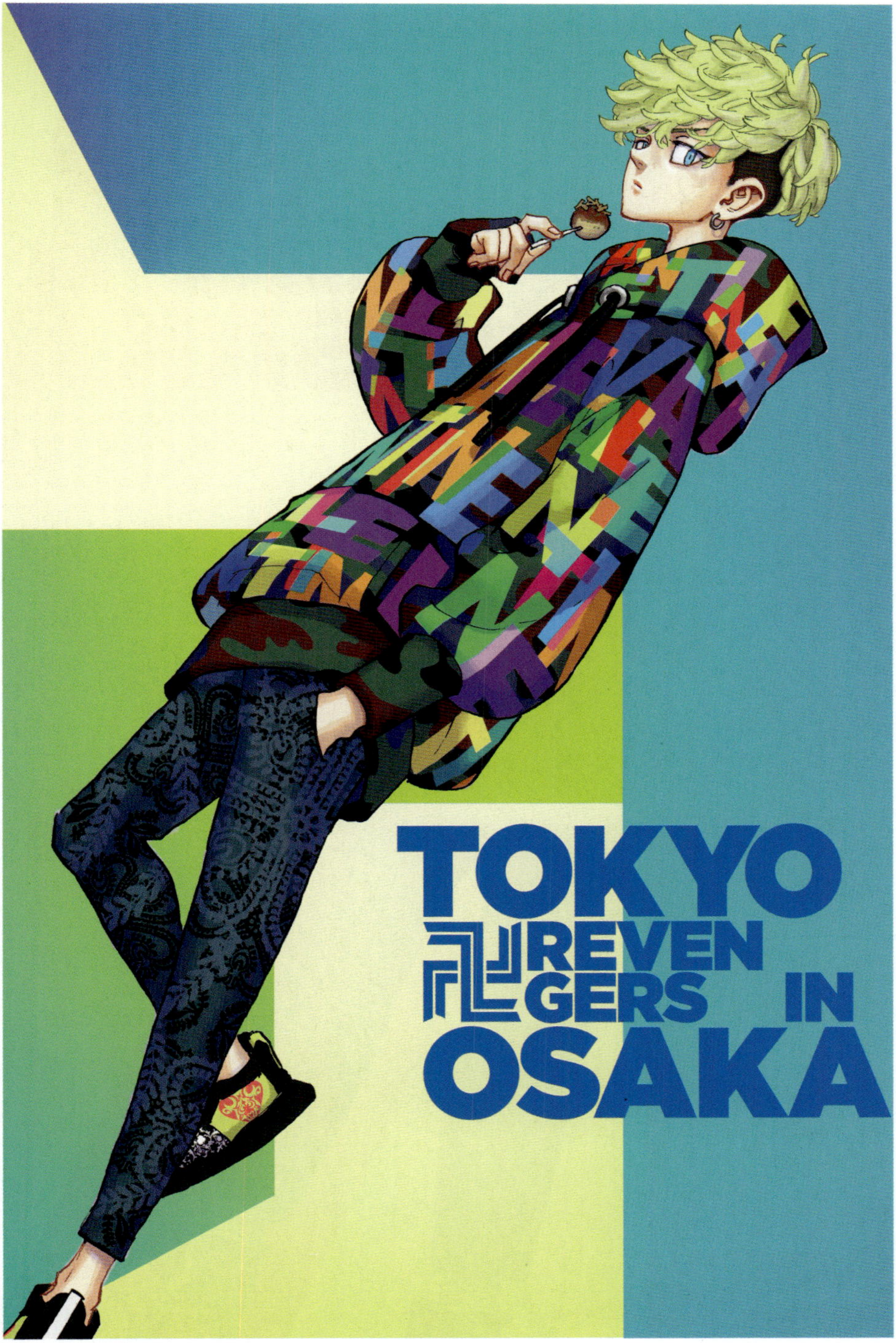

Illustration Nr. 3: Chifuyu
Kommentar von Ken Wakui: »Das Thema für diese Illustration lautete ›Peter Pan‹. Auf dem Sweatshirt ist wiederholt das Wort ›VALENTINE‹ zu lesen.«

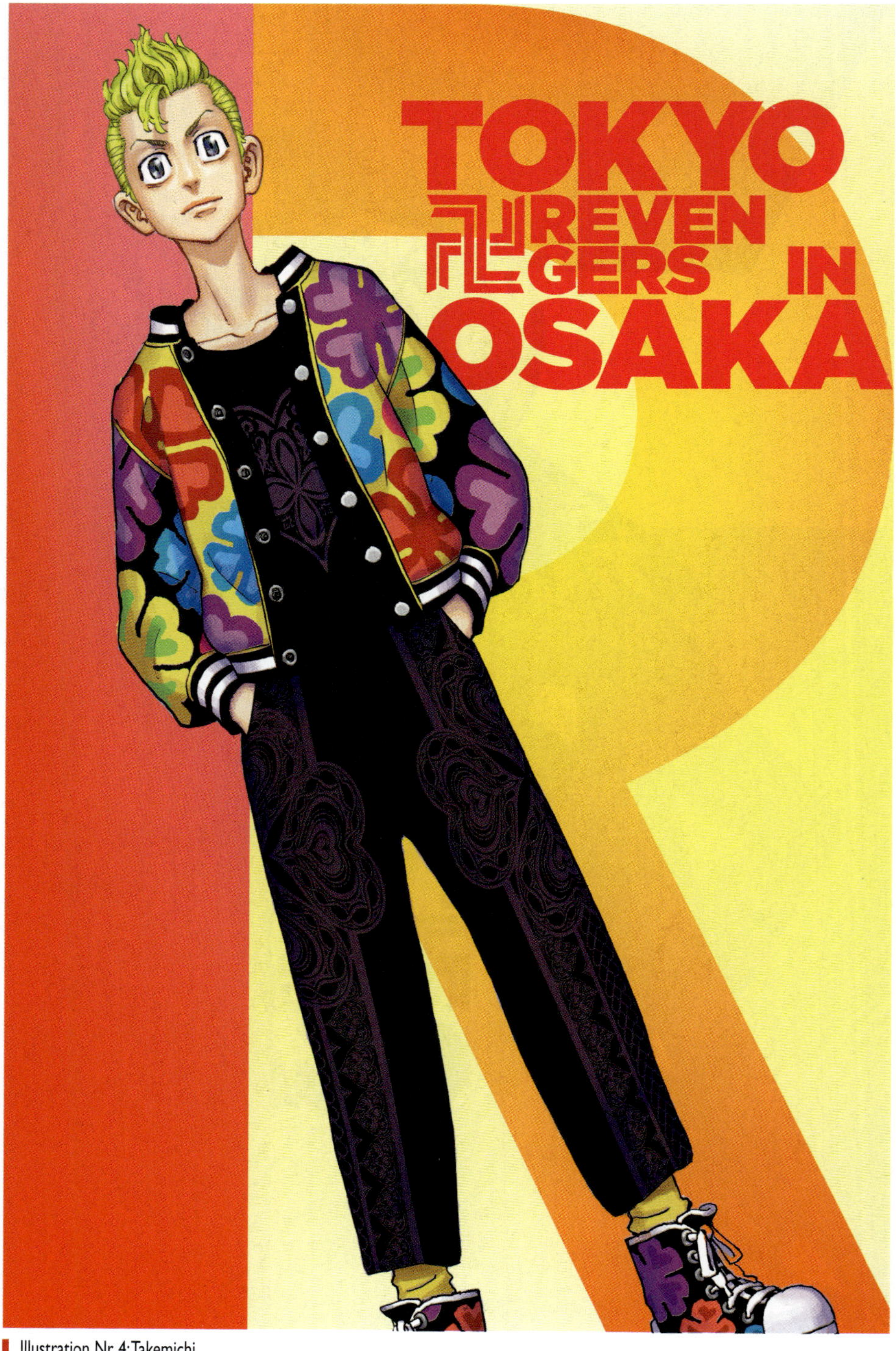

Illustration Nr. 4: Takemichi

Kommentar von Ken Wakui: »Das Thema für diese Illustration lautete ›LOVE & PEACE‹.
Das Motiv der vierblättrigen Kleeblätter spielt auf die Halskette an, die er Hina geschenkt hat.«

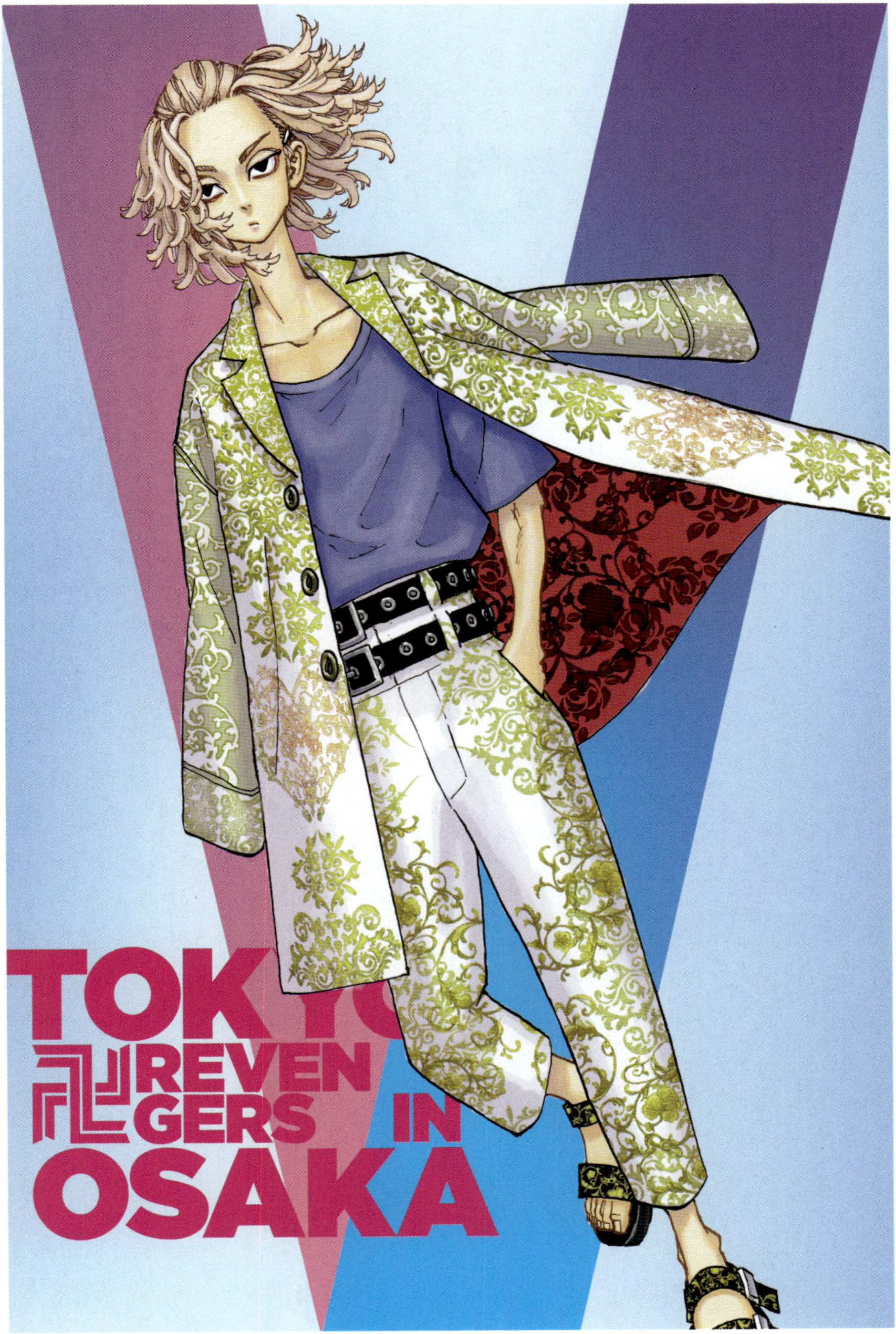

Illustration Nr. 5: Mikey
Kommentar von Ken Wakui: »Das Thema für diese Illustration lautete ›König‹. Dementsprechend trägt er hier einen weißen, mit prächtiger Goldstickerei versehenen Anzug, und passend zum Valentinstag sind seine Haare etwas rosafarbener als sonst.«

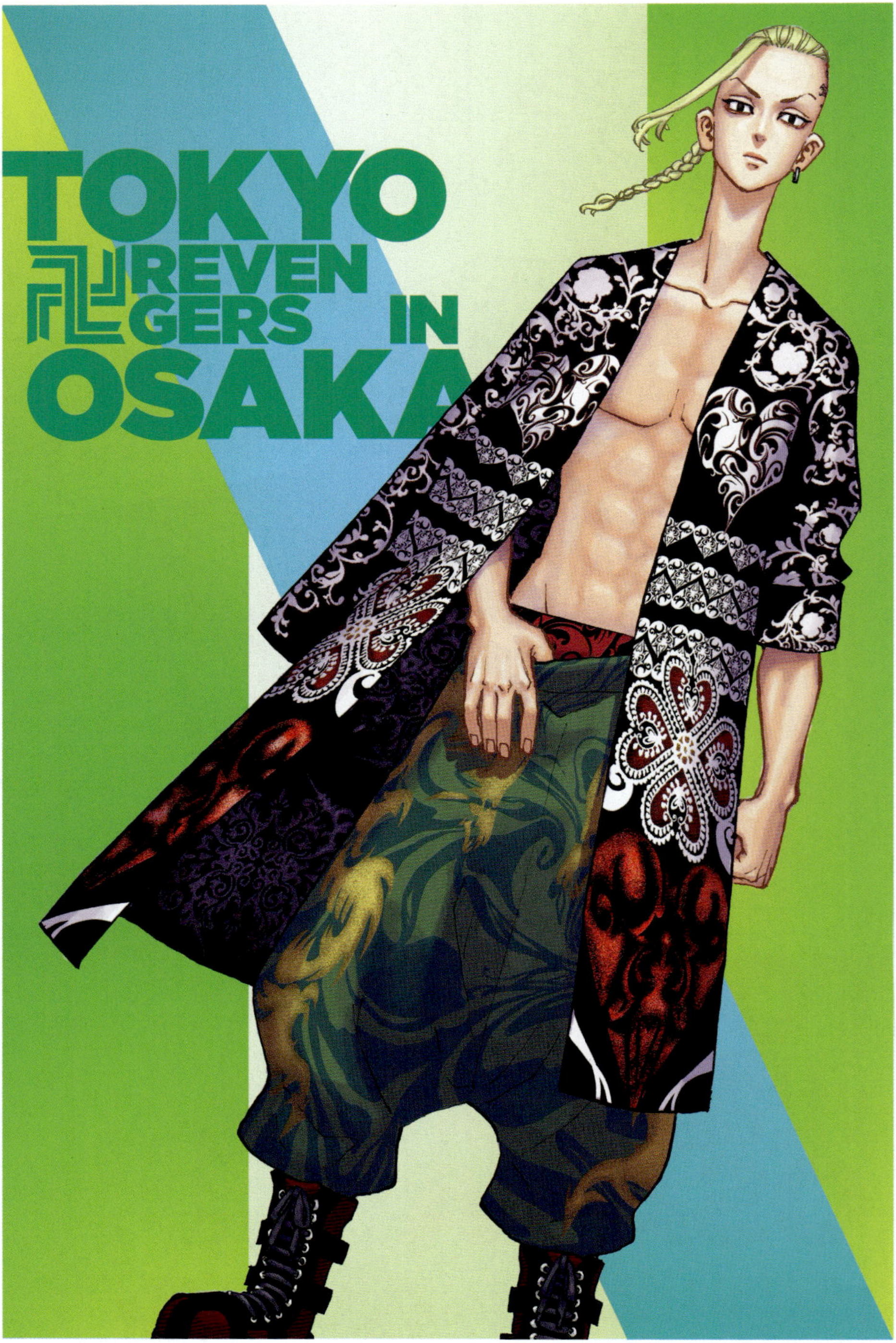

Illustration Nr. 6: Draken
Kommentar von Ken Wakui: »Das Thema für diese Illustration lautete ›Pirat‹.
Anlässlich des Valentinstages präsentiert er uns hier seinen gut gerippten Schokotafel-Bauch.«

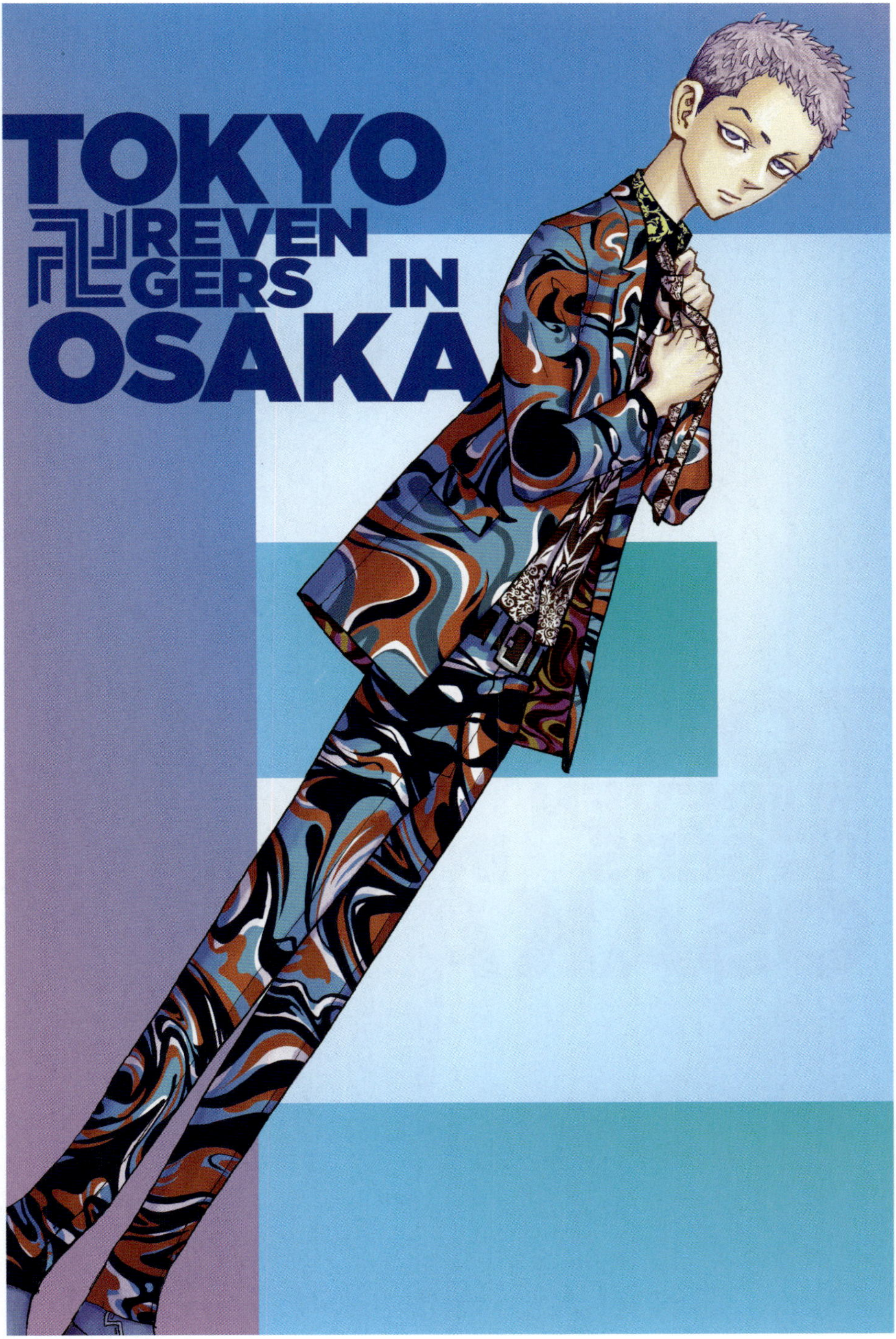

Illustration Nr. 7: Mitsuya
Kommentar von Ken Wakui: »Das Thema für diese Illustration lautete ›Minzschokolade‹.
Er trägt ein ähnliches Marmormuster wie Hakkai auf dem Cover von Band 12 (Rückenbild vom deutschen Doppelband 6).
Die beiden stehen sich echt nah.«

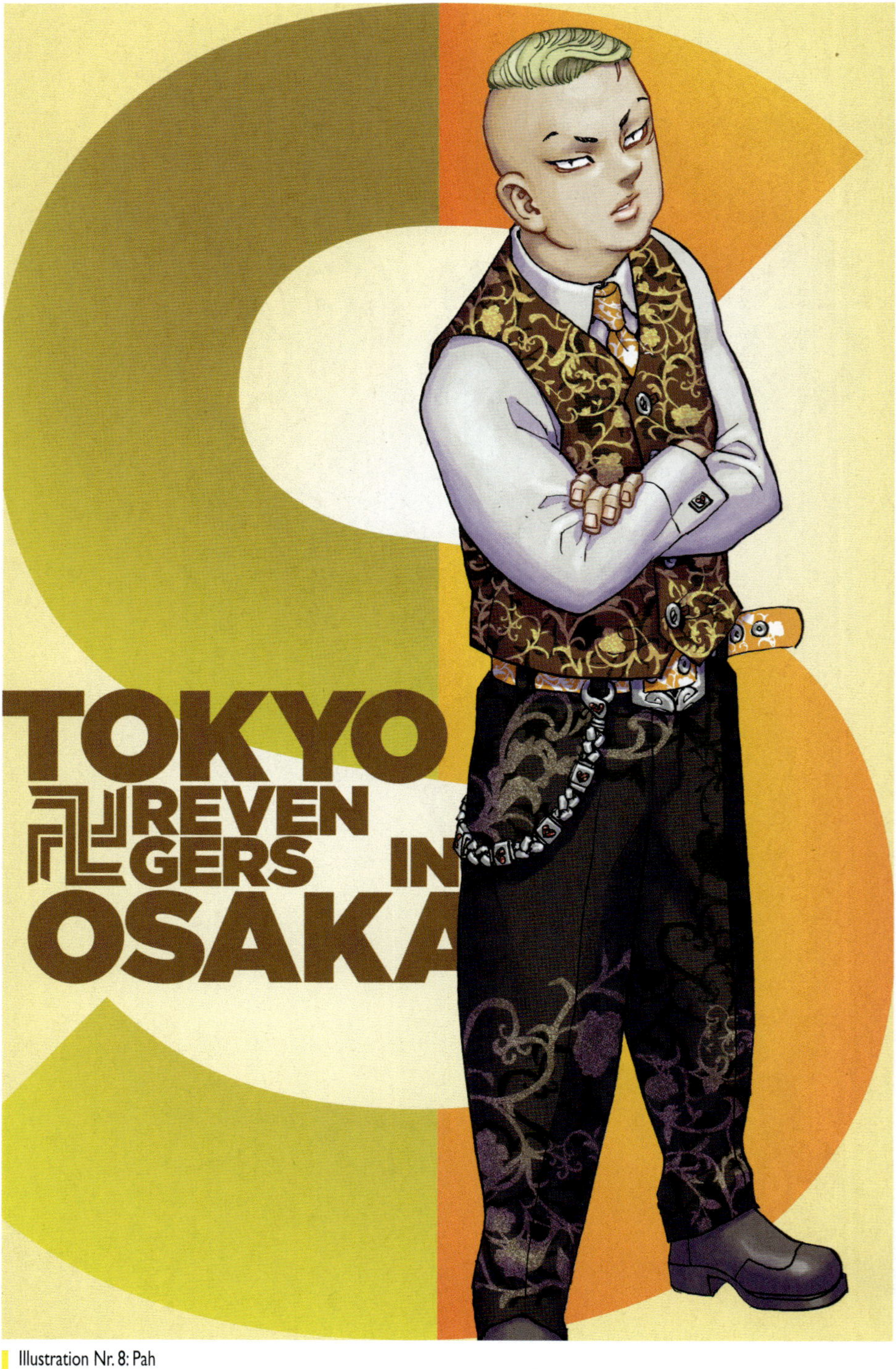

Illustration Nr. 8: Pah

Kommentar von Ken Wakui: »Das Thema für diese Illustration lautete ›Nachtklub-Türsteher‹.
Der arme Kerl hatte in der Geschichte echt Pech und kaum Gelegenheit, zu zeigen, was er kann, aber in Wirklichkeit ist er einer der besten Kämpfer in der Gang. Das zeigt, wie stark Osanai eigentlich war.«

Charakter-Steckbriefe, Teil 2

Die Tokyoter Gangs und sonstige Personen

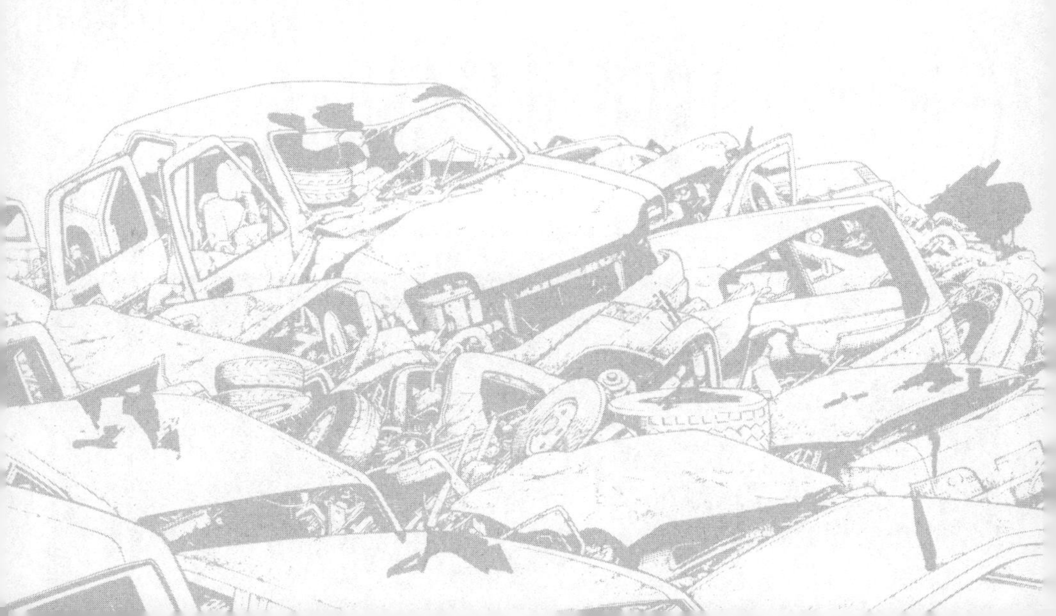

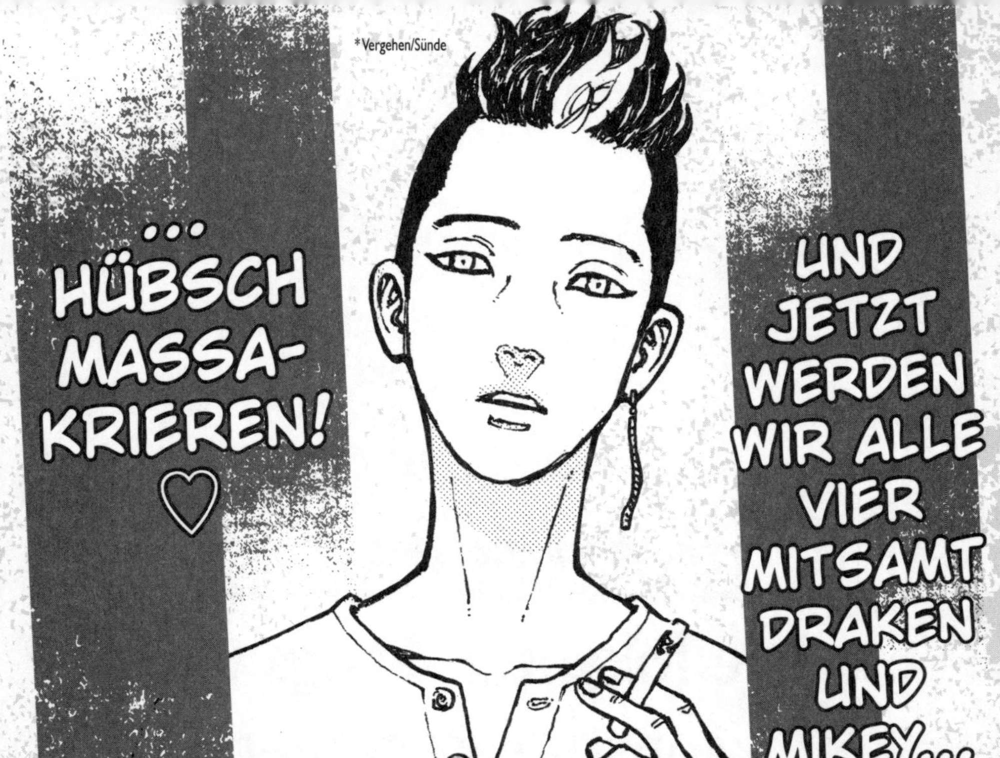

WALHALLA

SHUJI HANMA

12 JAHRE SPÄTER

POSITION

VIZEOBERHAUPT VON WALHALLA, SPÄTER KOMMANDANT DER 6. DIVISION DER TOKYO-MANJI-GANG (STAND AM ENDE VON DOPPELBAND 4)

♦ Größe: 1,92 m (Vergangenheit) ♦ Gewicht: 70 kg ♦ Alter: 16 Jahre (10. Klasse, in der Vergangenheit) / 28 Jahre (Gegenwart)

♦ Geburtstag: 27. Oktober 1989 ♦ Sternzeichen: Skorpion ♦ Blutgruppe: AB

♦ Themenfarbe: Violett ♦ Liebt: Nervenkitzel ♡ ♦ Hasst: jeden außer sich selbst

♦ Besondere Fähigkeit: Zähne einschlagen ♦ Bewundert: Ältere, die ihm was ausgeben

♦ Traum: hundert Diener zu haben, die sich von früh bis spät um alles kümmern, worauf er keinen Bock hat

♦ Bemerkenswerte (oder bedauernswerte) Leistung: Dank seiner ausgezeichneten Bewegungswahrnehmung schafft es niemand, ihm einen direkten Treffer zu verpassen (außer Mikey, aber der ist übermenschlich). ♦ Lieblingsort: dort, wo die Fetzen fliegen

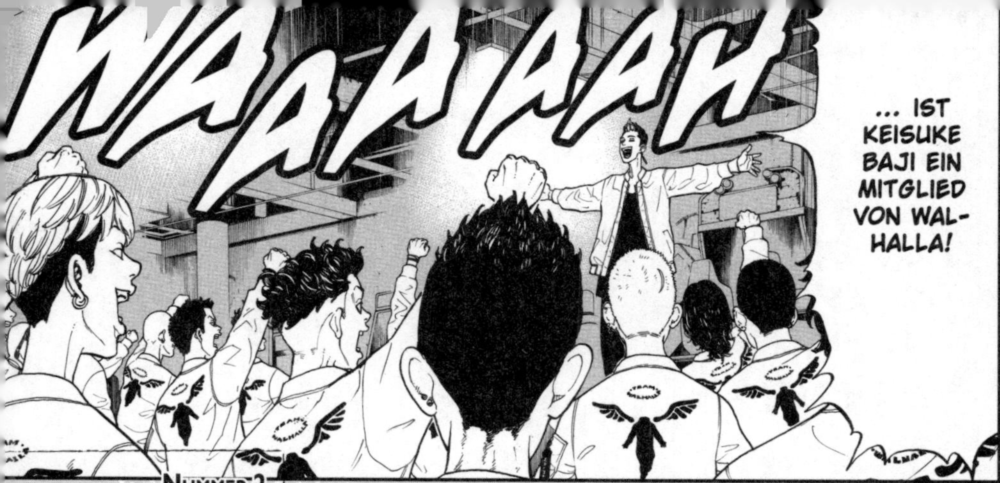

NUMMER 2

Der Vizeboss des »Kopflosen Engels« Walhalla

Nachdem er vorübergehend Osanais Platz als Boss von Möbius eingenommen hatte, führt er einen Teil der Ex-Mitglieder der Gang, die sich nach dem Kampf vom 3. August auflöste, und weitere Manji-feindliche Gruppen, die Kazutora versammelt hatte, in einer neuen Gang namens Walhalla zusammen. Da der Posten des Oberhauptes unbesetzt ist, führt er als Vizeoberhaupt Walhalla stellvertretend an.

KAMPFERPROBT

Ein Kampfprofi, der Mikeys Tritt abfangen kann!

Auch wenn er aufgrund seiner schlaksigen Statur vielleicht nicht so wirkt, ist er einer der besten Kämpfer in der Serie. Beim Kampf vom 3. August versetzt er alle in Staunen, als er einen Tritt von Mikey abfängt. Und auch wenn ihn Draken beim Blutigen Halloween zunächst unter Druck setzt, kann er durchaus dagegenhalten.

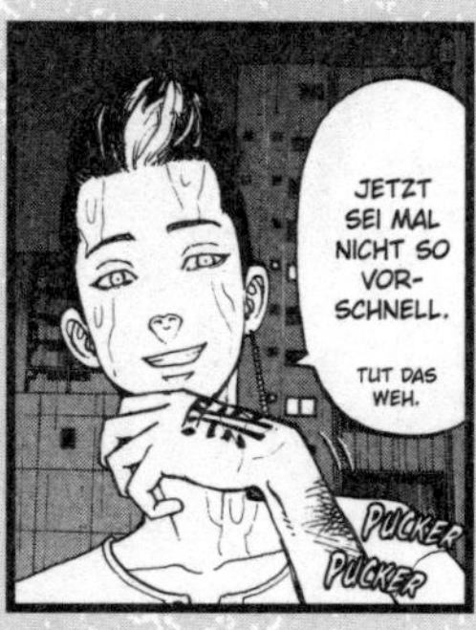

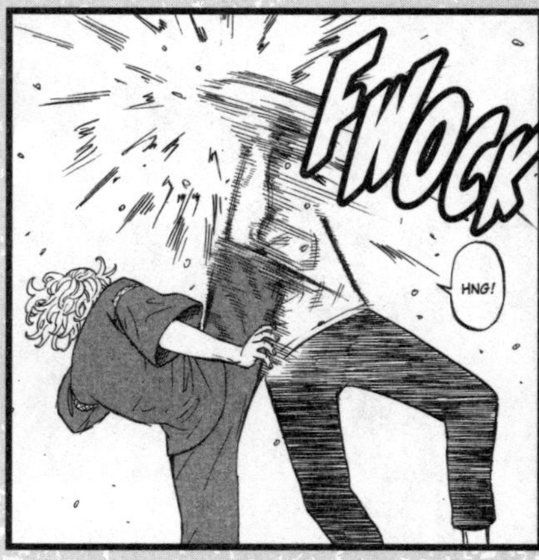

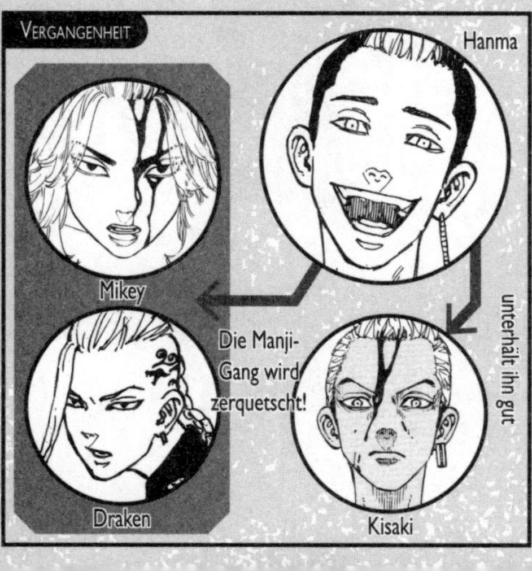

BEZIEHUNGEN

Nicht ohne Grund nur Vizeoberhaupt!

Hanma steckt in Wahrheit mit Kisaki unter einer Decke und arbeitet in dessen Auftrag daran, die Manji-Gang zu vernichten. Des Weiteren befindet er sich im Jahr 2017 der Zeitlinie, in der Draken nicht erstochen wurde, in der Nähe des Tatorts, als Hina ermordet wird, was vermuten lässt, dass er etwas mit der Sache zu tun hat. Und auch in der Gegenwart hat er immer noch die Angewohnheit, ständig »So mühsam…« zu sagen.

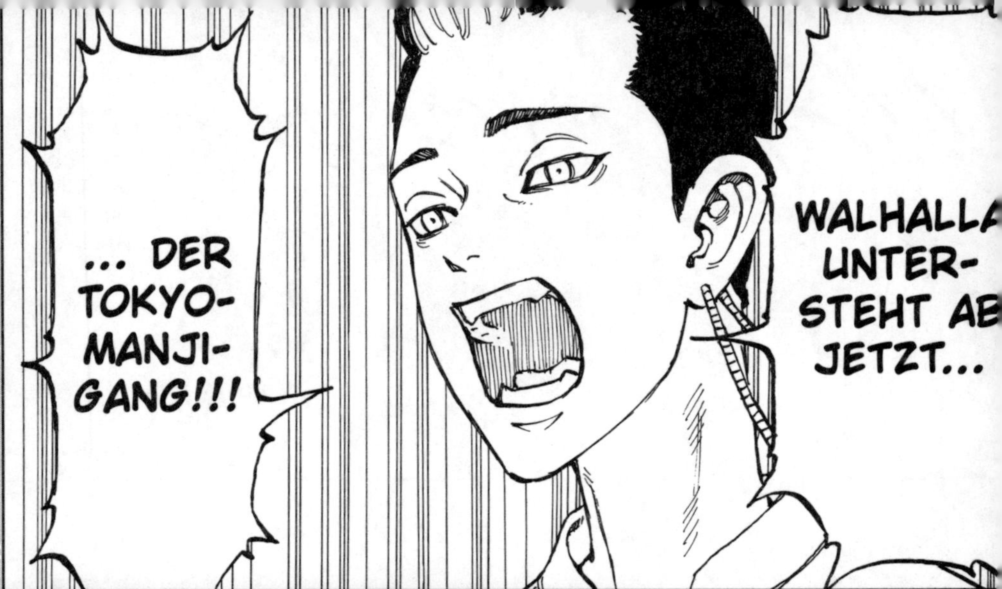

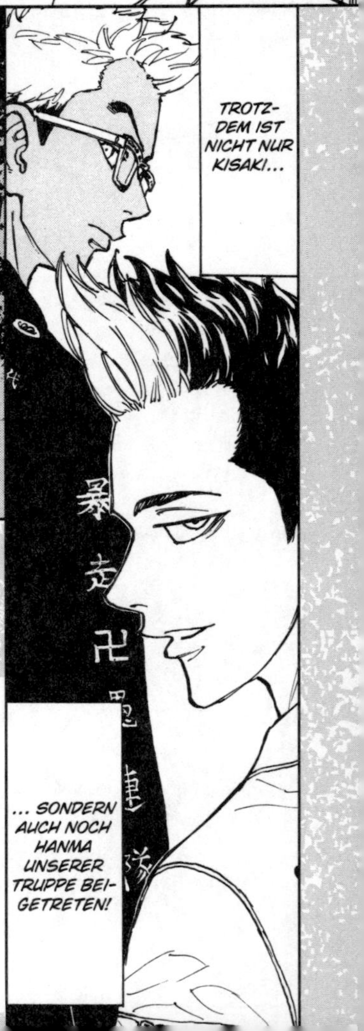

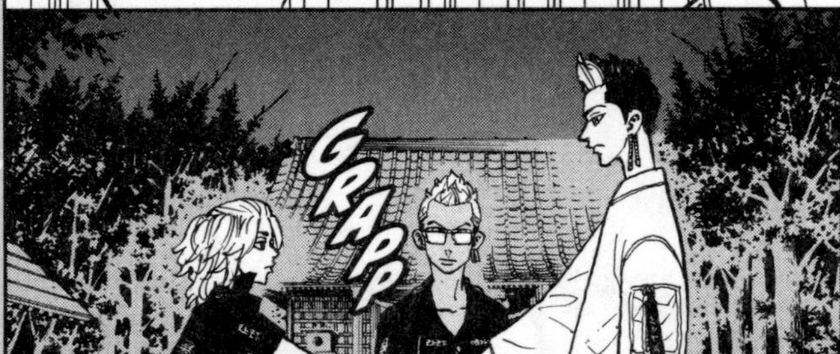

Was wollen er und Kisaki gemeinsam in der Manji-Gang?

Nach der Niederlage beim Blutigen Halloween wird Walhalla als 6. Division in die Manji-Gang eingegliedert, mit Hanma als Divisionskommandanten an ihrer Spitze. Nach außen hin sieht es so aus, als hätte sich Hanma unter der Vermittlung von Kisaki mit Mikey zusammengetan, doch für diejenigen, die von Hanmas Verbindung zu Kisaki wissen, ist die Fusion der beiden Gangs nur schwer zu akzeptieren, ohne misstrauisch zu werden.

Kisaki plant, die Manji-Gang zu übernehmen, und Hanma hilft ihm dabei, diesen Plan Wirklichkeit werden zu lassen. Wie kommt es, dass diese beiden, die unterschiedlicher nicht sein könnten, gemeinsame Sache machen?

Um Mikey und die Manji-Gang zu schützen, muss Takemichi jedenfalls nicht nur Kisaki, sondern auch Hanma genau im Auge behalten.

Brutale Worte...
... die Rowdys erzittern lassen

Beleidigungen und Beschimpfungen gehören zu jeder guten Prügelei unter Rowdys dazu, doch die, die Hanma ausstößt, sind voller abgrundtiefer Bösartigkeit. Sie zeigen, wie rücksichtslos und egoistisch er ist, und dienen nur dazu, andere Rowdys einzuschüchtern und ihren Kampfeswillen zu brechen.

»MEIN ZIEL IST DIE ZERSTÖRUNG DER MANJI-GANG. WÄR BEQUEMER GEWESEN, WENN **IHR EUCH ZERSTRITTEN** HÄTTET.«

DOPPELBAND 2, KAPITEL 22

»WORAUF WARTEST DU, DRAKEN?! **KOMM SCHON UND ZEIG'S MIR ENDLICH!**«

DOPPELBAND 4, KAPITEL 53

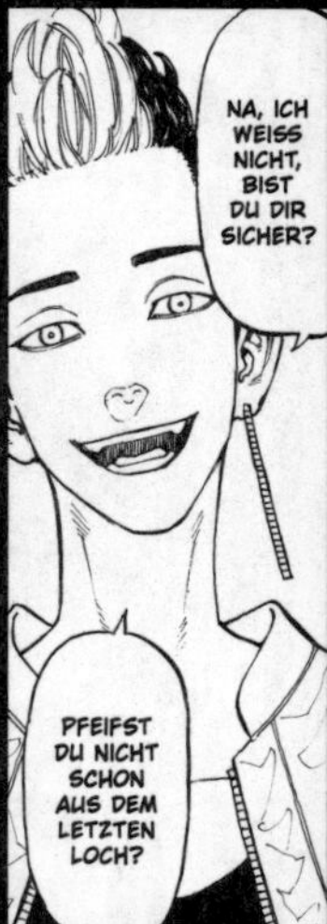

»WENN IHR ABHAUT, DANN JAG ICH EUCH UND SCHLAG EUCH ALLE ZÄHNE AUS EUREN BESCHISSENEN FRESSEN, KAPIERT?!«

DOPPELBAND 2, KAPITEL 22

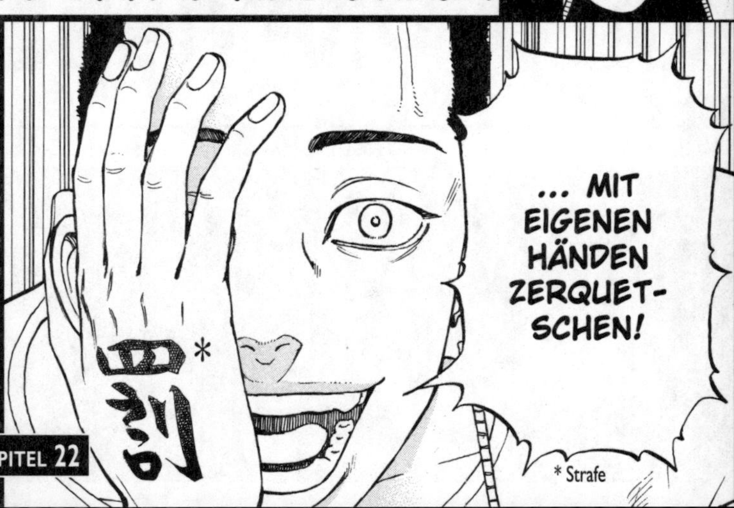

* Strafe

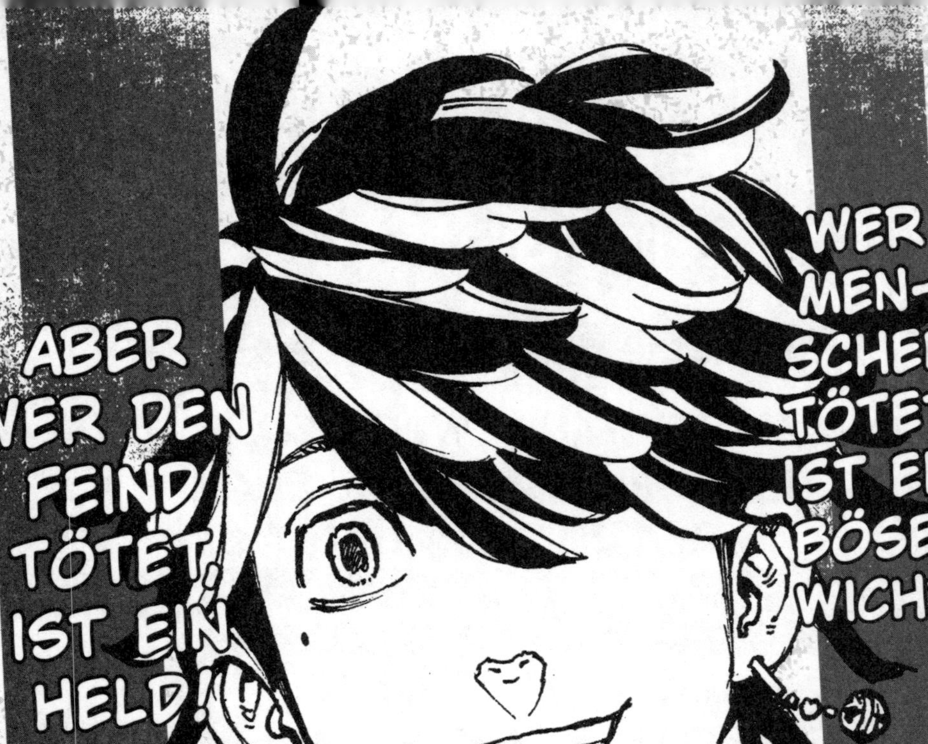

WALHALLA

KAZUTORA HANEMIYA

POSITION

NR. 3 VON WALHALLA / GRÜNDUNGSMITGLIED DER TOKYO-MANJI-GANG / SCHÜLER AN DER OMIZO-MITTELSCHULE

♦ Größe: 1,74 m (Vergangenheit) ♦ Gewicht: 60 kg ♦ Alter: 15 Jahre (9. Klasse, in der Vergangenheit) / 27 Jahre (Gegenwart)

♦ Geburtstag: 16. September 1990 ♦ Sternzeichen: Jungfrau

♦ Blutgruppe: AB ♦ Themenfarbe: Gelb ♦ Liebt: Rowdy-typische Accessoires

♦ Hasst: Die Mitglieder der Manji-Gang

♦ Besondere Fähigkeit: Fingernägel ausreißen

♦ Bewundert: Manjiro Sano

♦ Traum: Manjiro Sano zu töten

♦ Bemerkenswerte (oder bedauernswerte) Leistung: schlägt jedem die Zähne ein, der von seinen tollen Leistungen erzählt

♦ Lieblingsort: Dachterrassen ohne Geländer

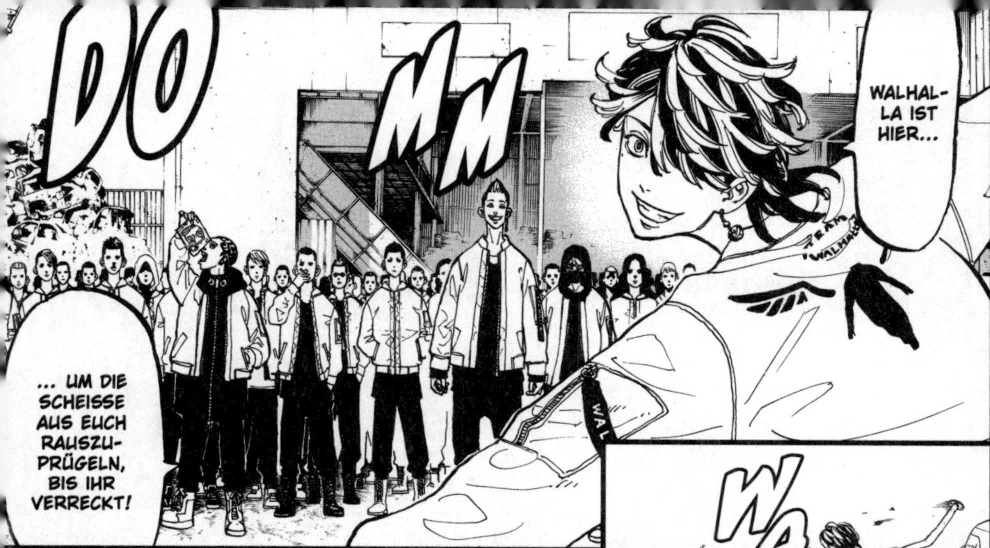

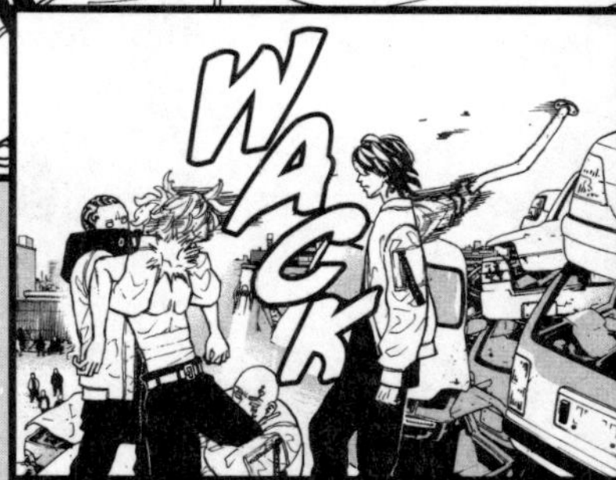

Führungsmitglied

Eine Nummer 3, die keine Regeln kennt

Ein Rowdy, der auch vor unfairen Mitteln nicht zurückschreckt, um zu gewinnen. Beim Kampf der Manji-Gang gegen Walhalla schlägt er Hansen zu Boden, der die Aufsicht über den Kampf hätte übernehmen sollen, und verprügelt Mikey mit einem Stahlrohr, während zwei seiner Leute diesen festhalten.

Ziel

Wünscht sich in seinem Wahn nichts mehr, als Mikey zu töten!

Zwei Jahre zuvor wollte Kazutora ein Motorrad für Mikey stehlen und tötete bei dem Versuch unabsichtlich Shin'ichiro. Da er diese Tatsache nicht akzeptieren konnte, redete er sich ein, dass Mikey an allem schuld sei und er ihn töten müsse. Besessen von diesem Gedanken trachtet er Mikey nach dem Leben.

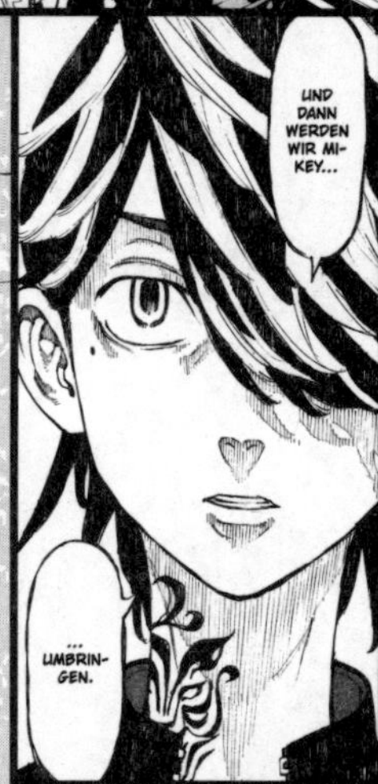

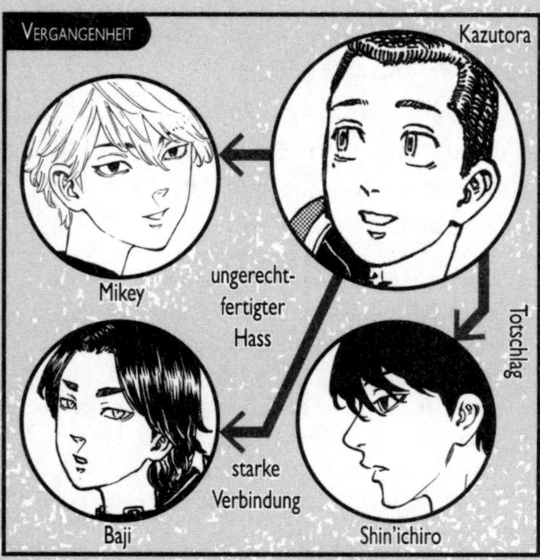

Beziehungen

Auch er war ein Mitbegründer der Manji-Gang

Kazutora ist eines der sechs Gründungsmitglieder der Manji-Gang, doch nachdem er Shin'ichiro tödlich verletzt hat, bricht er mit der Gang. Erst als Baji stirbt, der immer versucht hat, für ihn da zu sein, kommt er wieder zur Vernunft und schließt Frieden mit Mikey.

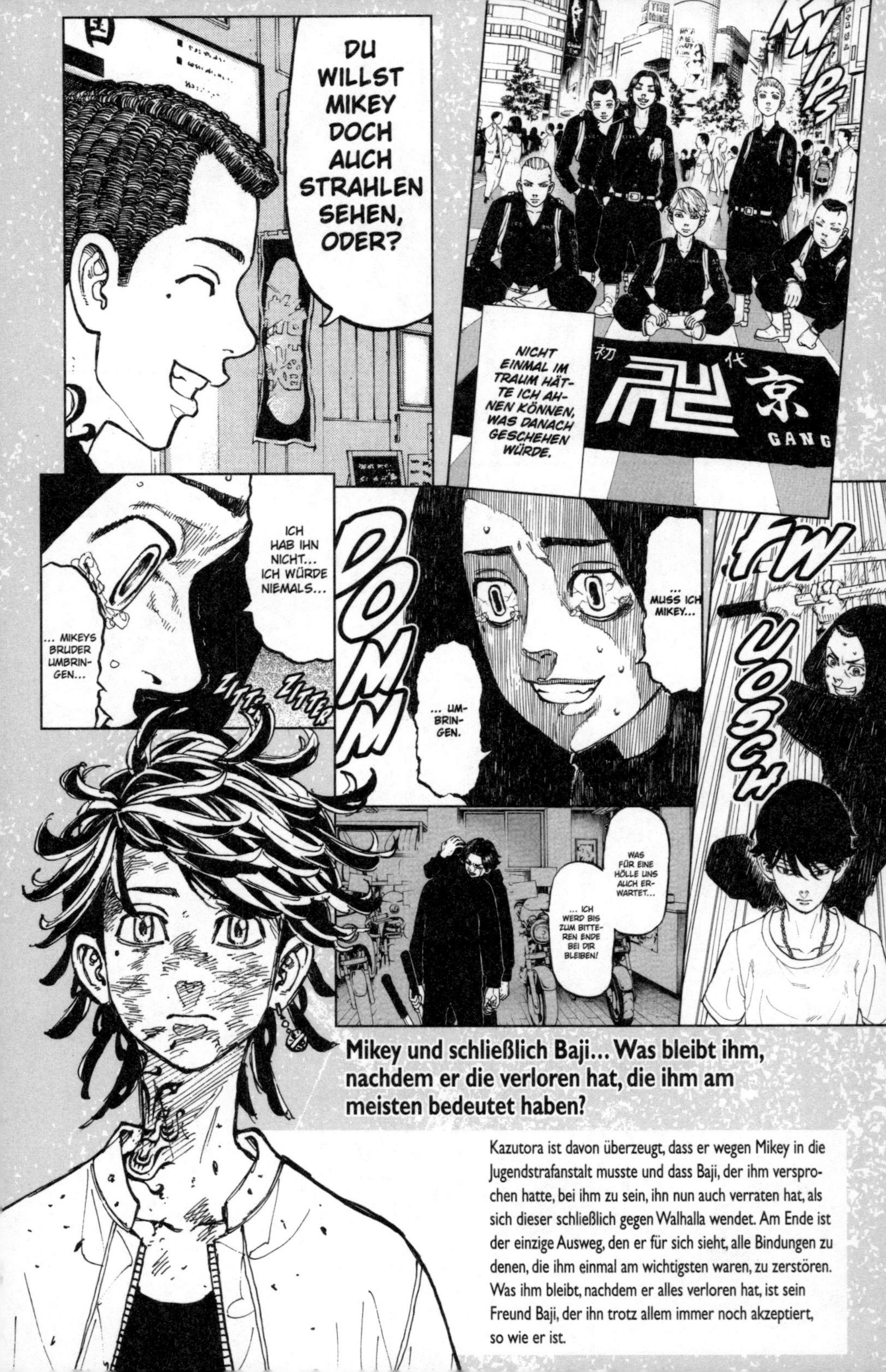

Mikey und schließlich Baji... Was bleibt ihm, nachdem er die verloren hat, die ihm am meisten bedeutet haben?

Kazutora ist davon überzeugt, dass er wegen Mikey in die Jugendstrafanstalt musste und dass Baji, der ihm versprochen hatte, bei ihm zu sein, ihn nun auch verraten hat, als sich dieser schließlich gegen Walhalla wendet. Am Ende ist der einzige Ausweg, den er für sich sieht, alle Bindungen zu denen, die ihm einmal am wichtigsten waren, zu zerstören. Was ihm bleibt, nachdem er alles verloren hat, ist sein Freund Baji, der ihn trotz allem immer noch akzeptiert, so wie er ist.

Die einzige Wahrheit, die für Kazutora zählt

Der Grund für Kazutoras Wahnsinn ist die fixe Idee, dass jeder, der sich von ihm abwendet, sein Feind ist und dass derjenige, der Feinde tötet, ein Held ist. Ganz egal zu welchen hinterhältigen Mitteln man greift: Selbst wenn man am Ende einen Menschen tötet, kann man immer noch ein Held sein, solange das Opfer ein Feind war. Das ist die verdrehte Überzeugung, zu der er nach einem Vorfall mit seiner Mutter kam, als er noch klein war.

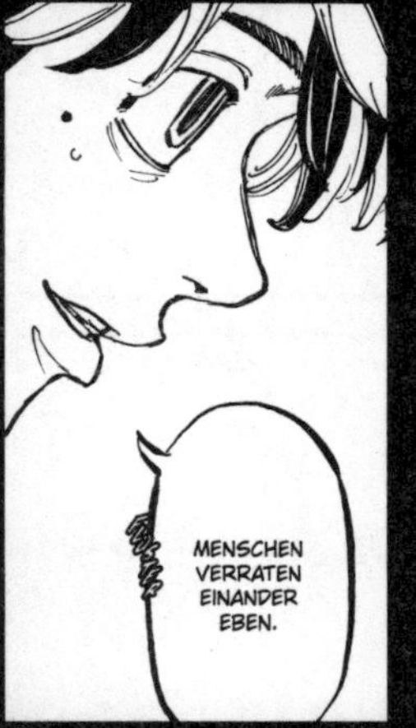

»ICH MUSSTE DEINETWEGEN SO VIEL DURCHMACHEN. DEINETWEGEN MUSSTE ICH IN DEN KNAST. **NATÜRLICH BIST DU MEIN FEIND!**«

DOPPELBAND 4, KAPITEL 55

»ICH **HAB DAS ZERSTÖRT,** WAS MIR AM WICHTIGSTEN WAR.«

DOPPELBAND 4, KAPITEL 60

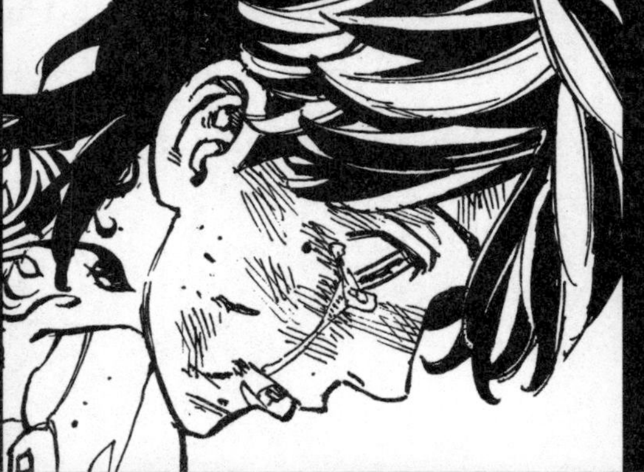

»ICH WERDE DICH NICHT BITTEN MIR ZU VERZEIHEN, WEDER WAS SHIN'ICHIRO NOCH WAS BAJI BETRIFFT. ICH WERDE MIT DER SCHULD LEBEN.«

DOPPELBAND 4, KAPITEL 64

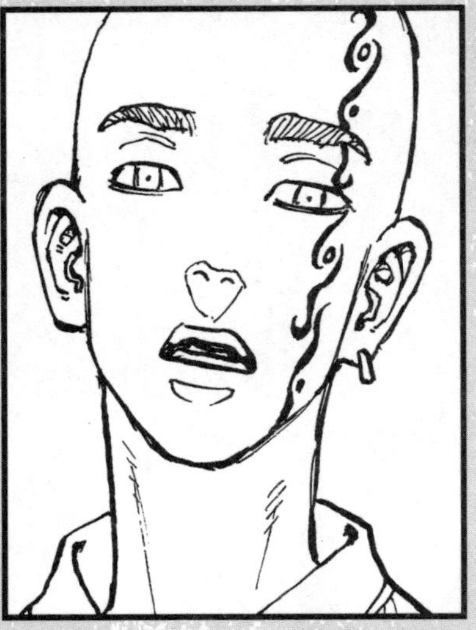

WALHALLA

CHONBO

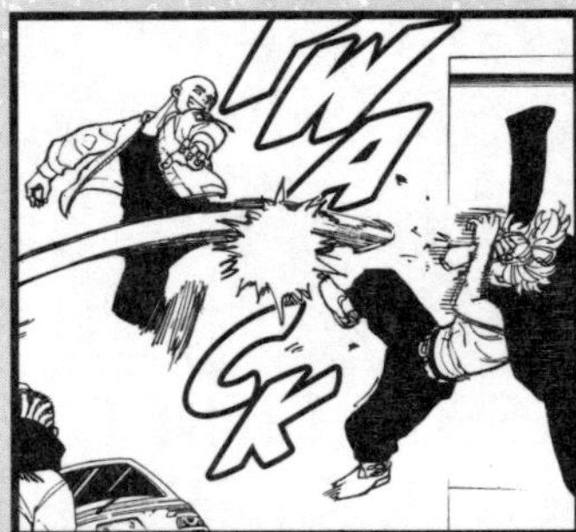

Ein harter Kämpfer, den Kazutora in der Jugendstrafanstalt kennenlernt. Er nimmt am Blutigen Halloween teil, um im Kampf gegen Mikey auszuhelfen. Es gelingt ihm, diesen einige Zeit am Bein festzuhalten, wird dann jedoch noch am Bein klammernd hochgehoben und geht k. o., nachdem ihn Mikey gegen Kazutora schleudert.

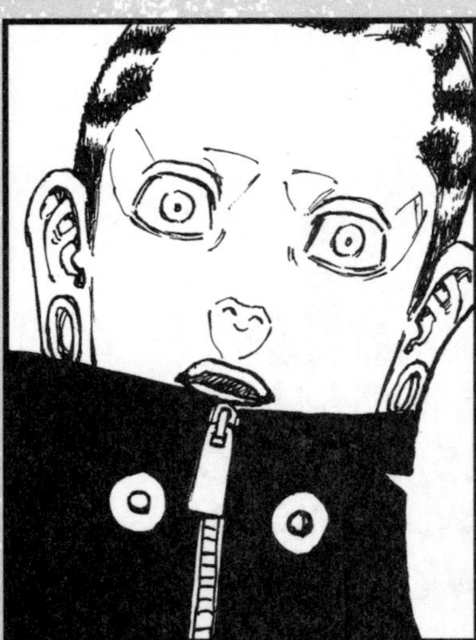

WALHALLA

CHOME

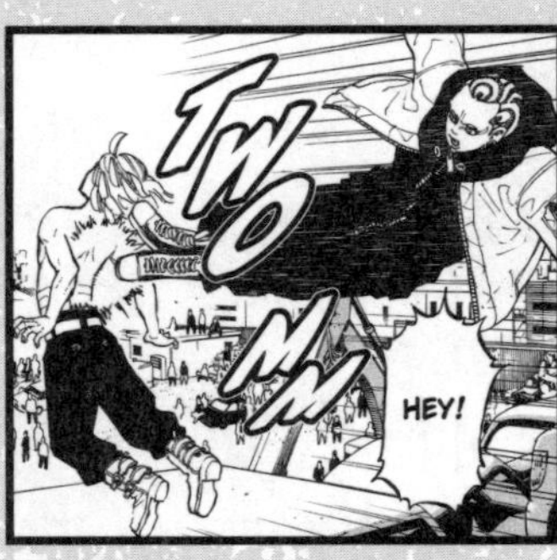

Wird genau wie Chonbo von Kazutora in der Jugendstrafanstalt für den Kampf gegen Mikey rekrutiert. Er attackiert Mikey mit einem Dropkick, bekommt ihn schließlich von hinten zu fassen und kann ihn eine Weile festhalten, bevor Mikey ihn mit einem Tritt niederstreckt.

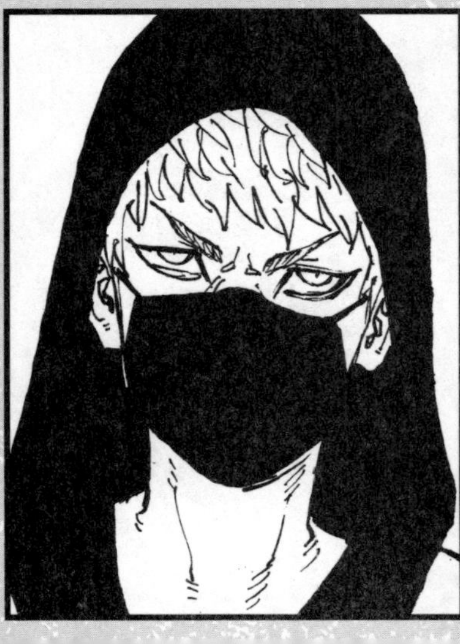

WALHALLA

CHOJI

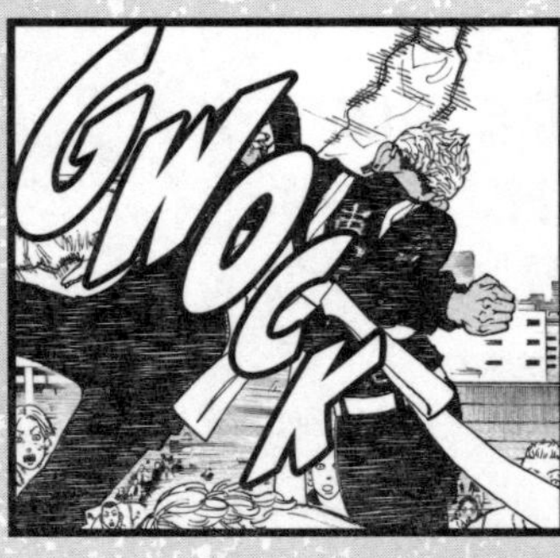

Ist einer der beiden Jungs, mit denen Kisaki in Kapitel 5 unterwegs ist. Sie dürften vereinbart haben, dass er sich von Kisaki niederschlagen lässt, damit dieser behaupten kann, er hätte Mikey gerettet.

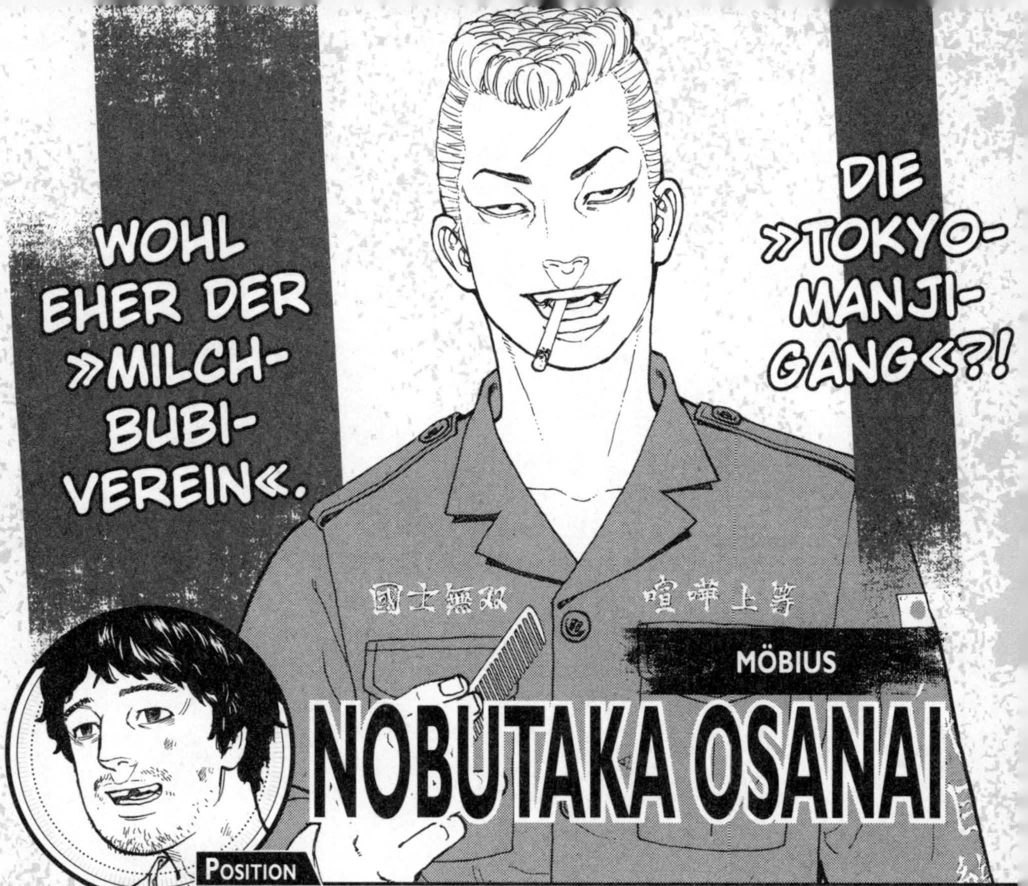

MÖBIUS

NOBUTAKA OSANAI

12 JAHRE SPÄTER

POSITION

ACHTES OBERHAUPT VON MÖBIUS

♦ Größe: 1,82 m (Vergangenheit) ♦ Gewicht: 82 kg ♦ Alter: 17 Jahre (11. Klasse, in der Vergangenheit) / 29 Jahre (Gegenwart)

♦ Geburtstag: 29. April 1988 ♦ Sternzeichen: Stier

♦ Blutgruppe: B ♦ Themenfarbe: Weinrot

♦ Liebt: John Travolta ♦ Hasst: merkwürdige Typen

♦ Besondere Fähigkeit: gut im Boxen

♦ Bewundert: den Boxer Joichiro Tatsuyoshi ♦ Traum: das große Geld zu machen und einen Nachtklub zu eröffnen

♦ Bemerkenswerte (oder bedauernswerte) Leistung: verliert nie einen Kampf gegen einen gleichaltrigen Rowdy ♦ Lieblingsort: der Treffpunkt von Möbius

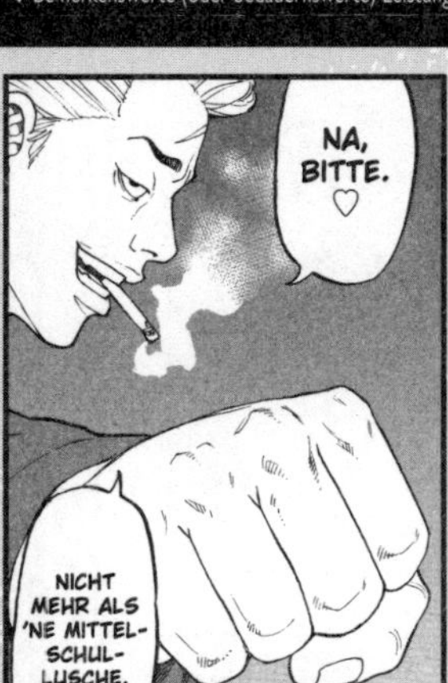

Ein Oberschulrowdy, der von Kisaki ausgenutzt wurde

Nachdem er sich mit Kisaki zusammengetan hatte, stieg Osanai innerhalb von nur einem Jahr zum achten Boss der Gang Möbius auf. Der Oberschulrowdy verspottet die Manji-Gang als »Milchbubiverein«, zieht sich dann aber als Gang-Boss zurück, nachdem ihm Kisaki die gesamte Schuld für den Kampf vom 3. August in die Schuhe geschoben hat. Er widmet sich einer Ausbildung als Zimmermann und führt in der Gegenwart ein tristes, erfolgloses Leben in Angst vor Kisaki.

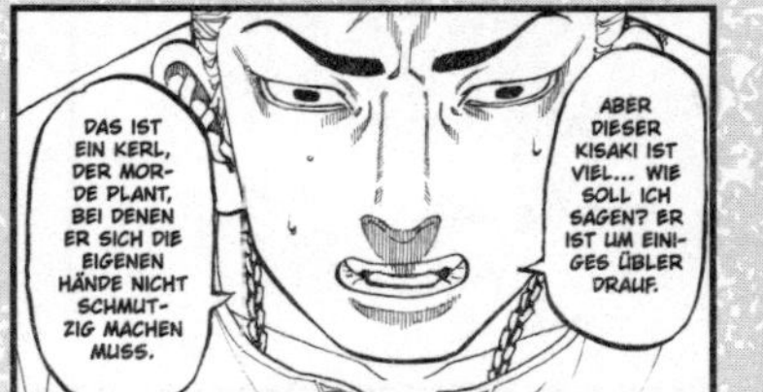

Struktur der Gang Walhalla

?

Oberhaupt

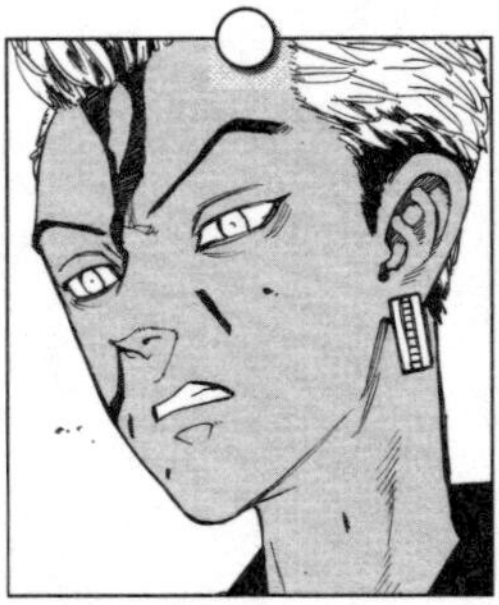

Walhalla ist eine Gang ohne bekanntes Oberhaupt und wird darum auch der »Kopflose Engel« genannt. Aktuell führt das Vizeoberhaupt Hanma die Gang stellvertretend an und Kazutora Hanemiya, die Nummer 3, hat de facto die Rolle des Vizebosses inne. Die freie Stelle des Oberhauptes soll mit Mikey besetzt werden, sobald Kisaki ihn für sich eingenommen hat.

Der eigentliche Drahtzieher Tetta Kisaki

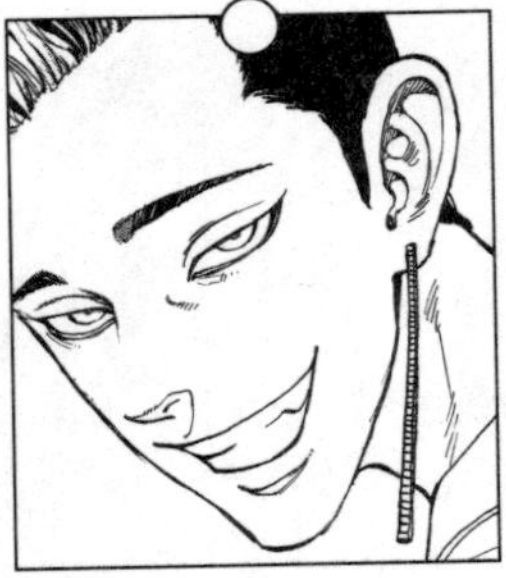

Vizeoberhaupt Shuji Hanma

macht ihn zu seiner rechten Hand

benutzt ihn, um Mikey zu erledigen

schleust sich ein, um Kisaki auf die Schliche zu kommen

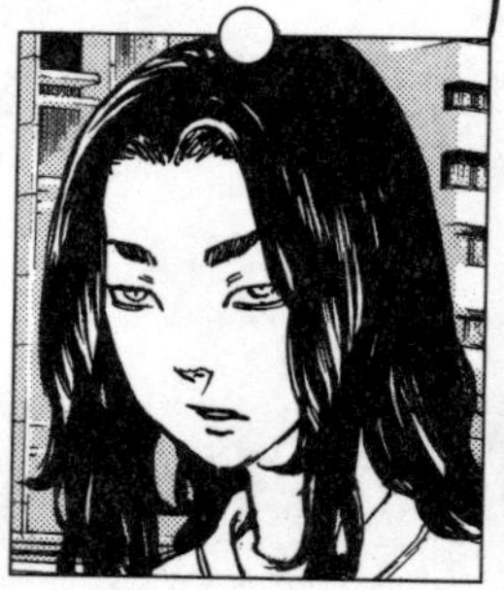

Keisuke Baji

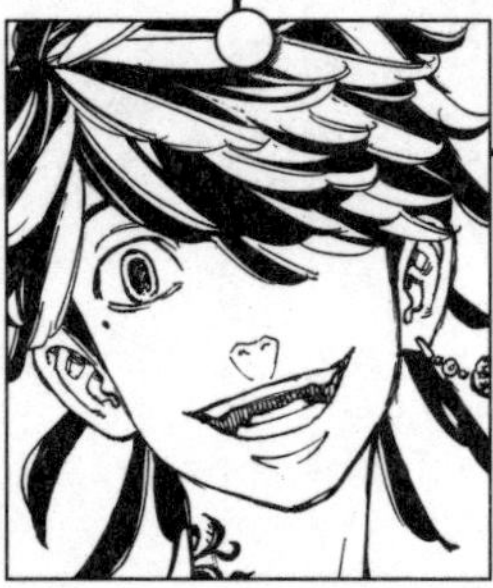

Nummer 3 Kazutora Hanemiya

rekrutierte ihn in der Jugendstrafanstalt

Anti-Mikey-Kommando

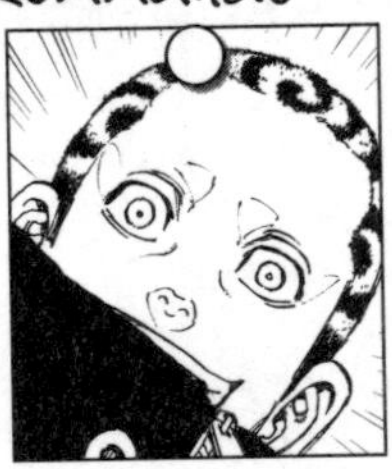

Chome

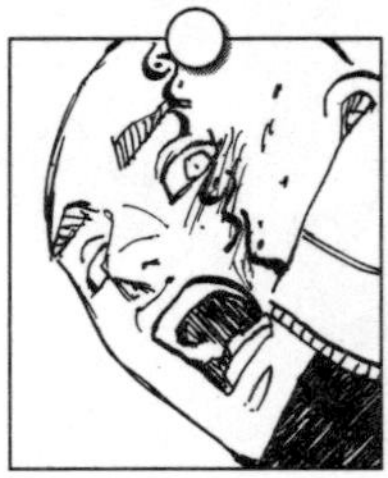

Chonbo

Die Beziehung zwischen Möbius und Kisaki

Kisaki tritt an den Schlägertypen Osanai heran, sorgt dafür, dass dieser rasch zum achten Boss von Möbius aufsteigt, und fädelt schließlich den Konflikt zwischen Möbius und der Manji-Gang ein.

Verbündete

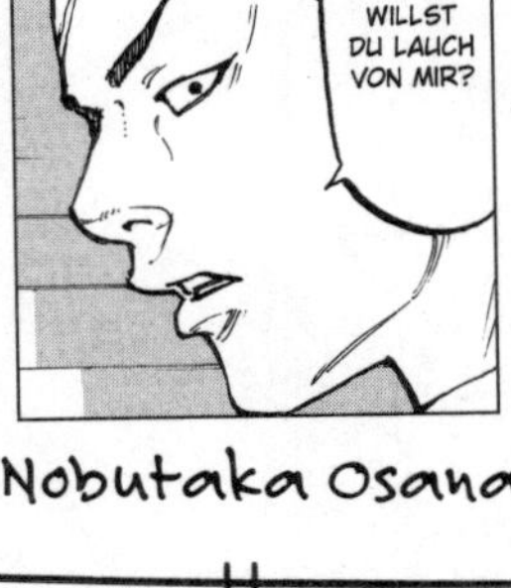

Nobutaka Osanai

manipuliert

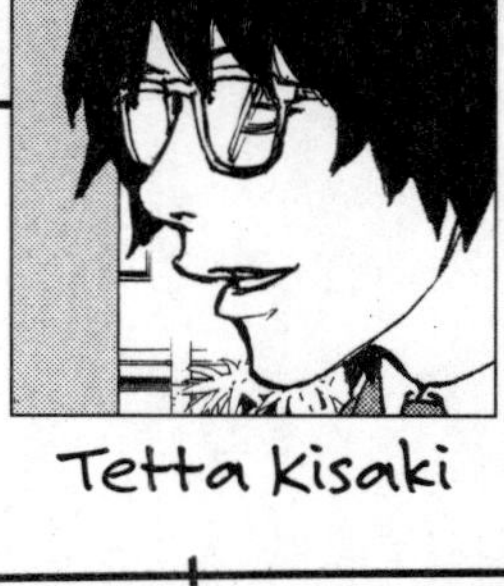

Tetta Kisaki

befolgt Kisakis Pläne und wird so zum achten Boss

provoziert den Konflikt, indem er Pah zur Verzweiflung treibt

Tokyo-Manji-Gang

Es kommt zum Kampf vom 3. August.

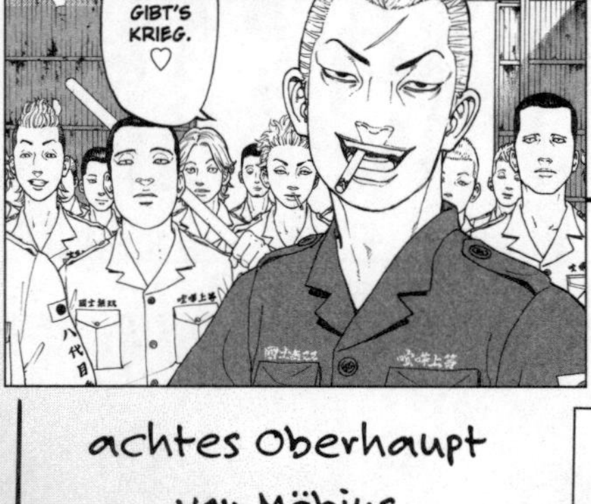

achtes Oberhaupt von Möbius Nobutaka Osanai

Möbius

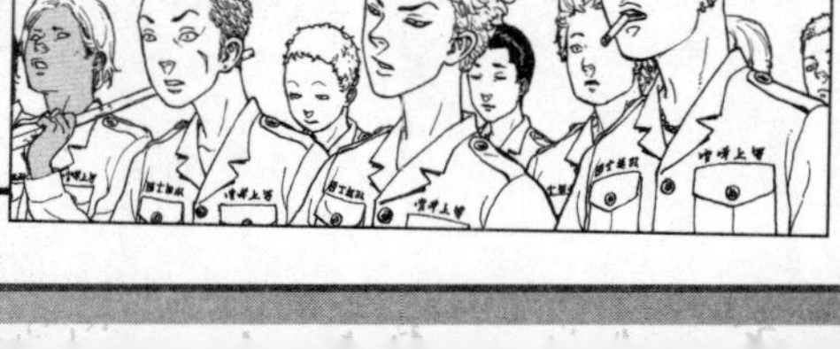

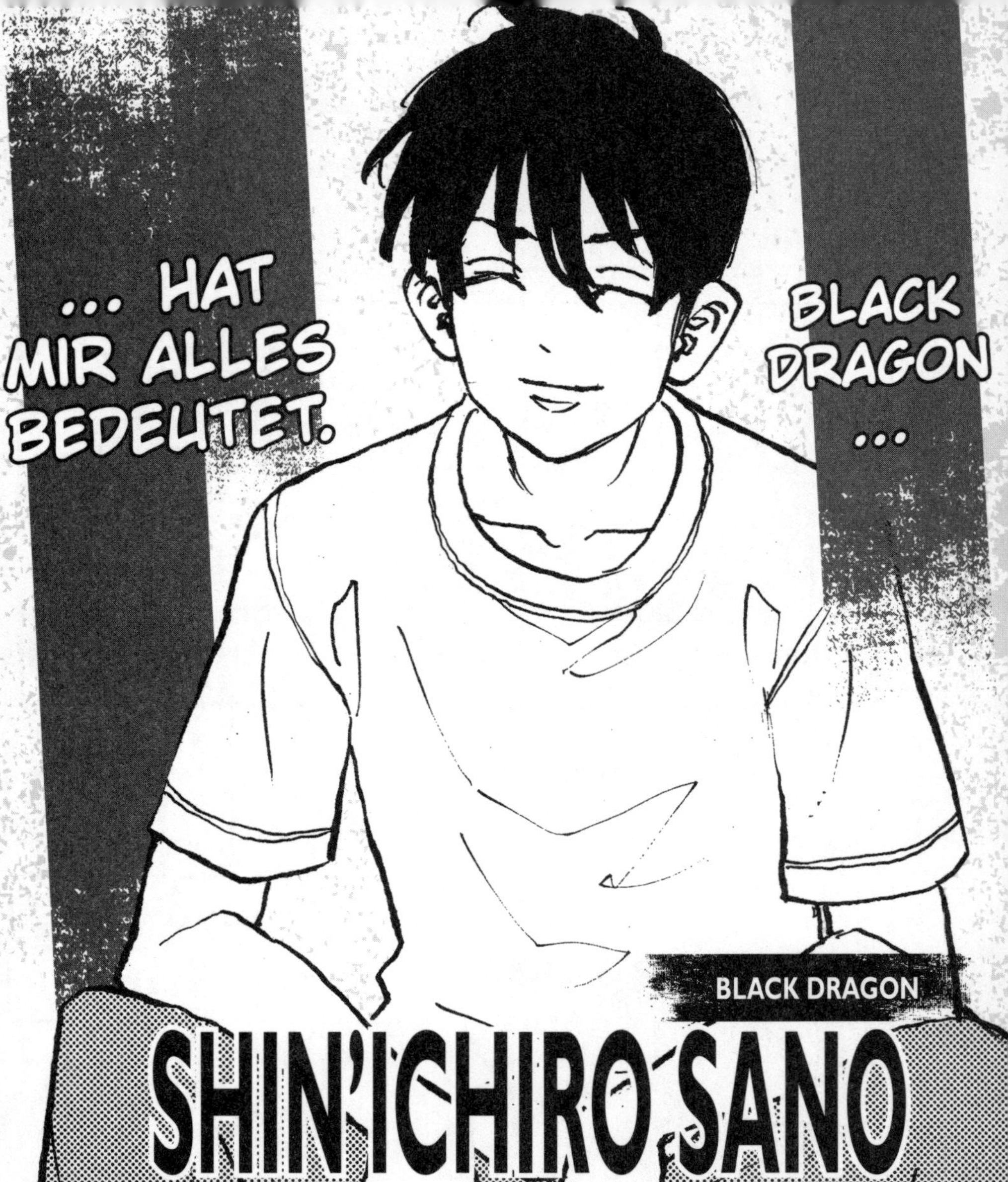

BLACK DRAGON

SHIN'ICHIRO SANO

POSITION

GRÜNDUNGSOBERHAUPT VON BLACK DRAGON

- ♦ Größe: 1,82 m (Vergangenheit) ♦ Gewicht: 69 kg ♦ Alter: 23 Jahre (bei seinem Tod)
- ♦ Geburtstag: 1. August 1980 ♦ Sternzeichen: Löwe ♦ Blutgruppe: 0
- ♦ Lieblingsfarbe: Gold
- ♦ Liebt: Cola
- ♦ Hasst: sich anzustrengen
- ♦ Bewundert: die Mitglieder der 1. Generation von Black Dragon
- ♦ Traum: zusammen mit Izana und Mikey einen Motorradladen zu betreiben
- ♦ Bemerkenswerte (oder bedauernswerte) Leistung: hat seinem Schwarm zwanzig Mal erfolglos seine Liebe gestanden
- ♦ Lieblingsort: S.S. MOTORS

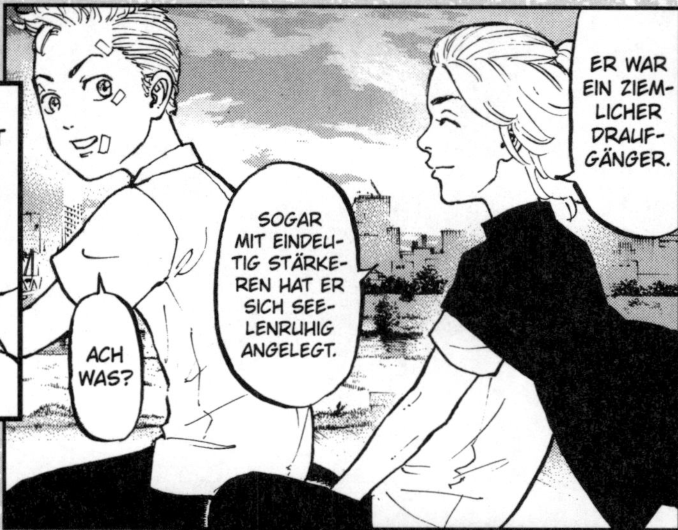

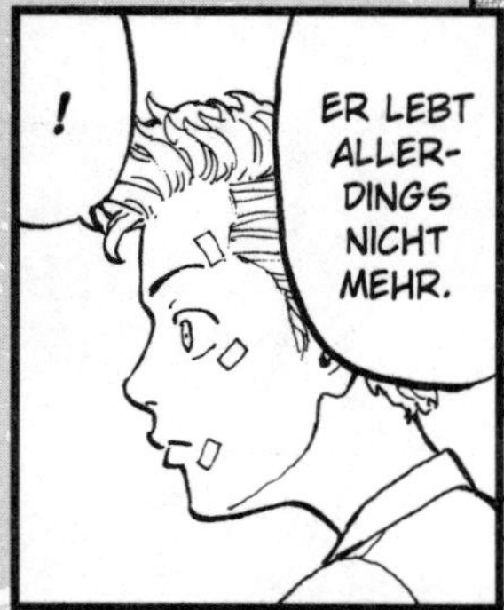

Persönlichkeit

Um zu beschützen, was ihm wichtig ist, nahm er es mit jedem auf

Shin'ichiro, der seinen kleinen Bruder Mikey stark beeinflusste, war stets bereit, für das, was ihm wichtig war, zu kämpfen, egal wie stark der Gegner auch sein mochte. Damit machte er auf viele großen Eindruck. Dass er versuchte, Baji und Kazutora, die in seinen Motorradladen eingebrochen waren, mit einem seiner Werkzeuge bewaffnet in die Flucht zu schlagen, lag sicherlich ebenfalls daran, dass dieser Laden etwas enorm Wichtiges war, für das er kämpfen wollte. Er war ein toller großer Bruder und ein Vorbild für Mikey und Ema.

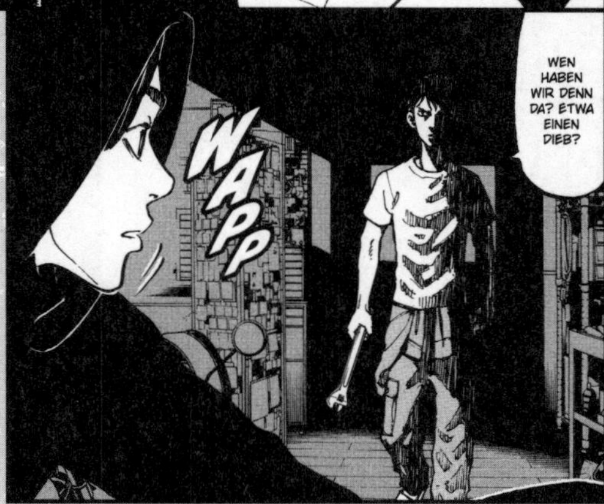

Plötzlicher Tod

Ein ungewollter Tod

Baji und Kazutora waren in einen Motorradladen eingebrochen, um eine Suzuki CB250T zu stehlen, ohne zu wissen, dass der Laden Shin'ichiro gehört. Plötzlich taucht dieser auf, um die beiden Einbrecher zu verjagen. Ohne zu merken, wer da vor ihm steht, verletzt ihn Kazutora durch einen Schlag auf den Hinterkopf mit einem Bolzenschneider tödlich. Dieser tragische Zwischenfall bringt die Manji-Gang schließlich aus dem Gleichgewicht.

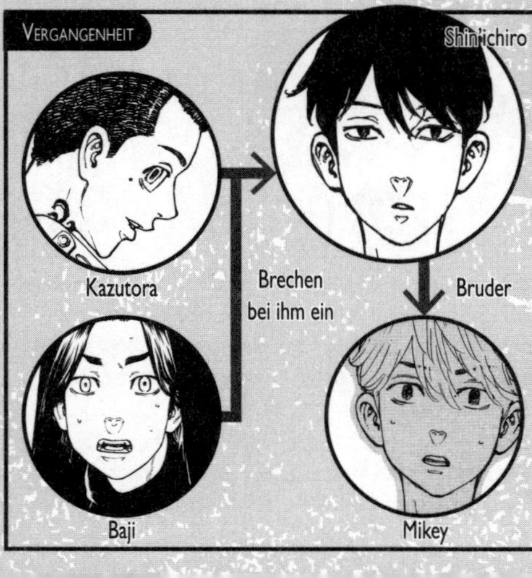

Beziehungen

Ein legendärer Rockergang-Boss

Shin'ichiro war das Gründungsoberhaupt der einst legendären Rockergang Black Dragon. Seine Liebe zu Motorrädern brachte ihn dazu, einen Motorradladen zu eröffnen, nachdem er aus der Gang ausgestiegen war.

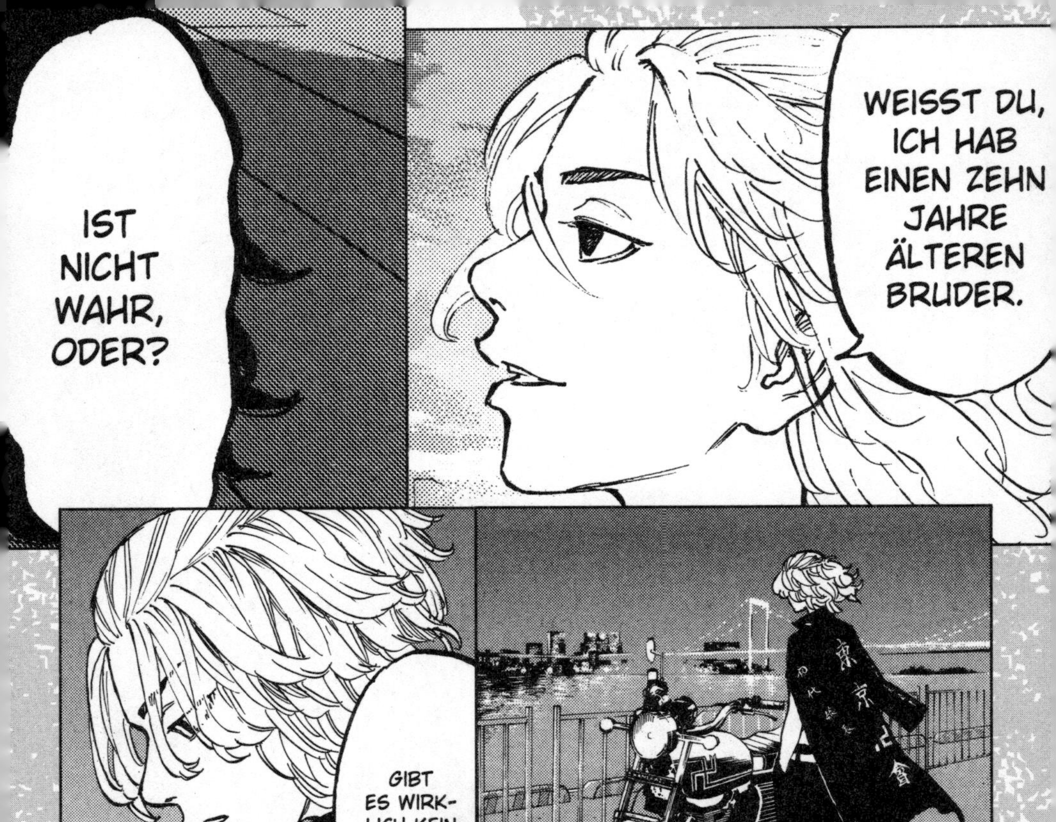

Mit Shin'ichiros Tod ging ein Stück von Mikeys Herzen verloren

Auch Mikey, der das Schicksal der Manji-Gang-Mitglieder ganz allein auf seinen Schultern trägt, ist manchmal verunsichert und weiß nicht mehr weiter. In solchen Momenten muss er oft an seinen Bruder Shin'ichiro denken und fragt sich, was dieser wohl an seiner Stelle getan hätte. Shin'ichiro war ein großes Vorbild für ihn gewesen, hatte ihm vieles beigebracht und ihm immer den Weg gewiesen. Sein Tod hinterließ eine große Lücke, und Mikey spürt, dass ihm seither tief in seinem Inneren etwas Wichtiges fehlt. Deshalb fährt er mit dem Motorrad durch die Nacht, auf der Suche nach einem Zeichen von seinem Bruder.

Doch Mikey ist am Leben, und solange er lebt, gibt es noch Dinge, die er tun kann. So vergibt er zum Beispiel Kazutora, obwohl er geschworen hatte, ihm niemals zu verzeihen. Zu diesem Schritt ist er vermutlich deshalb bereit, weil es ihm dank Takemichi, der ihn an seinen Bruder erinnert, und Baji, der ihn durch sein Opfer die Verbindung zu Kazutora wiederfinden lässt, gelungen ist, einen Teil der Leere in ihm wieder zu füllen.

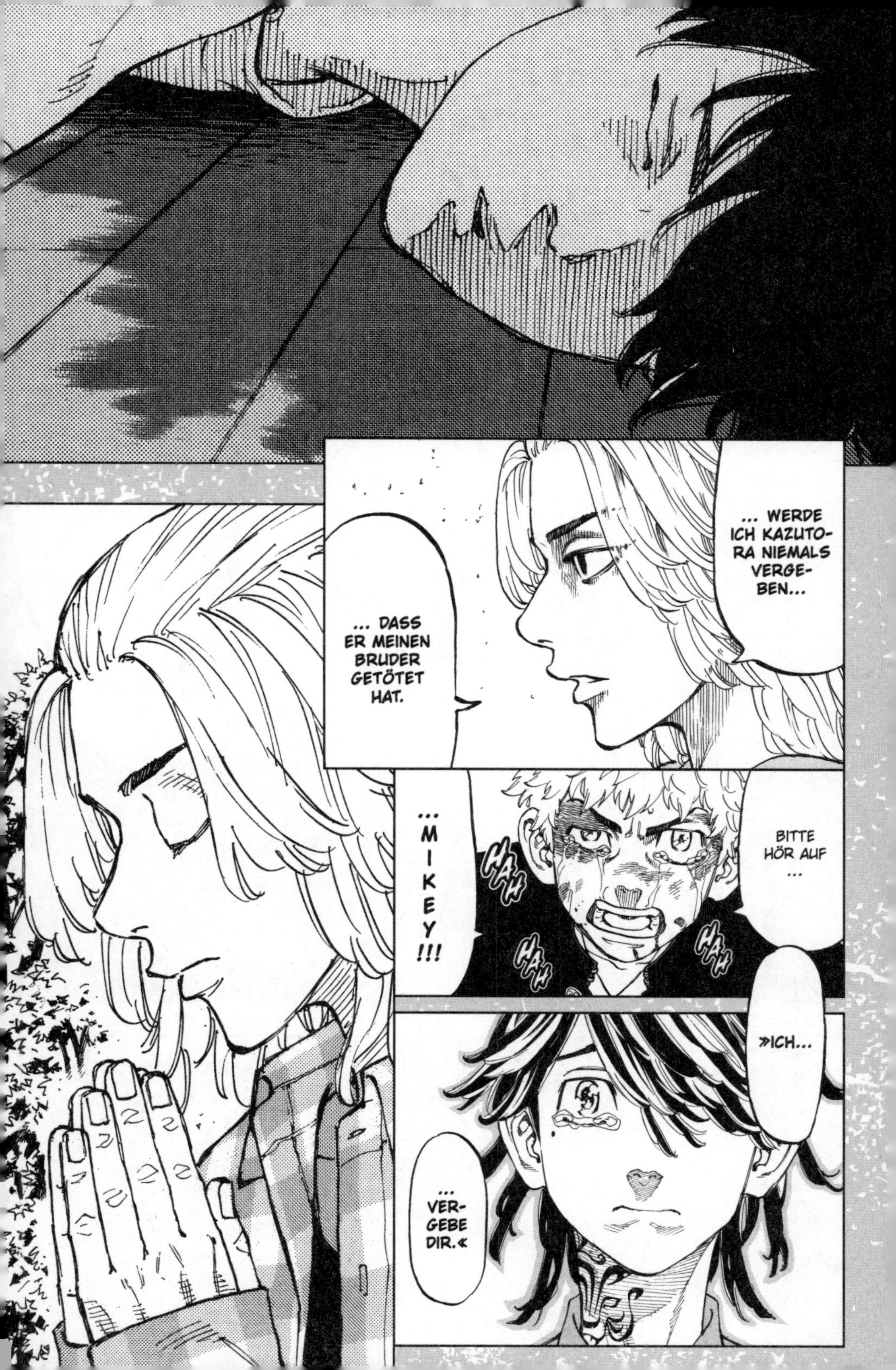
... WERDE ICH KAZUTORA NIEMALS VERGEBEN...
... DASS ER MEINEN BRUDER GETÖTET HAT.
BITTE HÖR AUF ...
... MIKEY!!!
HAH HAH
HAH HAH
»ICH...
... VERGEBE DIR.«

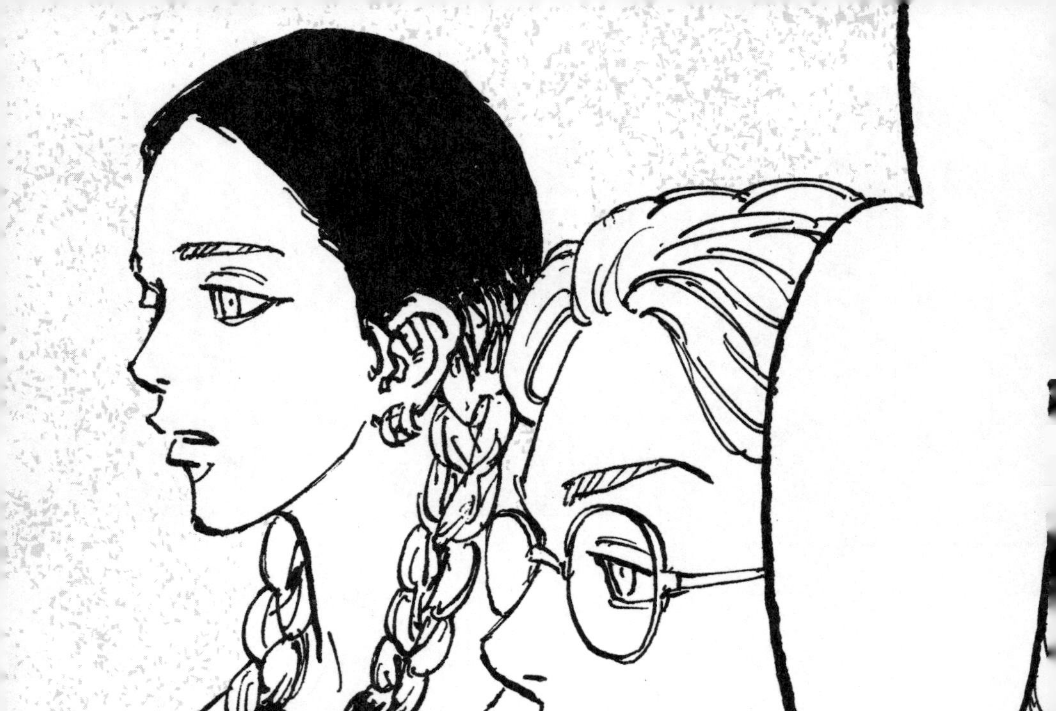

???

DIE HAITANI-BRÜDER

POSITION

??? (STAND AM ENDE VON DOPPELBAND 4)

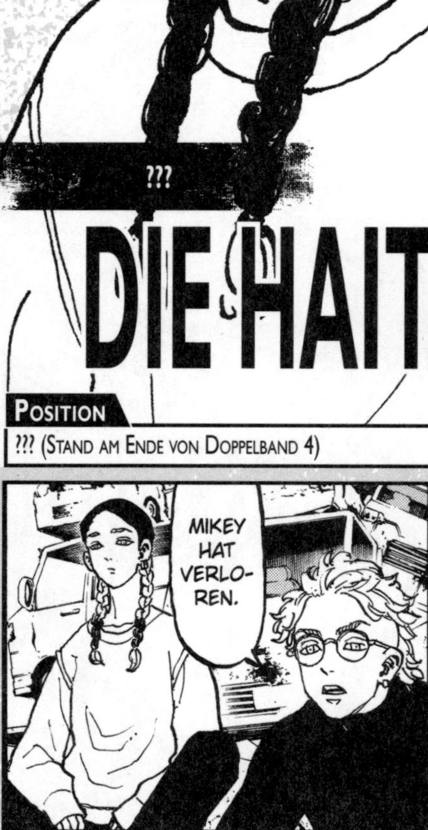

Das allseits bekannte charismatische Geschwisterpaar, das Roppongi kontrolliert

Die berüchtigten Brüder aus Roppongi wohnen dem Kampf zwischen der Manji-Gang und Walhalla bei, dessen Sieger dem Ziel näher gekommen sein wird, die mächtigste Gang Tokyos zu werden. Chifuyu zufolge sind sie so einflussreich, dass sie nur ein Wort zu sagen brauchen, und schon kommen mehr als hundert Leute angelaufen. Als sie sehen, wie Mikey mit einem Stahlrohr verprügelt wird, sind sie davon überzeugt, dass er verloren hat.

ICBM

IZUMI SAKAMOTO

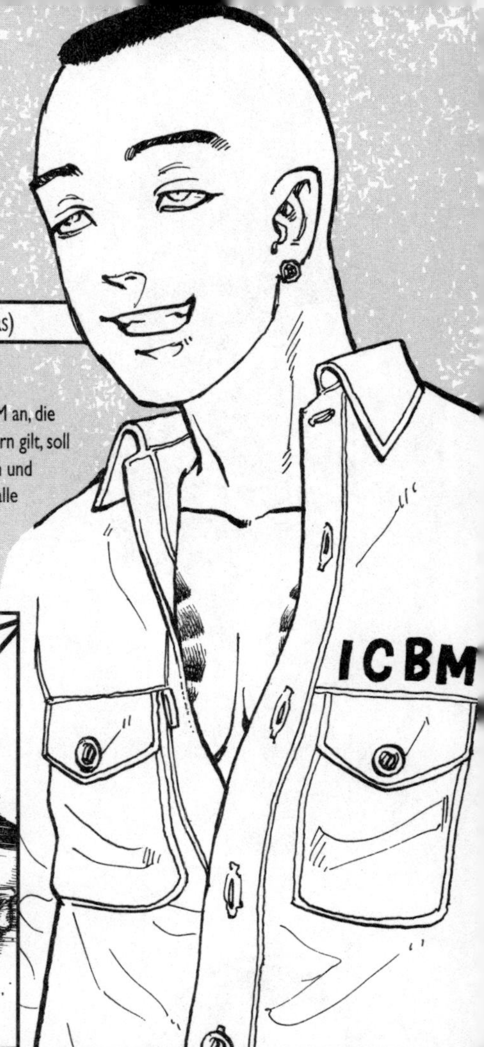

POSITION

OBERHAUPT DER GANG ICBM (IKEBUKURO CRIMINAL BLACK MEMBERS)

Die Aufsicht beim Blutigen Halloween

Besser bekannt unter den Namen Hansen führt er die Rocker-Gang ICBM an, die Ikebukuro kontrolliert. Da er als einer der ganz Großen unter den 1988ern gilt, soll er beim Blutigen Halloween die Aufsicht übernehmen, doch als er Draken und Kazutora die Frage stellt, ob sie lieber einen Kampf fünf gegen fünf oder alle gegen alle führen würden, wird er von Kazutora überrumpelt und k. o. geschlagen. Sein Blick und das Tattoo auf seiner Brust, das unter seiner Jacke zu sehen ist, wirken sehr bedrohlich.

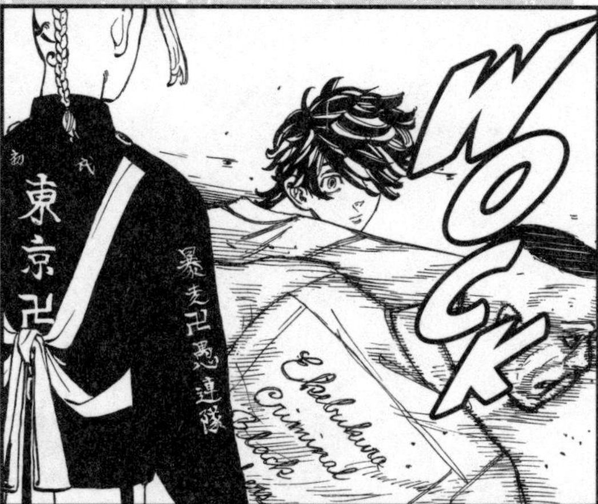

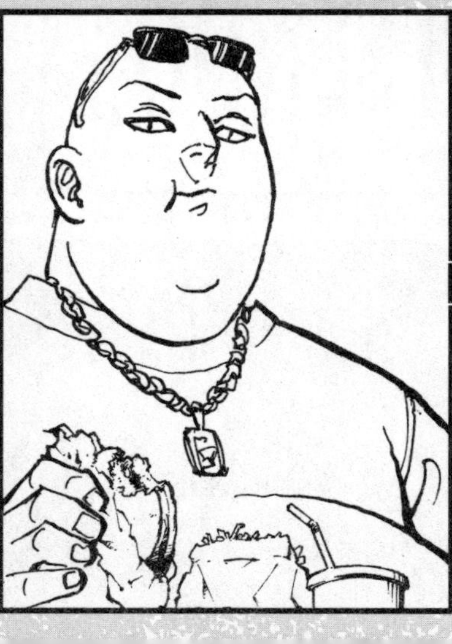

???

DAS »KLAPPERGESTELL«

POSITION

???

Ein berüchtigter Rowdy, der in Ueno das Sagen hat

Ein Rowdy aus Ueno, der stärker als ein Bulldozer sein soll und das Blutige Halloween als Zuschauer mitverfolgt. Er hat kein Problem damit, an einem spannungsgeladenen Schlachtfeld zu sitzen und gemütlich einen Burger zu genießen.

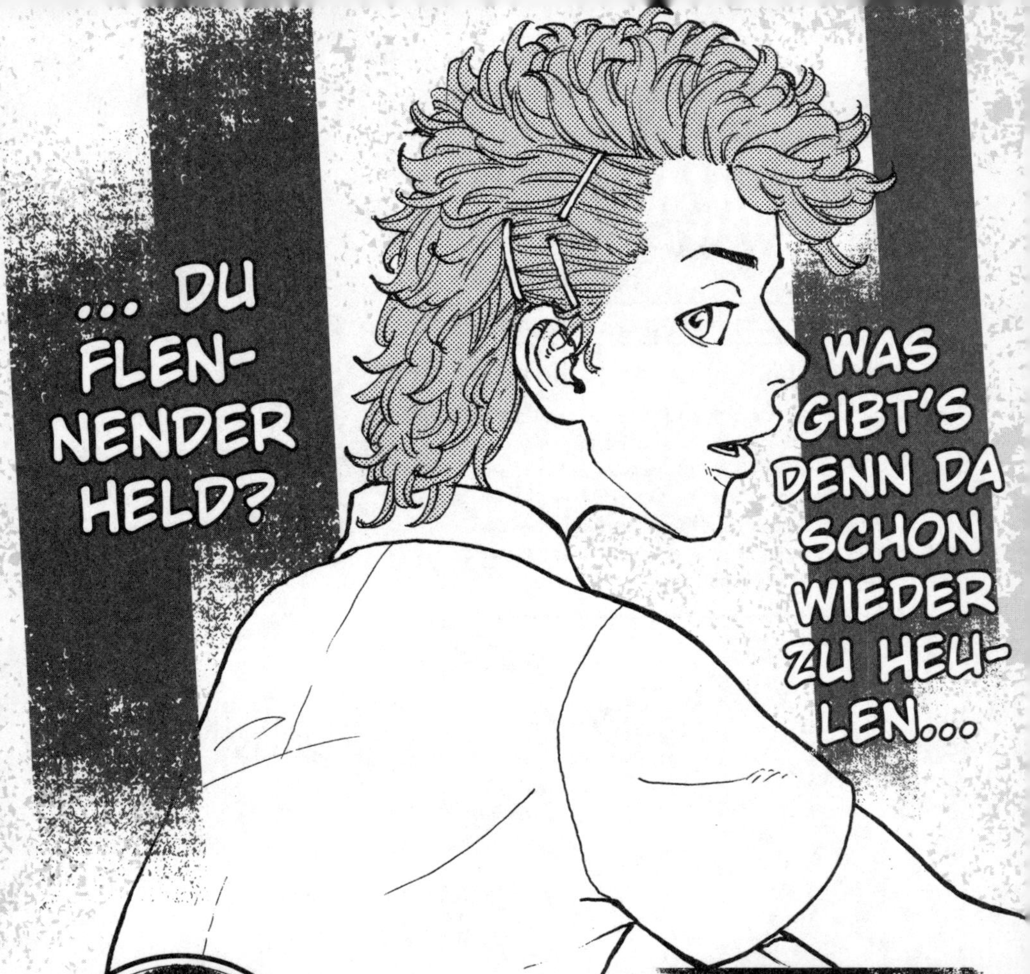

DIE FURIOSEN FÜNF DER MIZO*-MITTELSCHULE

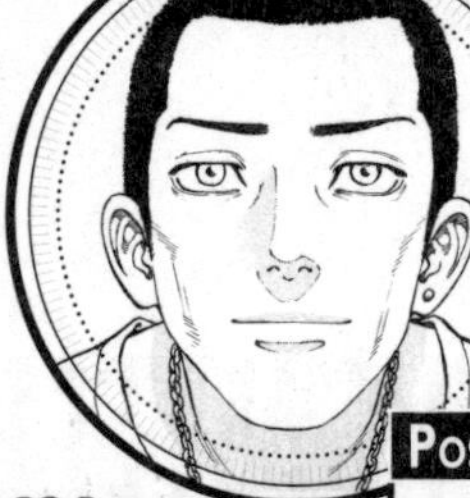

ATSUSHI SENDO

* Spitzname der Omizo-Schule

POSITION

12 JAHRE SPÄTER

SCHÜLER AN DER OMIZO-MITTELSCHULE (VERGANGENHEIT) / FÜHRUNGSMITGLIED DER MANJI-GANG (GEGENWART, DOPPELBAND 1 & 4) / FRISEUR (GEGENWART, DOPPELBAND 2)

♦ Größe: 1,68 m (Vergangenheit) / 1,74 m (Gegenwart) ♦ Gewicht: 59 kg

♦ Alter: 13 Jahre (8. Klasse, in der Vergangenheit) / 25 Jahre (Gegenwart) ♦ Geburtstag: 2. Dezember 1991

♦ Sternzeichen: Schütze ♦ Blutgruppe: 0 ♦ Spitzname: Akkun

♦ Themenfarbe: Orange

♦ Liebt: Haartollen ♦ Hasst: übertriebene Dauerwellen

♦ Bewundert: Elvis Presley ♦ Traum: Friseur zu werden

♦ Bemerkenswerte (oder bedauernswerte) Leistung: Verpasste einem bescheuert aussehenden Rowdy-Typ, der ihn auf der Eintrittsfeier der Mittelschule finster angestarrt hatte, eine Tracht Prügel. Es war Takemichi.

♦ Lieblingsort: der Friseurladen seines Cousins in Harajuku

* Spitzname der Omizo-Schule

PERSÖNLICHKEIT

Für seine Freunde zu allem bereit

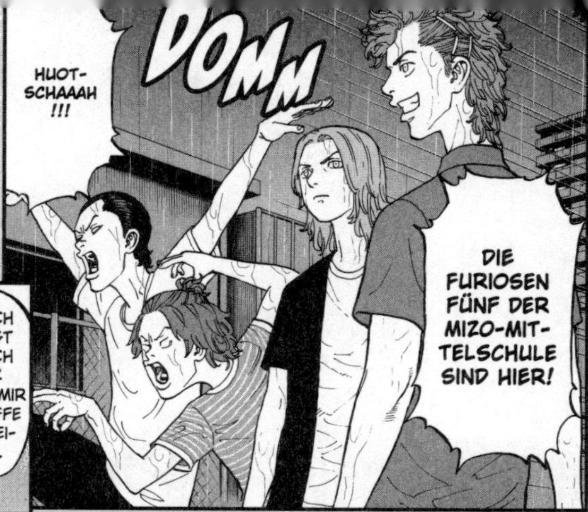

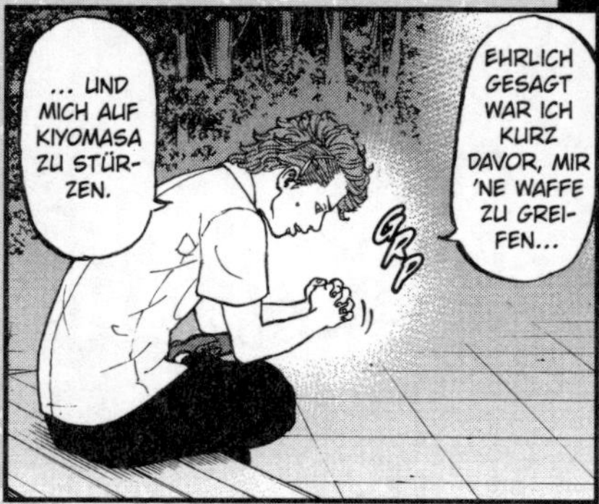

Er gehört zu Takemichis alter Clique, den Furiosen Fünf der Mizo-Mittelschule. Seine Freunde sind ihm dermaßen wichtig, dass er Gefahr läuft, eine Grenze für sie zu überschreiten, wenn er sonst keinen Ausweg mehr sieht.

GEGENWART

In jeder Zeitlinie ein Handlanger Kisakis

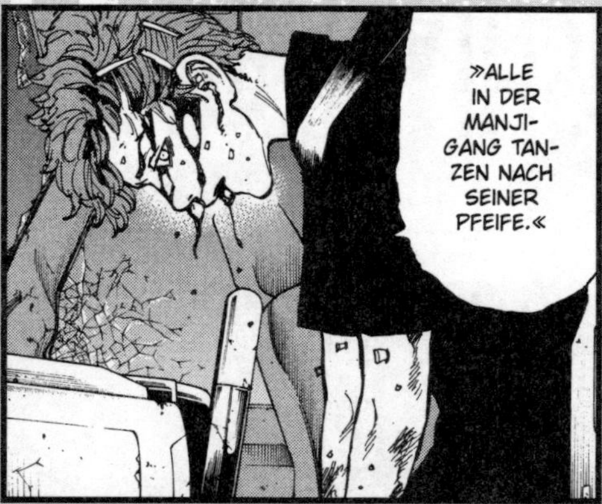

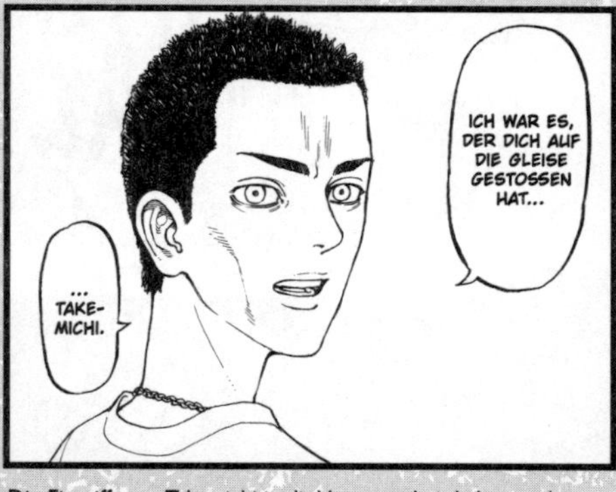

Die Eingriffe von Takemichi in die Vergangenheit haben auch Auswirkungen auf Akkuns Leben in der Gegenwart, der von einem Führungsmitglied der Manji-Gang zu einem Friseur wird. Doch in jeder Zeitlinie haben ihn Kisaki und die Verbrecherorganisation, zu der die Manji-Gang verkommen ist, fest in ihren Klauen, und am Ende verliert er jedes Mal sein Leben. Wie kann Akkun nur gerettet werden?

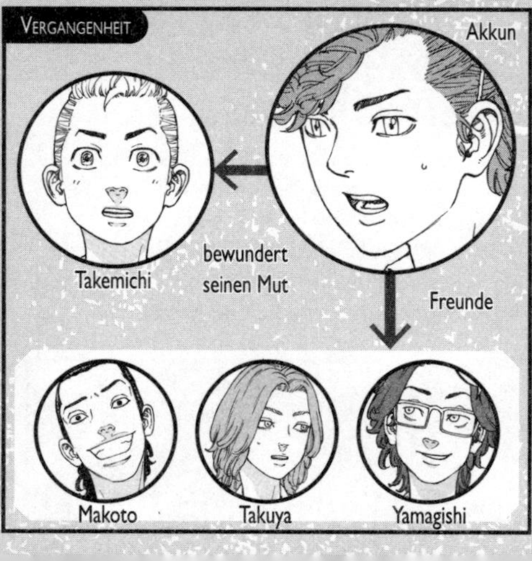

BEZIEHUNGEN

Takemichis guter Kumpel!

Von allen Furiosen Fünf versteht er sich besonders gut mit Takemichi, den er auch einen »flennenden Helden« nennt. Denn Takemichi mag zwar in Tränen ausbrechen, doch er steht am Ende immer wieder auf, und das fasziniert Akkun.

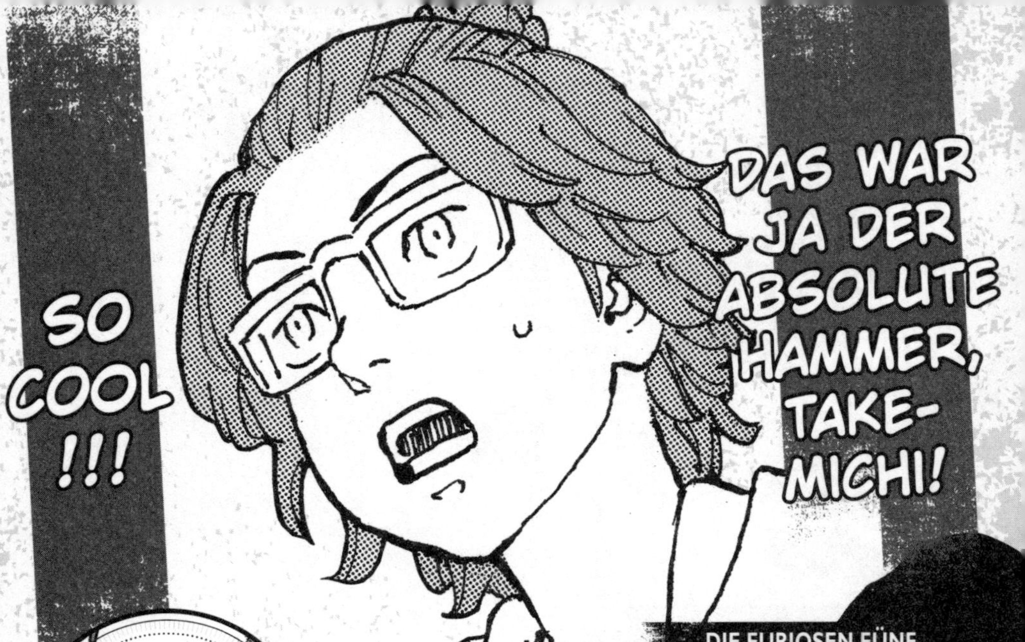

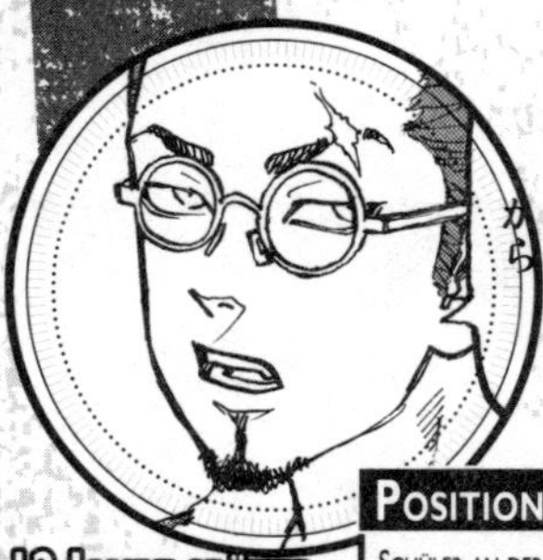

DIE FURIOSEN FÜNF DER MIZO-MITTELSCHULE

KAZUSHI YAMAGISHI

12 JAHRE SPÄTER

POSITION

SCHÜLER AN DER OMIZO-MITTELSCHULE (VERGANGENHEIT) / VORSTANDSMITGLIED DER TOKYO-MANJI-GANG (GEGENWART, DOPPELBAND 4)

- ♦ Größe: 1,58 m ♦ Gewicht: 52 kg ♦ Alter: 13 Jahre (8. Klasse, in der Vergangenheit) / 25 Jahre (Gegenwart)
- ♦ Geburtstag: 9. Februar 1992 ♦ Sternzeichen: Wassermann ♦ Blutgruppe: A
- ♦ Spitzname: das Rowdy-Lexikon ♦ Themenfarbe: Zitronengelb
- ♦ Liebt: Gerüchte aus der Welt der Rowdys ♦ Hasst: Schlägereien
- ♦ Besondere Fähigkeit: kann reden wie ein Wasserfall ♦ Bewundert: Takemichi, um ehrlich zu sein ♦ Traum: einmal Rowdys aus dem Hintergrund heraus zu kontrollieren
- ♦ Bemerkenswerte (oder bedauernswerte) Leistung: Er ist immer der Erste, der ins Visier genommen wird, wenn sich die Furiosen Fünf mit Rowdys von einer anderen Mittelschule anlegen.
- ♦ Lieblingsort: Takemichis Zuhause

PERSÖNLICHKEIT

Das wandelnde Rowdy-Lexikon

Er schwärmt enorm für Rowdys und angefangen bei der Manji-Gang und Walhalla weiß er bestens Bescheid über all die zahlreichen Gangs, die in Tokyo um die Macht kämpfen. Er bezeichnet sich selbst als »wandelndes Rowdy-Lexikon«. Bei Prügeleien ist er allerdings nicht zu gebrauchen. Die Brille trägt er nur, damit man ihn für klug hält. Versteht sich besonders gut mit Makoto.

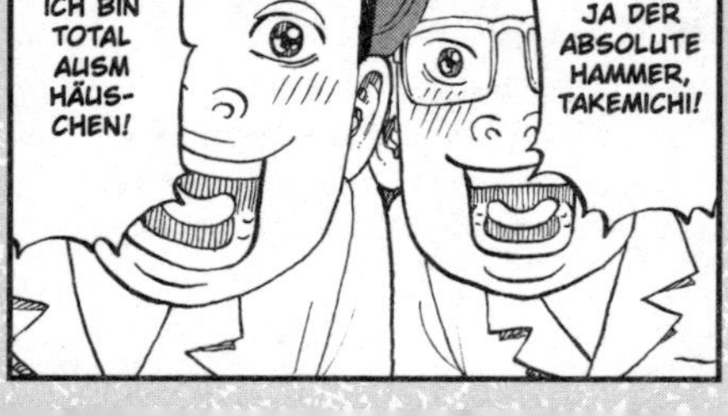

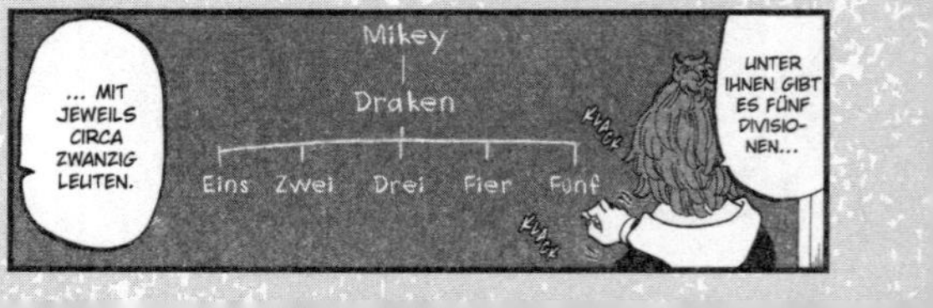

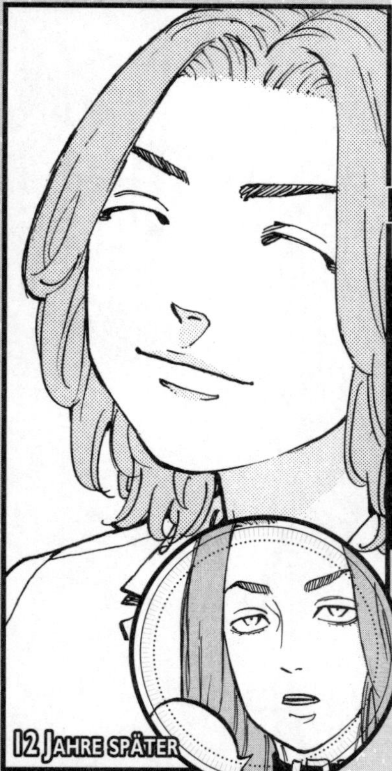

DIE FURIOSEN FÜNF DER MIZO-MITTELSCHULE

TAKUYA YAMAMOTO

POSITION

SCHÜLER AN DER OMIZO-MITTELSCHULE (VERGANGENHEIT) / FÜHRUNGSMITGLIED DER TOKYO-MANJI-GANG (GEGENWART, DOPPELBAND 4)

♦ Größe: 1,66 m (Vergangenheit) ♦ Gewicht: 55 kg

♦ Alter: 14 Jahre (8. Klasse, in der Vergangenheit) / 26 Jahre (Gegenwart)

♦ Geburtstag: 15. Juli 1991 ♦ Sternzeichen: Krebs ♦ Blutgruppe: A

♦ Themenfarbe: Aquamarinblau

♦ Liebt: Nahrungsergänzungsmittel ♦ Hasst: Mahlzeiten

♦ Besondere Fähigkeit: kennt Takemichi in- und auswendig (weil sie von klein auf befreundet sind)

♦ Bewundert: Hinata Tachibana (wegen ihrer bedingungslosen Liebe zu Takemichi)

♦ Traum: ein Muskelpaket zu werden

♦ Bemerkenswerte (oder bedauernswerte) Leistung: hat den 4. Dan beim Kugelfangspiel Kendama

♦ Lieblingsort: das Schulkrankenzimmer

Ein schmächtiger Westentaschenplayboy

Takuya ist ein gutmütiger Kerl, der trotz seiner schwächlichen Kondition den Tapferen spielt und seine Freunde davon zu überzeugen versucht, dass sie sich keine Sorgen zu machen brauchen, nachdem er ausgewählt wurde, um an einem von Kiyomasa organisierten Kampf teilzunehmen. In der Gegenwart gehört er zusammen mit Akkun, Yamagishi und Makato zur Führungsriege der Manji-Gang.

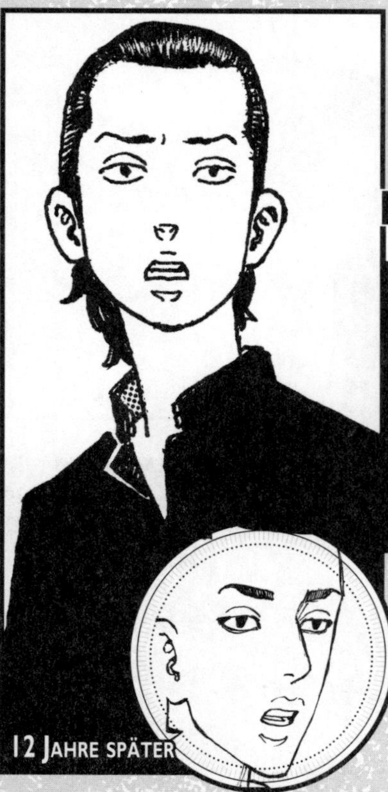

DIE FURIOSEN FÜNF DER MIZO-MITTELSCHULE

MAKOTO SUZUKI

POSITION

SCHÜLER AN DER OMIZO-MITTELSCHULE (VERGANGENHEIT) / FÜHRUNGSMITGLIED DER TOKYO-MANJI-GANG (GEGENWART, DOPPELBAND 4)

♦ Größe: 1,72 m (Vergangenheit) ♦ Gewicht: 64 kg

♦ Alter: 13 Jahre (8. Klasse, in der Vergangenheit) / 25 Jahre (Gegenwart)

♦ Geburtstag: 28. Dezember 1991 ♦ Sternzeichen: Steinbock ♦ Blutgruppe: B

♦ Themenfarbe: Olivgrün

♦ Liebt: Lesen und DVDs (Pornos) ♦ Hasst: alle Männer

♦ Besondere Fähigkeit: beherrscht den Octopus Hold, eine Wrestling-Technik ♦ Bewundert: den Pornodarsteller Taka Kato ♦ Traum: alle Pornos dieser Welt zu besitzen

♦ Bemerkenswerte (oder bedauernswerte) Leistung: wurde einmal von Takemichis Mutter aus dem Haus gejagt, nachdem sie ihn in Takemichis Zimmer beim Masturbieren erwischt hatte

♦ Lieblingsort: unter dem Bett

Unter den Furiosen Fünf zuständig für die unanständigen Themen!

Genau wie Takemichi sagt, kann Makoto nicht »die Finger von seinem Pimmel lassen« und hat nichts als Schweinereien im Kopf. Er albert oft mit Yamagishi herum und hat mit ihm unzählige Male die Szene nachgespielt, wie Mikey Takemichi vor Kiyomasa rettet. Er ist ein umgänglicher Kerl und für jeden Spaß zu haben.

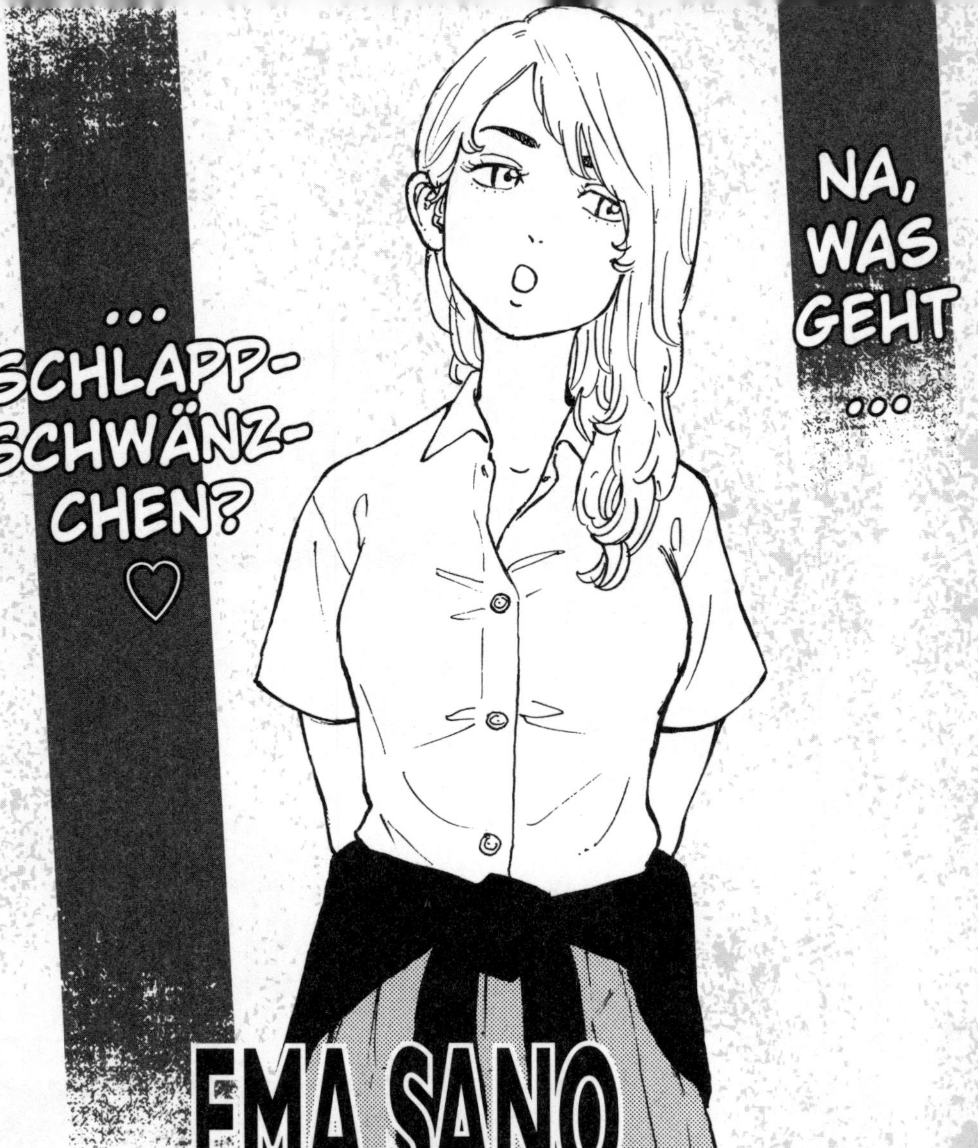

EMA SANO

POSITION

SCHÜLERIN AN DER 1. UTAGAWA-MITTELSCHULE

- ♦ Größe: 1,50 m (Vergangenheit) ♦ Gewicht: ungefähr so viel wie drei Äpfel
- ♦ Alter: 14 Jahre (8. Klasse, in der Vergangenheit) ♦ Geburtstag: 25. November 1991
- ♦ Sternzeichen: Schütze ♦ Blutgruppe: B
- ♦ Themenfarbe: irgendwas zwischen Rot und Pink (Magenta)
- ♦ Liebt: Horoskope und Kosmetik ♦ Hasst: Zephyr, Drakens Motorrad (ist ihre Liebesrivalin)
- ♦ Besondere Fähigkeit: Hausarbeit ♦ Bewundert: Mikey
- ♦ Traum: einmal verheiratet und Ehefrau zu sein
- ♦ Bemerkenswerte (oder bedauernswerte) Leistung: An ihrem ersten Tag in der Mittelschule hatten alle Angst vor ihr, weil sie die kleine Schwester des berüchtigten Mikey ist.
- ♦ Lieblingsort: das Viertel Dogenzaka in Shibuya

Liebe

Sie liebt Draken!

Sie ist unsterblich in Draken verliebt und versucht ihn mit allen möglichen Mitteln in ihren Bann zu schlagen! Doch alles, was den interessiert, sind Mikey und sein Motorrad! Trotzdem gibt Ema nicht auf!

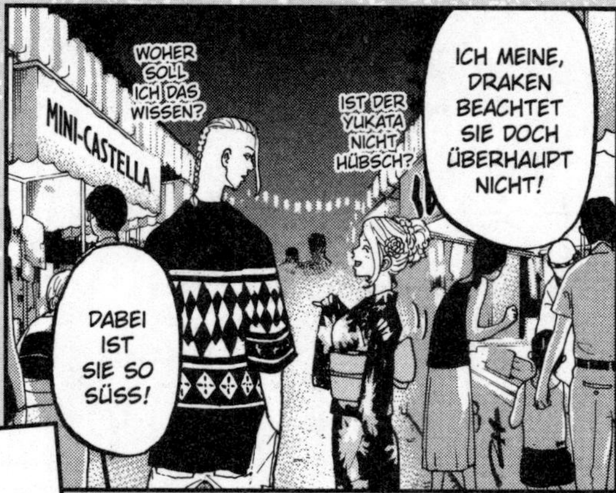

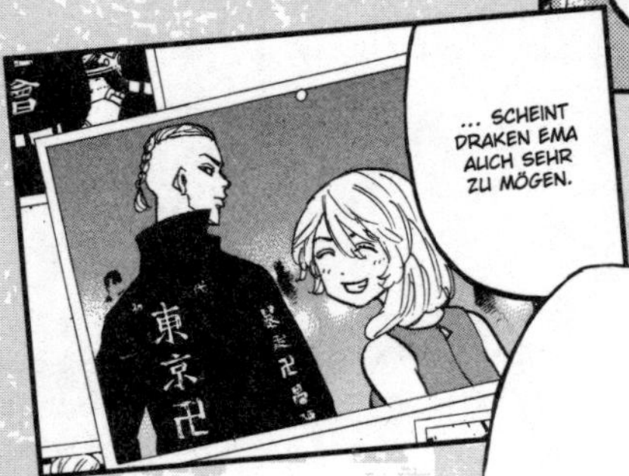

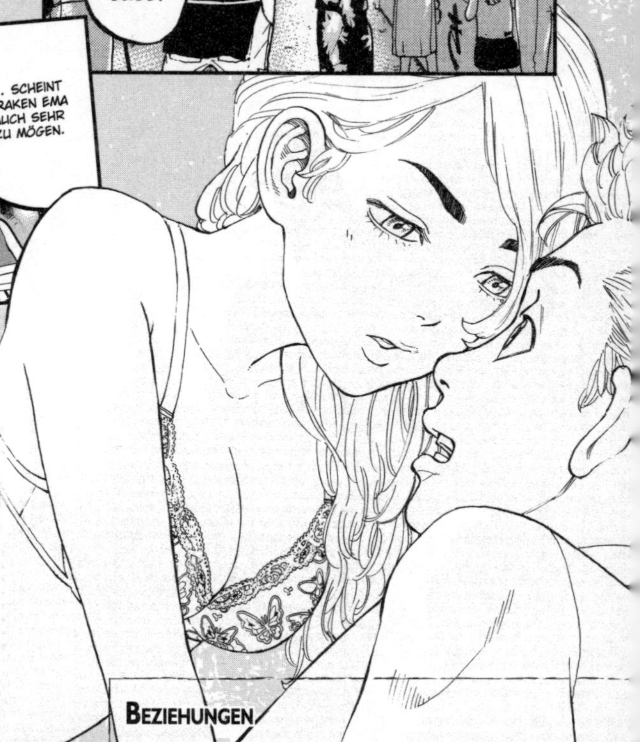

Persönlichkeit

Ihre Leidenschaft für Draken lässt sie manchmal über die Stränge schlagen!

Um Draken auf sich aufmerksam zu machen, wäre sie mit Takemichi fast aufs Ganze gegangen. Doch selbst in dieser Situation hält sie Draken die Treue, indem sie Takemichi verbietet, sie zu küssen. Emas Herz gehört allein Draken.

Beziehungen

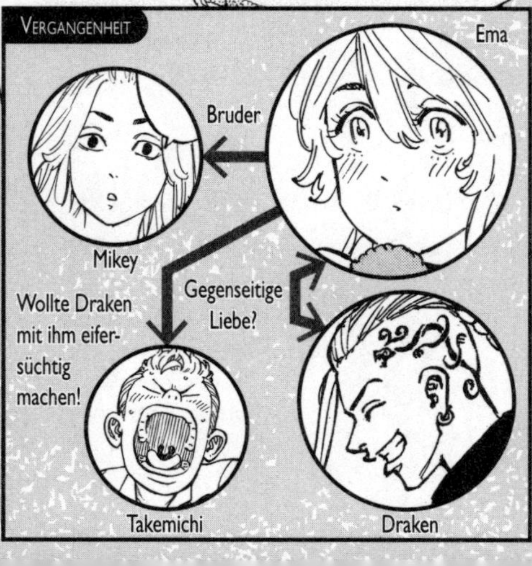

Mikeys kleine Schwester

Es stellt sich heraus, dass Ema und Mikey Halbgeschwister von verschiedenen Müttern sind. An ihrem Geburtstag sind die beiden Arm in Arm bei einem Stadtbummel zu beobachten. Sie scheinen sich also bestens zu verstehen.

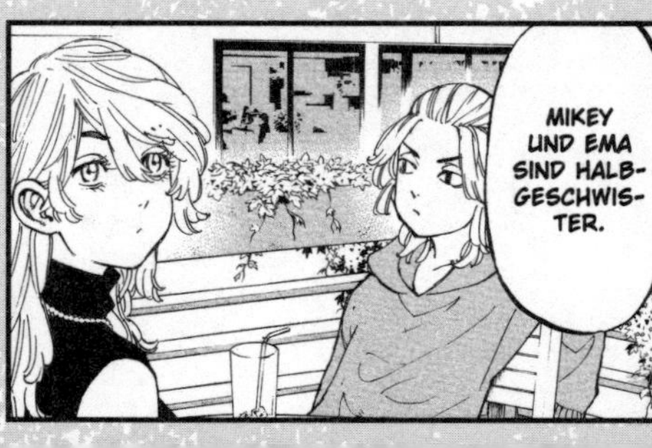

Masaru

begegnet Takemichi in der Vergangenheit

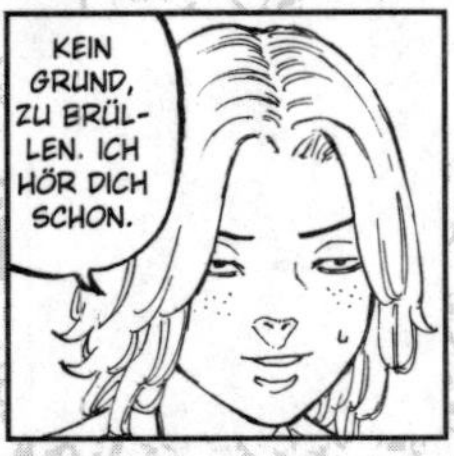

Takemichis Cousin. Gibt vor, der Boss an der 3. Shibuya-Mittschule zu sein, ist in Wahrheit aber nur ein Laufbursche für Kiyomasa und seine Kumpels.

Hinatas Mutter

begegnet Takemichi in der Vergangenheit & in der Gegenwart

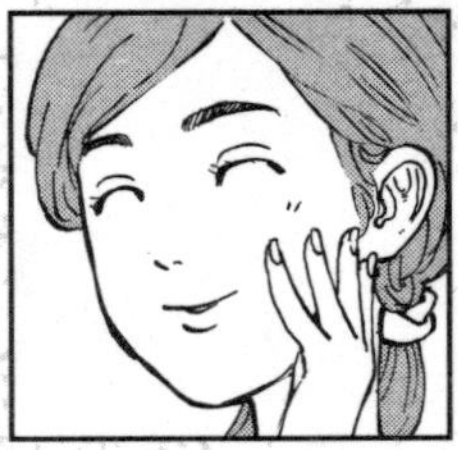

Zeigt in der Vergangenheit große Neugier an Takemichi, als er bei Hinata zu Besuch ist. Überreicht ihm in der Gegenwart Hinatas Kette als Andenken nach deren Tod.

Tätowierer

begegnet Draken in der Vergangenheit

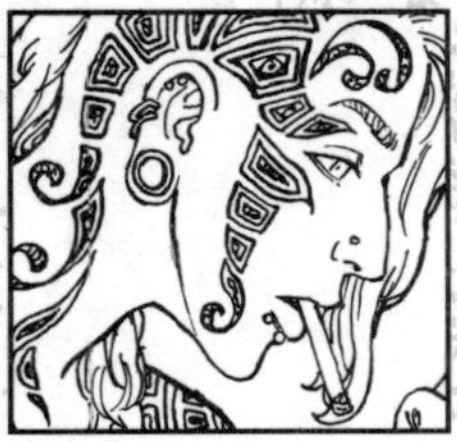

Von ihm lässt sich Draken den Kopf tätowieren, als er in der 5. Klasse ist. Ein angenehmer Zeitgenosse, der ihm auch erklärt, dass er das frische Tattoo gut pflegen muss.

Hasegawa

begegnet Takemichi in der Gegenwart

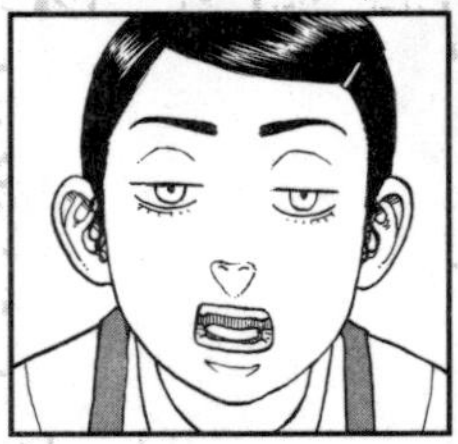

Takemichis jüngere Chefin aus der Videothek, wo er in der Gegenwart arbeitet. Hat es mit dem unfähigen Takemichi nicht leicht und feuert in später wegen unentschuldigten Fehlens am Arbeitsplatz.

Die Eltern des Mädchens, das von Möbius-Mitgliedern vergewaltigt wurde

begegnen Mikey & Draken in der Vergangenheit

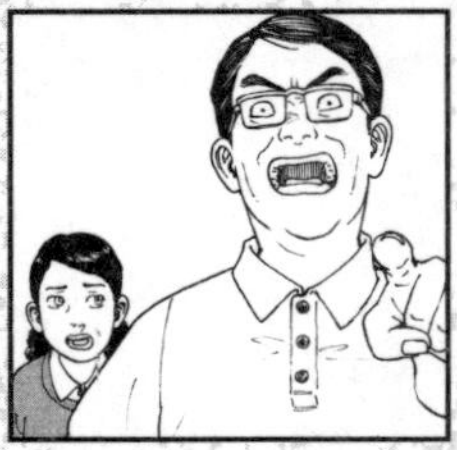

Gehen im Krankenhaus aus Schmerz und Wut darüber, dass ihre Tochter angegriffen wurde, auf Mikey und Draken los, lassen dann aber wieder von ihnen ab, als diese sich entschuldigen.

Die Sameyama-Bande

begegnet Draken in der Vergangenheit

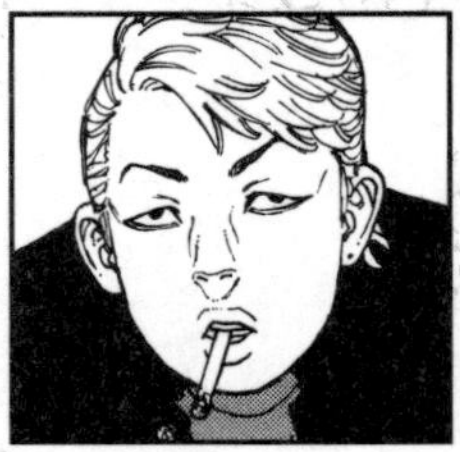

Schlägerbande, die in der Gegend, wo Draken wohnte, das Sagen hatte, als er in der 5. Klasse war. Er musste für sie damals als Laufbursche herhalten. Der Junge im Bild ist der namensgebende Kopf der Bande.

Remi

begegnet Takemichi in der Vergangenheit

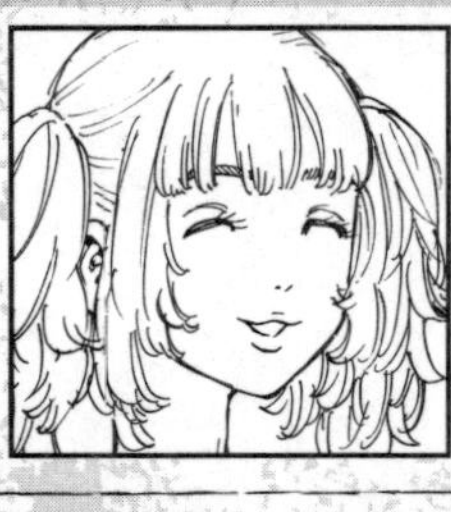

Arbeitet im Bordell, hält Takemichi, als dieser zu Besuch bei Draken ist, fälschlicherweise für einen Freier und schickt ihn unter die Dusche. Als sie die Wahrheit erfährt, wird sie sauer und beleidigend.

Der Bordellleiter und eins der Mädchen

begegnen Takemichi in der Vergangenheit

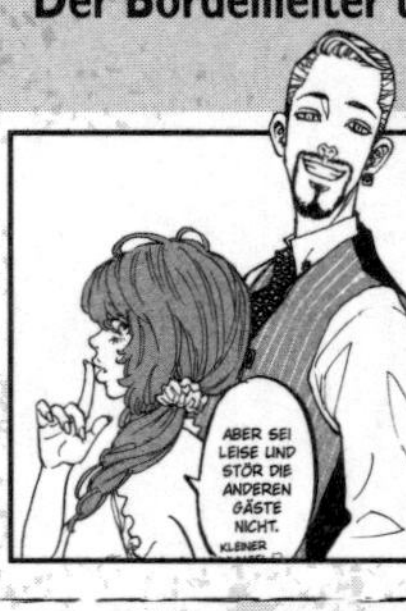

Arbeiten in dem Bordell, das Draken sein Zuhause nennt. Sie nennen Draken »Kenny« und heißen Takemichi recht herzlich willkommen.

Die Einflussbereiche der Gangs in den 23 Tokyoter Stadtbezirken vor 12 Jahren

Vor 12 Jahren gab es innerhalb der 23 Bezirke von Tokyo zahlreiche Gangs, die sich um die Macht stritten.
Hier seht ihr die Reviere der Gangs und Rowdys, mit denen die Tokyo-Manji-Gang in den ersten vier Doppelbänden zu tun hatte.

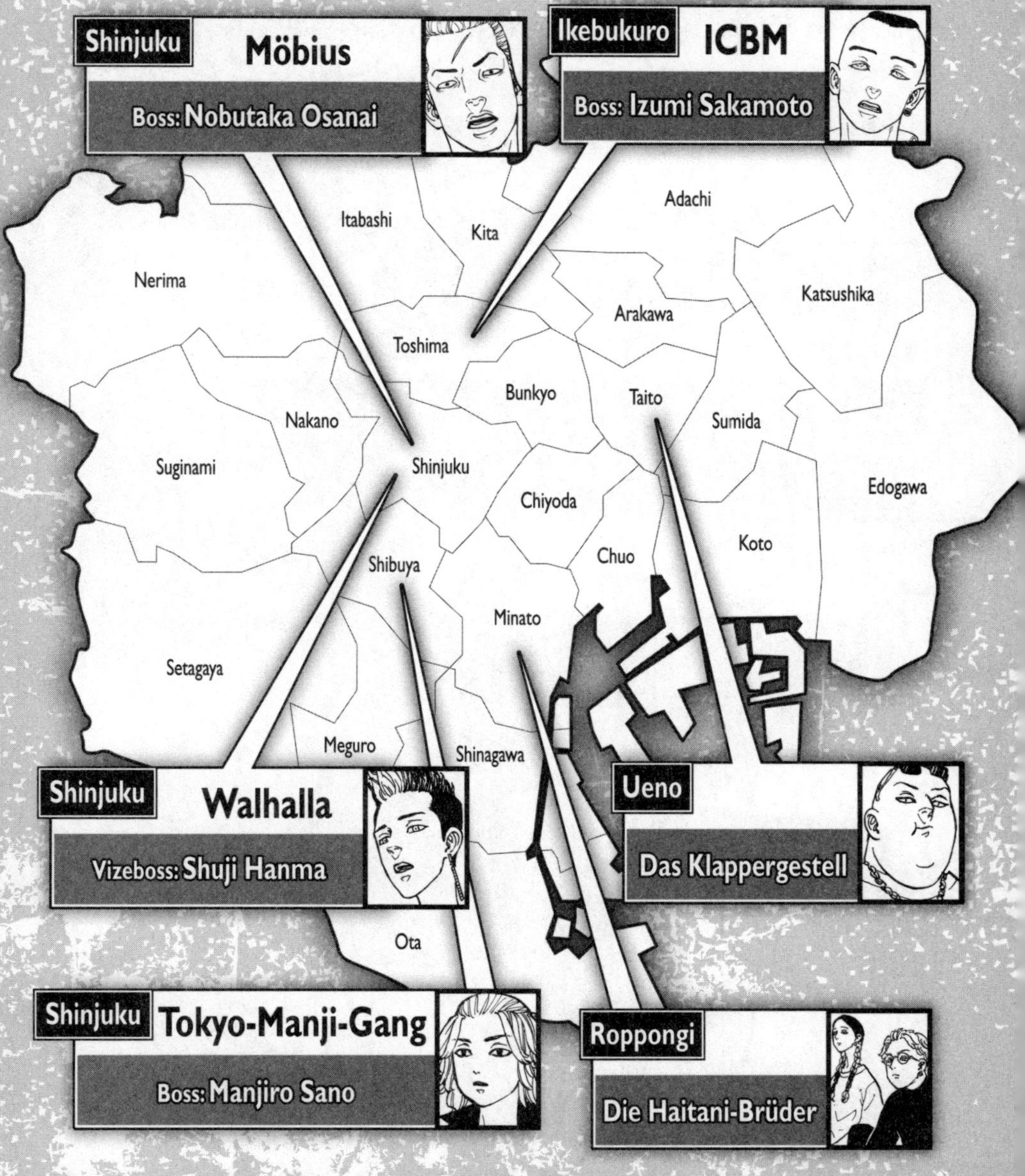

Durcheinandergebracht von der Manji-Gang?!

Takemichis Tagesablauf!

Er steht unausgeschlafen auf, nachdem er sich die halbe Nacht einen Kopf gemacht hat!

Am frühen Morgen

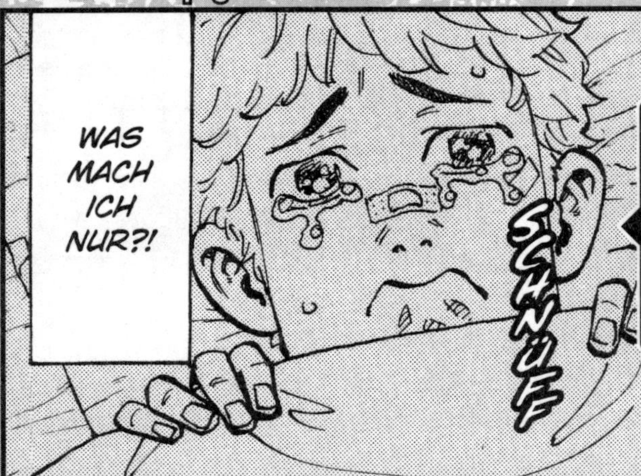

In der Nacht zerbricht er sich den Kopf über die ständigen Konflikte der Manji-Gang oder die irrwitzigen Aufgaben, die ihm die Gang-Mitglieder stellen. Der Morgen bricht an, ohne dass er viel Schlaf gefunden hat. Verschlafen macht er sich fertig für den Tag.

Auf dem Weg zur Schule

Mit Hina zusammen ist auch der mühsame Weg zur Schule ein Vergnügen!

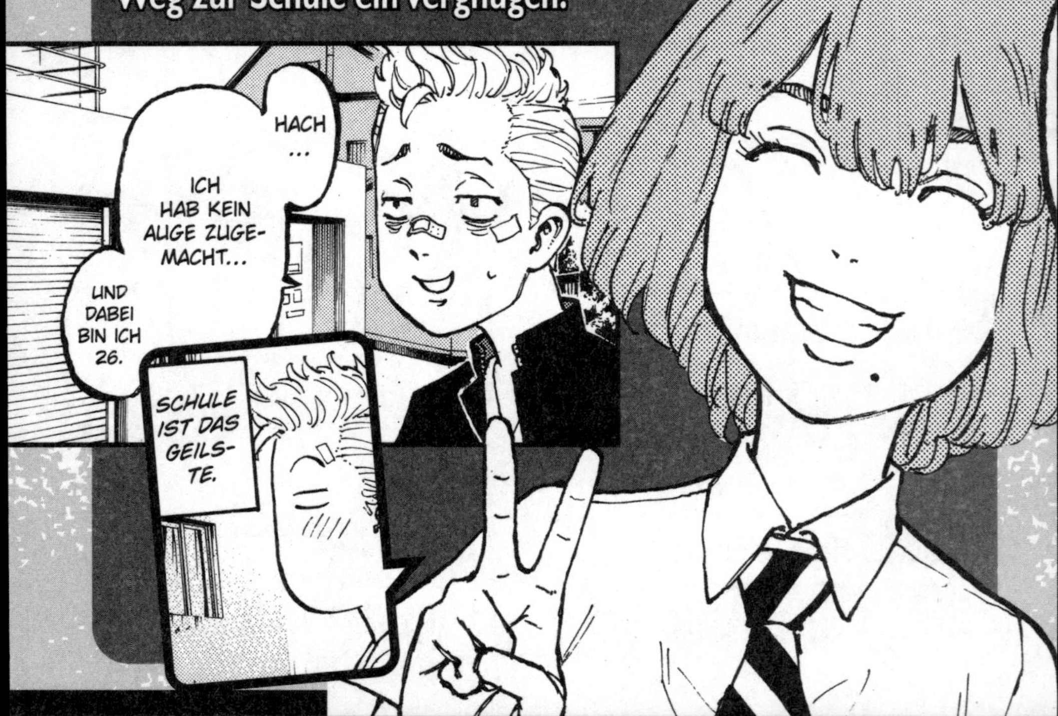

In der Schule

Selbst im Unterricht ist er nicht sicher! Mikey und Draken kommen ihn abholen!

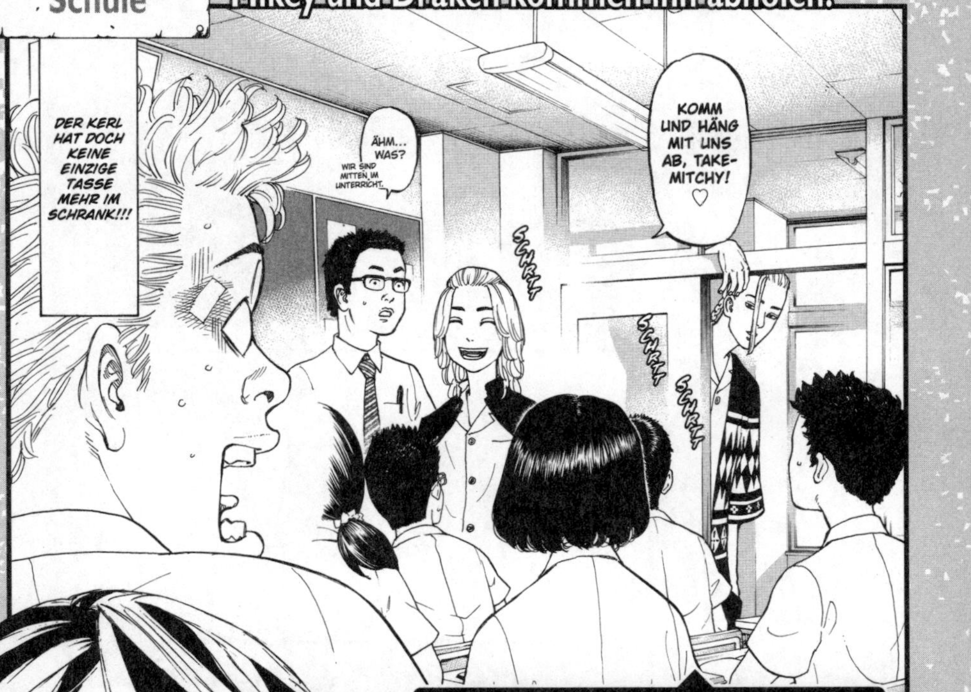

Mitten im Unterricht platzen plötzlich Mikey und Draken in die Klasse. Da sie ihm offenbar nichts Böses wollen, folgt er ihnen wohl oder übel. Wenn er mit den Mitgliedern der Manji-Gang abhängen will, bleibt ihm wohl nichts anderes übrig, als sich an solche Überraschungen zu gewöhnen.

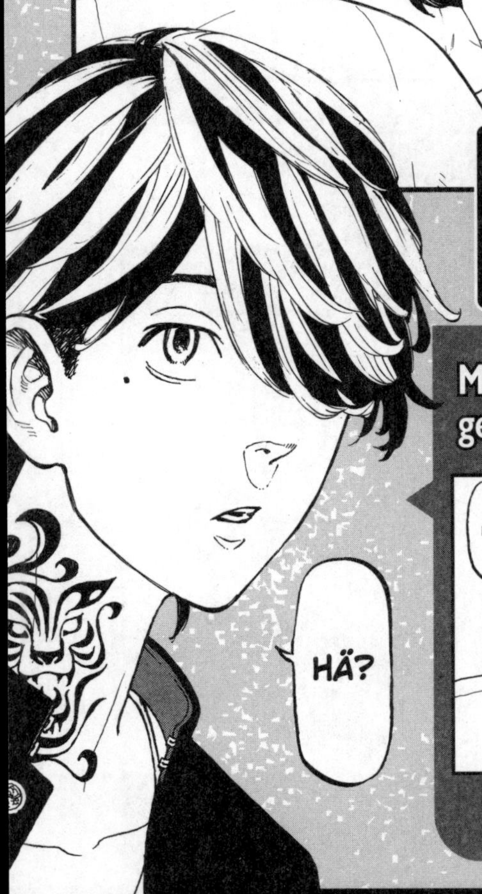

Mitglieder feindlicher Gangs gehen auf dieselbe Schule!

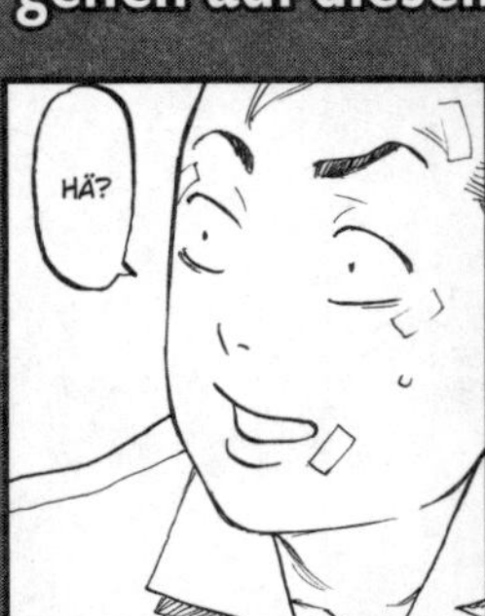

Auf die Omizo-Mittelschule, die Takemichi besucht, gehen auch Rowdys, die anderen Rockerbanden als der Manji-Gang angehören, wie zum Beispiel Kazutora, der ihm einen spontanen Besuch in seiner Klasse abstattet. Takemichi findet keinen Moment Ruhe, denn er muss befürchten, dass jederzeit eine Schlägerei an der Schule ausbrechen könnte.

Keine Zeit zum Verschnaufen!

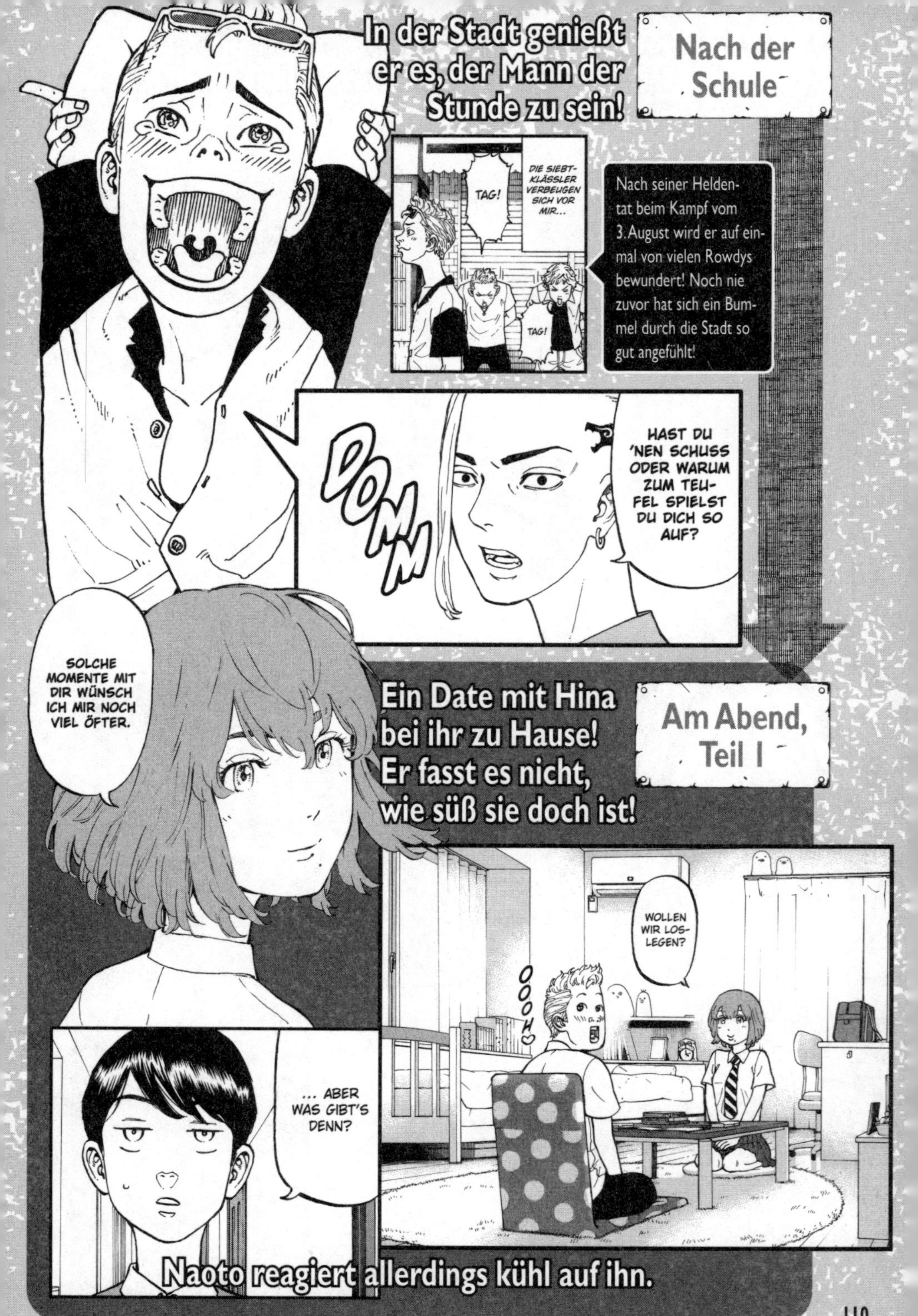
Nach der Schule
In der Stadt genießt er es, der Mann der Stunde zu sein!
DIE SIEBT-KLÄSSLER VERBEUGEN SICH VOR MIR...
TAG!
TAG!
Nach seiner Heldentat beim Kampf vom 3. August wird er auf einmal von vielen Rowdys bewundert! Noch nie zuvor hat sich ein Bummel durch die Stadt so gut angefühlt!
HAST DU 'NEN SCHUSS ODER WARUM ZUM TEUFEL SPIELST DU DICH SO AUF?
DOMM
Am Abend, Teil 1
Ein Date mit Hina bei ihr zu Hause! Er fasst es nicht, wie süß sie doch ist!
SOLCHE MOMENTE MIT DIR WÜNSCH ICH MIR NOCH VIEL ÖFTER.
WOLLEN WIR LOSLEGEN?
OOOH♥
... ABER WAS GIBT'S DENN?
Naoto reagiert allerdings kühl auf ihn.

Am Abend, Teil 2

Beim Treffen der Gang offenbart sich ein neuer Gegner!

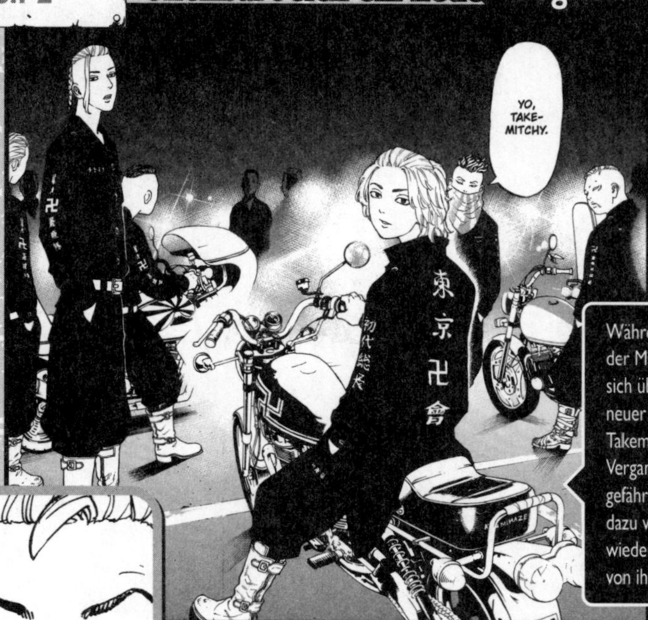

Während des Treffens der Manji-Gang zeichnet sich überraschend ein neuer Konflikt ab, der Takemichis Mission, die Vergangenheit zu ändern, gefährden könnte. Noch dazu verlangt Mikey wieder Unmögliches von ihm.

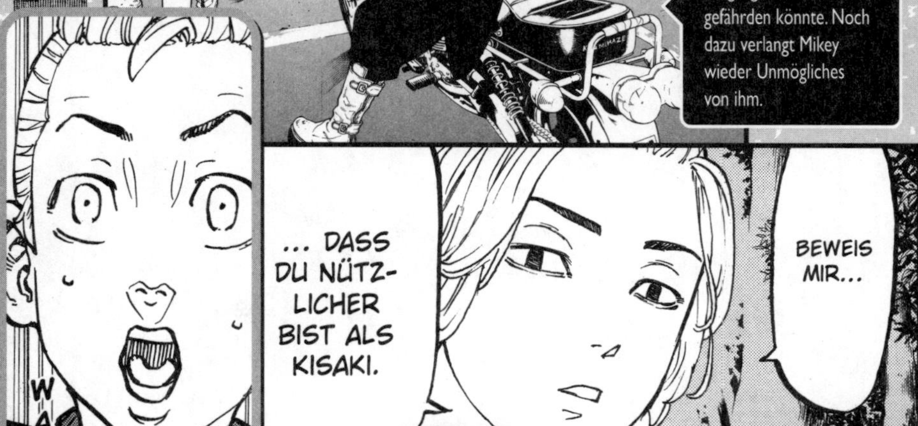

Schlafenszeit

Und auch in dieser Nacht halten ihn seine vielen Sorgen wieder wach!

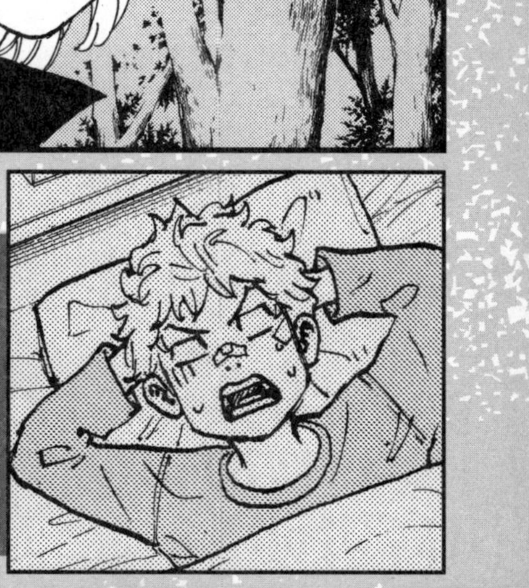

für eine coole Rowdy-Frisur! MIT DRAKEN

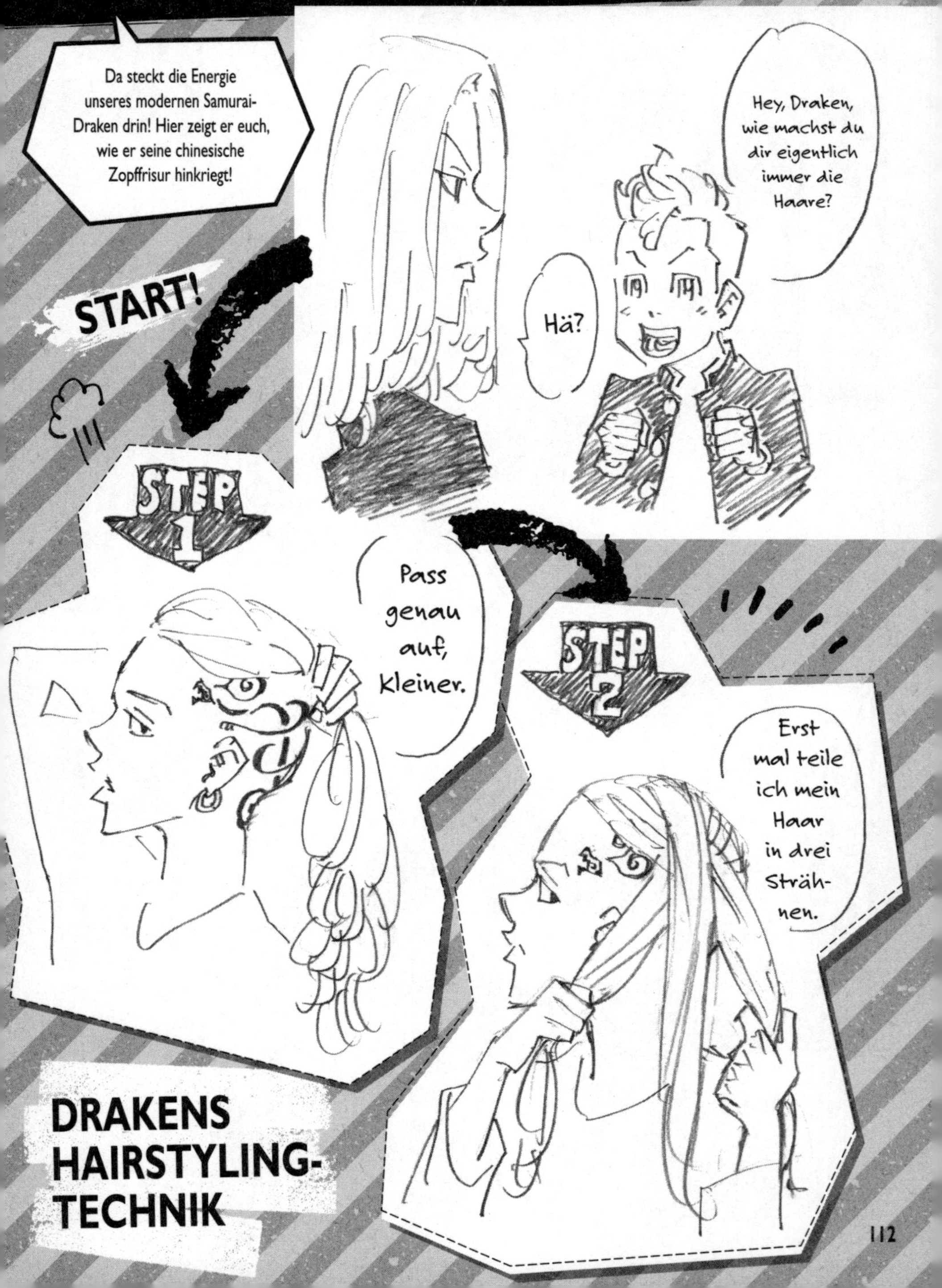

Zeig deinen Stil!

Die Tricks der Tokyo-Manji-Gang

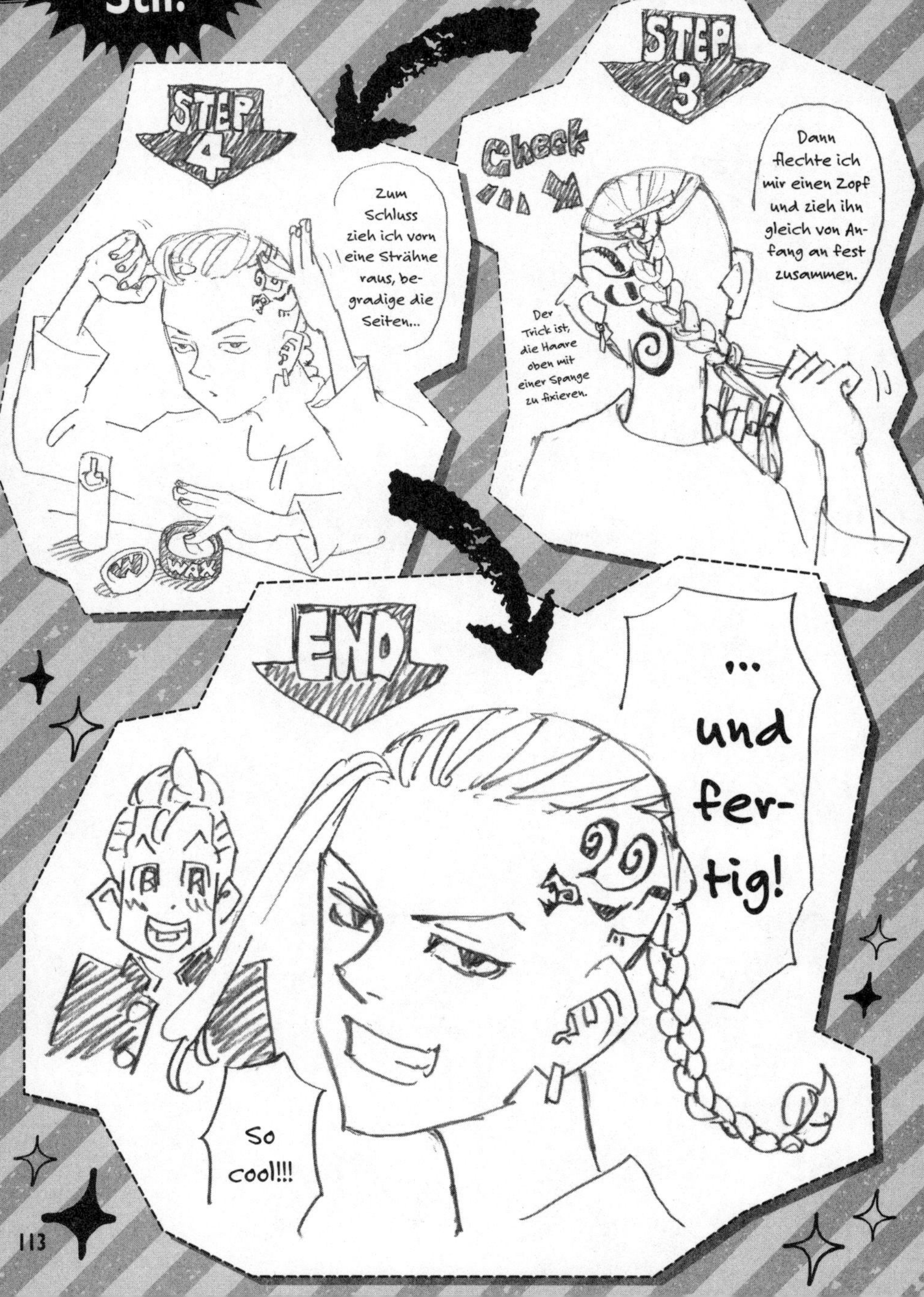

für eine coole Rowdy-Frisur! MIT CHIFUYU

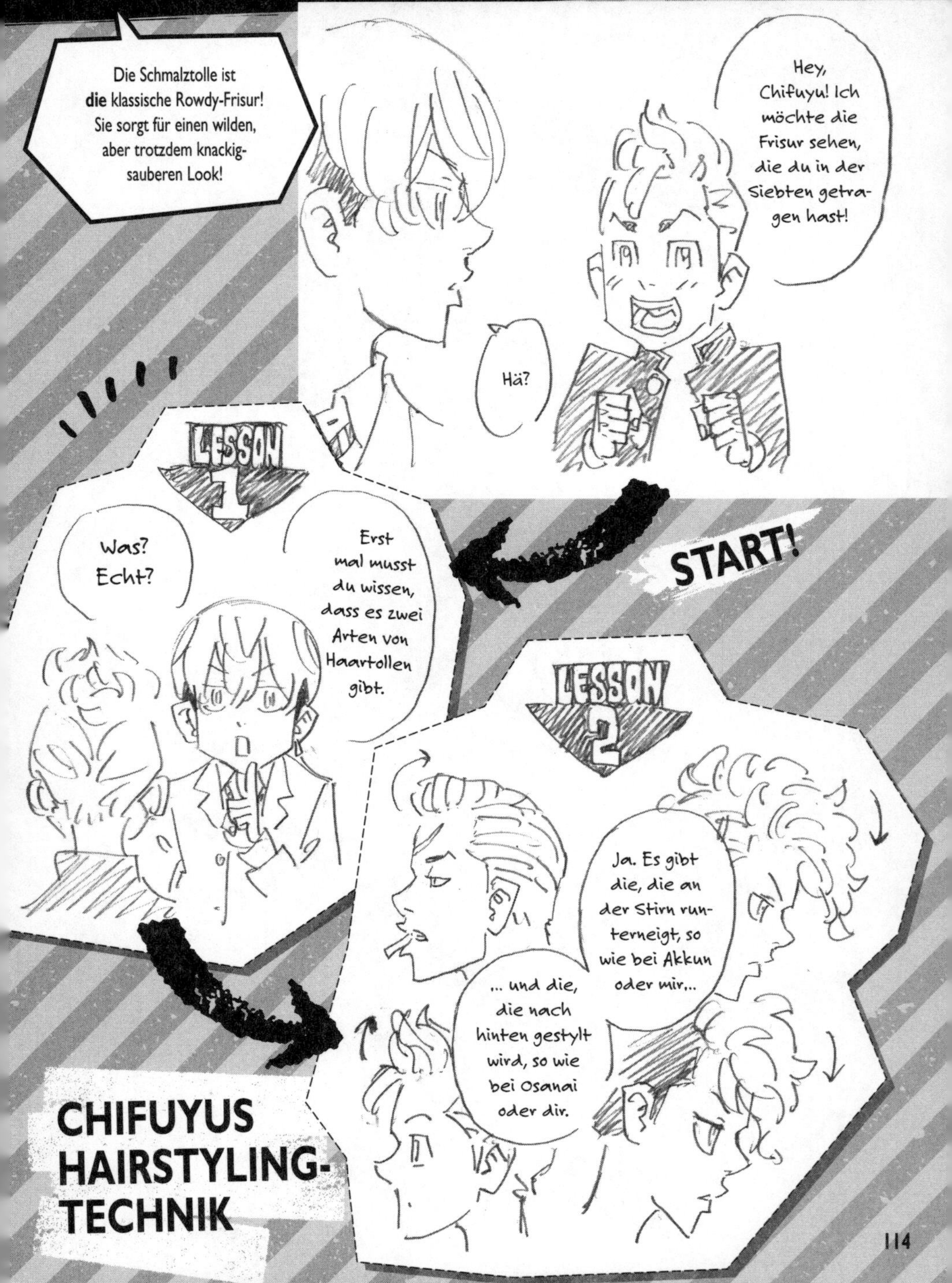

CHIFUYUS HAIRSTYLING-TECHNIK

Zeig deinen Stil!

Die Tricks der Tokyo-Manji-Gang

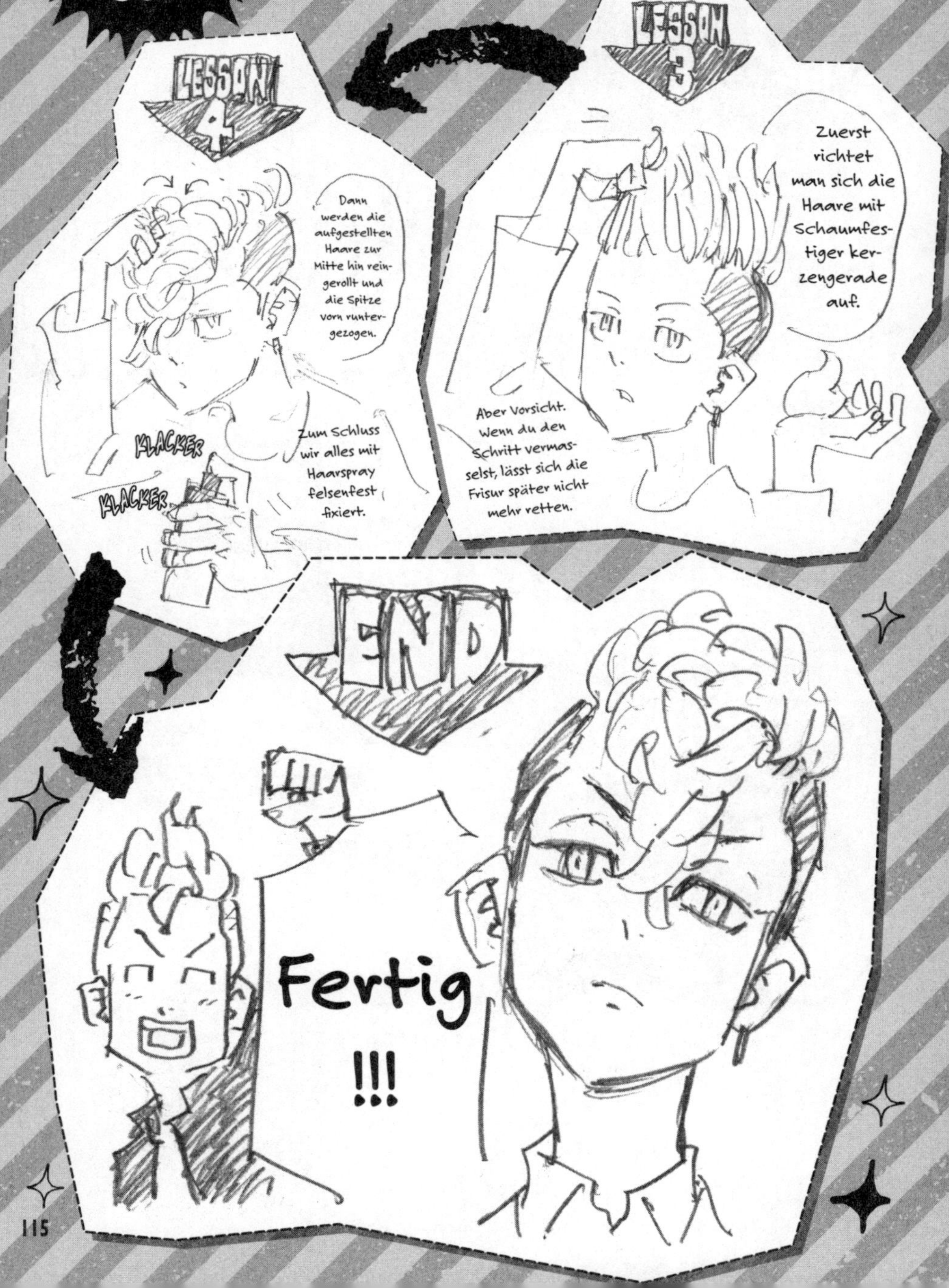

der Charaktere!

Von Mikeys privatem Nebengebäude bis zu Drakens Bordellbude!
Hier seht ihr, wie die Mitglieder der Manji-Gang wohnen!

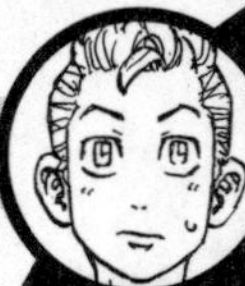

Takemichis Zimmer

Hä?! Warum kriegen die anderen exklusiv handgezeichnete Skizzen für ihr Zimmer und ich nicht? Was soll das?!

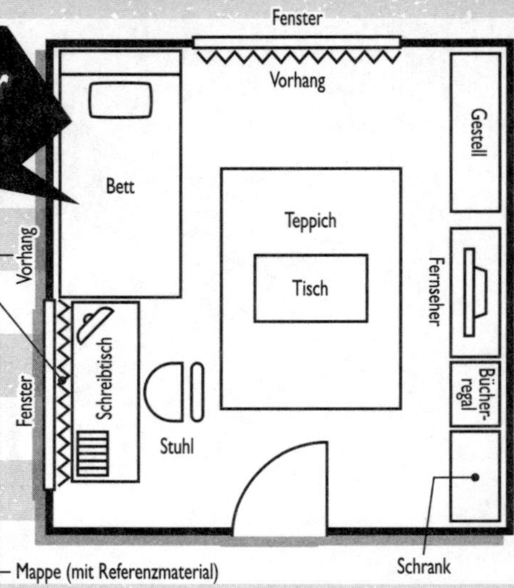

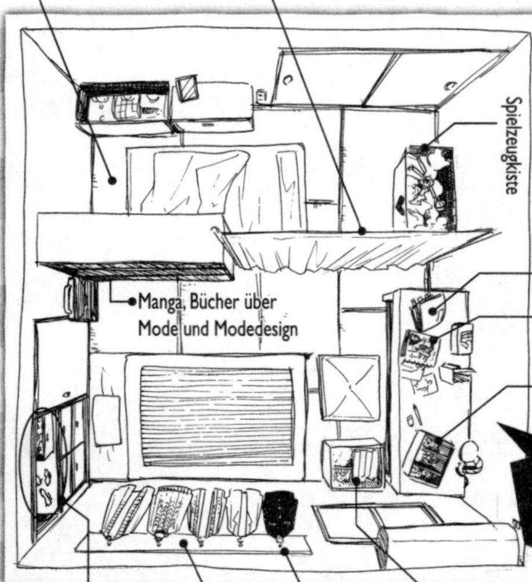

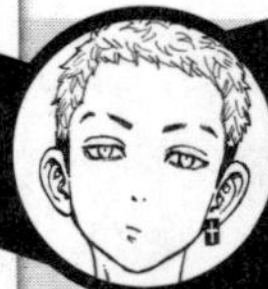

Mitsuyas Zimmer

Runa und Mana wollen ständig bei mir aufm Futon schlafen.

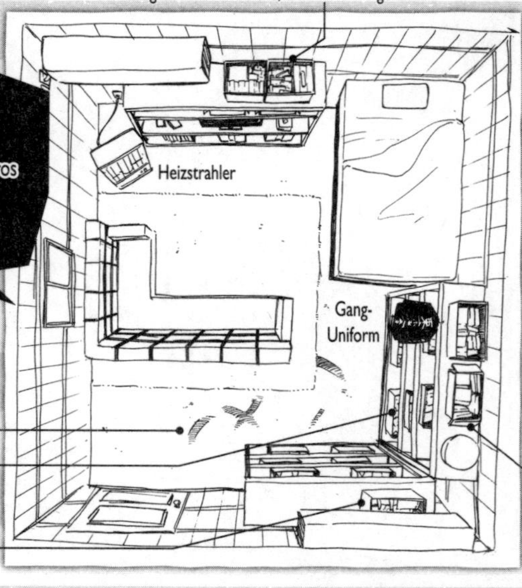

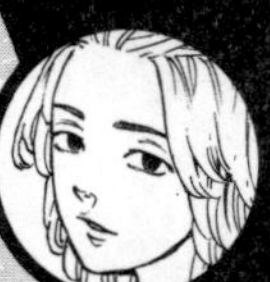

Mikeys Zimmer

Ich benutze einfach Shin'ichiros altes Zeug weiter, weil ich keinen Bock hab, was Neues zu besorgen.

Ken Wakui präsentiert! Exklusiv!

Ein Einblick in die Zimmer

Bajis Zimmer

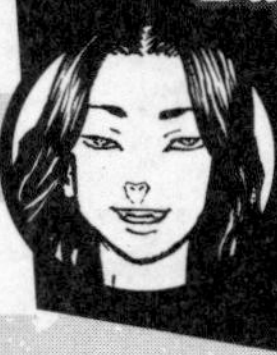

Ich liebe es, Tierlexika zu lesen und mir dann vorzustellen, mit den Tieren zu spielen. Und ich trainiere gerne!

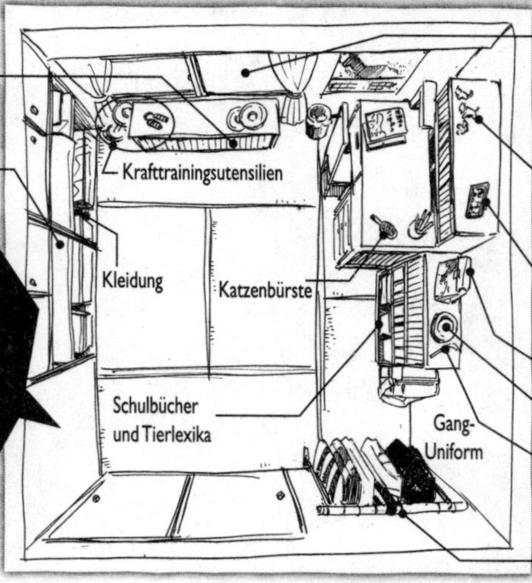

Chifuyus Zimmer

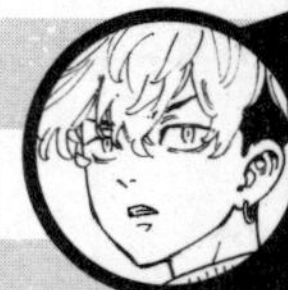

Takemitchy hat sich Manga geliehen und nie zurückgebracht, und jetzt fehlen mir in mehreren Serien einzelne Bände!

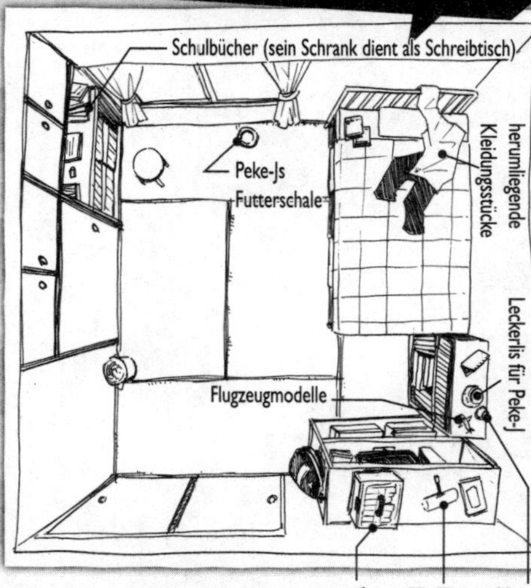

Drakens Zimmer

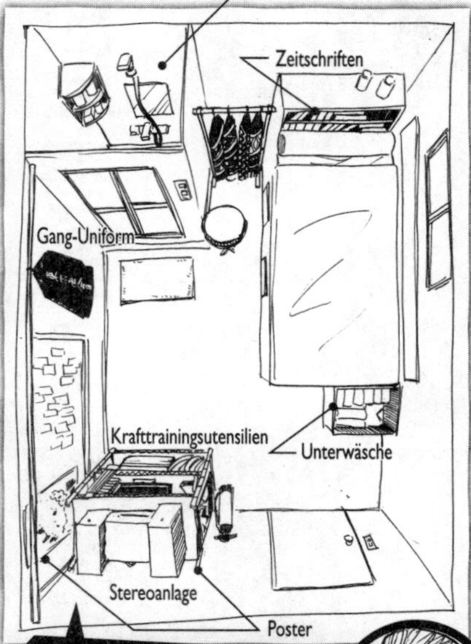

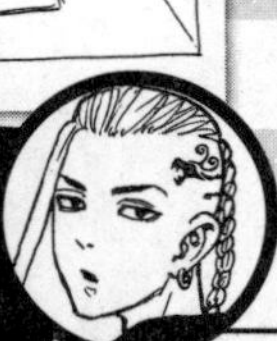

Ich habe nur das Nötigste. Das ist das Zimmer eines gestandenen Mannes!

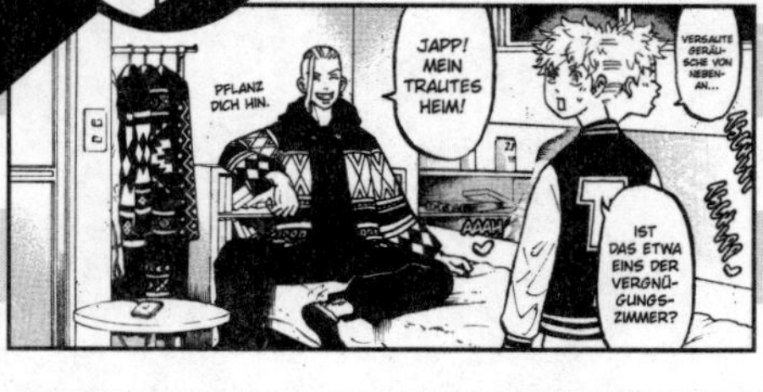

Die Motorräder der Manji-Gang-Mitglieder

Auf diesen beiden Seiten stellen wir euch die geliebten Fahrzeuge der Gang-Mitglieder vor. Diese Maschinen sind ihre treuen Weggefährten und größten Schätze.

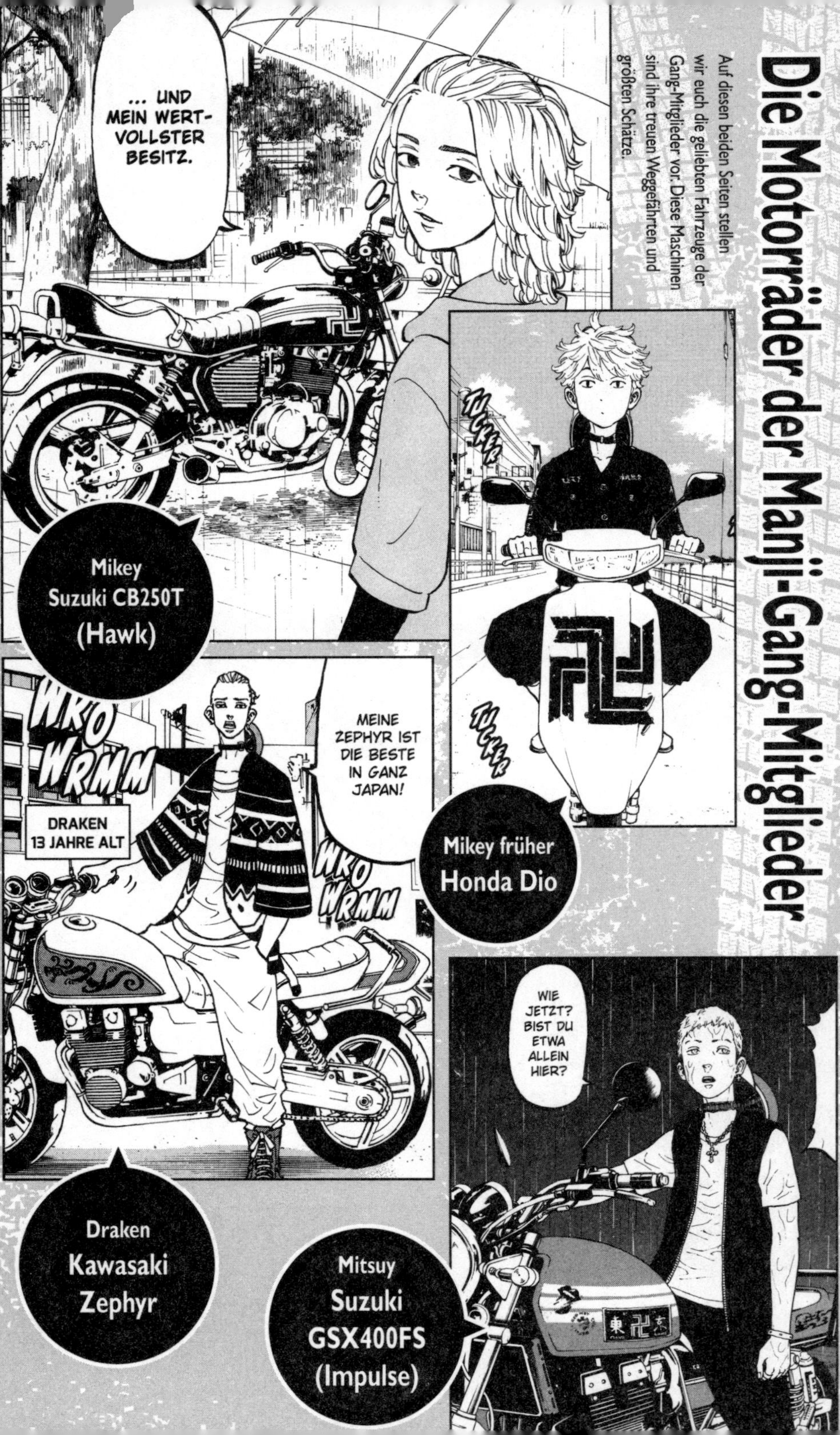

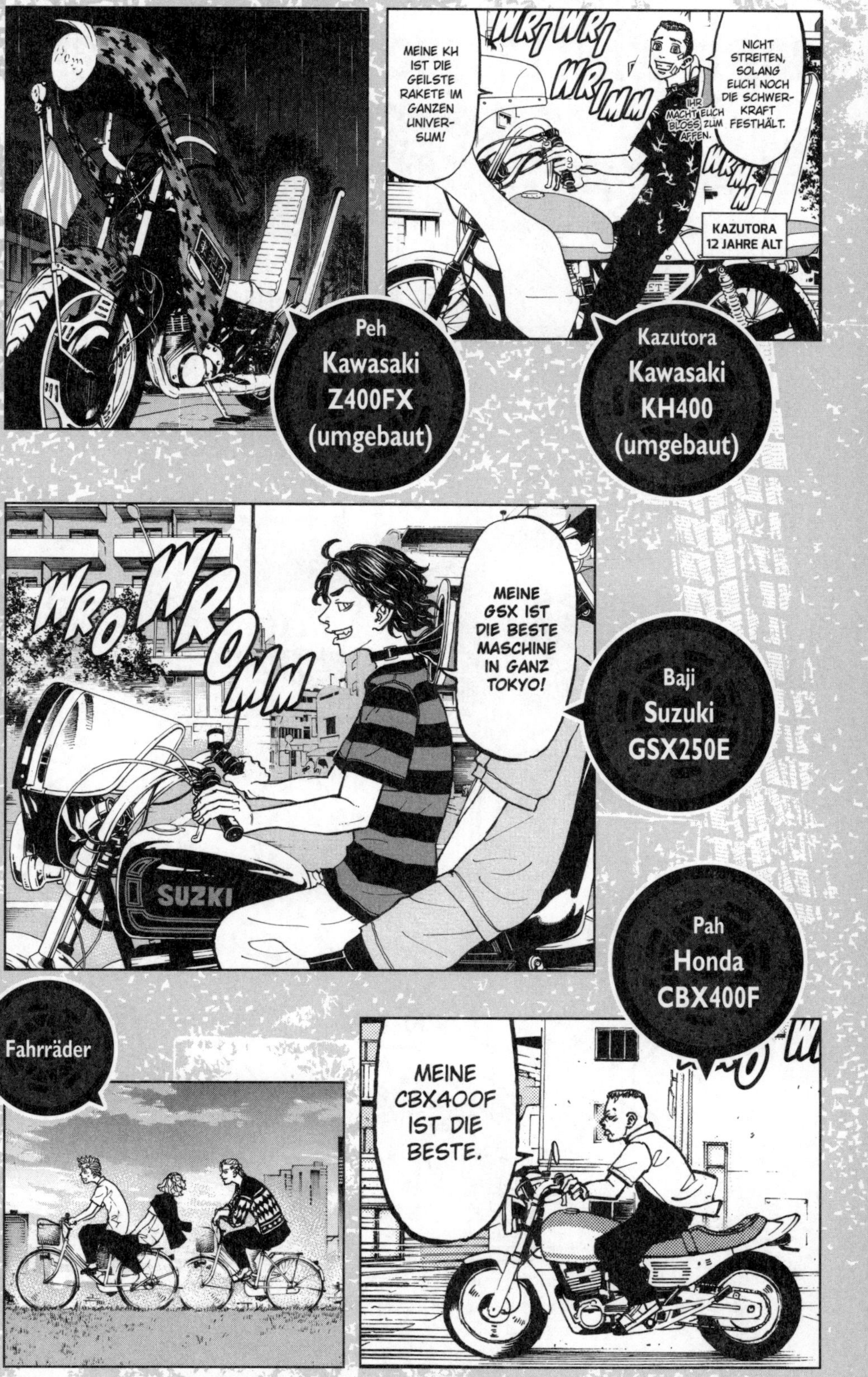
WR WR WRIMM
NICHT STREITEN, SOLANG EUCH NOCH DIE SCHWERKRAFT FESTHÄLT.
IHR MACHT EUCH BLOSS ZUM AFFEN.
MEINE KH IST DIE GEILSTE RAKETE IM GANZEN UNIVERSUM!
WKMM
KAZUTORA 12 JAHRE ALT
Kazutora Kawasaki KH400 (umgebaut)
Peh Kawasaki Z400FX (umgebaut)
MEINE GSX IST DIE BESTE MASCHINE IN GANZ TOKYO!
Baji Suzuki GSX250E
WRO WROMM
SUZKI
Pah Honda CBX400F
MEINE CBX400F IST DIE BESTE.
Fahrräder

Gang in allen möglichen Disziplinen!

Hier bewerten sich die Mitglieder der Manji-Gang ganz willkürlich untereinander!

Wer ist der Stärkste im Armdrücken?

Die 3 Besten

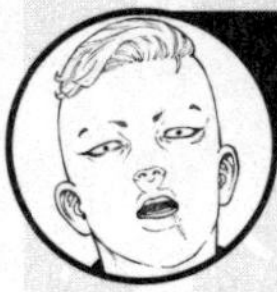

Platz 1
Pah

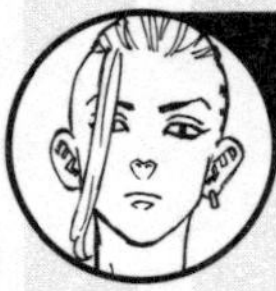

Platz 2
Draken

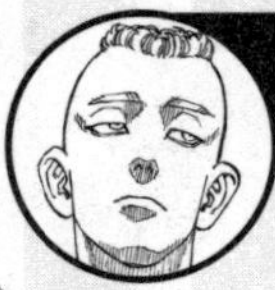

Platz 3
Mucho

Die 3 Schlechtesten

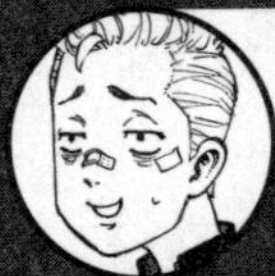

Platz 1
Takemichi

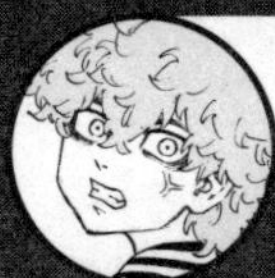

Platz 2
Angry

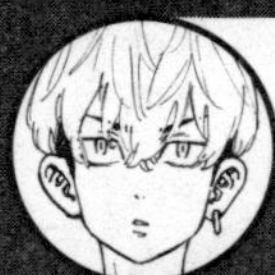

Platz 3
Chifuyu

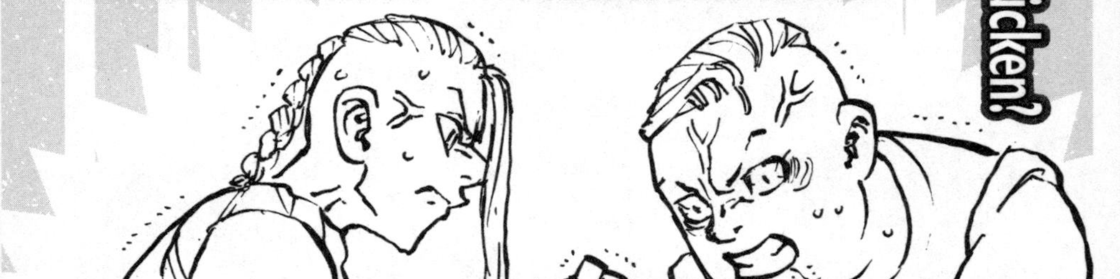

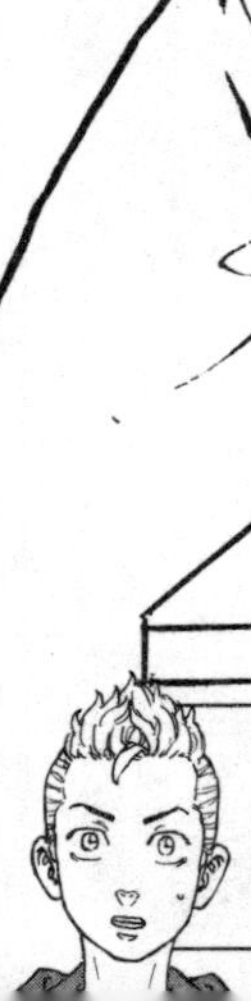

Der Stärkste ist ganz klar Pah! Was für eine Power in seinen Fäusten steckt, musste ich schließlich schon am eigenen Leib erfahren. Hat verdammt wehgetan… (*heul*). Das Match zwischen Draken und ihm musste erst mal abgebrochen werden, nachdem der Tisch unter ihnen zersplittert ist! Ich steh ganz am Ende der Rangliste, aber wen wundert's, bei der Truppe?

Ken Wakui präsentiert! Exklusiv!

Die Top 3 der Manji-

Wer gibt den besten Freund ab?

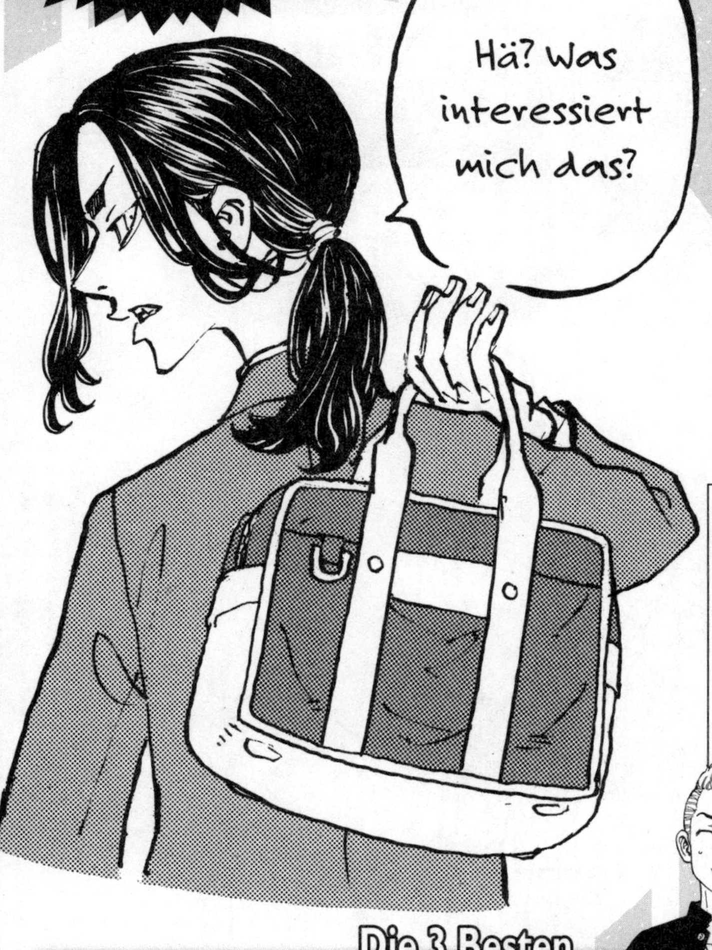

Ich kann mir vorstellen, dass Bajis spröde Art sicher genau den gegenteiligen Effekt hat und viele Mädchenherzen höherschlagen lässt. Draken ist ein Rowdy, den sogar die Jungs anhimmeln. Ich kann sehr gut verstehen, warum Ema so auf ihn steht! Ganz am Ende der Rangliste stehen Mikey und Kazutora. Überrascht mich nicht. Bei den beiden muss man sicher einiges mitmachen…

Die 3 Besten

- Platz 1 Baji
- Platz 2 Draken
- Platz 3 Hakkai

Die 3 Schlechtesten

- Platz 1 Mikey
- Platz 2 Kazutora
- Platz 3 Smiley

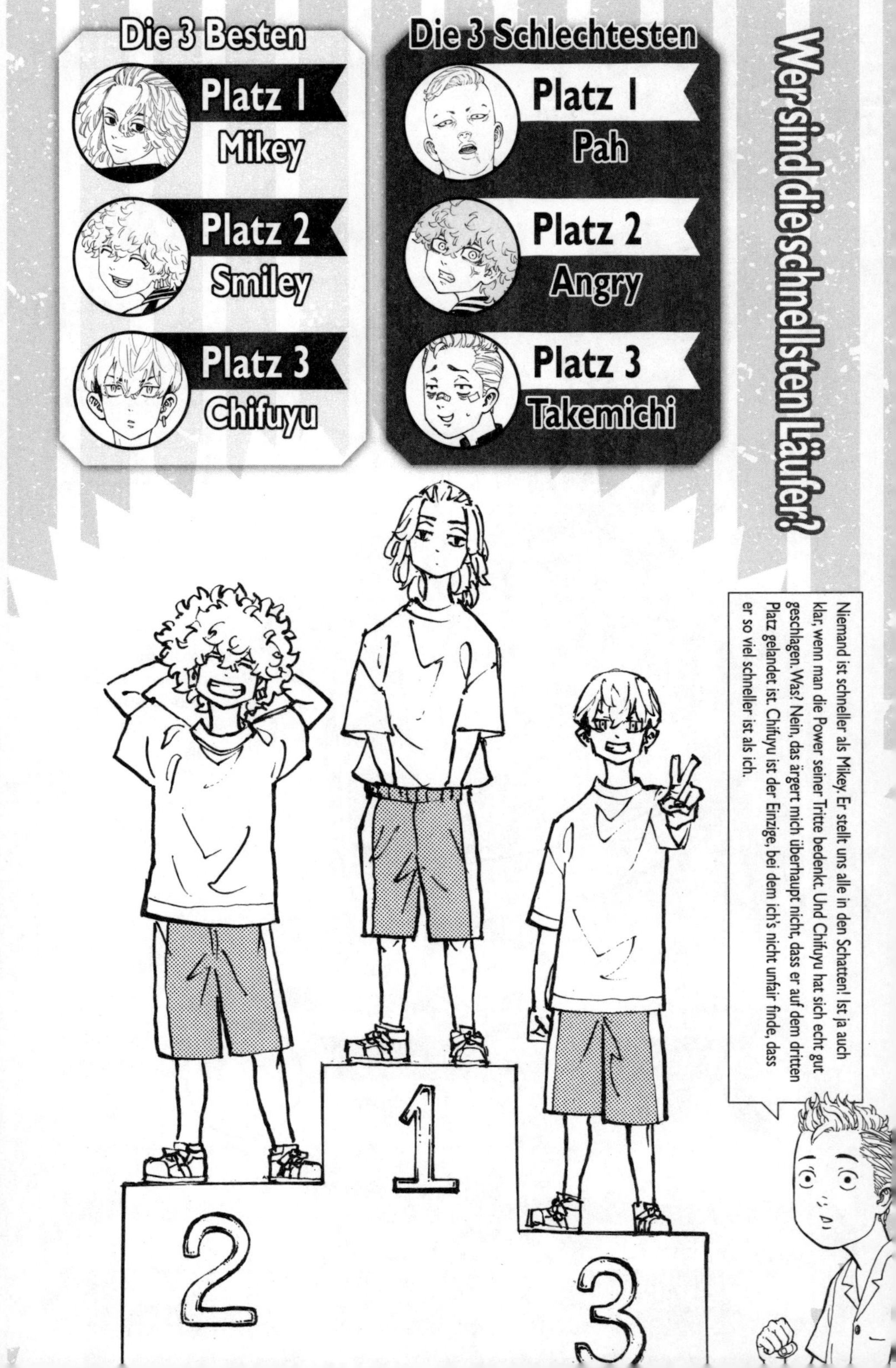
Wer sind die schnellsten Läufer?
Die 3 Besten
Platz 1
Mikey
Platz 2
Smiley
Platz 3
Chifuyu
Die 3 Schlechtesten
Platz 1
Pah
Platz 2
Angry
Platz 3
Takemichi
Niemand ist schneller als Mikey. Er stellt uns alle in den Schatten! Ist ja auch klar, wenn man die Power seiner Tritte bedenkt. Und Chifuyu hat sich echt gut geschlagen. Was? Nein, das ärgert mich überhaupt nicht, dass er auf dem dritten Platz gelandet ist. Chifuyu ist der Einzige, bei dem ich's nicht unfair finde, dass er so viel schneller ist als ich.
1
2
3

Wer gibt den besten Ehemann ab?

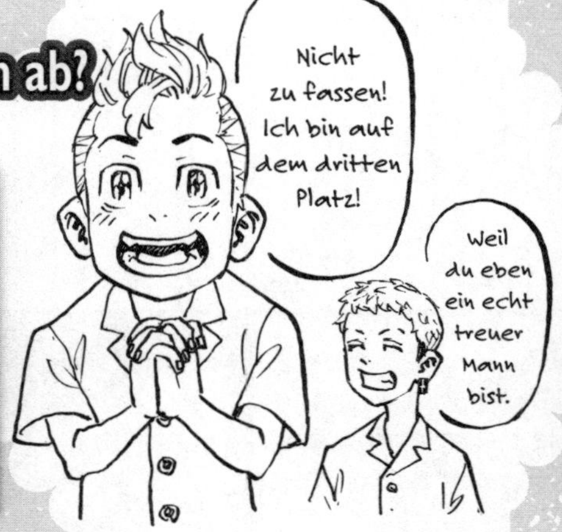

Die 3 Besten		Die 3 Schlechtesten	
Platz 1	Draken	Platz 1	Kazutora
Platz 2	Mitsuya	Platz 2	Mikey
Platz 3	Takemichi	Platz 3	Hakkai

Angeführt wird die Bestenliste von Draken und Mitsuya, die beide fähige und zuverlässige Männer sind! Und ich freu mich so, dass ich Dritter geworden bin! Danke, Leute! Und nachdem sie schon beim Freundes-Ranking auf den letzten beiden Plätzen waren, sind Kazutora und Mikey wieder ganz unten gelandet. Tja, was soll man da sagen… Lasst euch nicht unterkriegen, Jungs.

Wer ist der beste Gefolgsmann?

Natürlich ist Chifuyu auf dem ersten Platz! Wenn er sich einmal entschlossen hat jemandem zu folgen, dann zieht er das auch voll durch! Was Peh betrifft, der sagte ja über Pah, dass er ihm alles bedeutet. Wenn jemand über mich als Boss so was sagen würde, würde ich mich wahnsinnig freuen. Und Erster von hinten ist wieder mal Mikey…

HAHA… …

	Platz 1	Platz 2	Platz 3
Die 3 Besten	Chifuyu	Peh	Hakkai
Die 3 Schlechtesten	Mikey	vKazutora	Pah

Wer hat die besten Chancen, später einmal reich zu werden?

Die 3 Besten		Die 3 Schlechtesten	
Platz 1	Pah	Platz 1	Takemichi
Platz 2	Hakkai	Platz 2	Mikey
Platz 3	Mitsuya	Platz 3	Kazutora

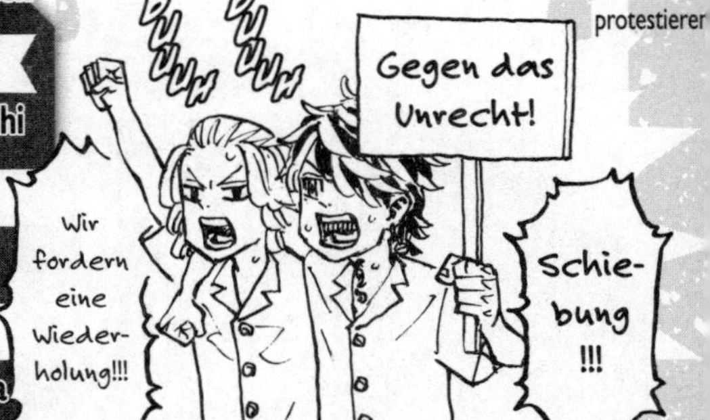

← Die beiden Dauerverlier protestierer

Pahs Vater ist CEO, da überrascht das nicht! Und Hakkai kommt auch aus einer guten Familie. Der wird's sicher mal zu was bringen. Und Mitsuya hat es bestimmt unter die ersten drei geschafft, weil er als Modedesigner erfolgreich sein könnte! Die drei sind echt zu beneiden… Ich halt mich in der Zukunft tatsächlich gerade so mit Gelegenheitsjobs über Wasser. Die Jungs aus der Gang haben einen guten Riecher… (*heul*).

Übersicht über Takemichis Zeitsprünge, die die Zukunft veränderten

Wie hat sich die Welt in den ersten vier Doppelbänden verändert? Hier seht ihr noch einmal zusammengefasst, was Takemichi bisher unternommen hat.

Vergangenheit

4.7.

Takemichi & seine Freunde stürmen das Revier der 3. Shibuya, werden von Kiyomasa fertiggemacht.

Takemichi trifft Hinata wieder; sagt zu Naoto (damals Siebtklässler), er soll seine Schwester beschützen.

6.7.

Nach seinem Zeitsprung findet er sich mitten bei den Kampfwetten als Kämpfer wieder.

Takemichi fordert Kiyomasa zu einem Kampf Mann gegen Mann heraus. — **Schlüsselmoment 1**

Gewinnt Mikeys und Drakens Respekt und freundet sich mit den beiden an.

Findet sich in einer Karaoke-Box zusammen mit Ema wieder.

Beim Treffen der Manji-Gang verkündet Mikey, dass sie am 3.8. gegen Möbius kämpfen werden. Es geht nicht um einen Kampf zwischen dem Mikey- und einem Draken-Lager.

Takemichi versucht erfolglos Mikey davon abzubringen, gegen Möbius zu kämpfen.

Osanai, der Boss von Möbius, unterbricht ihr Treffen. Haruki Hayashida (Pah) sticht ihn nieder und wird festgenommen.

Takemichi versöhnt Mikey und Draken, die sich wegen Pahs Verhaftung zerstritten haben, und hofft damit den Gang-internen Konflikt verhindert zu haben.

1. Zeitlinie

Takemichi erfährt aus den Nachrichten von Hinatas und Naotos Tod.

Er wird auf die Gleise gestoßen und erwacht im nächsten Moment in der Vergangenheit.

Vergangenheit verändert!

2. Zeitlinie

Naoto (jetzt Kriminalpolizist) rettet ihm das Leben.

Er erfährt, dass Hinata von einer Verbrecherorganisation namens Tokyo-Manji-Gang getötet wurde.

Er beschließt zu verhindern, dass Mikey auf Kisaki trifft und die jetzige Manji-Gang entstehen kann.

Vergangenheit verändert!

3. Zeitlinie

Atsushi Sendo (Akkun) ist jetzt Führungsmitglied der Manji-Gang. Mikey hat sich verändert, nachdem Draken bei einem Gang-internen Konflikt starb.

Takemichi springt in der Zeit zurück, um Drakens Tod zu verhindern.

Takemichi und Naoto treffen Osanai auf einer Baustelle. Dieser offenbart, dass er benutzt wurde, um den Konflikt auszulösen, der zu Drakens Tod führte.

Takemichi springt in die Vergangenheit, um den Konflikt mit Möbius zu verhindern und Draken zu retten.

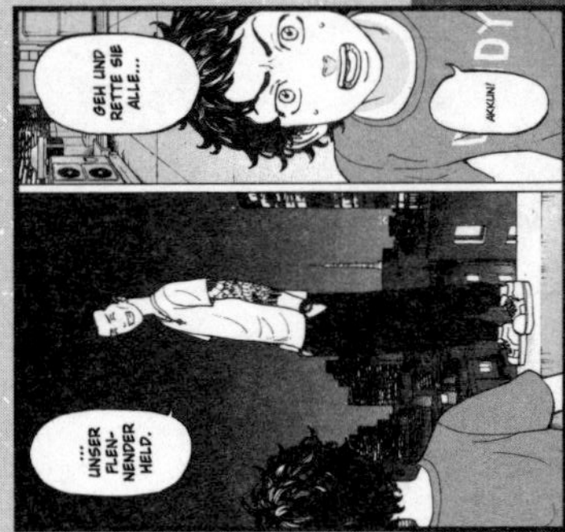

Akkuns Tod
Nachdem Akkun Takemichi gestanden hat, dass er es war, der ihn auf die Gleise stieß, nimmt er sich mit einem Sprung vom Dach das Leben.

3.8.

Der Kampf vom 3.8. bricht aus.

Takemichi gelingt es, Kiyomasa aufzuhalten und Draken das Leben zu retten.

Schlüsselmoment 2

Oktober

In Vorbereitung auf einen Kampf mit Walhalla wird Tetta Kisaki, Ex-Mitglied von Möbius, zum 3. Divisionskommandanten der Manji-Gang ernannt.

Keisuke Baji, Kommandant der 1. Division, verlässt die Manji-Gang und tritt Walhalla bei. Takemichi wird Mitglied der Manji-Gang und der 2. Division zugeteilt. Kazutora Hanemiya von derselben Mittelschule nimmt ihn zum Treffpunkt von Walhalla mit. Takemichi begegnet Chifuyu Matsuno.

Takemichi und Chifuyu treffen sich mit Osanai, der ihnen erzählt, dass der Kampf vom 3.8. von Kisaki eingefädelt wurde.

30.10.

Hinata schenkt Takemichi einen Anhänger – denselben, den sie von ihm bekam.

Takemichi und Chifuyu treffen sich mit Baji und warnen ihn, dass er in Gefahr ist.

Das »Blutige Halloween«, der Kampf zwischen der Manji-Gang und Walhalla, beginnt.

31.10.

Mikey rastet aus und schlägt auf Kazutora ein, nachdem dieser Baji niedergestochen hat. Takemichi kann ihn beruhigen.

Kazutora wird festgenommen. Das Blutige Halloween endet mit einem Sieg für die Manji-Gang. Mikey und Kazutora schließen Frieden.

Schlüsselmoment 4

November

Walhalla, angeführt von Hanma, wird als 6. Division in die Manji-Gang eingegliedert.

Takemichi wird von Chifuyu zum Kommandanten der 1. Division ernannt.

Um herauszufinden, wie er jetzt, da Kisaki und Hanma beide Teil der Gang sind, vorgehen soll, kehrt Takemichi vorerst in die Gegenwart zurück.

Draken in tödlicher Gefahr

Kiyomasa, der immer noch wütend ist wegen der Sache mit den Kampfwetten, wird von Möbius dazu angestiftet, Draken zu töten. Der Mord soll wie das Ergebnis eines Gang-internen Streits aussehen.

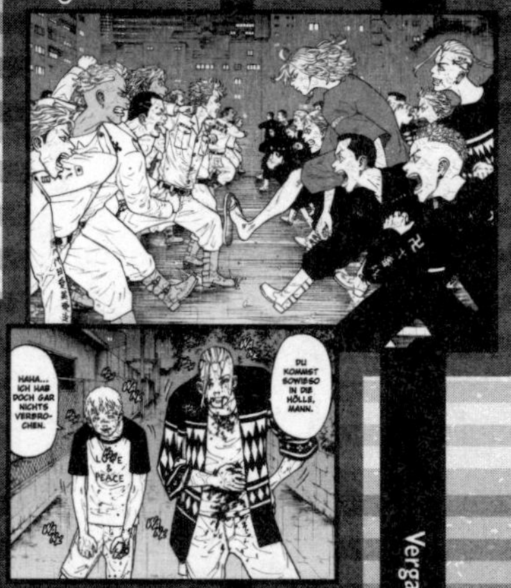

Baji stirbt beim Versuch, Kisakis Pläne zu durchkreuzen

Kisaki, der hinter den Kulissen mit Walhalla in Verbindung steht, inszeniert sich selbst als Mikeys Retter. Baji versucht ihn aufzuhalten, wird jedoch von Kazutora niedergestochen und setzt seinem Leben danach selbst ein Ende, um die Manji-Gang zu retten.

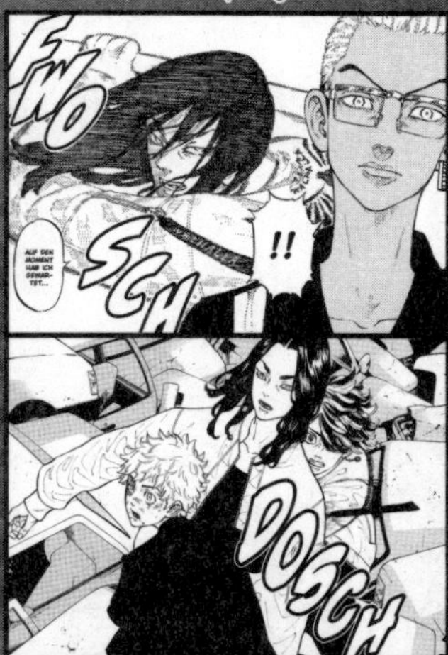

Vergangenheit verändert!

4. Zeitlinie

Takemichi begegnet der erwachsenen Hinata. Doch sie wird kurz danach vor seinen Augen von der Manji-Gang ermordet.

Takemichi schwört, zum Boss der Manji-Gang zu werden.

Er besucht Draken in der Todeszelle und erfährt, dass Kisaki an allem schuld ist.

Schlüsselmoment 3

Takemichi besucht erneut Draken in der Todeszelle und erfährt, dass Mikey beim Kampf gegen Walhalla, dem sogenannten »Blutigen Halloween«, Kazutora getötet hat und die Manji-Gang danach von Kisaki und Walhalla übernommen wurde.

Er springt in der Zeit zurück, um zu verhindern, dass Kazutora Baji ersticht und Mikey daraufhin Kazutora tötet.

Vergangenheit verändert!

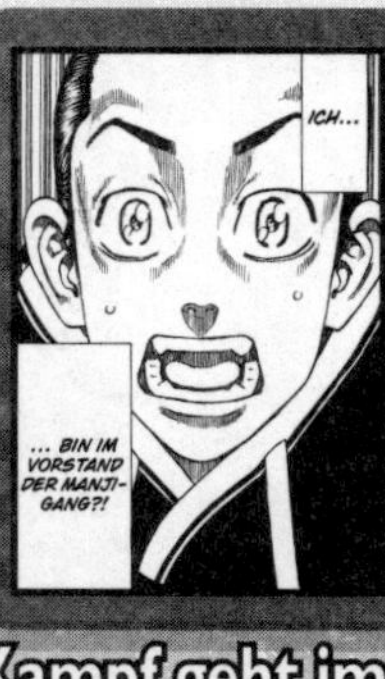

5. Zeitlinie

Takemichi ist nun Vorstandsmitglied der Manji-Gang. Chifuyu und die Furiosen Fünf gehören auch zur Führungsriege. Doch nichts ist so schön, wie es scheint.

Takemichis Kampf geht immer noch weiter!

Schlüsselmoment I

Mit Entschlossenheit gegen Kiyomasa

Mit Takemichis Leben begann es bergab zu gehen, nachdem er vor zwölf Jahren zu Kiyomasas Laufbursche wurde. Doch jetzt, wo er zurück in die Vergangenheit gesprungen ist, fordert er ihn zu einem Kampf Mann gegen Mann heraus! Bereit, endlich damit aufzuhören, vor allen Widrigkeiten zu fliehen, stellt sich Takemichi seinem Gegner und gibt nicht auf, egal wie viele Schläge er auch einstecken muss. Sein Kampfgeist erregt Mikeys und Drakens Aufmerksamkeit, mit denen er sich schließlich anfreundet und so auch der Manji-Gang näher kommt.

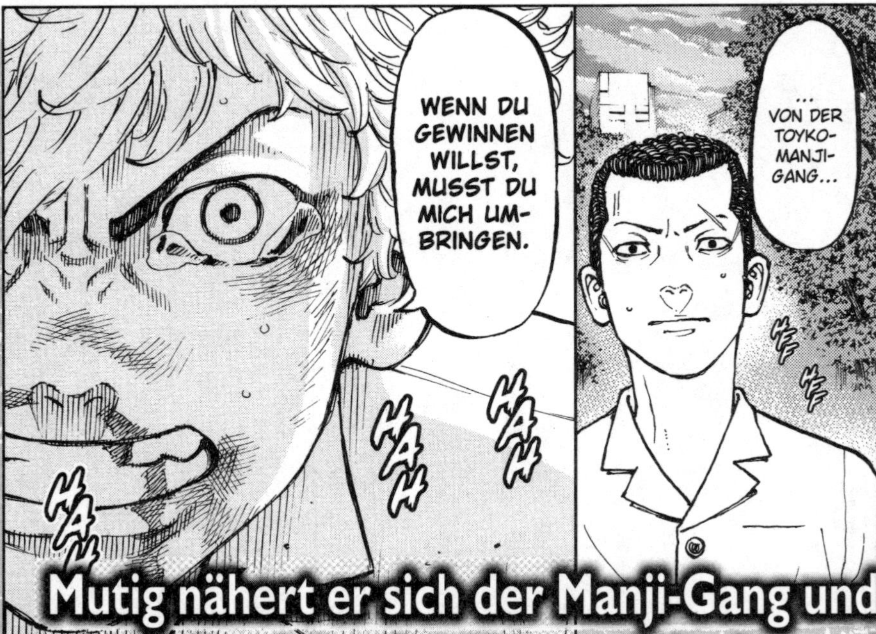

Mutig nähert er sich der Manji-Gang und freundet sich mit Mikey und Draken an!

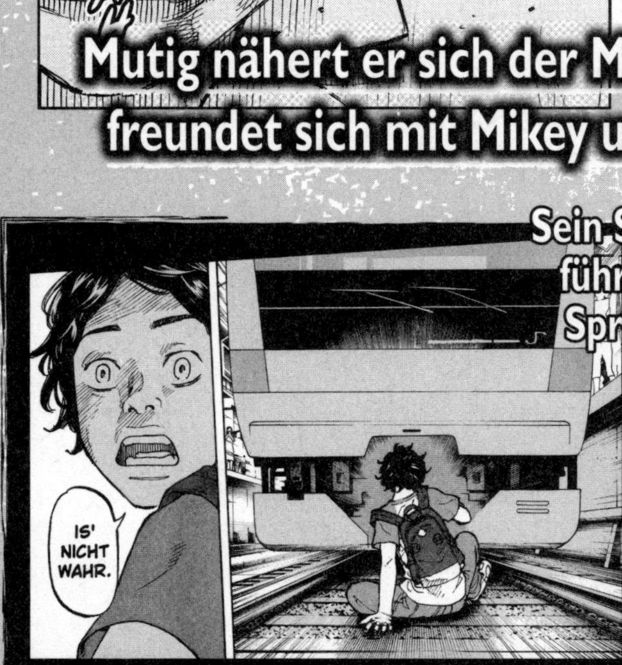

Sein Sturz auf die Gleise führt zu seinem ersten Sprung durch die Zeit!

Takemichi springt in dem Moment zum ersten Mal durch die Zeit, als er kurz davor ist, von einem Zug überfahren zu werden, nachdem er von einer unbekannten Person auf die Gleise gestoßen wurde. Er landet zwölf Jahre in der Vergangenheit, wo er Naoto, der damals noch in der 7. Klasse ist, sagt, dass er seine Schwester beschützen soll. Indem er diese erste Veränderung in der Vergangenheit vornimmt, rettet er sowohl Naoto als auch sich selbst das Leben.

Schlüsselmoment 2

Die Abrechnung mit seinem Leben!

Um den schwer verletzten Draken zu beschützen, fordert Takemichi Kiyomasa erneut heraus. Als er nämlich sieht, wie sich sein Freund trotz seiner Stichwunde mutig vor ihm aufrichtet, um Ema und ihm die Flucht zu ermöglichen, fasst Takemichi den Entschluss, nicht mehr davonzulaufen, denn sonst könnte er nichts daran ändern, dass Draken, Hinata und Akkun sterben würden. Somit stellt er sich nicht nur Kiyomasa, sondern auch seinem eigenen feigen Ich, übt Revanche an seinem bisherigen Leben und bewahrt Draken vor dem Schicksal, an seiner Verletzung zu sterben.

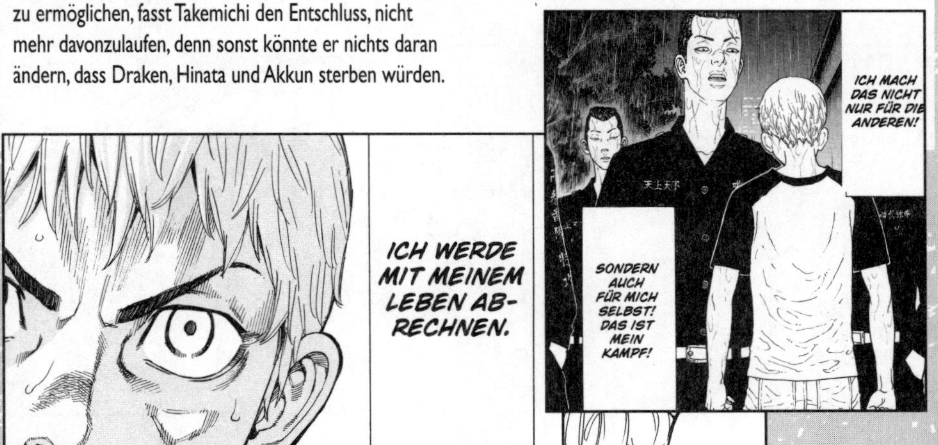

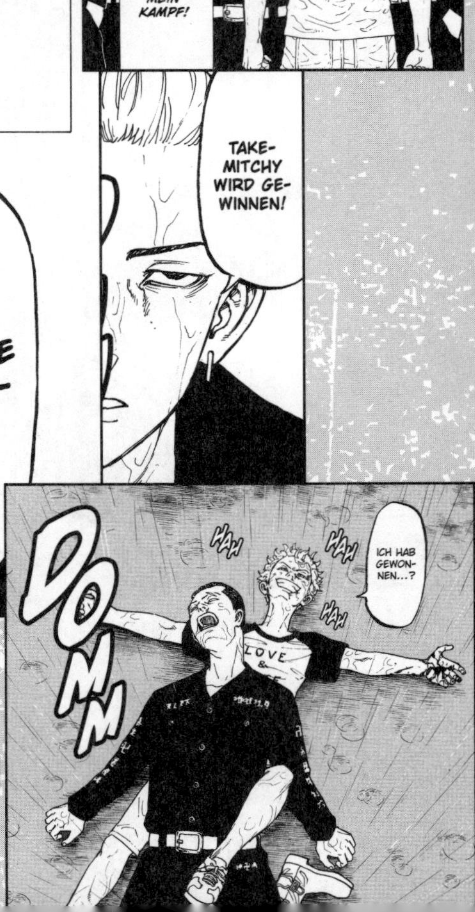

Er verhindert den Mord an Draken und stellt die Weichen des Schicksals neu!

Schlüsselmoment 3

Sein Versprechen an Hinata

Als Takemichi Hinata zum ersten Mal in der Gegenwart begegnet, wird sie kurz darauf vor seinen Augen getötet. Entschlossener denn je, sie zu retten, schwört er, zum Boss der Manji-Gang zu werden. Damit will er nicht nur Hinatas Leben schützen, sondern auch die Leben der anderen Opfer von Kisakis Ambitionen wie Draken, Mikey und Akkun.
Er kämpft darum, sie alle vor dem Tod zu bewahren.

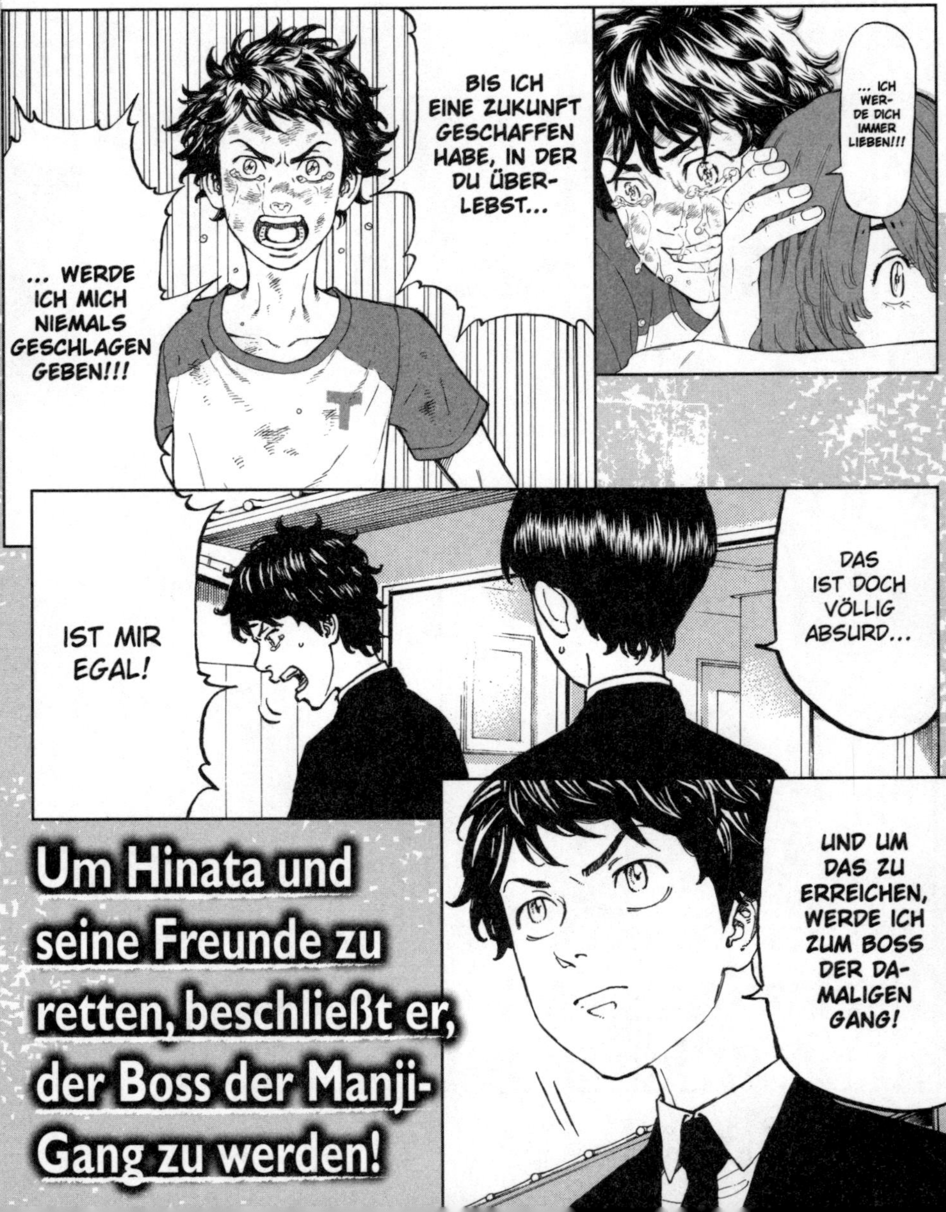

Um Hinata und seine Freunde zu retten, beschließt er, der Boss der Manji-Gang zu werden!

Schlüsselmoment 4

Die Besänftigung des wutentbrannten Mikey

Nachdem Baji seinem Leben mit Kazutoras Messer ein Ende gesetzt hat, stürzt sich Mikey blind vor Wut auf Kazutora. Verzweifelt versucht Takemichi ihn aufzuhalten, wobei ihm wie durch ein Wunder ein Glücksbringer aus der Jackentasche fällt, der Mikey wieder Vernunft annehmen lässt. Kazutora überlebt, wodurch sich die Zukunft erneut verändert.

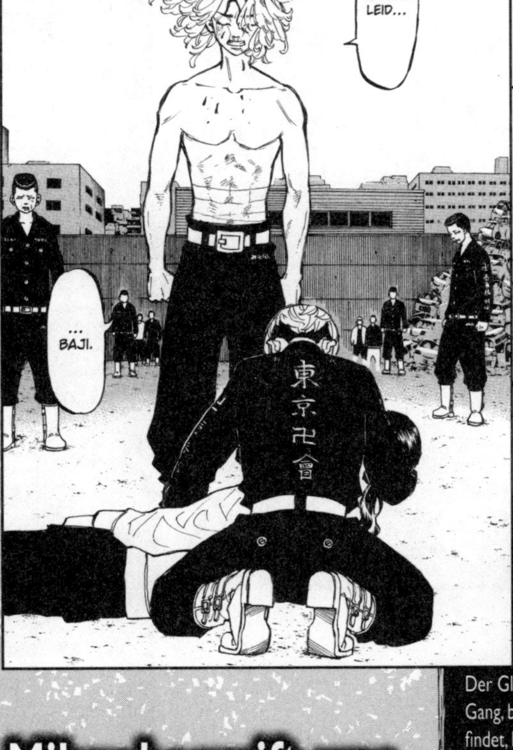

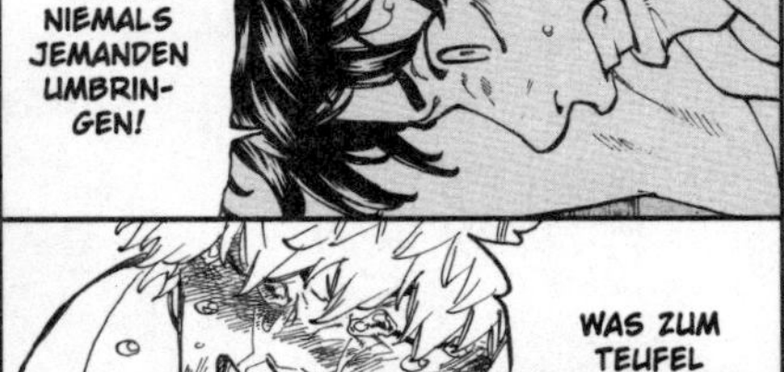

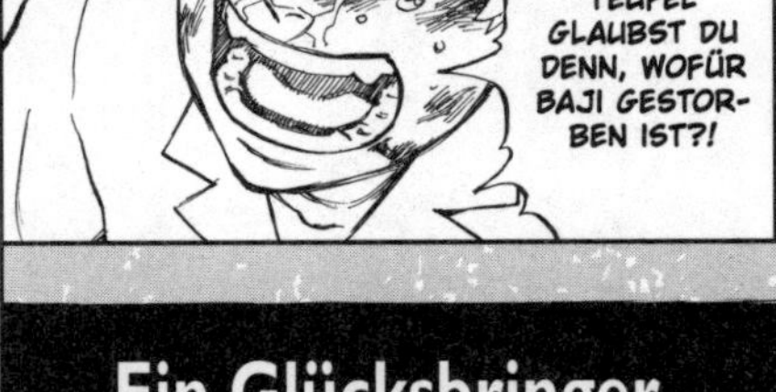

Ein Glücksbringer gibt den Ausschlag

Der Glücksbringer, den Takemichi nach dem Treffen der Manji-Gang, bei dem Baji seinen Austritt bekannt gibt, auf dem Boden findet, bringt Mikey wieder zur Besinnung. Er ist ein Symbol für die Verbindung zwischen den Gründungsmitgliedern der Manji-Gang.

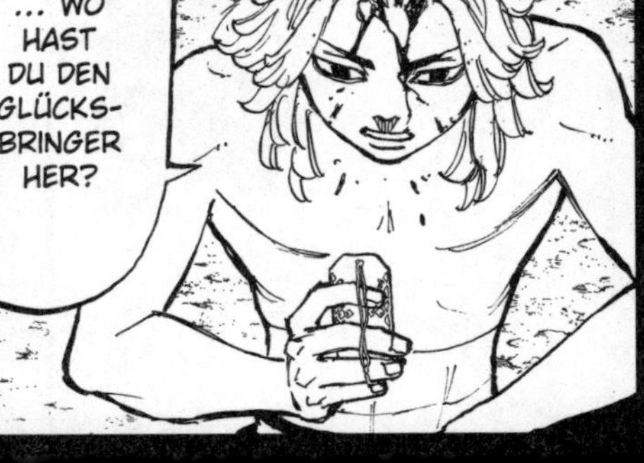

Mikey begreift, was Bajis Absicht war, vergibt Kazutora und stellt die Verbindung zwischen ihnen wieder her!

Ein kurzer Ausblick auf die Story ab Doppelband 5!

Nach dem Blutigen Halloween hat sich die Welt dramatisch verändert!

Takemichi begegnet neuen Freunden und neuen Feinden!

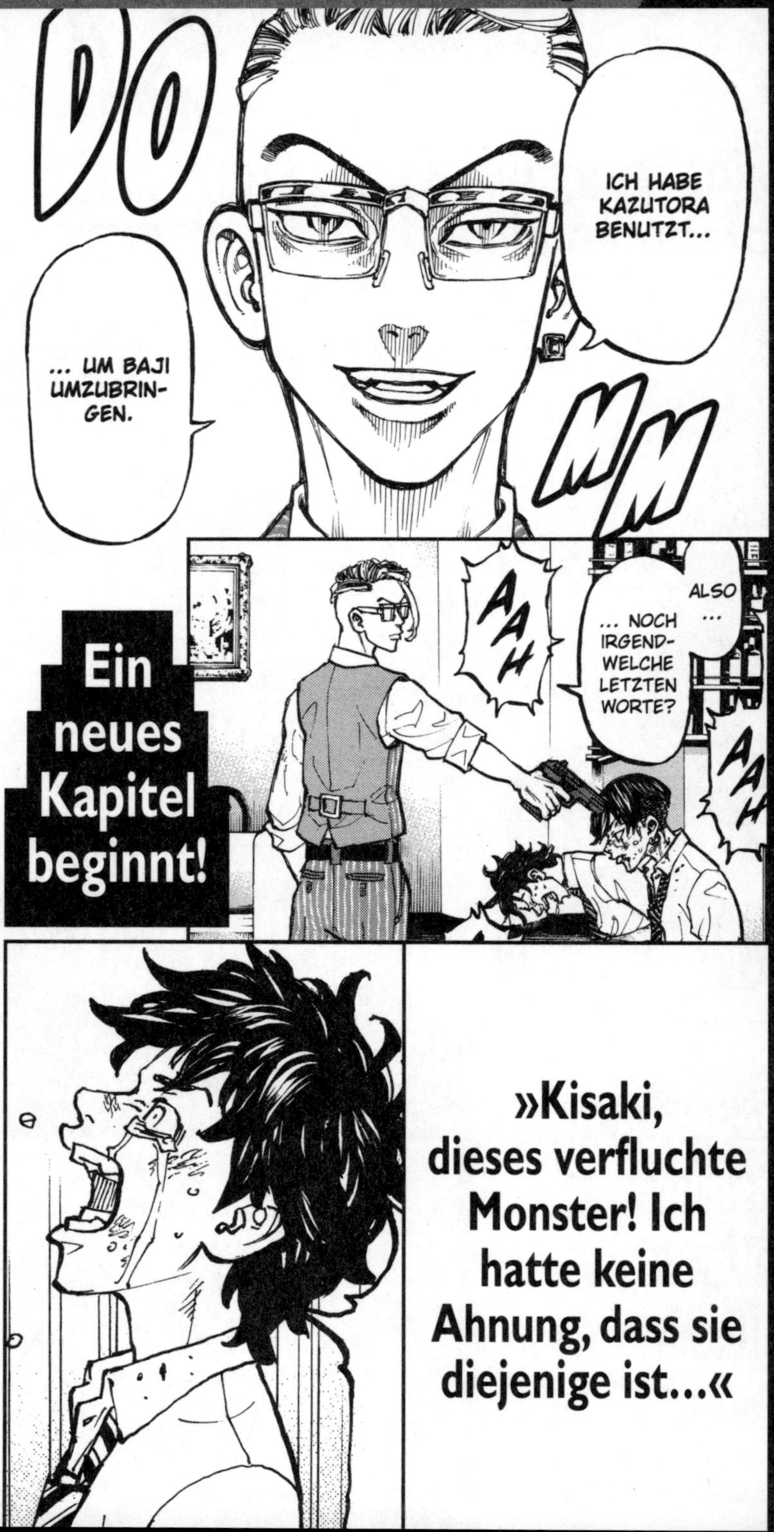

Ein neues Kapitel beginnt!

»Kisaki, dieses verfluchte Monster! Ich hatte keine Ahnung, dass sie diejenige ist…«

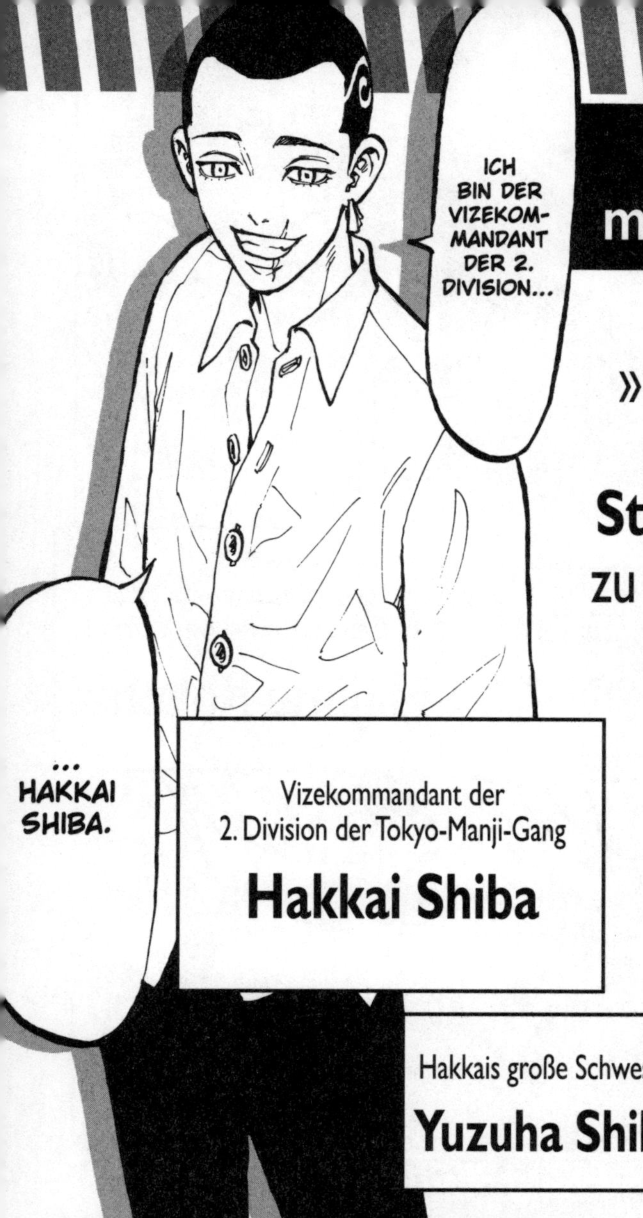

»Ich mag meine Freiheit!«

»Ist er vielleicht **nach einem Streit** mit Takashi zu **Black Dragon** gewechselt?«

Vizekommandant der 2. Division der Tokyo-Manji-Gang

Hakkai Shiba

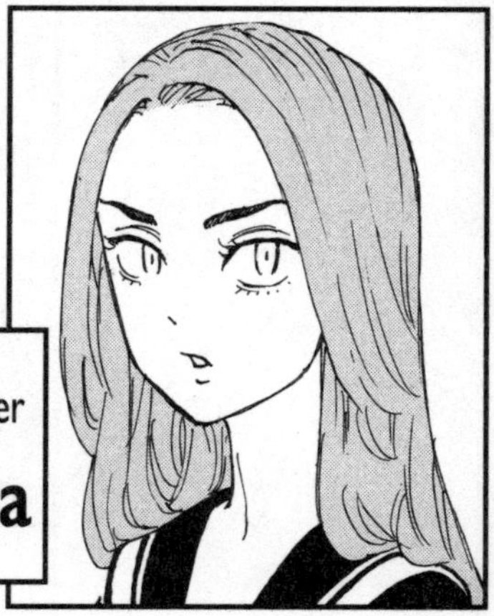

Hakkais große Schwester

Yuzuha Shiba

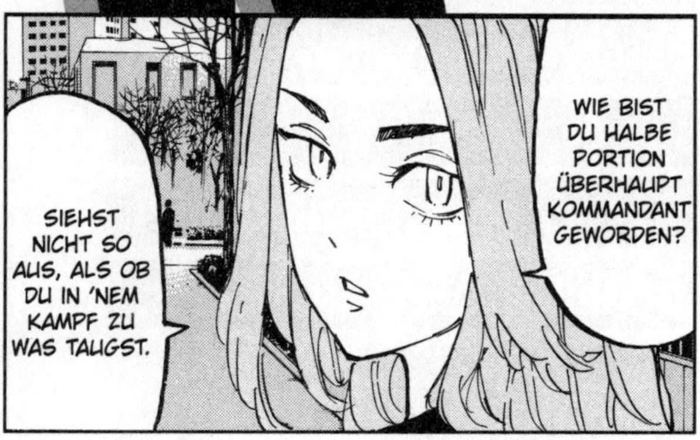

»Wenn du jetzt mit Hakkai **verbrüdert** bist, bin ich damit die große Schwester von euch beiden.«

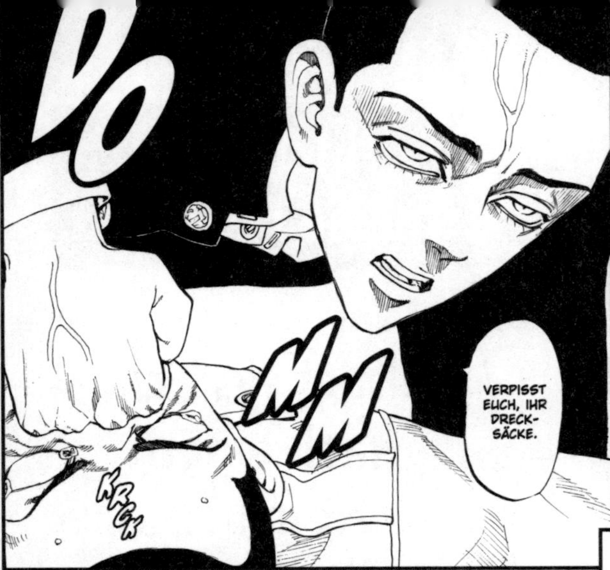

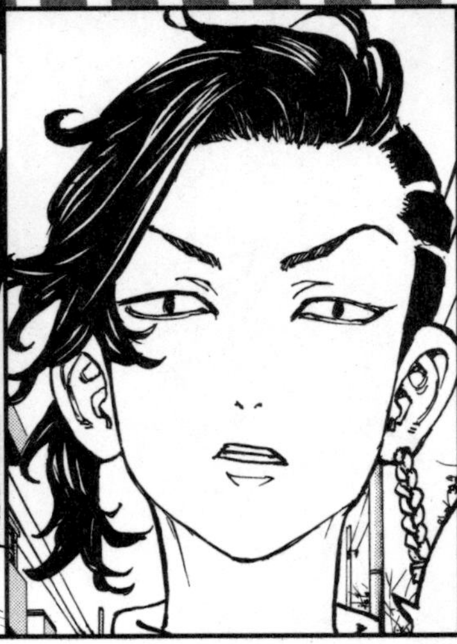

»Sorry, dass ich dich da mit reingezogen hab, Takemitchy.«

Leibgardekommandant der
10. Generation von Black Dragon

Hajime Kokonoi

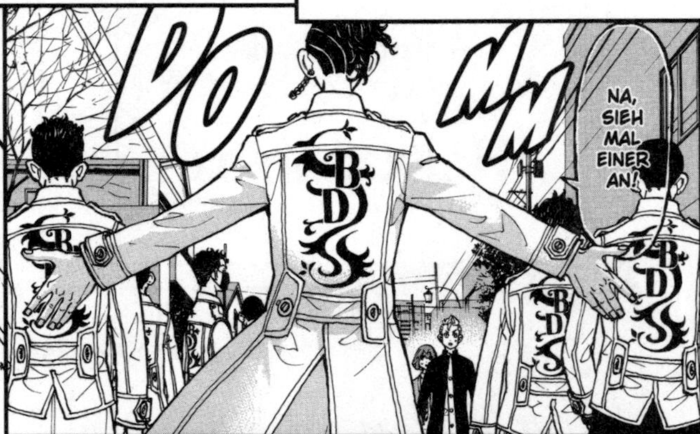

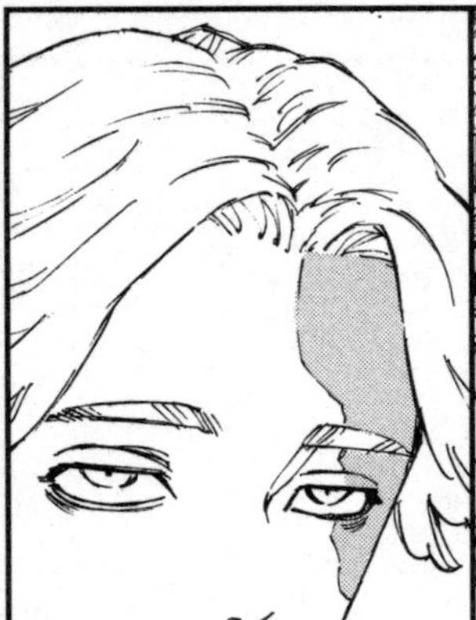

Angriffstruppkommandant der
10. Generation von Black Dragon

Seishu Inui

»Ich hab **Taiju Treue** geschworen, aber es gibt keinen Grund, warum ich mir von den beiden **irgendeinen Scheiß** gefallen lassen muss.«

Licht aus!

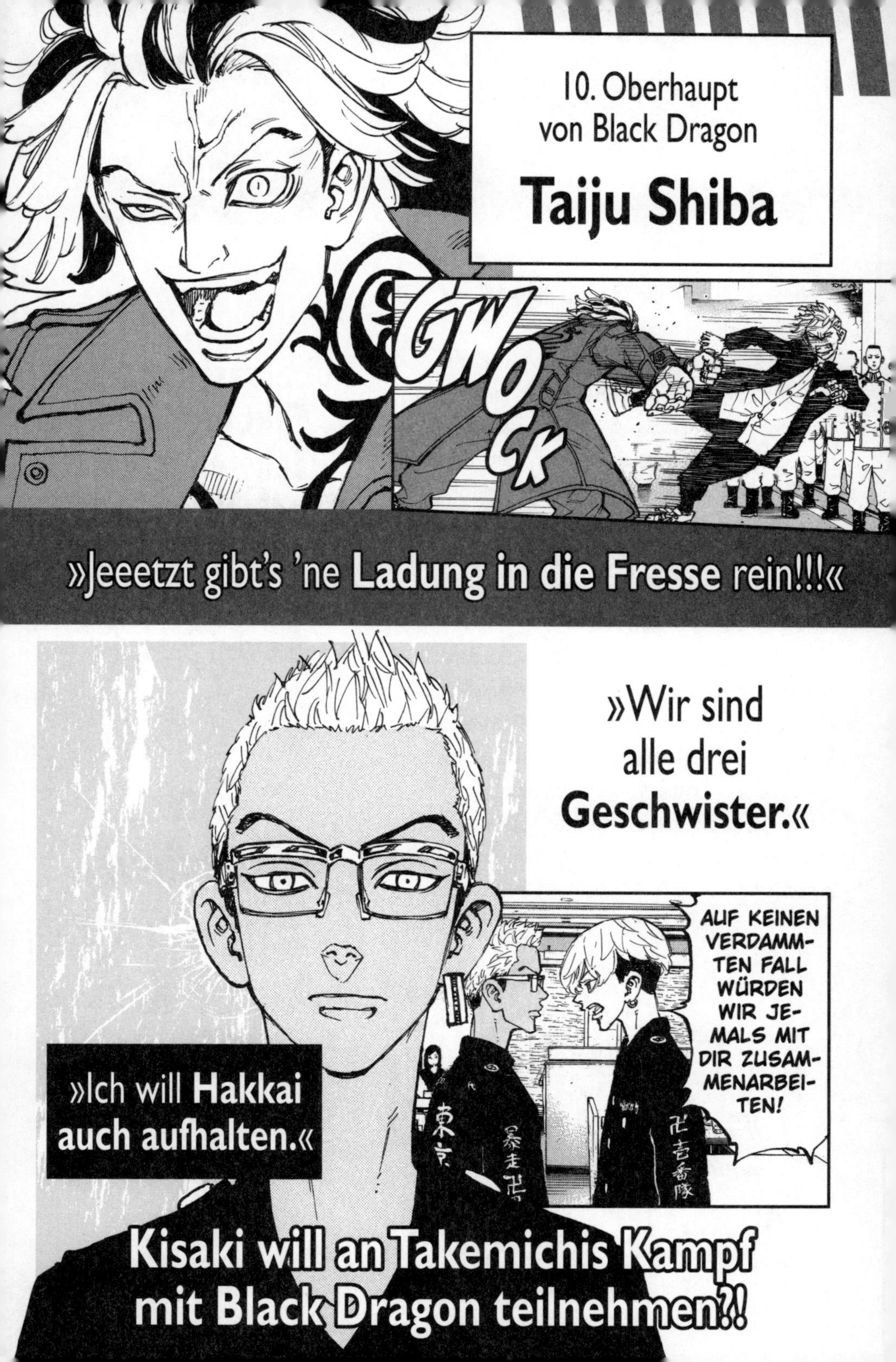
10. Oberhaupt von Black Dragon
Taiju Shiba
GWOCK
»Jeeetzt gibt's 'ne Ladung in die Fresse rein!!!«
»Wir sind alle drei Geschwister.«
AUF KEINEN VERDAMMTEN FALL WÜRDEN WIR JEMALS MIT DIR ZUSAMMENARBEITEN!
»Ich will Hakkai auch aufhalten.«
Kisaki will an Takemichis Kampf mit Black Dragon teilnehmen?!

NGERS

Story, Charaktere, Mode…

–Wie sind Sie auf die Idee zu dieser Serie gekommen?
Wakui: Alles begann damit, dass mein Redakteur mich bat, einen Manga über Rowdys zu zeichnen. Zunächst lehnte ich ab, weil ich nicht das Gefühl hatte, genug über die heutige Rowdy-Szene zu wissen. Da schlug er mir vor, dass ich meinen Protagonisten doch in die Vergangenheit reisen lassen könnte, zurück in eine Zeit, in der ich mich auskenne, und ich dachte, das könnte vielleicht funktionieren.
–Was?! Im Ernst? So ging es los?
Wakui: Anfangs sollte sich die Geschichte darum drehen, dass Takemichi in der Zeit zurückspringt, um mehr über die Vergangenheit desjenigen herauszufinden, der Hina in der Gegenwart umbringt. Mikey gab es zu dem Zeitpunkt noch gar nicht.
Und gleich im zweiten oder dritten Kapitel sollte es damit weitergehen, dass Takemichi in die Gegenwart zurückkehrt

Ein überraschender Fakt jagt den nächsten in der Geschichte hinter der Entstehung von »Tokyo Revengers«!

Ein Interview mit dem Autor Ken Wakui

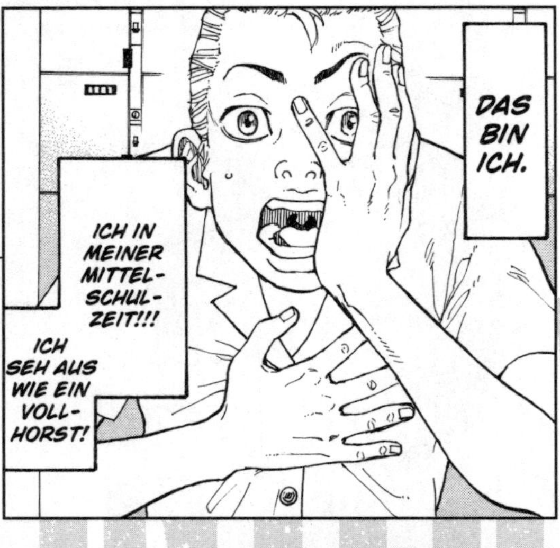

VIEW

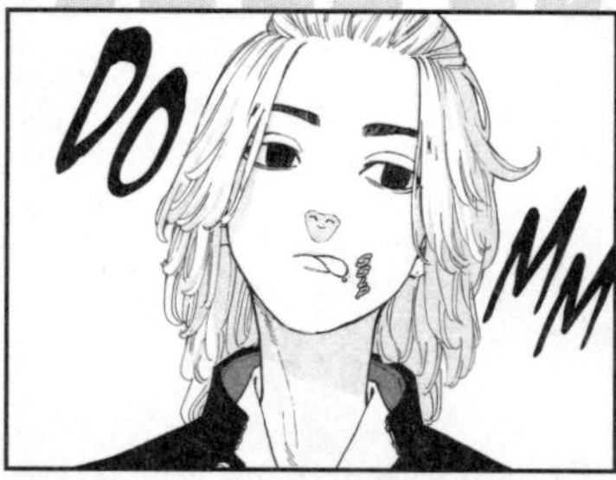

und erleben muss, wie sich Takuya und nicht Akkun das Leben nimmt. Ich hatte die Geschichte zu Beginn mehr als Krimi oder Thriller angelegt.

- Klingt nicht gerade nach einem heiteren Einstieg in die Serie.

Wakui: Ja, das stimmt. Mein Debüt als Mangaka habe ich ja im *Young Magazine* gegeben, einem Magazin für junge Erwachsene. Ich nehme an, dass die Geschichte deshalb erst etwas tragischer ausfiel, als mir bewusst war. Die Atmosphäre lockerte sich sicherlich auf, als ich Mikey in die Geschichte einführte.

– Ach, wirklich?

Wakui: Mein Redakteur und ich hatten uns getroffen, um uns über den Verlauf der Geschichte bis hin zur Selbstmordszene zu beratschlagen, als mir plötzlich der Gedanke kam, dass es doch ganz spannend wäre, einen Moment zu haben, in dem sich ein ganzes Heer an Rowdys zugleich vor ihrem Boss verbeugt. Und plötzlich traten zwei neue Figuren in meinem Storyboard auf, Mikey und Draken. Meinem Redakteur gefiel die Idee ebenfalls gut. Ich glaube,

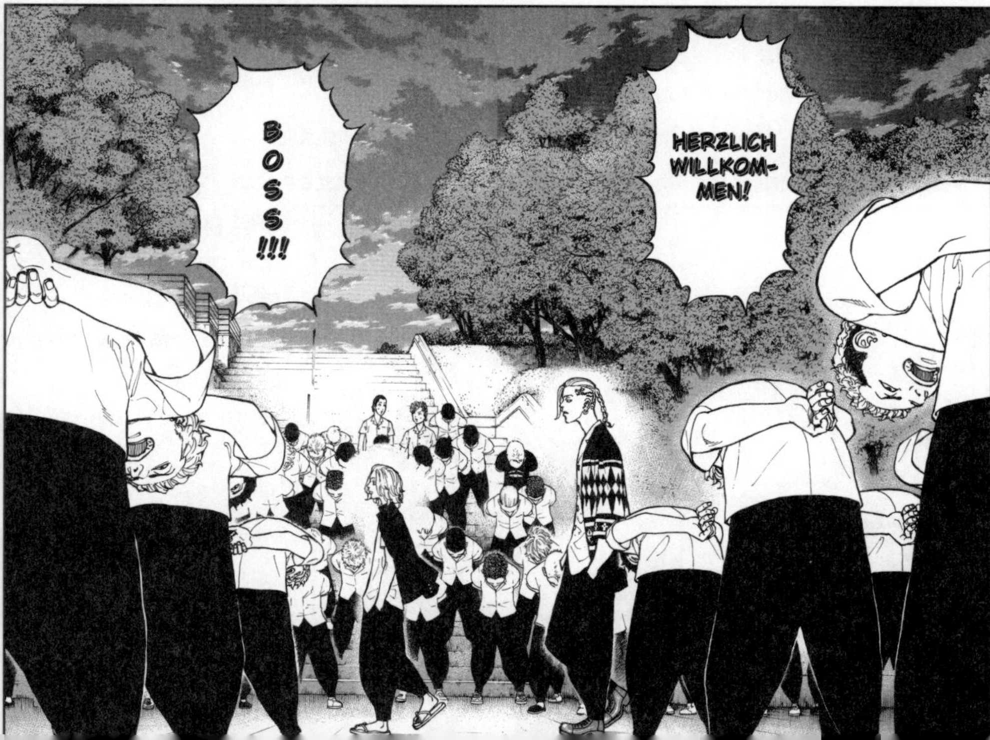

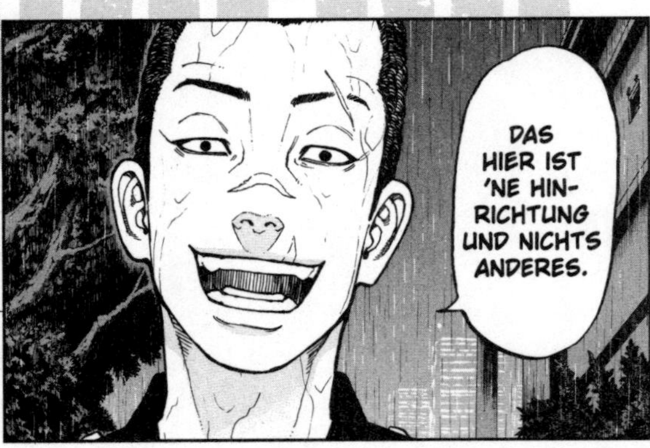

was mich dazu inspirierte, war eine Anekdote, die er mir erzählt hatte, als wir mal plauderten. Es ging um ein Erlebnis, das er bei einem Sportfest in der Mittelschule gehabt hatte.

Redakteur: Was, echt? Davon hab ich erzählt? Das ist mir jetzt glatt peinlich… Aber wie dem auch sei, der erste Auftritt von Mikey und Draken hat mich echt beeindruckt.

Wakui: Ursprünglich sollte die Tokyo-Manji-Gang auch in der Vergangenheit eine verbrecherische Bande sein. Man könnte sagen, Kiyomasa ist ein Überbleibsel dieser Idee. Und das erste Kapitel hat sich eigentlich vom ersten Entwurf an kaum verändert. Danach sollte sich Takemichi in die üble Gang einschleusen, um den Fall zu lösen, aber irgendwie hatte ich das Gefühl, dass das vielleicht doch zu düster, zu bedrückend und nicht gerade aufregend sein könnte. Nachdem Mikey entstanden war, hatte ich die Idee, die Geschichte so zu drehen, dass sie sich mit der Frage beschäftigt, wie die Manji-Gang, die früher so eine coole und großartige Truppe war, zu einer ruchlosen Verbrecherbande werden konnte. Dementsprechend nahm ich zahlreiche Veränderungen vor, und so sind wir bei der Story gelandet, die man heute kennt. Man könnte fast sagen, dass es Mikey war, der *Tokyo Revengers* zu dem gemacht hat, was die Serie heute ist.

– Ach, sieh an! Sind Mikey und Draken eigentlich zur gleichen Zeit entstanden?

Wakui: Ja. Mikey erfüllt das Klischee der kleinen, aber überraschend starken Figur. Das ist etwas ganz Typisches für die Rowdy-Manga im *Weekly Shonen Magazine*. Das habe ich dann mit einem Design kombiniert,

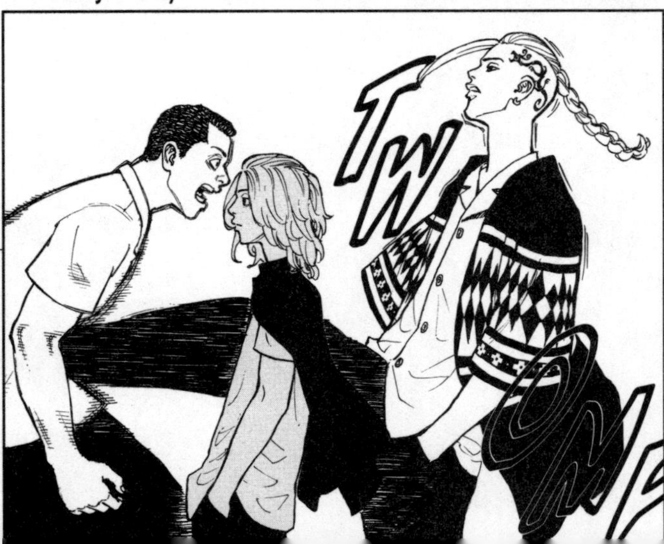

das ihn gleich auf den ersten Blick cool wirken lässt, und ich dachte, vielleicht wäre es nicht schlecht, wenn ihn ein noch härter aussehender Typ flankieren würde, um seine Stärke hervorzuheben. Und so ist Draken entstanden. Die beiden wurden also mitsamt ihrer Auftrittsszene und ihrem Aussehen in einem Rutsch erschaffen, und damit nahm die Serie ihre heutige Form an.

TAKEMICHI UND HINA WAREN EINE HERAUSFORDERUNG?!

– Gibt es irgendwelche besondere Schwierigkeiten, auf die Sie beim Zeichnen Ihrer Figuren stoßen?

Wakui: Um ehrlich zu sein, hatte ich es mit Takemichi im Vergleich zu den coolen Figuren wie Draken nicht leicht. Er bereitete mir am Anfang große Schwierigkeiten. Ich hatte das Gefühl, mich bei meiner vorherigen Serie, *Desert Eagle,* verrannt zu haben, weil ich zu versteift darauf war, einen Shonen-Manga-typischen Protagonisten zu erschaffen. Das wollte ich bei Takemichi vermeiden.

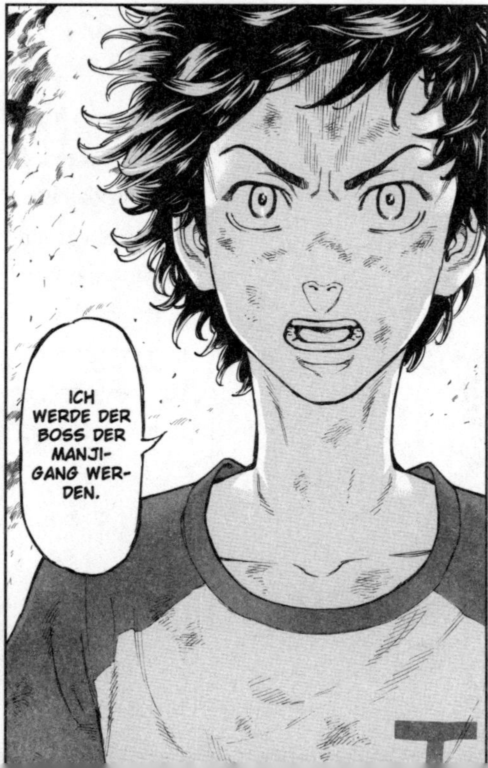

– Was verstehen Sie unter »Shonen-Manga-typisch«?

Wakui: Eine arglosen, aber starken und coolen Helden, so wie etwa Son Goku aus *Dragon Ball.* Eine Serie, die ich als Kind geliebt habe.

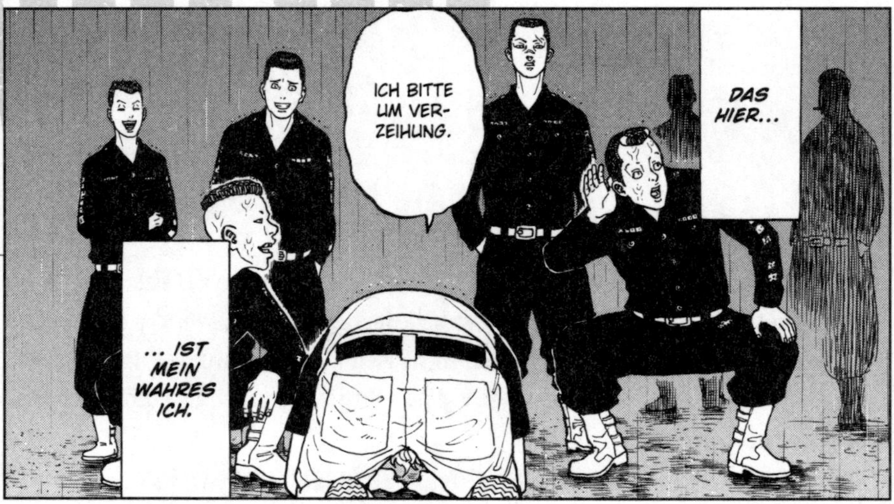

– Ach, verstehe.

Wakui: Allerdings funktionierte das nicht besonders gut. Ich glaube, die Leser konnten sich nicht mit meinem Helden anfreunden und für ihn begeistern, weil ich ihn jedes Mal gewinnen lassen wollte. Und so wurde die Serie abgesetzt. Als ich *Tokyo Revengers* in Angriff nahm, sagte mein Redakteur zu mir, dass mein Protagonist durchaus auch mal verlieren darf, solange er die entscheidenden Kämpfe gewinnt. Am Anfang der Geschichte achtete ich also sehr darauf, eine gute Balance zwischen Siegen und Niederlagen zu finden.

– Und wie sieht es mit Mikey und Hina aus?

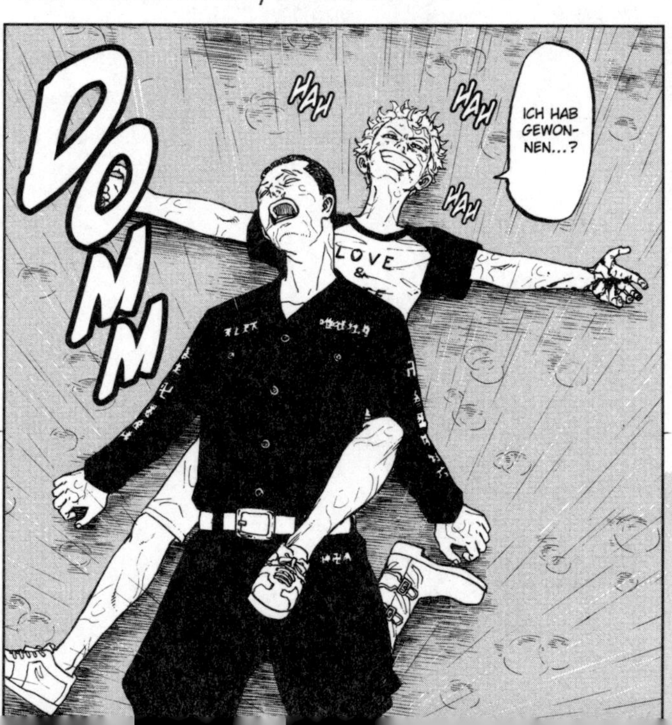

Wakui: Da ich beschlossen hatte, Mikey zu einem gut aussehenden Burschen zu machen, zeichne ich ihn jedes Mal ganz sorgfältig Linie für Linie. Er verlangt von mir besondere Aufmerksamkeit,

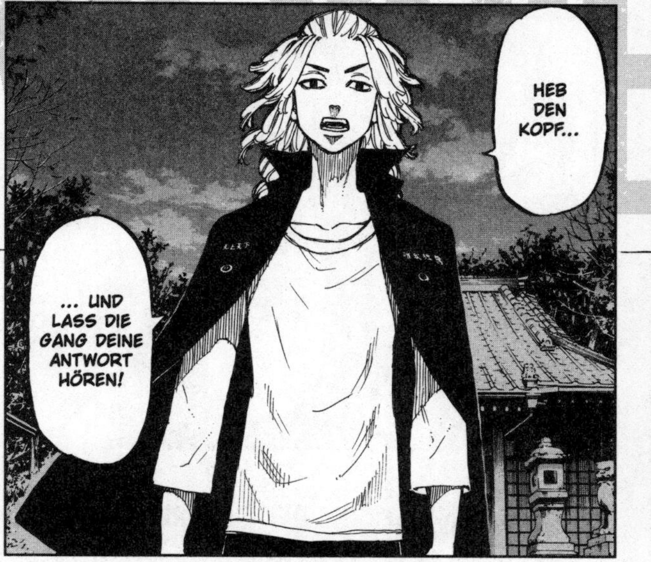

die ich für Draken oder Takemichi nicht brauche, was beim Zeichnen sehr anregend ist. Auch wenn es manchmal anstrengend ist, ihn zu zeichnen, ist er es wert. Das betrifft allerdings nur seine grafische Darstellung. Was er tut oder sagt, überlege ich mir ganz unangestrengt.

Und was Hina angeht… Wenn ich ehrlich bin, bin ich nicht besonders gut im Zeichnen von hübschen Mädchen. Coole, harte Frauen habe ich schon viele gezeichnet, aber noch nie so eine ganz typische süße Hauptfigur. Ich tat mich wirklich schwer mit ihr. Am Anfang hatte sie zum Beispiel noch lange schwarze Haare, dann kurze. Hina machte viele Veränderungen durch. Nachdem bestätigt wurde, dass die Serie im Magazin starten soll, brachte ich anfangs zu jedem Redaktionstreffen einen neuen Entwurf für Hina mit, um seine Meinung zu hören. Die weibliche Hauptfigur musste unbedingt hübsch und süß sein.

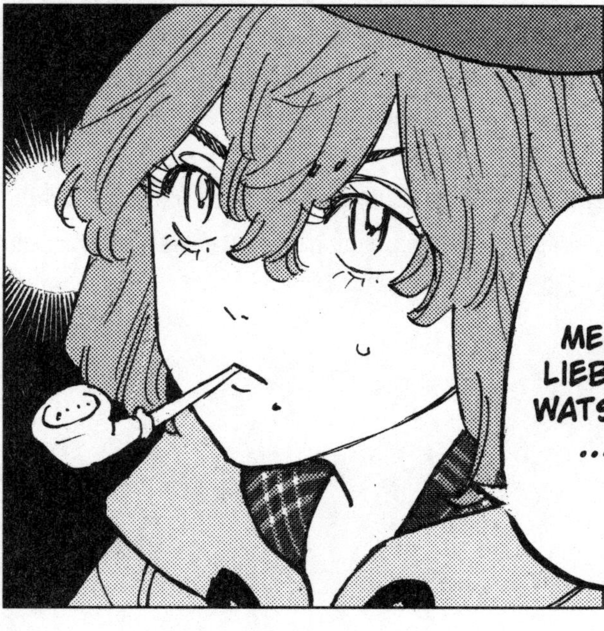

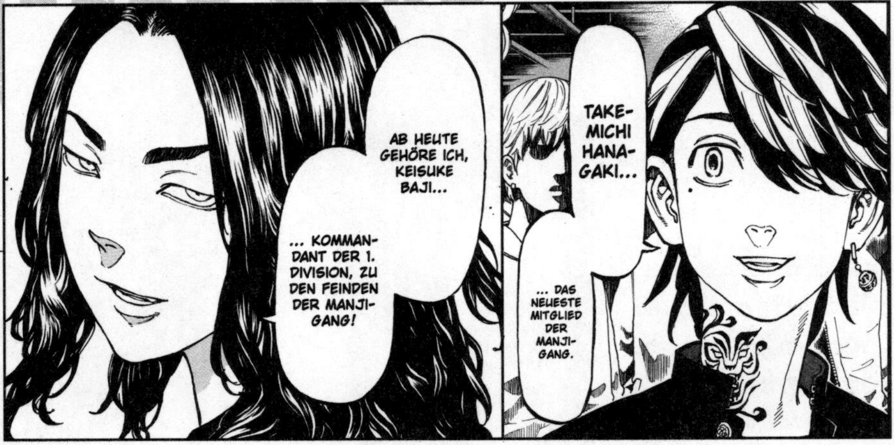

VON KLEIN AUF EINE BEGEISTERUNG FÜR GANG-UNIFORMEN!

– Was können Sie uns über die visuelle Gestaltung der Rowdys sagen?

Wakui: Ich kann mich nicht erinnern, dass mir die Rowdys jemals viele Designprobleme bereitet hätten. Im Großen und Ganzen achte ich nur drauf, dass ihr Look ins Jahr 2005 passt und ich ihnen zum Beispiel keine Frisuren gebe, die nicht der Zeit entsprechen.

– Ist das der Grund, warum die Rowdys alle so realistisch und markant aussehen?

Redakteur: Ich finde, Herr Wakui hat wirklich ein Händchen für gutes Figurendesign. Das ist eine Sache, mit der wirklich viele Mangaka Schwierigkeiten haben. Es ist nicht ungewöhnlich, dass Mangaka ihren Redakteuren mehrere Entwürfe für eine Figur vorlegen, bevor diese auftreten soll, um sie gemeinsam zu besprechen. Bei Herrn Wakui war das noch nie der Fall. Die einzige Figur, die er mehrmals umgestaltet hat, war Hina. Alle anderen neuen Figuren tauchen fertig designt im Storyboard auf und sehen von Anfang an so cool aus, dass man nichts mehr justieren braucht. Ich habe bei ihm bisher noch keinen Entwurf ablehnen müssen.

Wakui: Nur als Hanma zum ersten Mal auftrat, da haben Sie schon was gesagt (lacht).

Redakteur: Ach ja! (lacht) Ich sagte zum ihm: »Es tut mir leid, aber wer lässt sich denn bitte schön ›Verbrechen‹ und ›Strafe‹ auf den Handrücken

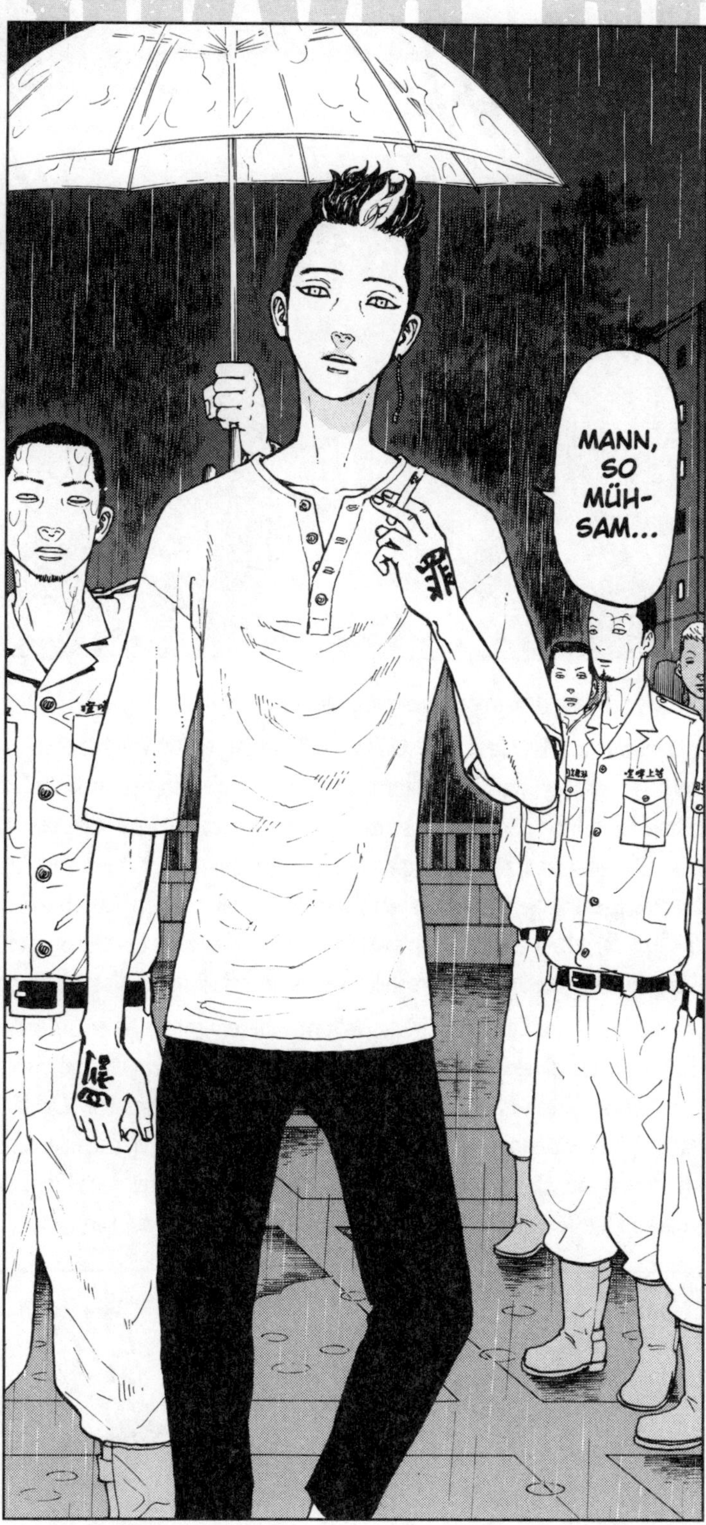

tätowieren? Das finde ich nicht besonders realistisch.« Herr Wakui antwortete darauf: »Was? Da gibt's noch viel krassere Typen. Das ist doch noch gar nichts!« Also gab ich auf und beließ es dabei. (lacht)

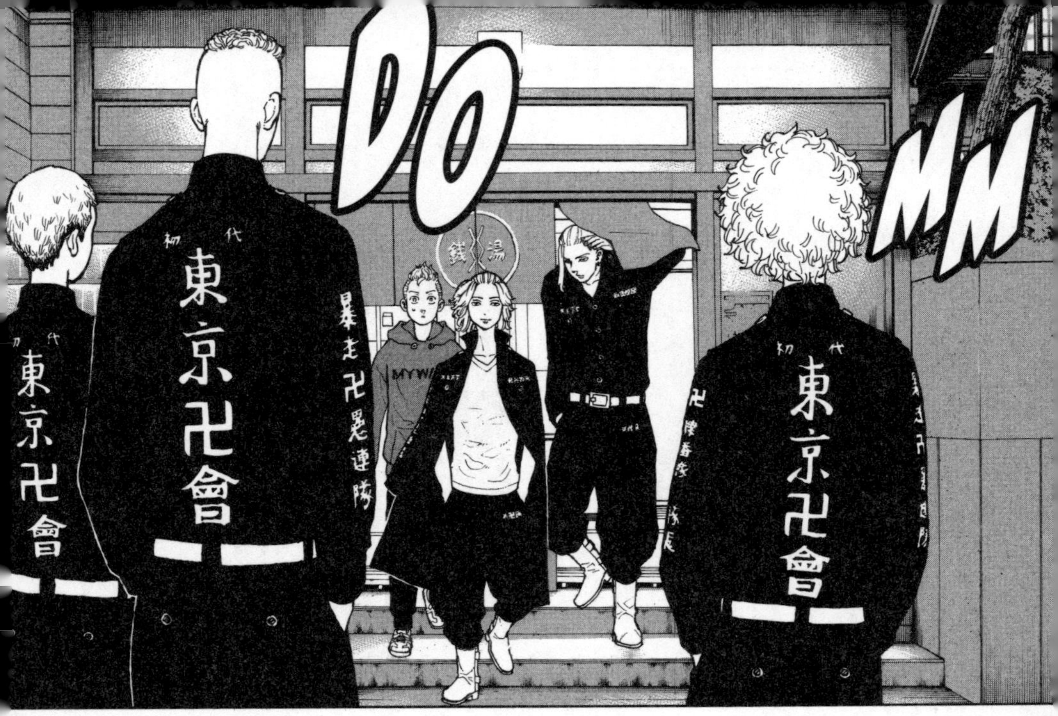

– Apropos markanter Look, die Gang-Uniformen sehen auch sehr schneidig aus.

Wakui: Ich lege großen Wert auf das Design der Uniformen! Von dieser Art von Kleidung war ich schon immer fasziniert, seit ich klein war. Die Uniform der Tokyo-Manji-Gang ist quasi die Erfüllung meiner Kindheitsträume. Ich erinnere mich noch ganz genau, wie ich als Kind auf Volksfeste ging, dort Männer in goldbestickten schwarzen Uniformen mit Bändern um die Schultern und Stirnbinden sah, und mir dachte, wie stark die doch aussehen. Von diesen Erinnerungen ließ ich mich inspirieren, als ich die Uniform der Manji-Gang entwarf, wobei ich mich allerdings bei den Stickereien auf ein Mindestmaß beschränkte, weil es mir persönlich so besser gefällt und ich es schnittiger finde.

Ich wollte außerdem, dass jede Gang ihre ganz eigene Uniform in ihrem ganz eigenen Stil hat. Für Black Dragon zum Beispiel hatte ich eine etwas militärischer wirkende Uniform im Sinn, also basierte ich das Design dafür auf einem Caban-Mantel, wie man ihn früher bei der Marine trug. Die Uniform von Black Dragon hat etwas sehr Kantiges und Grobes und gefällt mir eigentlich nach der Uniform der Manji-Gang am besten. Wenn wir allerdings alle dazunehmen, die erst später, nach Doppelband 4, auftauchen, mag ich die von Tenjiku (die ab Doppelband 7 vorkommt) auch recht gern…

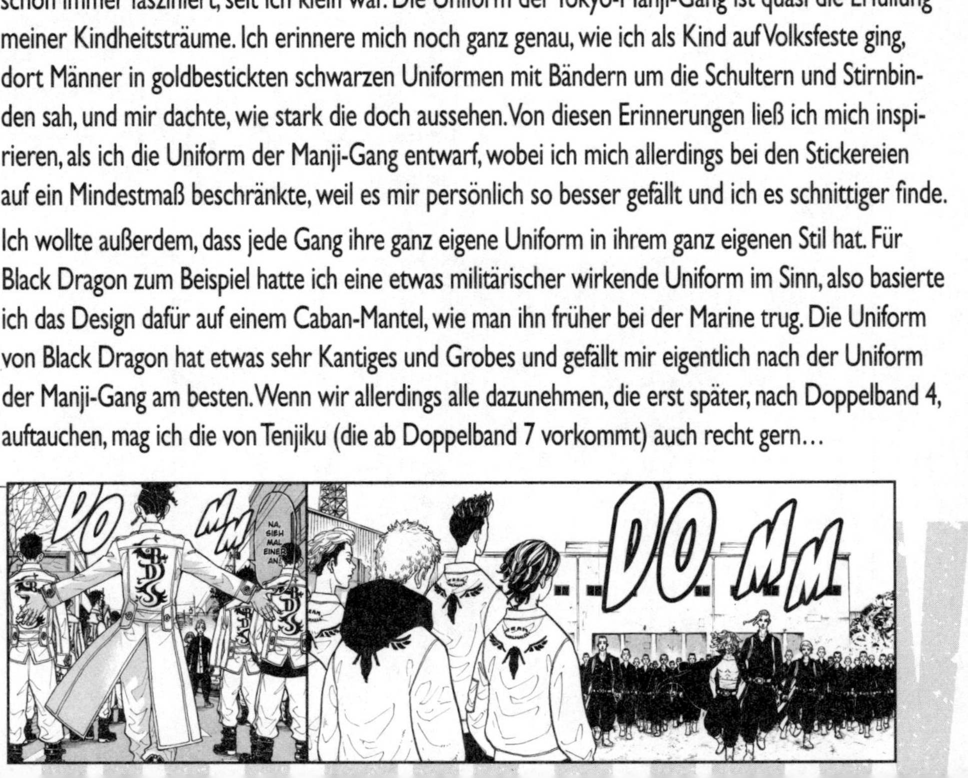

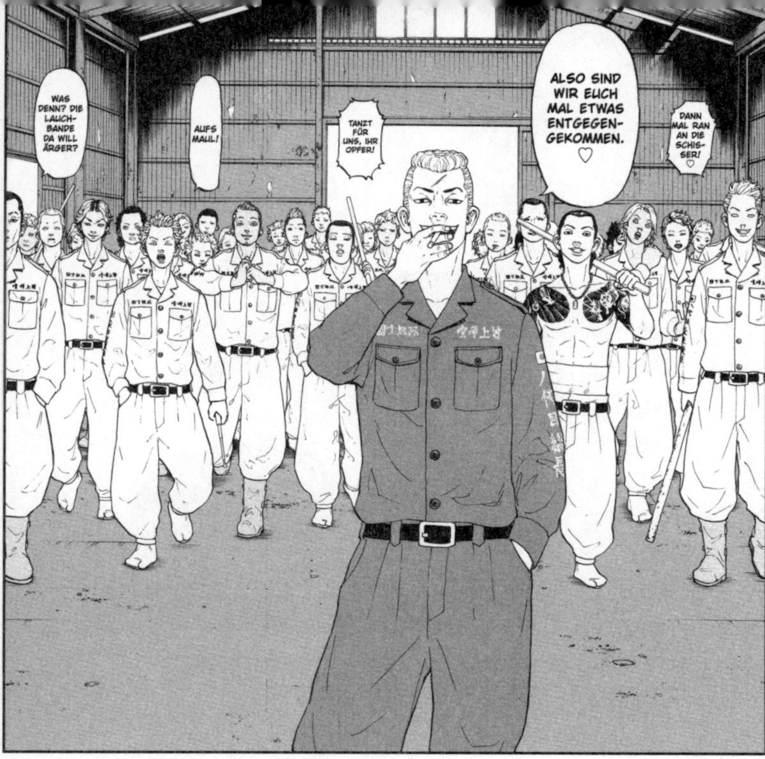

Ach, was red ich! Ich hab sie ja genau nach meinen Vorlieben entworfen, also liebe ich sie alle! *(lacht)*

– Die knallrote Uniform von Osanai ist auch ein Hingucker.

Wakui: Dabei habe ich versucht, den Uniformen von Osanai und Möbius ein eher altmodisches, uncooles Design zu verpassen! (lacht) Als erster Gegner der Manji-Gang in der Serie sollten sie Weiß, das genaue Gegenteil zum Schwarz der Manji-Uniformen, tragen. Osanais rotes Outfit sollte seinen Status als Anführer symbolisieren. Ich wollte, dass man den Unterschied zwischen den beiden Gangs auf den ersten Blick erkennt.

– Da fällt mir ein, Smiley und Mucho sind ja bereits seit dem Kampf gegen Möbius am 3. August (siehe Doppelband 2, Kapitel 22) Teil der Geschichte, treten aber erst viel später wirklich in den Vordergrund. Ließen Sie sie damals schon mit Blick auf die spätere Handlung auftreten?

Wakui: Also zu der Zeit kam es noch oft vor, dass ich immer wieder mal Figuren einführte, die ich später vielleicht verwenden wollte. Ich ließ sie kurz auftreten und sah mir an, wie mein Redakteur auf sie reagierte. War seine Reaktion positiv,

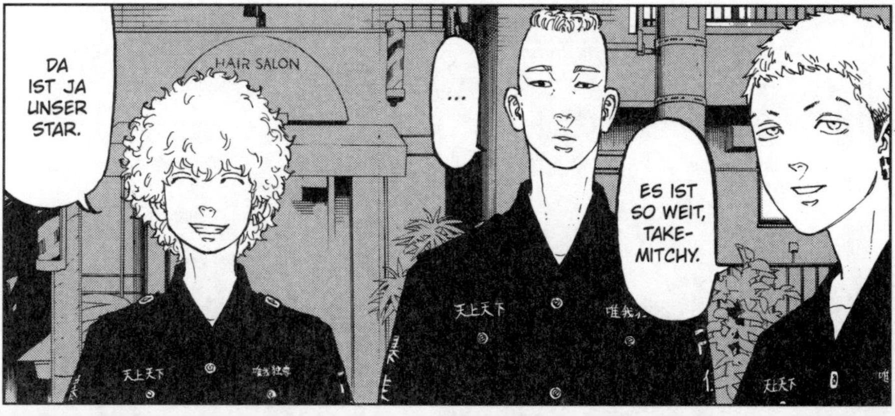

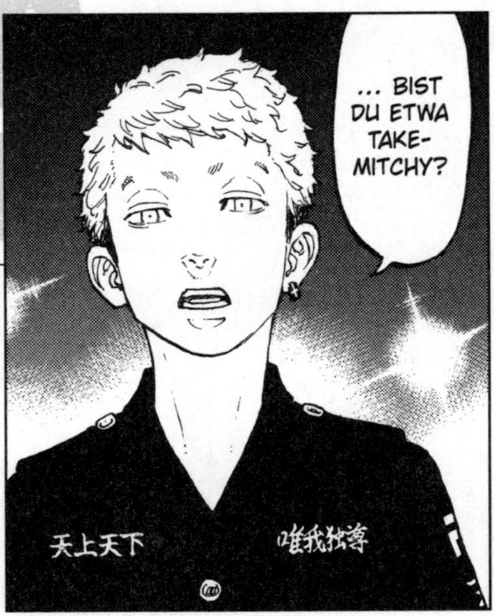

gab ich ihnen größere Rollen. Als ich zum Beispiel beim Treffen vor dem Kampf vom 3. August so ganz nebenbei Mitsuya ins Storyboard einbaute, fragte er mich, wie die Figur denn hieße, denn er fände sie cool. Da ich sein Interesse geweckt hatte, gab ich ihr also später im Manuskript einen Namen. Und wenn er an einer Figur, von der ich überzeugt bin, mal nicht sofort Interesse zeigt, dann muss ich sie eben einfach immer wieder auftreten lassen, bis es klappt! (lacht)

– Legen Sie eigentlich die Eigenschaften und Hintergründe der einzelnen Figuren vor ihrem ersten Erscheinen im Manga detailliert fest?

Wakui: Nein, ich bin nicht der Typ, der alles genau plant. Wenn ich Interviews mit anderen lese und feststelle, dass die alles bis ins kleinste Detail durchgeplant haben, bin ich immer schwer beeindruckt! (lacht) Ich glaube, wenn ich alles im Vorhinein ganz genau festlegen würde, hätte ich Schwierigkeiten beim Zeichnen. Wenn ich eine neue Figur erschaffe, habe ich zwar eine Vorstellung von ihrem Design, ihrer Rolle, ihrem Zweck usw., aber der Rest ergibt sich erst beim Zeichnen. Ich habe das Gefühl, wenn ich die Details zu früh festsetze, werde ich später nicht mehr in der Lage sein, meinen Figuren Tiefe zu verleihen. Ich lasse mir lieber einen gewissen Spielraum,

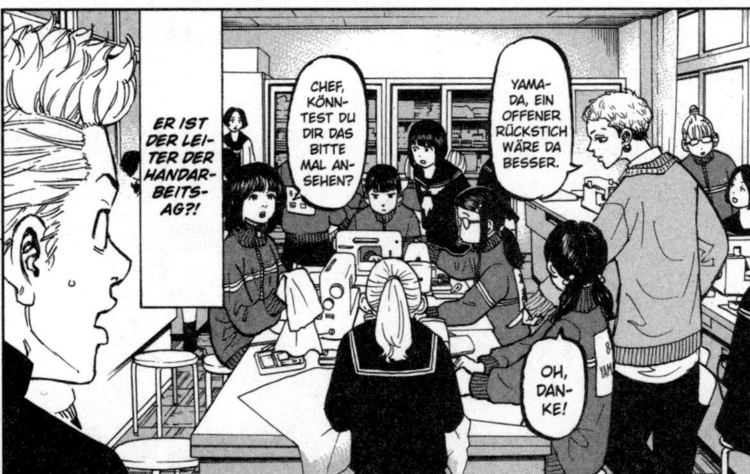

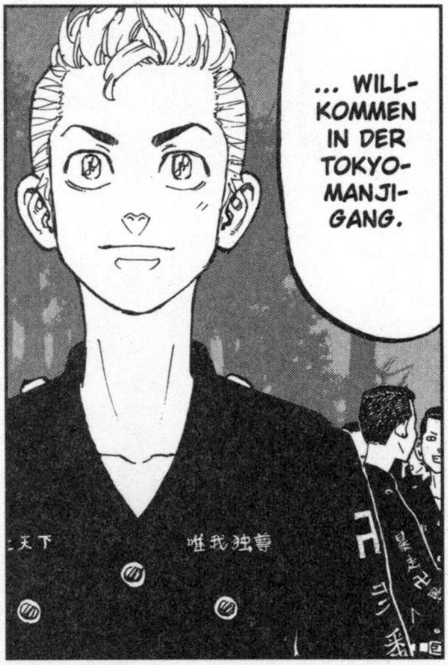

damit ich die Einzelheiten so anpassen kann, wie es für die Entwicklung der Handlung notwendig ist. Dadurch bekommen die Figuren dann mehr Tiefe.

–*Vielen Dank für das Gespräch! Haben Sie zum Schluss vielleicht noch ein paar Worte an die Fans von* Tokyo Revengers?

Wakui: Vielen, vielen Dank für all eure Unterstützung! Ich werde mein Bestes geben, die Geschichte unserer Freunde aus der Manji-Gang spannend fortzusetzen! Ich würde mich sehr freuen, wenn ihr *Tokyo Revengers* auch weiterhin verfolgt!

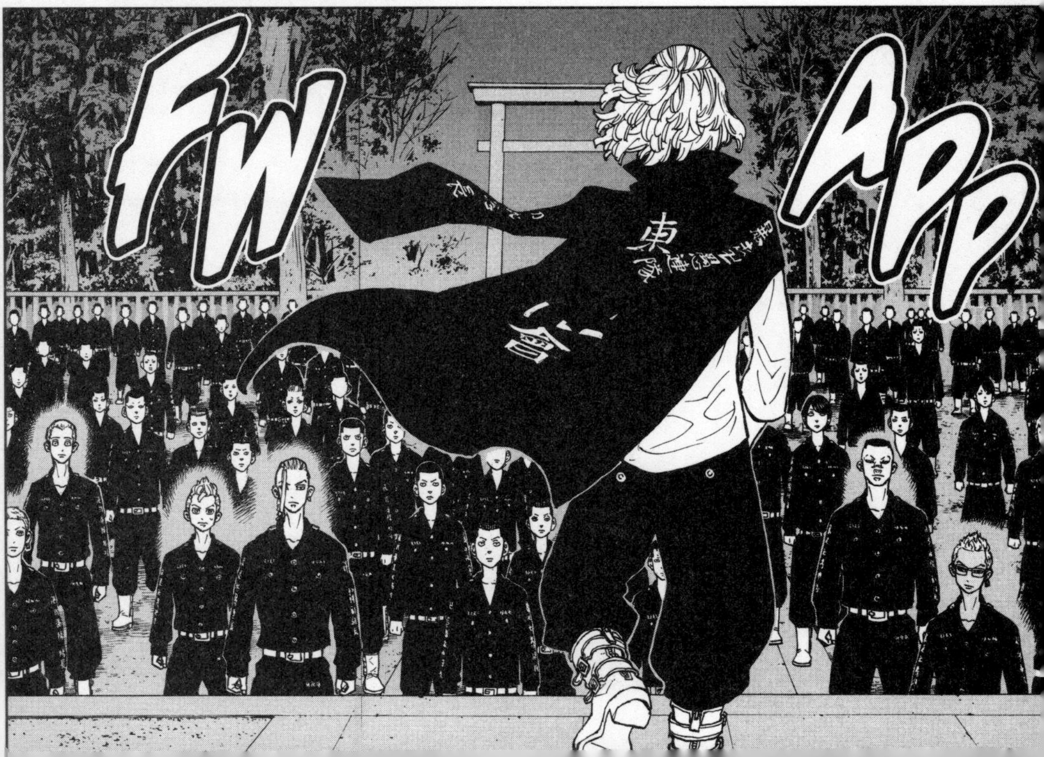

Tokyo Revengers

Hier seht ihr eine Auswahl von Zeichnungen, die auf dem offiziellen Twitteraccount aus dem Alltag der Mitglieder der Manji-Gang berichten.

Ausgewählte Zeichnungen vom offiziellen Twitteraccount! 2018–2020

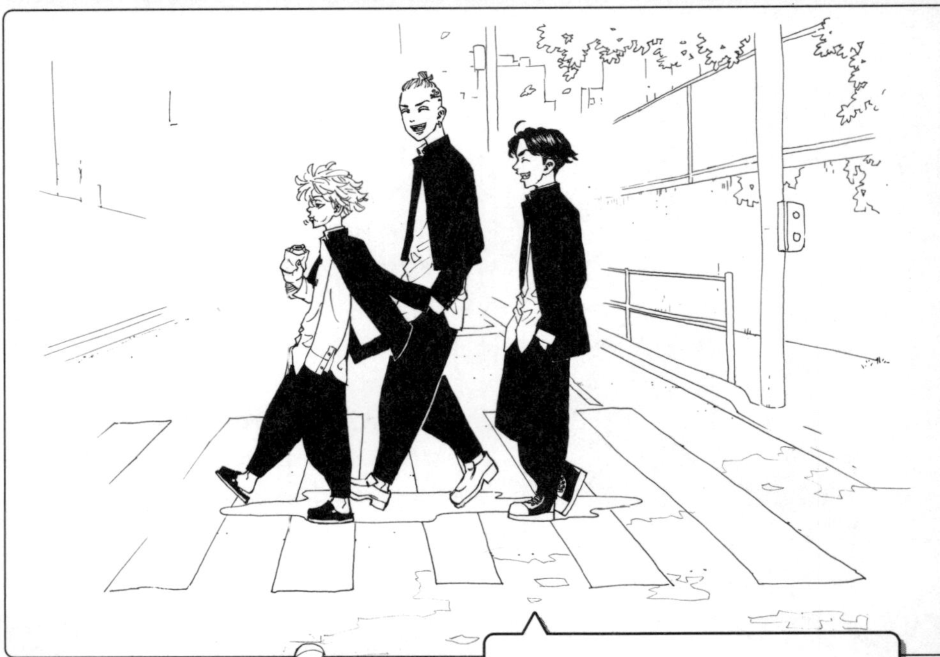

2. August 2018:
Die heutige Skizze. Ein netter Frühlingstag in der 7. Klasse.
Baji: »Schon aufregend, der erste Tag im neuen Schuljahr, oder?«
Mikey: »Gehen wir heute in die Schulkantine?«
Draken: »Du denkst echt immer nur ans Essen, was?«

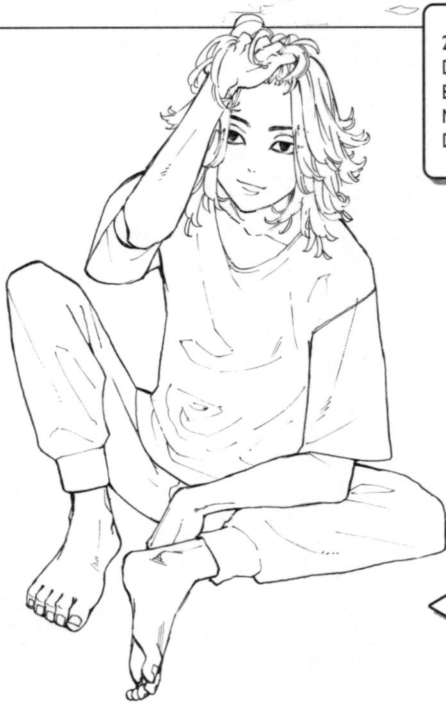

20. August 2018:
Heute ist Mikeys Geburtstag. (^^)

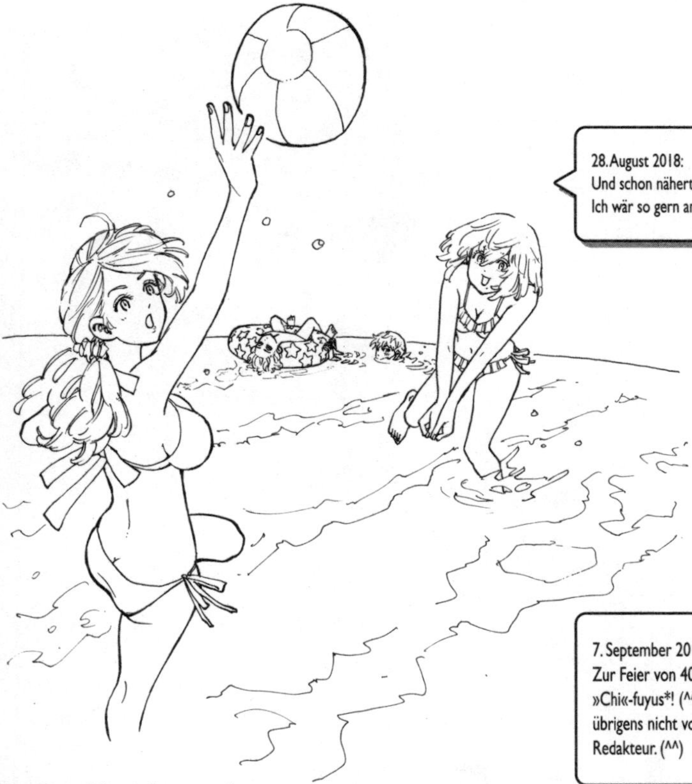

28. August 2018:
Und schon nähert sich der Sommer seinem Ende. Ich wär so gern ans Meer gefahren.

7. September 2018:
Zur Feier von 4000 Followern gibt es heute vier »Chi«-fuyus*! (^^) Der billige Wortwitz stammt übrigens nicht von mir, sondern von meinem Redakteur. (^^)

* Das »Chi« in »Chifuyu« bedeutet »tausend«.

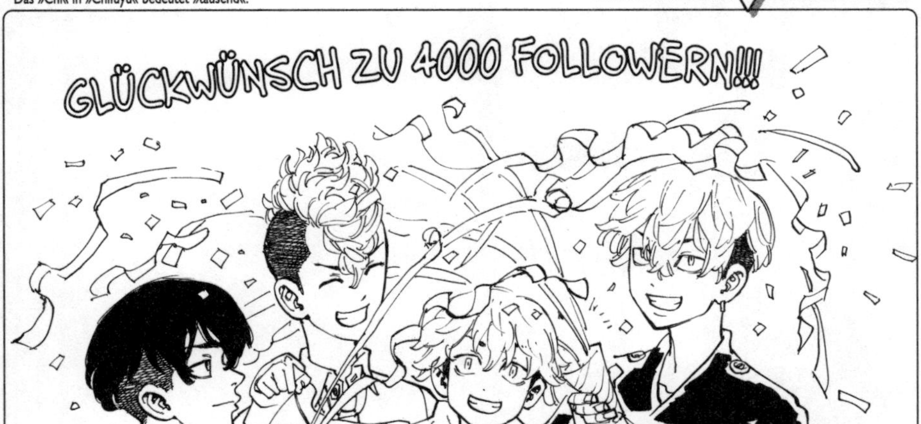

16. September 2018:
Heute ist Kazutora Hanemiyas Geburtstag. (^^)

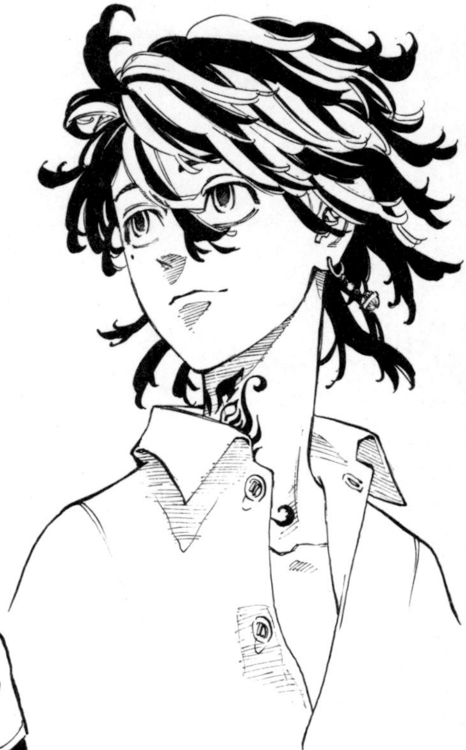

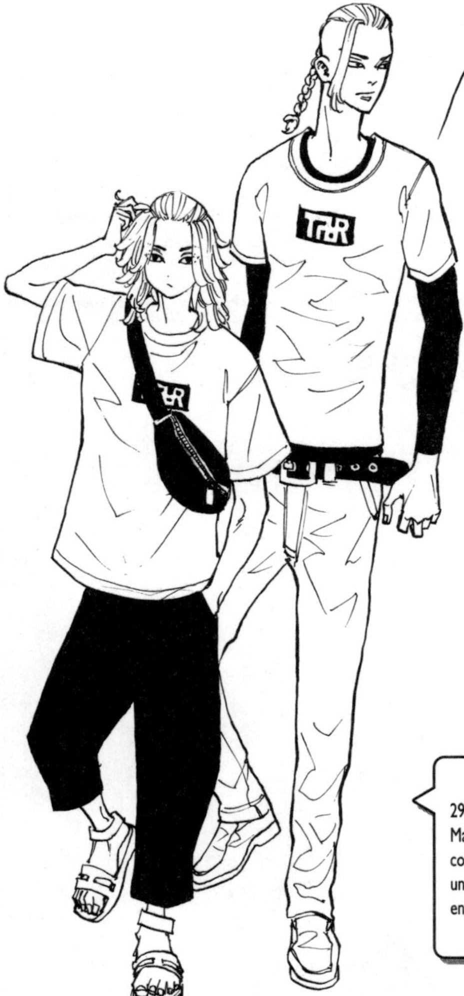

29. September 2018:
Manji-Gang-T-Shirts. Bei kleinen Leuten wie Mikey sieht es cool aus, wenn sie es locker eine Nummer größer tragen, und bei gut gebauten Leute wie Draken, wenn es etwas enger anliegt. (^^) Ich hätte auch gern so ein Shirt!

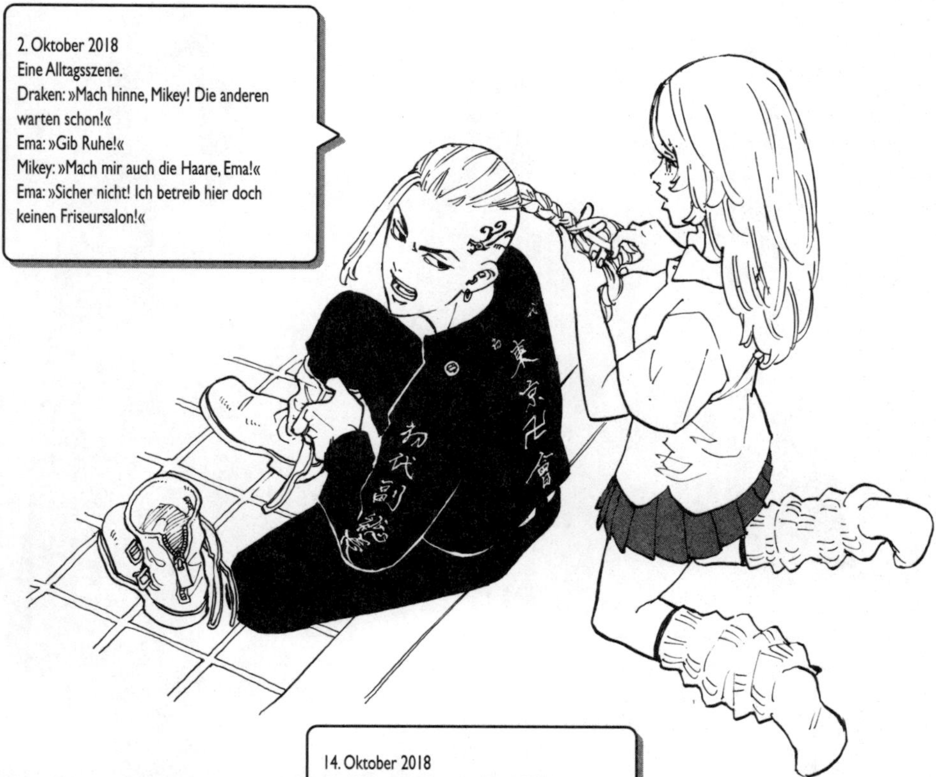

* Das »Man« in »Manjiro« bedeutet »zehntausend«.

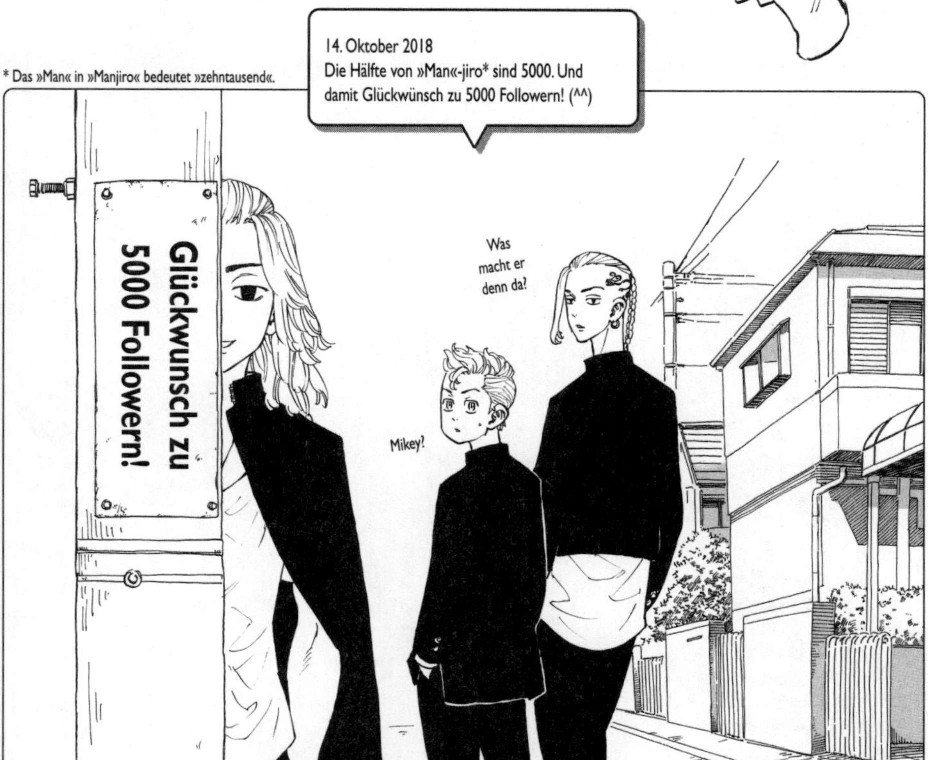

23. Oktober 2018
Die Übergabe einer Fackel.
Baji: »Macht die 1. Division zur stärksten, die es jemals gab.«
Takemichi/Chifuyu: »Das werden wir!«

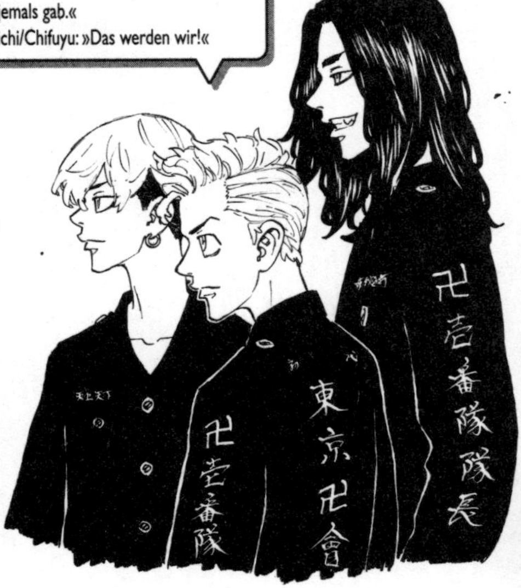

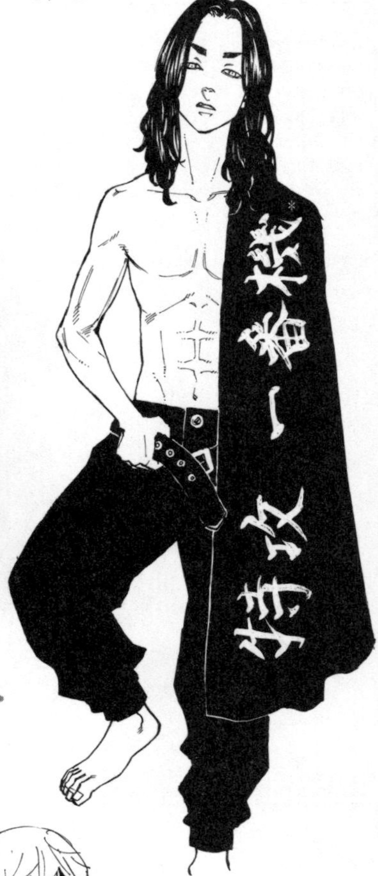

* Angriffstrupp 1. Division

3. November 2018
Heute ist Keisuke Bajis Geburtstag.
1,75 m groß, 58 kg schwer, Blutgruppe AB, liebt Peyoung-Yakisoba und fährt eine Suzuki GSX250E.

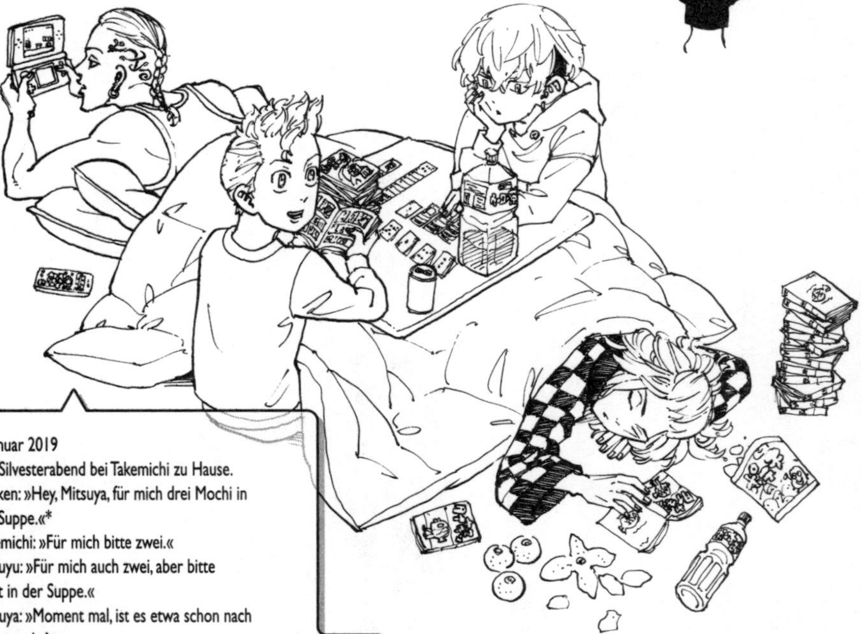

2. Januar 2019
Am Silvesterabend bei Takemichi zu Hause.
Draken: »Hey, Mitsuya, für mich drei Mochi in der Suppe.«*
Takemichi: »Für mich bitte zwei.«
Chifuyu: »Für mich auch zwei, aber bitte nicht in der Suppe.«
Mitsuya: »Moment mal, ist es etwa schon nach Mitternacht?«
Und damit ein frohes neues Jahr! Ich würde mich freuen, wenn ihr die Manji-Gang auch weiterhin unterstützt.

* In Japan wird am Neujahrstag traditionell eine »Zoni« genannte Suppe mit Mochi (Reiskuchen) gegessen.

28. Januar 2019
Glückwunsch zu 7000 Followern!
Mikey: »Endlich ist es Zeit für meinen Auftritt!«
Takemichi: »Warte, Mikey! Dafür ist es noch zu früh!«
Mikey: »Mann, ich tret in letzter Zeit schon in der Serie kaum auf!«

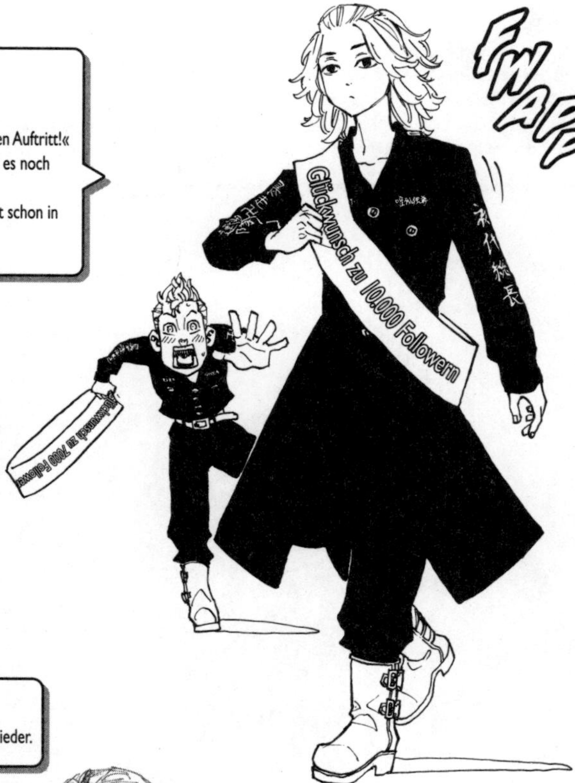

19. Februar 2019
Meine heutige Skizze: Die Gründungsmitglieder.

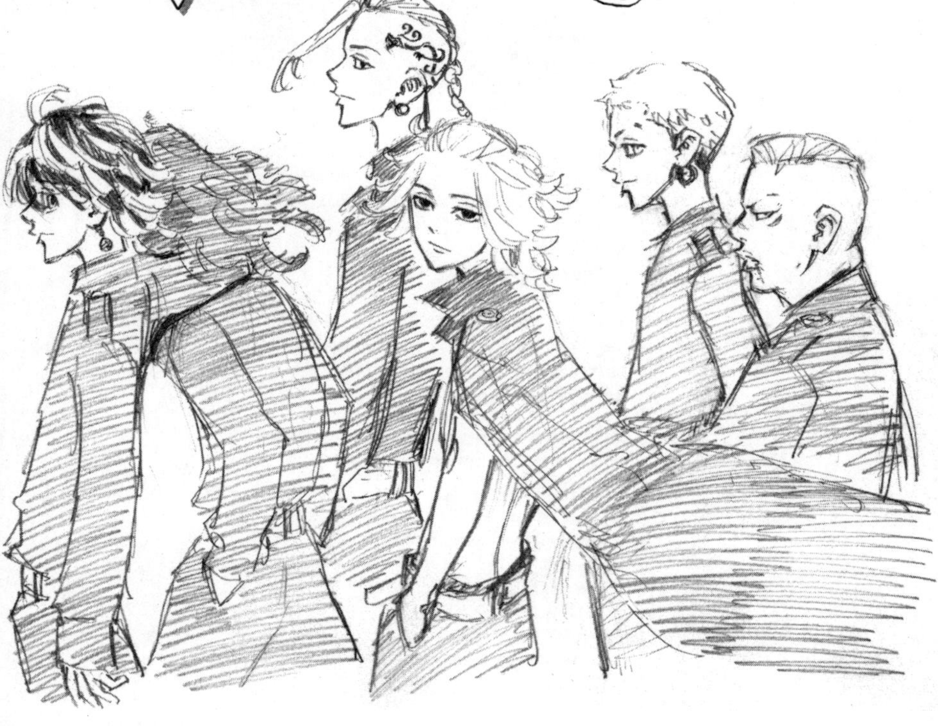

24. Februar 2019
Heute ist Pahs Geburtstag. Hier ein Bild mit ihm und den beiden Jungs, die auf dieselbe Mittelschule wie er gehen. Von rechts:
Ryohei Hayashi (Peh): 1,76 m; 56 kg; Blutgruppe: B; Hobby: Karaoke; Motorrad: Z400FX
Haruki Hayashida (Pah): 1,64 m; 80 kg; Blutgruppe: 0; Haustier: ein Afghanischer Windhund namens Pochi; Motorrad: CBX400F
Takashi Mitsuya: 1,70 m (laut ihm selbst); 57 kg; Blutgruppe: A;
Traumberuf: Modedesigner; Motorrad: Impulse

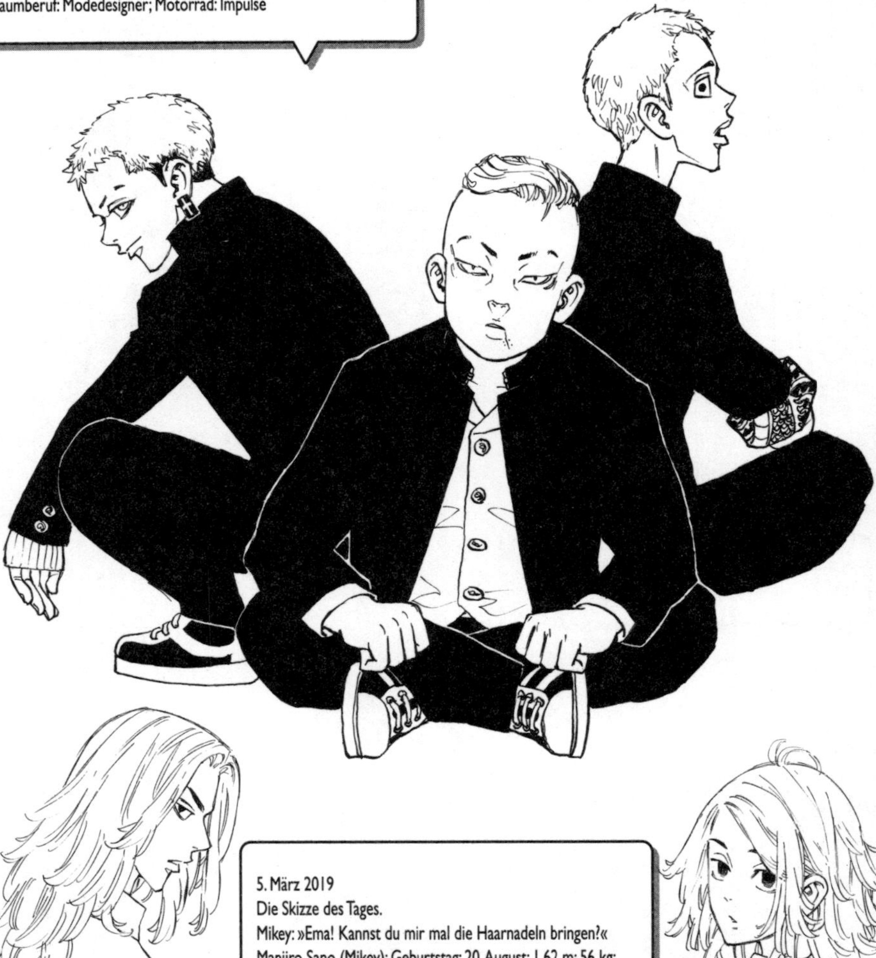

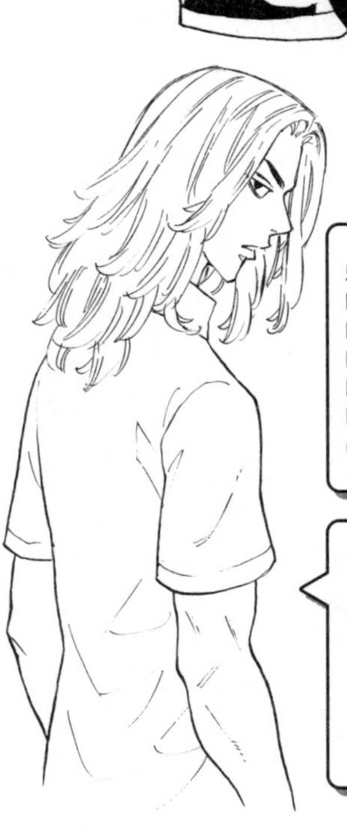

5. März 2019
Die Skizze des Tages.
Mikey: »Ema! Kannst du mir mal die Haarnadeln bringen?«
Manjiro Sano (Mikey): Geburtstag: 20. August; 1,62 m; 56 kg; Blutgruppe: B; Motorrad: CB250T (Hawk); Hobby: Schlafen; Lieblingsessen: gefüllte Pfannkuchen, Taiyaki, Reisomelett (mit einem Fähnchen drauf)

6. März 2019
Die Skizze des Tages.
Draken: »Ema! Kannst du mir die Haare machen?«
Ken Ryuguji (Draken): Geburtstag: 10. Mai; 1,85 m; 75 kg; Blutgruppe: 0; Motorrad: Zephyr 400 Custom; Hobby: Muskeltraining; Lieblingsessen: extrascharfes Curry

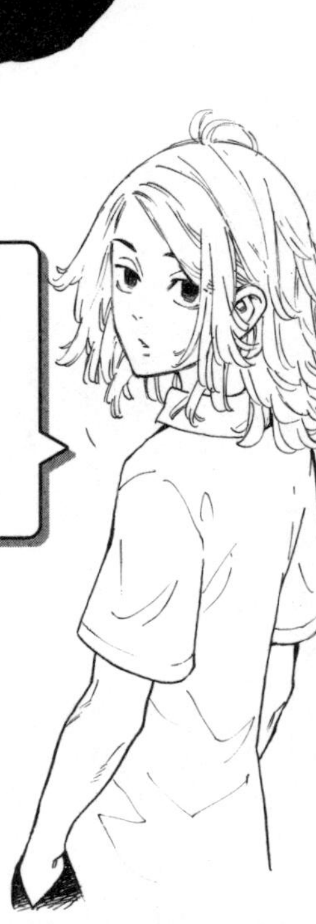

10. Mai 2019
Heute ist Ken Ryugujis Geburtstag. (^^)
Mikey: »Hey, Kenny, wozu hast du dich denn so in Schale geworfen?«
Draken: »Der Chef hat frei, darum sitz ich heute am Empfang.«
Mitsuya: »Ein Mittelschüler, der an seinem Geburtstag in 'nem Bordell den Empfang macht. Das ist echt zu krass.«

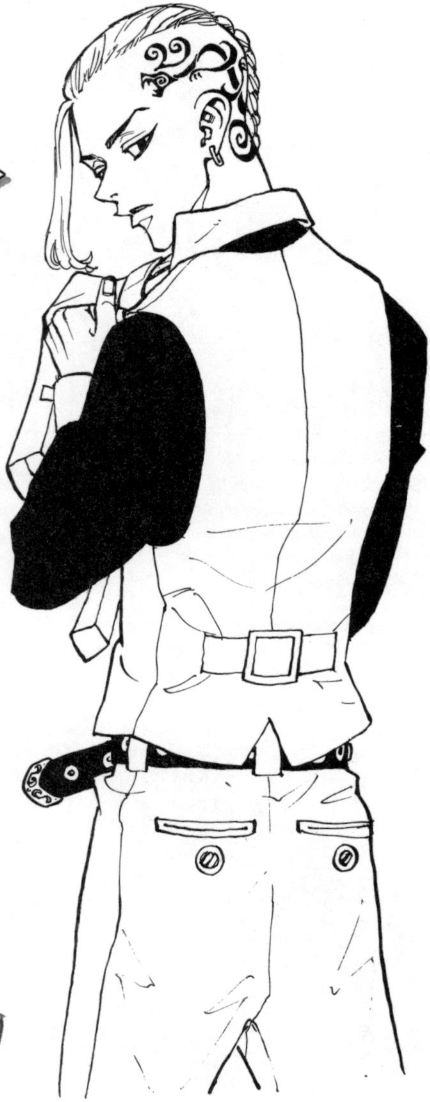

14. Mai 2019
Glückwunsch zu 9000 Followern!
Mikey: »Um diesen Anlass zu feiern, schlage ich vor, der neuen Regierungsära folgenden Namen zu geben!«
Draken: »Jetzt sag nicht, dass das der Wahnsinnsgag ist, den du die ganze Golden Week lang ausgebrütet hast.«
Takemichi: »Du kennst echt keine Furcht, Mikey.«

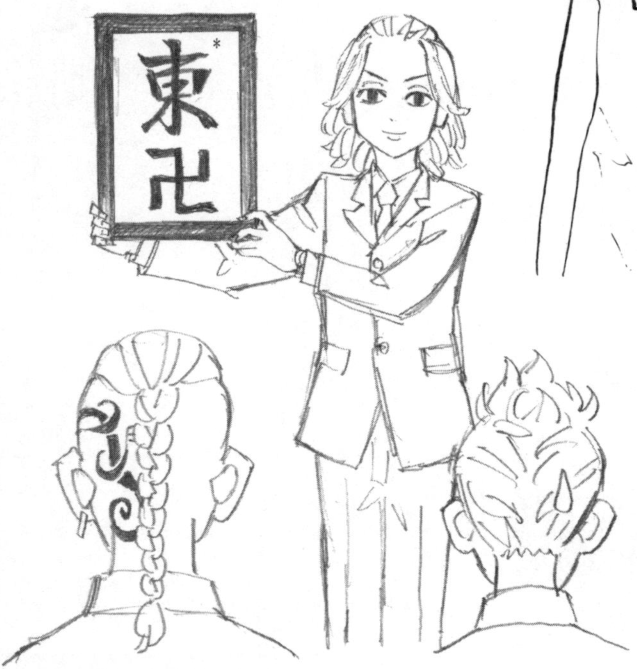

* »Toman« = jap. Abkürzung für die Tokyo-Manji-Gang

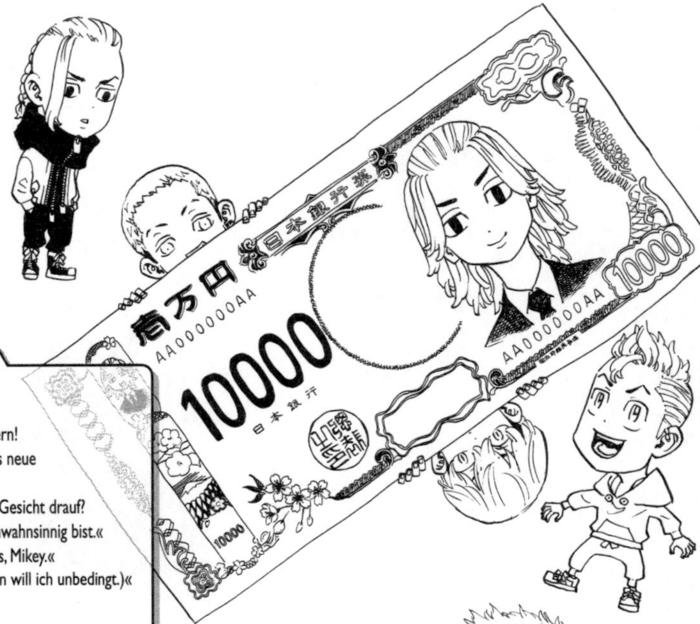

7. Juni 2019
Glückwunsch zu 10.000 Followern!
Mikey: »Zu diesem Anlass gibt es neue 10.000-Yen-Scheine.«
Draken: »Ach, was? Mit deinem Gesicht drauf? Wusste nicht, dass du so größenwahnsinnig bist.«
Mitsuya: »Bist echt 'n Scherzkeks, Mikey.«
Chifuyu: »Wow! (So einen Schein will ich unbedingt.)«
Takemichi: »Das ist so cool!«

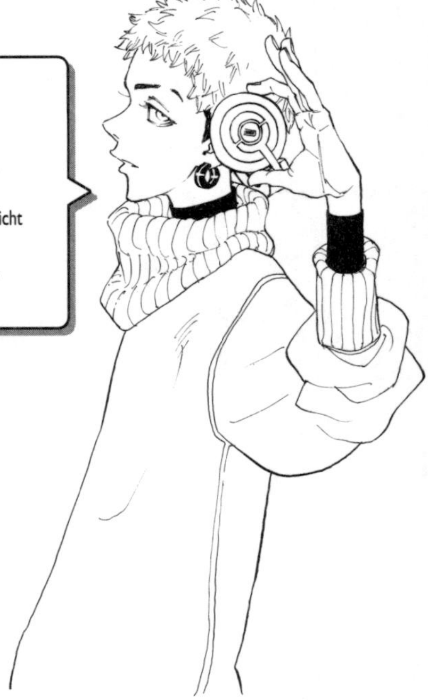

12. Juni 2019
Heute ist Takashi Mitsuyas Geburtstag. (^^) (Teil 2)
Die Handarbeits-AG: »Alles Gute zum Geburtstag, Chef!«
Mitsuya: »Hä? Was habt ihr gesagt? Ich kann euch nicht hören.«
Ich hatte nun doch etwas Zeit, um ihn zu zeichnen.

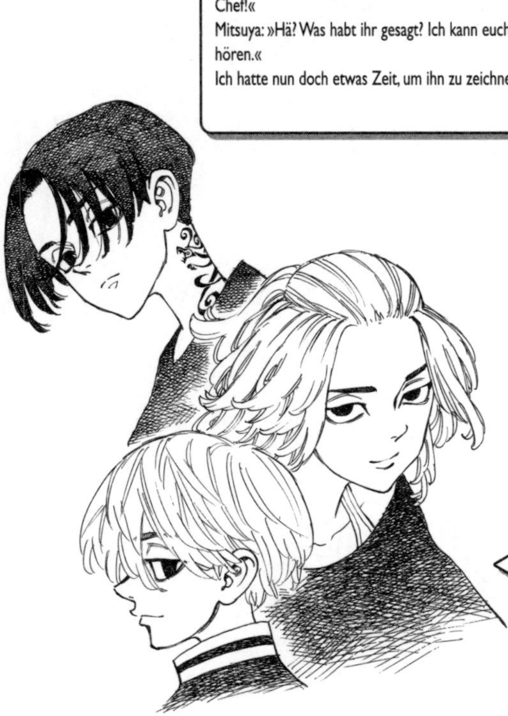

20. August 2019
Heute ist Mikeys Geburtstag. (^^)
Diese und auch nächste Woche wird es jeweils ein Bonuskapitel im Magazin geben! In einer der beiden Folgen wird es um Mikeys Vergangenheit gehen. Natürlich werden euch dort auch andere bekannte Figuren begegnen. Ich wünsche euch viel Spaß beim Lesen!

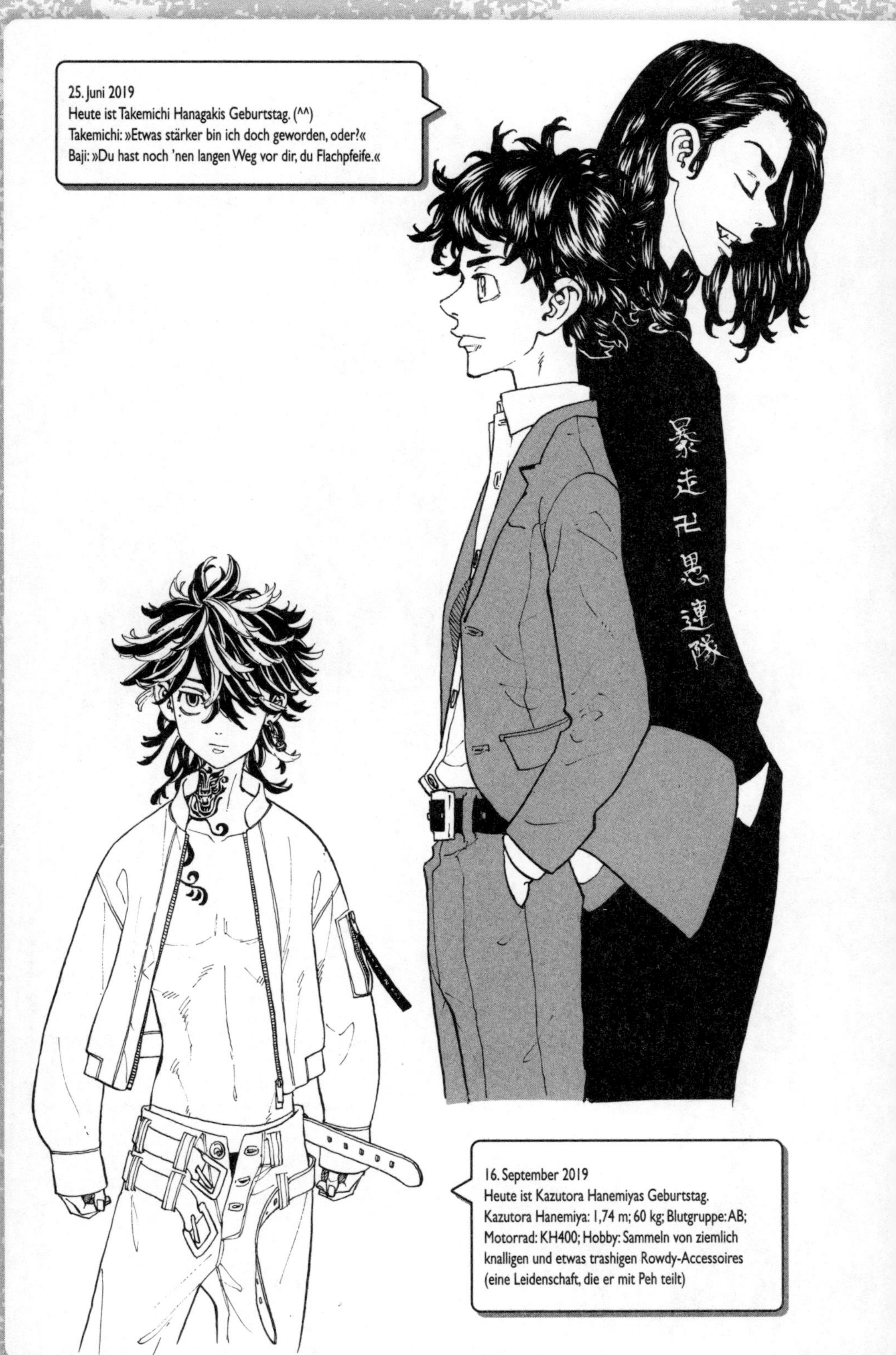
25. Juni 2019
Heute ist Takemichi Hanagakis Geburtstag. (^^)
Takemichi: »Etwas stärker bin ich doch geworden, oder?«
Baji: »Du hast noch 'nen langen Weg vor dir, du Flachpfeife.«
暴走卍愚連隊
16. September 2019
Heute ist Kazutora Hanemiyas Geburtstag.
Kazutora Hanemiya: 1,74 m; 60 kg; Blutgruppe: AB;
Motorrad: KH400; Hobby: Sammeln von ziemlich knalligen und etwas trashigen Rowdy-Accessoires (eine Leidenschaft, die er mit Peh teilt)

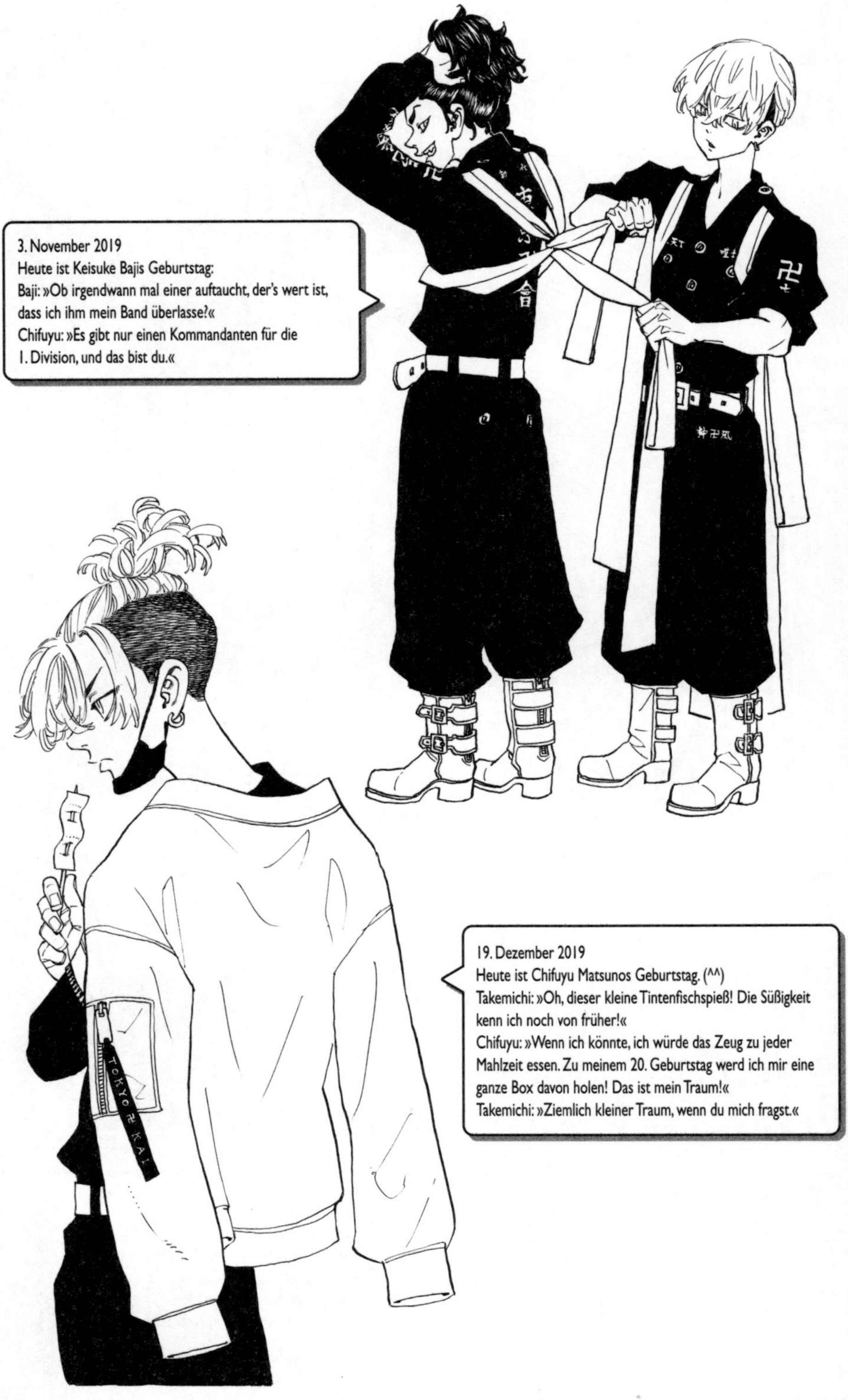
3. November 2019
Heute ist Keisuke Bajis Geburtstag:
Baji: »Ob irgendwann mal einer auftaucht, der's wert ist, dass ich ihm mein Band überlasse?«
Chifuyu: »Es gibt nur einen Kommandanten für die 1. Division, und das bist du.«
19. Dezember 2019
Heute ist Chifuyu Matsunos Geburtstag. (^^)
Takemichi: »Oh, dieser kleine Tintenfischspieß! Die Süßigkeit kenn ich noch von früher!«
Chifuyu: »Wenn ich könnte, ich würde das Zeug zu jeder Mahlzeit essen. Zu meinem 20. Geburtstag werd ich mir eine ganze Box davon holen! Das ist mein Traum!«
Takemichi: »Ziemlich kleiner Traum, wenn du mich fragst.«

2. Januar 2020
Mitsuya: »Der Kampf dauert jetzt schon acht Stunden. Beenden wir es, Draken!«
Draken: »Okay, dann setz ich alles auf eine Karte! Gib mir Feuerschutz, Mitsuya!«
Chifuyu: »Mikey! Fang!«
Mikey: »Guter Pass, Chifuyu! Du bist ein toter Mann, Kenny!«

Ein gutes neues Jahr an euch alle! Ich würde mich freuen, wenn ihr *Tokyo Revengers* auch weiterhin mitverfolgt.

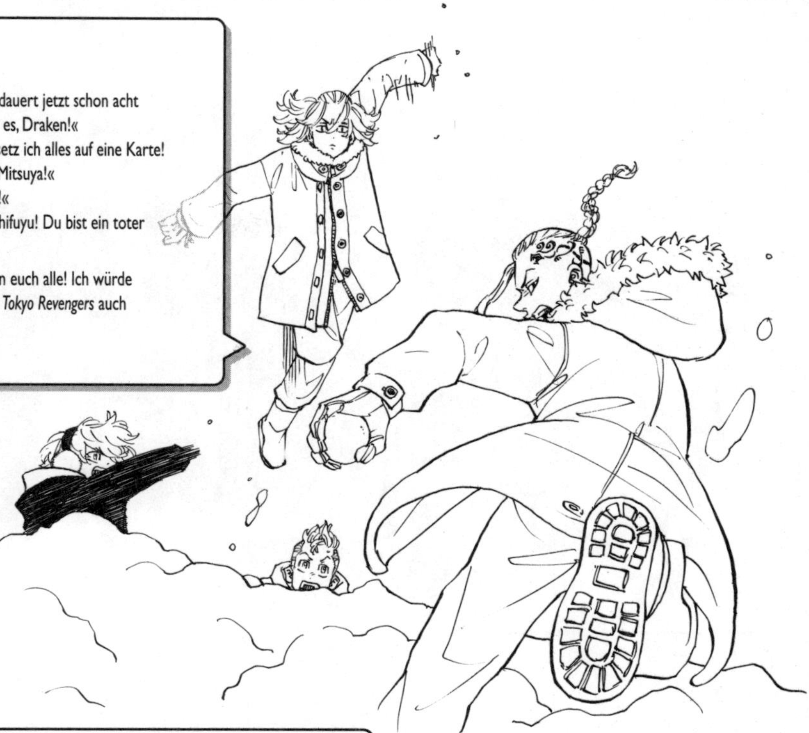

24. Februar 2020
Heute ist Haruki Hayashidas (Pahs) Geburtstag. (^^)

Irgendwann würde ich gern etwas aus seiner Vergangenheit erzählen, aus der Zeit vor der Gründung der Manji-Gang, als er und Peh noch als »Daburin« bekannt und gefürchtet waren, und vielleicht auch die Geschichte zeichnen, wie er und Mikey sich kennenlernten. Ich hänge echt sehr an den Gründungsmitgliedern.

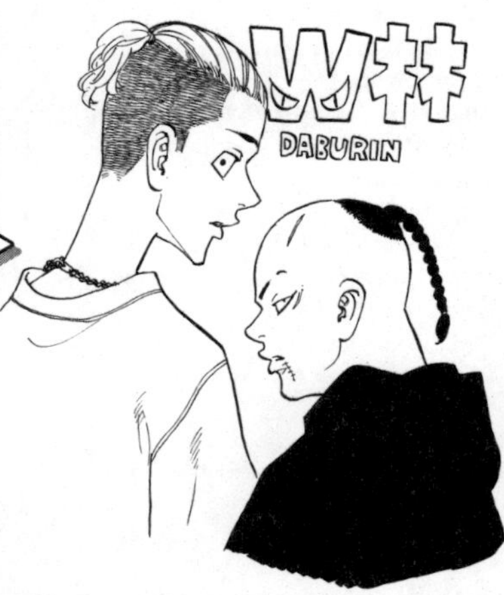

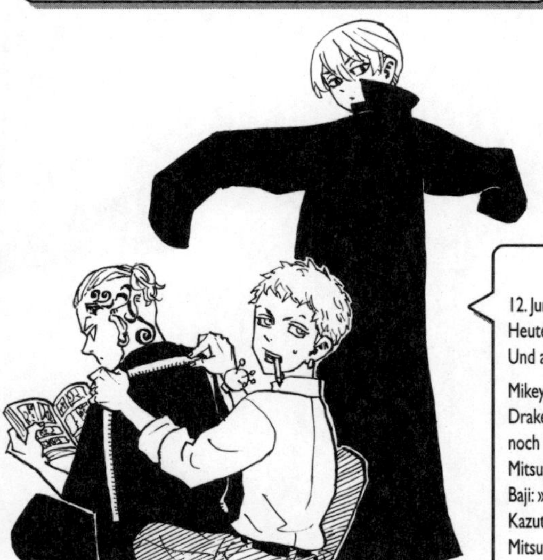

12. Juni 2020
Heute ist Takashi Mitsuyas Geburtstag. (^^)
Und am 19. Juni 2003 wurde die Manji-Gang gegründet.

Mikey: »Der Mantel ist viel zu groß.«
Draken: »Mann, jetzt haben wir 'ne Gang gegründet und immer noch keine Uniformen. Das ist echt peinlich.«
Mitsuya: »Ich muss ja auch alles allein nähen!«
Baji: »Wie lange dauert das Maßnehmen denn noch? Pah und Kazutora sind übrigens schon abgehauen.«
Mitsuya: »Dann hol sie zurück! Mit Gewalt, wenn's sein muss!«

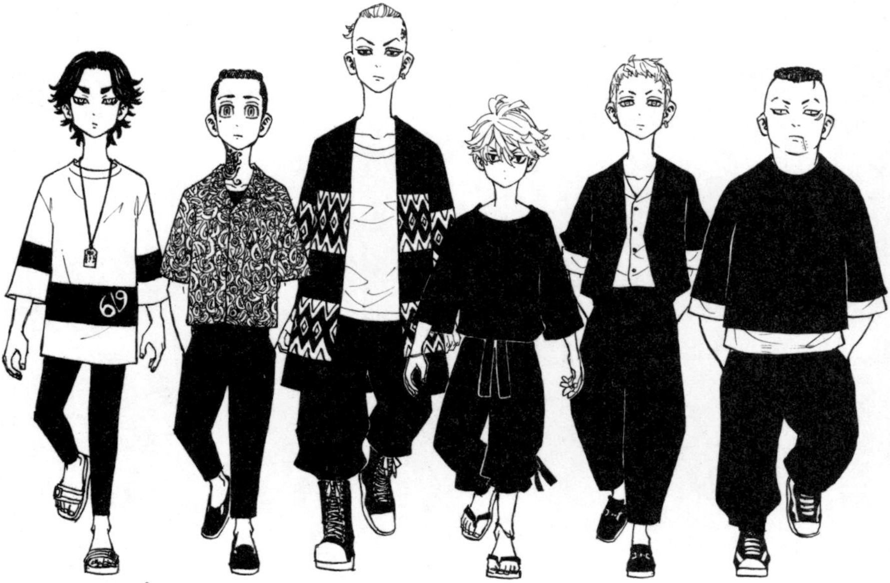

19. Juni 2020
Unglaublich! Es wird eine Anime-Serie geben! Und wir haben 40.000 Follower erreicht!
Mikey: »Jetzt bricht die Zeit der Tokyo-Manjiro-Gang an.«
Mitsuya: »Hör mal, nachdem ich drüber geschlafen hab, muss ich dir sagen, das ist echt kein guter Name.«
Mikey: »Was?«
Kazutora: »Wo wir die Gang schon bei ’nem Schrein gegründet haben, nennen wir sie doch einfach ›Tokyo-Manji-Gang‹.«
Mikey: »Was?«
Baji, Draken, Mitsuya & Pah: »Klingt super!«

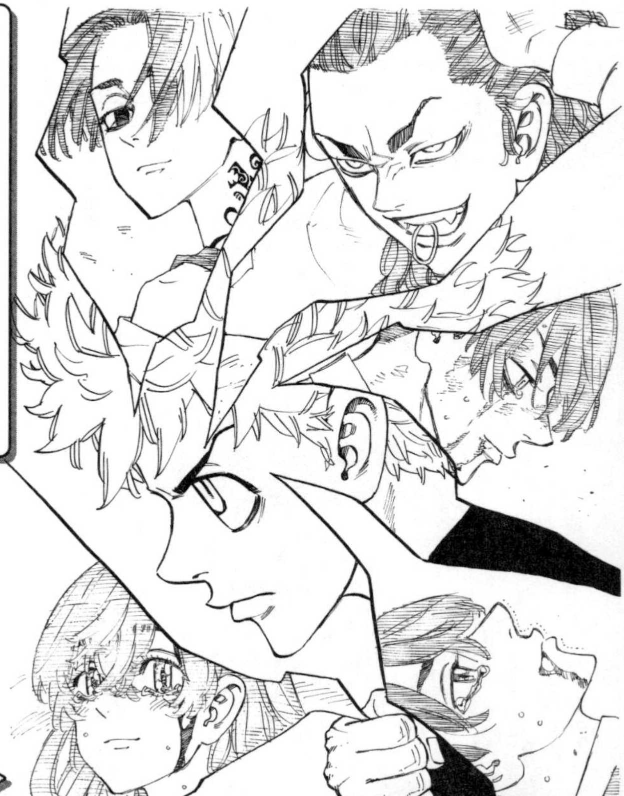

25. Juni 2020
Heute ist Takemichi Hanagakis Geburtstag. (^^)
Er denkt an alle, die ihm wichtig sind.

»Tokyo Revengers« Das erste Storyboard zur ersten Folge!

Kapitel 1

Die Manga-Serie *Tokyo Revengers* begann in Ausgabe 13 des Weekly Shonen Magazine vom 1. März 2017. Hier präsentieren wir euch nun das allererste Storyboard des Autors zur Serie. Viel Spaß beim Entdecken der kleinen Unterschiede zwischen dem Entwurf und der endgültigen Version!

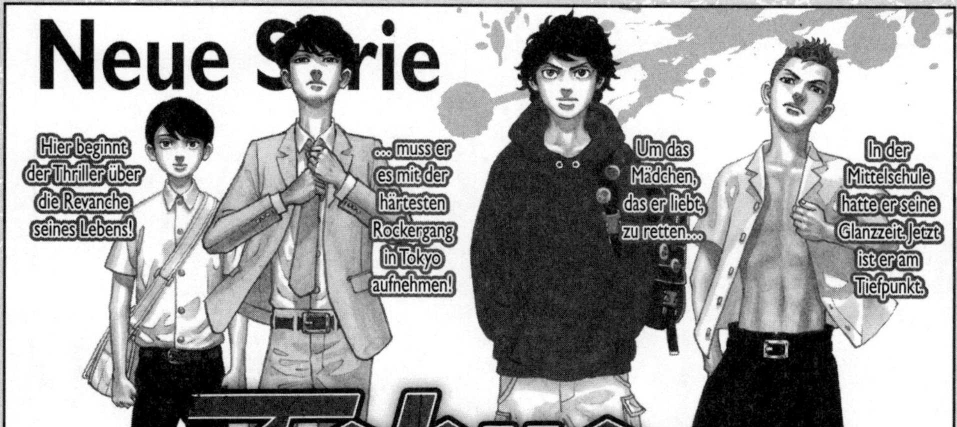

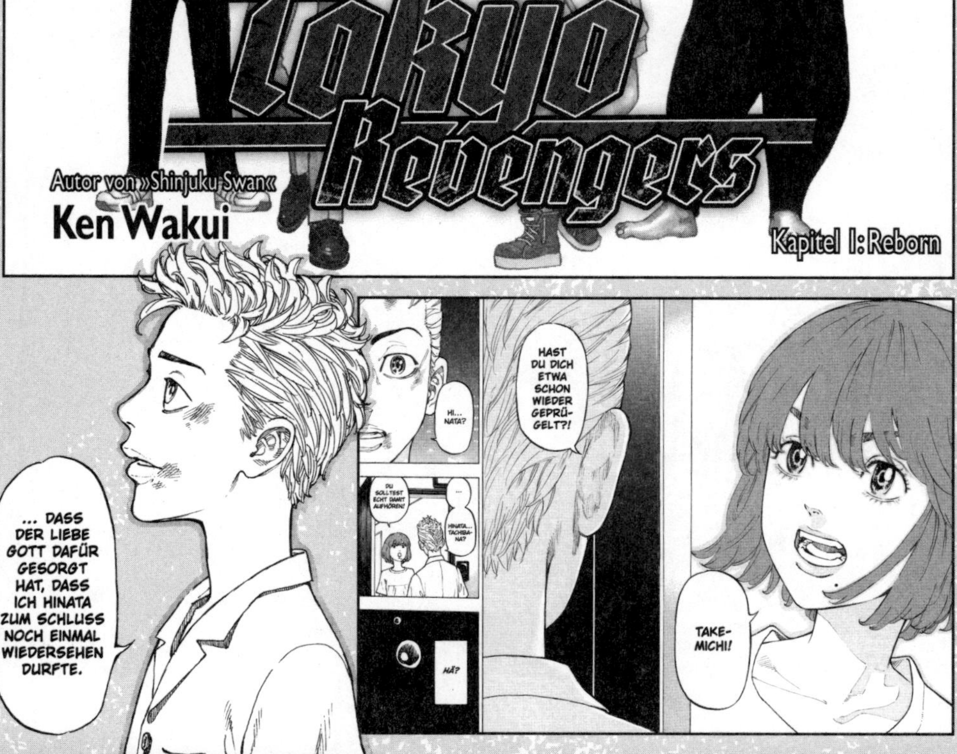

Kapitel 1

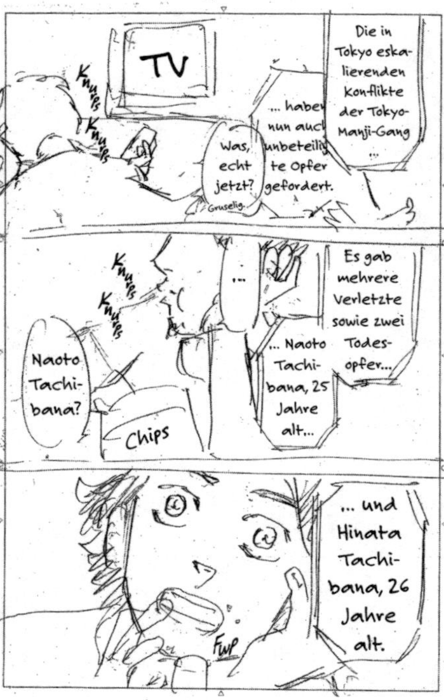
TV
Die in Tokyo eskalierenden Konflikte der Tokyo-Manji-Gang ...
... haben nun auch unbeteiligte Opfer gefordert.
Was, echt jetzt?
Gruselig.
Knusps
Knusps
Es gab mehrere Verletzte sowie zwei Todesopfer...
...
... Naoto Tachibana, 25 Jahre alt...
Naoto Tachibana?
Knusps
Knusps
Chips
... und Hinata Tachibana, 26 Jahre alt.
FWP

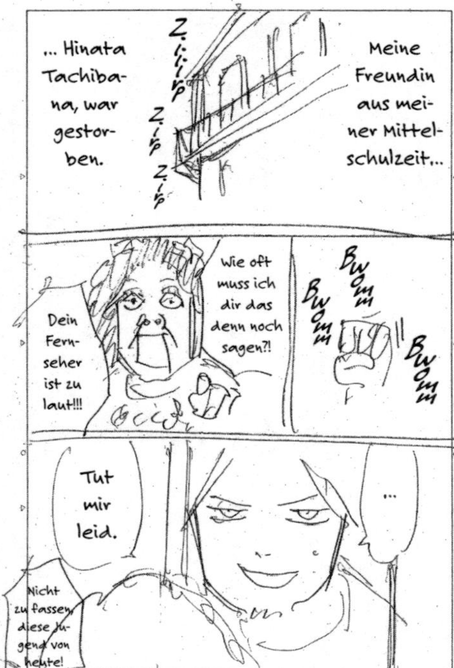
Meine Freundin aus meiner Mittelschulzeit...
Ziiirp
Zirp
Zirp
... Hinata Tachibana, war gestorben.
Bwomm
Bwomm
Bwomm
Wie oft muss ich dir das denn noch sagen?!
Dein Fernseher ist zu laut!!!
...
Tut mir leid.
Nicht zu fassen, diese Jugend von heute!

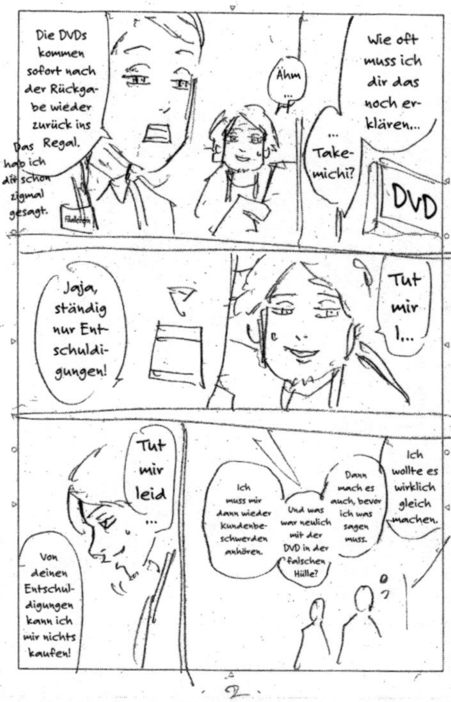
Wie oft muss ich dir das noch erklären...
... Takemichi?
DVD
Ähm ...
Die DVDs kommen sofort nach der Rückgabe wieder zurück ins Regal.
Das hab ich dir schon zigmal gesagt.
Tut mir l...
Jaja, ständig nur Entschuldigungen!
Ich wollte es wirklich gleich machen.
Dann mach es auch, bevor ich was sagen muss.
Und was war neulich mit der DVD in der falschen Hülle?
Ich muss mir dann wieder Kundenbeschwerden anhören.
Tut mir leid ...
Von deinen Entschuldigungen kann ich mir nichts kaufen!
2

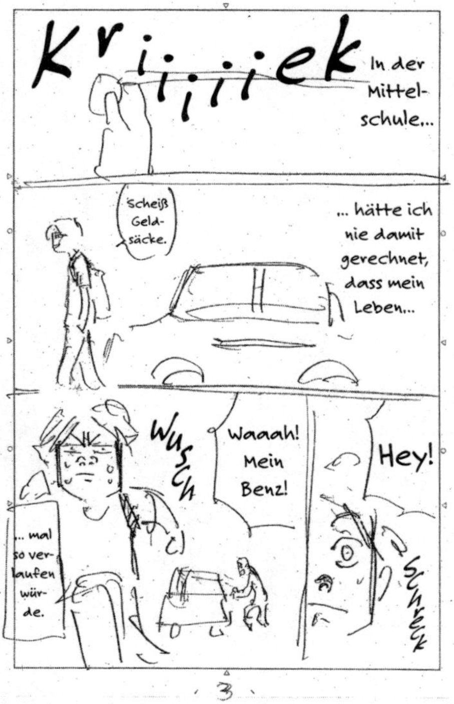
Kriiiiiek
In der Mittelschule...
... hätte ich nie damit gerechnet, dass mein Leben...
Scheiß Geldsäcke.
Hey!
Schreck
Waaah! Mein Benz!
Wusch
... mal so verlaufen würde.
3

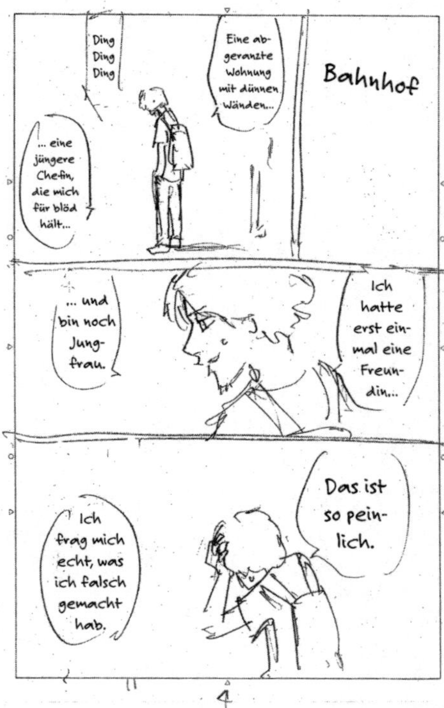
Bahnhof
Eine abgeranzte Wohnung mit dünnen Wänden...
Ding Ding Ding
... eine jüngere Chefin, die mich für blöd hält...
Ich hatte erst einmal eine Freundin...
... und bin noch Jungfrau.
Das ist so peinlich.
Ich frag mich echt, was ich falsch gemacht hab.
4

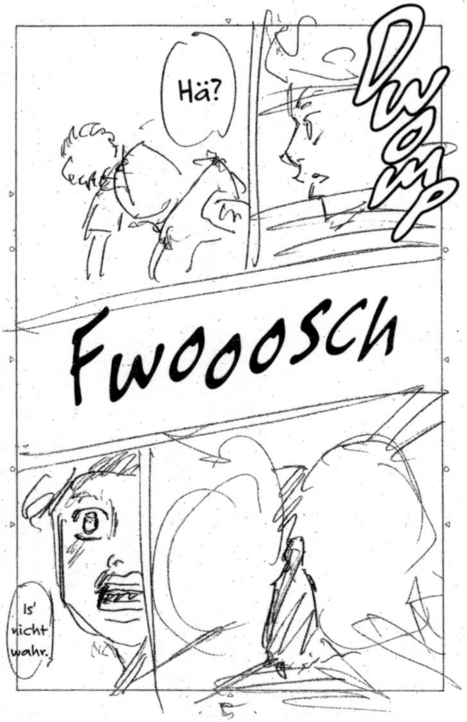
Dwomp
Hä?
Fwooosch
Is' nicht wahr.
5

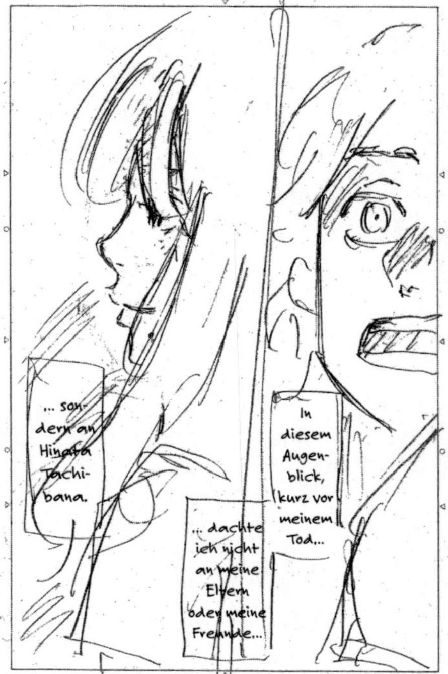
In diesem Augenblick, kurz vor meinem Tod…
… dachte ich nicht an meine Eltern oder meine Freunde…
… sondern an Hinata Tachibana.

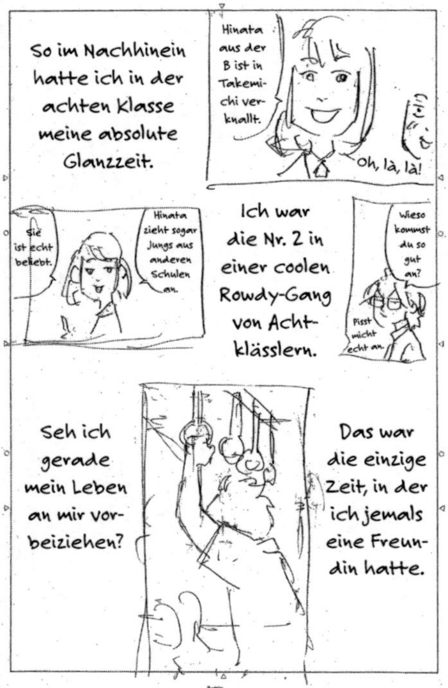
Hinata aus der B ist in Takemichi verknallt.
Oh, là, là!
So im Nachhinein hatte ich in der achten Klasse meine absolute Glanzzeit.
Wieso kommst du so gut an?
Pisst mich echt an.
Ich war die Nr. 2 in einer coolen Rowdy-Gang von Achtklässlern.
Hinata zieht sogar Jungs aus anderen Schulen an.
Sie ist echt beliebt.
Das war die einzige Zeit, in der ich jemals eine Freundin hatte.
Seh ich gerade mein Leben an mir vorbeiziehen?

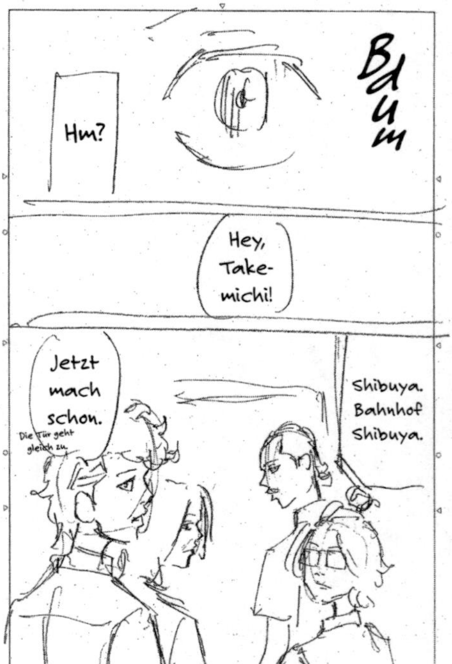
Bdum
Hm?
Hey, Takemichi!
Shibuya. Bahnhof Shibuya.
Jetzt mach schon.
Die Tür geht gleich zu.

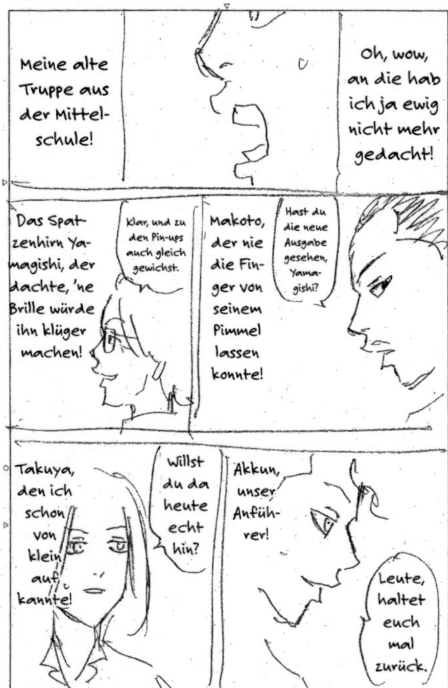
Oh, wow, an die hab ich ja ewig nicht mehr gedacht!
Meine alte Truppe aus der Mittelschule!
Hast du die neue Ausgabe gesehen, Yamagishi?
Makoto, der nie die Finger von seinem Pimmel lassen konnte!
Klar, und zu den Pin-ups auch gleich gewichst.
Das Spatzenhirn Yamagishi, der dachte, 'ne Brille würde ihn klüger machen!
Leute, haltet euch mal zurück.
Akkun, unser Anführer!
Willst du da heute echt hin?
Takuya, den ich schon von klein auf kannte!

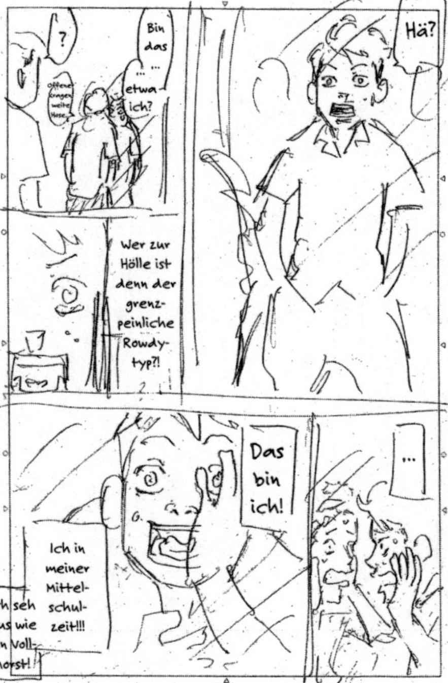
Hä?
Bin das ... etwa ... ich?
?
Wer zur Hölle ist denn der grenzpeinliche Rowdytyp?!
...
Das bin ich!
Ich in meiner Mittelschulzeit!!!
Ich seh aus wie ein Vollhorst!

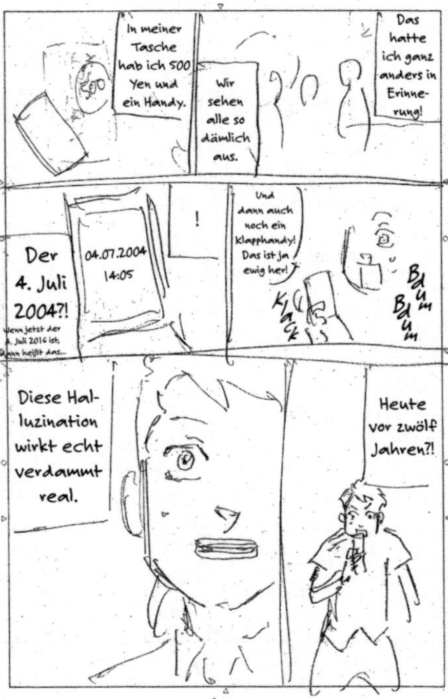
Das hatte ich ganz anders in Erinnerung!
Wir sehen alle so dämlich aus.
In meiner Tasche hab ich 500 Yen und ein Handy.
Und dann auch noch ein Klapphandy! Das ist ja ewig her!
Bdum Bdum
Klack
!
04.07.2004 14:05
Der 4. Juli 2004?!
Wenn jetzt der 4. Juli 2016 ist, dann heißt das...
Heute vor zwölf Jahren?!
Diese Halluzination wirkt echt verdammt real.

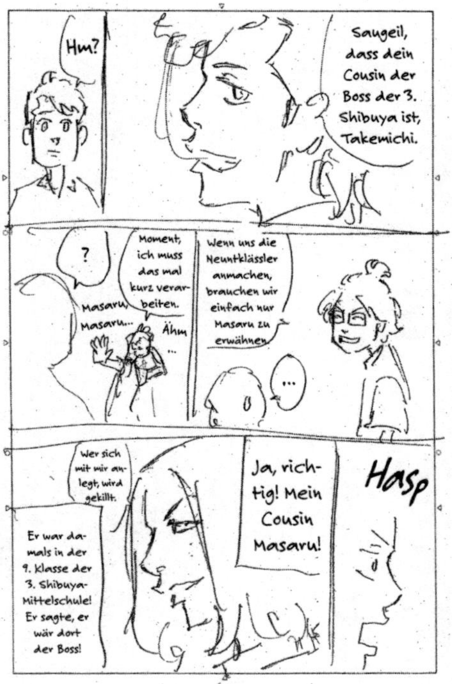
Saugeil, dass dein Cousin der Boss der 3. Shibuya ist, Takemichi.
Hm?
Wenn uns die Neuntklässler anmachen, brauchen wir einfach nur Masaru zu erwähnen.
...
Moment, ich muss das mal kurz verarbeiten.
Masaru Masaru...
Ähm ...
?
Hasp
Ja, richtig! Mein Cousin Masaru!
Wer sich mit mir anlegt, wird gekillt.
Er war damals in der 9. Klasse der 3. Shibuya-Mittelschule! Er sagte, er wär dort der Boss!

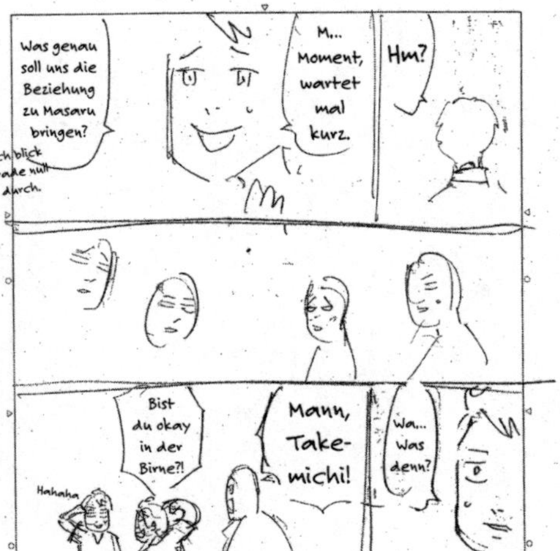
Hm?
M... Moment, wartet mal kurz.
Was genau soll uns die Beziehung zu Masaru bringen?
Ich blick grade null durch.
Wa... Was denn?
Mann, Takemichi!
Bist du okay in der Birne?!
Hahaha
Wir wollen 'ne Schlägerei anzetteln!
Wir aus der Achten der Mizo erklären den Achtklässlern aus der 3. Shibuya den Krieg!

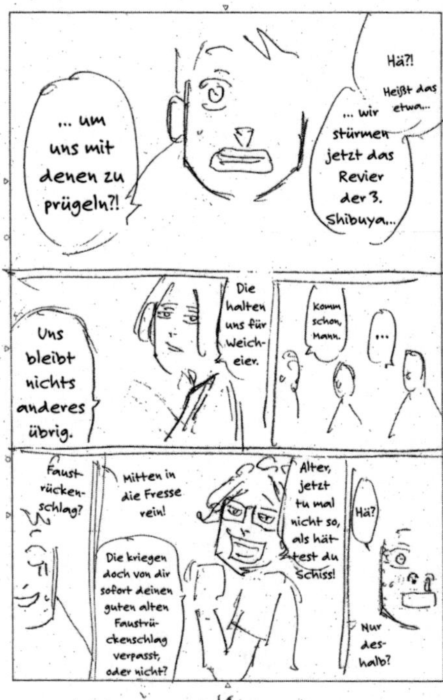
Hä?! Heißt das etwa…
… wir stürmen jetzt das Revier der 3. Shibuya…
… um uns mit denen zu prügeln?!
Komm schon, Mann.
…
Die halten uns für Weicheier.
Uns bleibt nichts anderes übrig.
Hä?
Nur deshalb?
Alter, jetzt tu mal nicht so, als hättest du Schiss!
Mitten in die Fresse rein!
Die kriegen doch von dir sofort deinen guten alten Faustrückenschlag verpasst, oder nicht?
Faustrückenschlag?
14

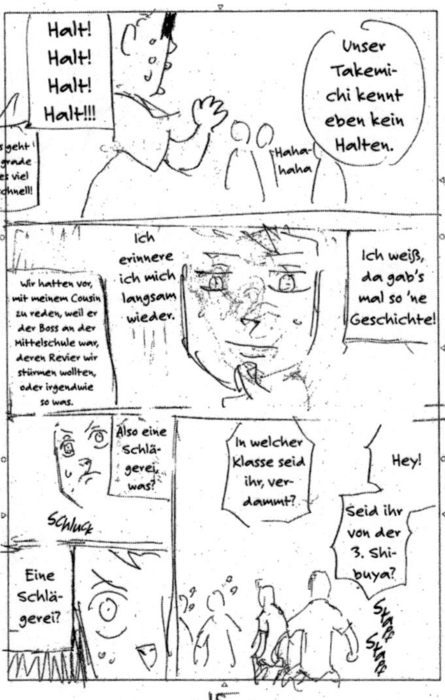
Unser Takemichi kennt eben kein Halten.
Hahahaha
Halt! Halt! Halt! Halt!!!
Das geht mir grade alles viel zu schnell!
Ich weiß, da gab's mal so 'ne Geschichte!
Ich erinnere ich mich langsam wieder.
Wir hatten vor, mit meinem Cousin zu reden, weil er der Boss an der Mittelschule war, deren Revier wir stürmen wollten, oder irgendwie so was.
Hey!
In welcher Klasse seid ihr, verdammt?
Seid ihr von der 3. Shibuya?
Stapf Stapf
Also eine Schlägerei, was?
Schluck
Eine Schlägerei?
15

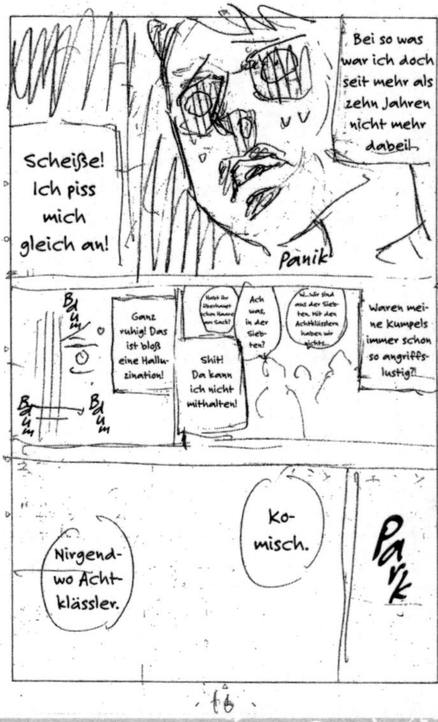
Bei so was war ich doch seit mehr als zehn Jahren nicht mehr dabei!
Scheiße! Ich piss mich gleich an!
Panik
Waren meine Kumpels immer schon so angriffslustig?!
W… Wir sind aus der Siebten. Mit den Achtklässlern haben wir nichts…
Ach was, in der Siebten?
Habt ihr überhaupt schon Haare am Sack?
Shit! Da kann ich nicht mithalten!
Ganz ruhig! Das ist bloß eine Halluzination!
Bdum Bdum Bdum
Park
Komisch.
Nirgendwo Achtklässler.
16

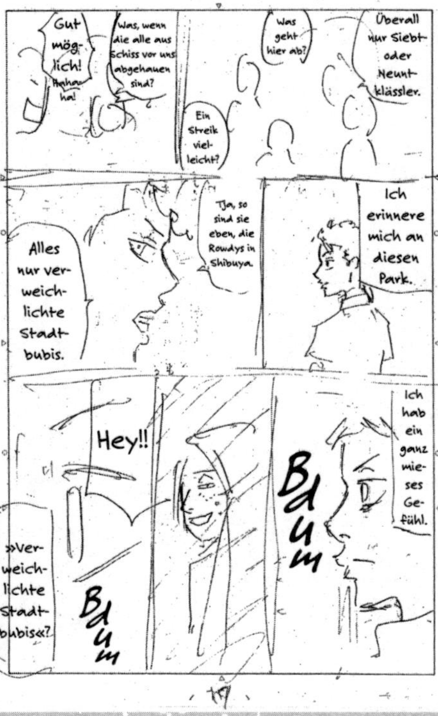
Überall nur Siebt- oder Neuntklässler.
Was geht hier ab?
Ein Streik vielleicht?
Was, wenn die alle aus Schiss vor uns abgehauen sind?
Gut möglich! Hahaha!
Ich erinnere mich an diesen Park.
Tja, so sind sie eben, die Rowdys in Shibuya.
Alles nur verweichlichte Stadtbubis.
Ich hab ein ganz mieses Gefühl.
Bdum
Hey!!
Bdum
»Verweichlichte Stadtbubis«?
17

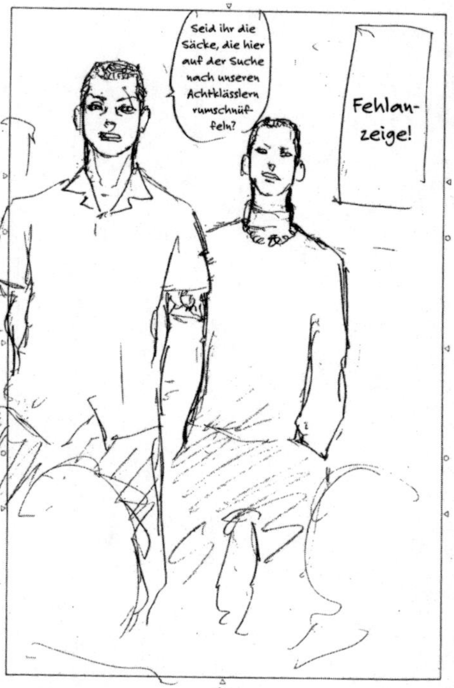
Seid ihr die Säcke, die hier auf der Suche nach unseren Achtklässlern rumschnüffeln?
Fehlanzeige!

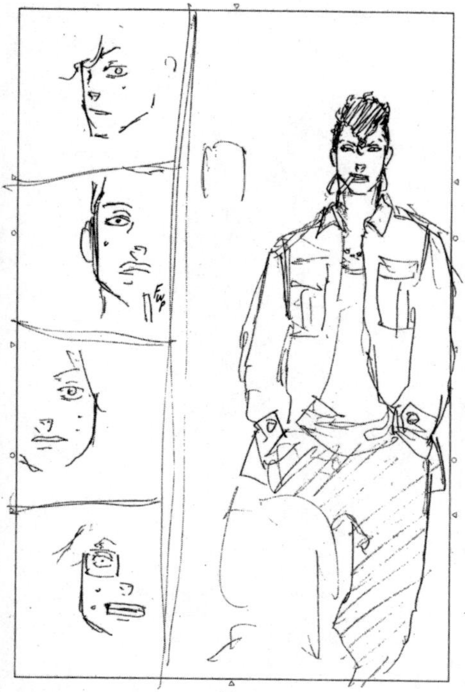

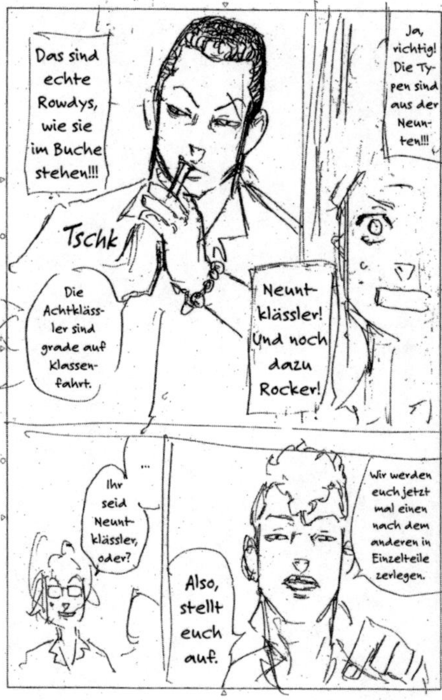
Das sind echte Rowdys, wie sie im Buche stehen!!!
Ja, richtig! Die Typen sind aus der Neunten!!!
Tschk
Die Achtklässler sind grade auf Klassenfahrt.
Neuntklässler! Und noch dazu Rocker!
Wir werden euch jetzt mal einen nach dem anderen in Einzelteile zerlegen.
...
Ihr seid Neuntklässler, oder?
Also, stellt euch auf.

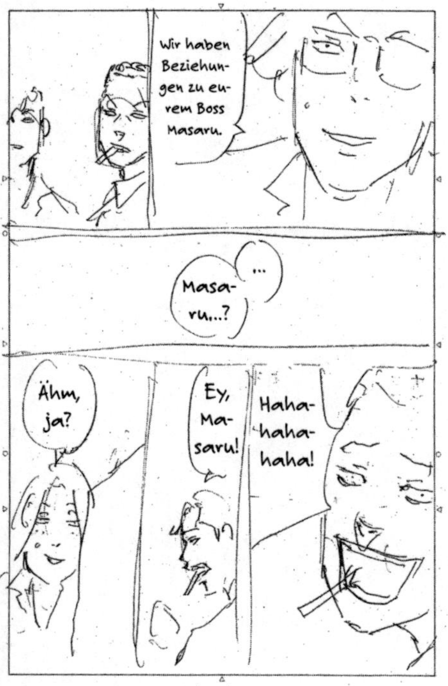
Wir haben Beziehungen zu eurem Boss Masaru.
...
Masaru...?
Hahahahahaha!
Ey, Masaru!
Ähm, ja?

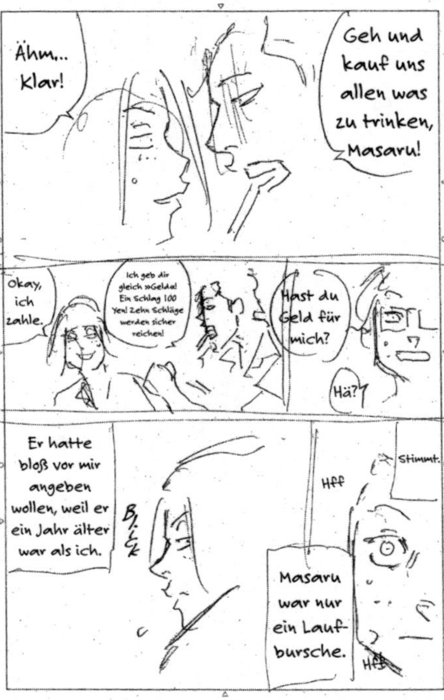
Geh und kauf uns allen was zu trinken, Masaru!
Ähm... Klar!
Hast du Geld für mich?
Hä?
Ich geb dir gleich »Geld«! Ein Schlag 100 Yen! Zehn Schläge werden sicher reichen!
Okay, ich zahle.
Stimmt.
Hff
Masaru war nur ein Laufbursche.
Hff
Blick
Er hatte bloß vor mir angeben wollen, weil er ein Jahr älter war als ich.

22

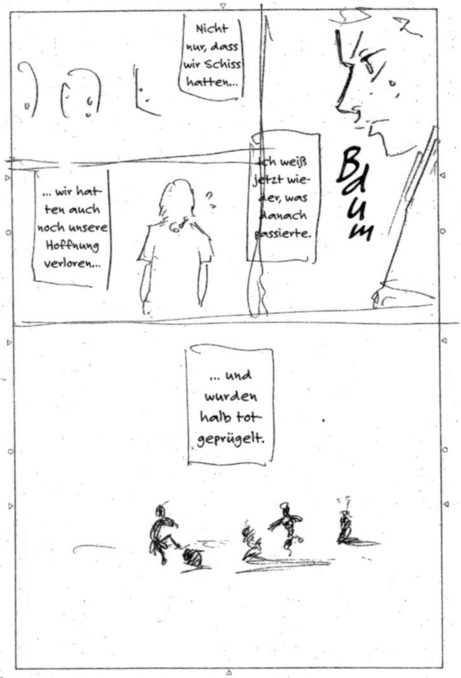
Bdum
Nicht nur, dass wir Schiss hatten...
Ich weiß jetzt wieder, was danach passierte.
... wir hatten auch noch unsere Hoffnung verloren...
... und wurden halb totgeprügelt.

23

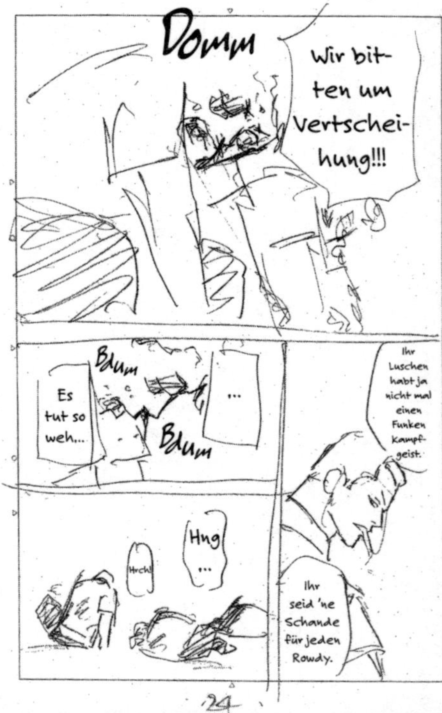
Domm
Wir bitten um Vertscheihung!!!
Ihr Luschen habt ja nicht mal einen Funken Kampfgeist.
...
Bdum
Bdum
Es tut so weh...
Ihr seid 'ne Schande für jeden Rowdy.
Hng...
Hrch!

24

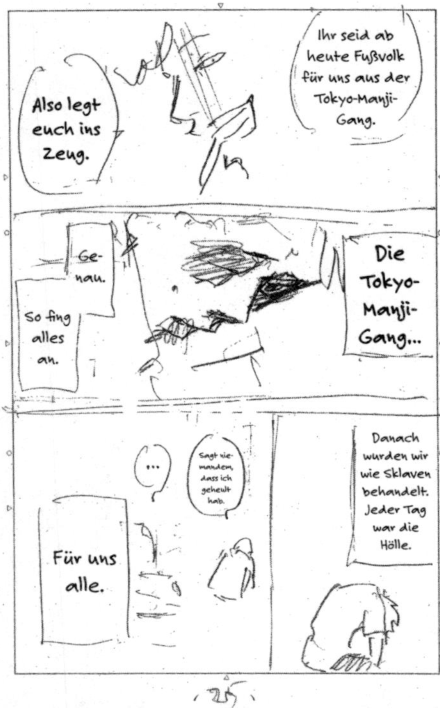
Ihr seid ab heute Fußvolk für uns aus der Tokyo-Manji-Gang.
Also legt euch ins Zeug.
Die Tokyo-Manji-Gang...
Genau.
So fing alles an.
Danach wurden wir wie Sklaven behandelt. Jeder Tag war die Hölle.
Sagt niemandem, dass ich geheult hab.
...
Für uns alle.

25

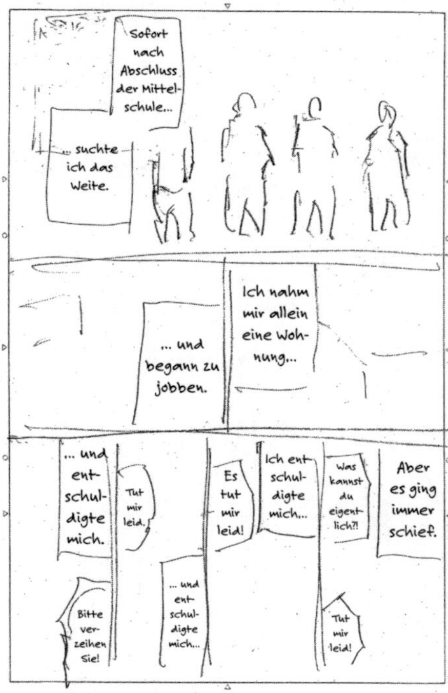
Sofort nach Abschluss der Mittelschule...
... suchte ich das Weite.
Ich nahm mir allein eine Wohnung...
... und begann zu jobben.
Aber es ging immer schief.
Was kannst du eigentlich?!
Tut mir leid!
Ich entschuldigte mich...
Es tut mir leid!
... und entschuldigte mich...
Tut mir leid.
... und entschuldigte mich.
Bitte verzeihen Sie!

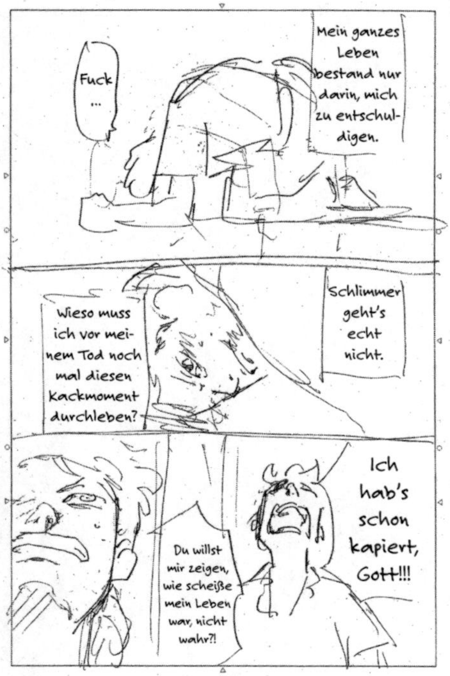
Mein ganzes Leben bestand nur darin, mich zu entschuldigen.
Fuck ...
Schlimmer geht's echt nicht.
Wieso muss ich vor meinem Tod noch mal diesen Kackmoment durchleben?
Ich hab's schon kapiert, Gott!!!
Du willst mir zeigen, wie scheiße mein Leben war, nicht wahr?!

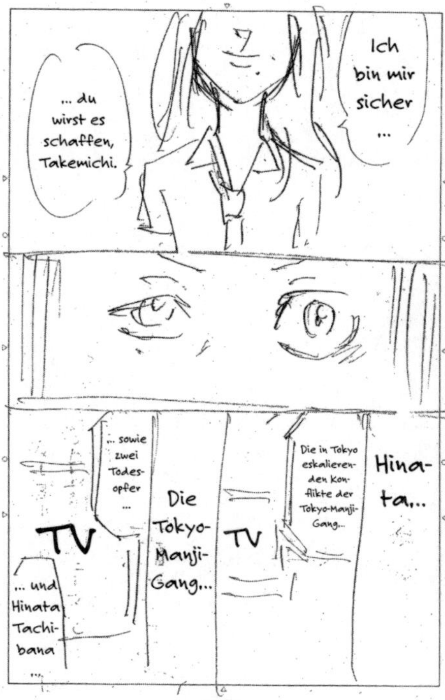
Ich bin mir sicher ...
... du wirst es schaffen, Takemichi.
Hinata...
Die in Tokyo eskalierenden Konflikte der Tokyo-Manji-Gang...
TV
Die Tokyo-Manji-Gang...
... sowie zwei Todesopfer ...
TV
... und Hinata Tachibana ...

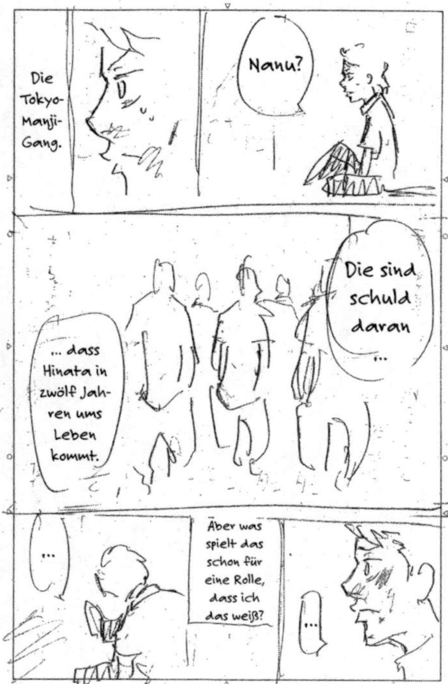
Nanu?
Die Tokyo-Manji-Gang.
Die sind schuld daran ...
... dass Hinata in zwölf Jahren ums Leben kommt.
...
Aber was spielt das schon für eine Rolle, dass ich das weiß?
...

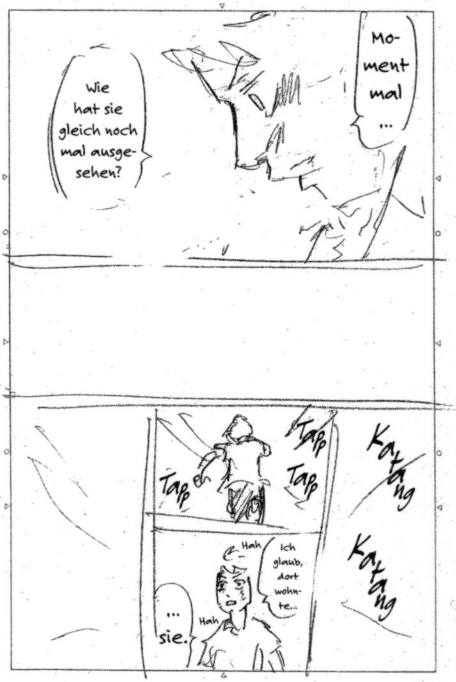
Mo-ment mal ...
Wie hat sie gleich noch mal ausge-sehen?
Katang
Katang
Tapp
Tapp
Tapp
Hah
Ich glaub, dort wohn-te...
Hah
... sie.

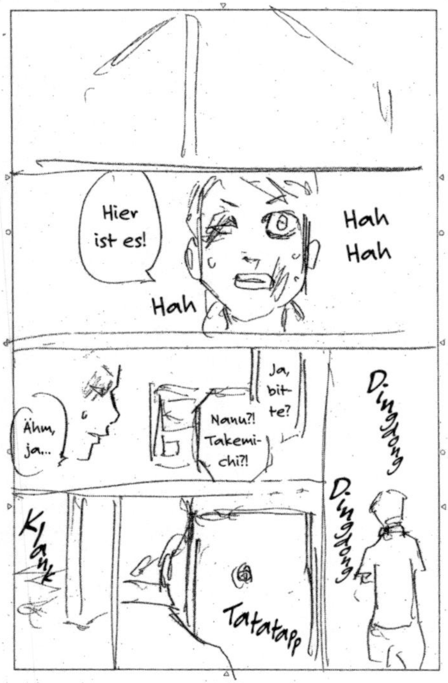
Hah Hah
Hier ist es!
Hah
Dingdong
Ja, bit-te?
Nanu?! Takemi-chi?!
Ähm, ja...
Dingdong
Tatatapp
Klank

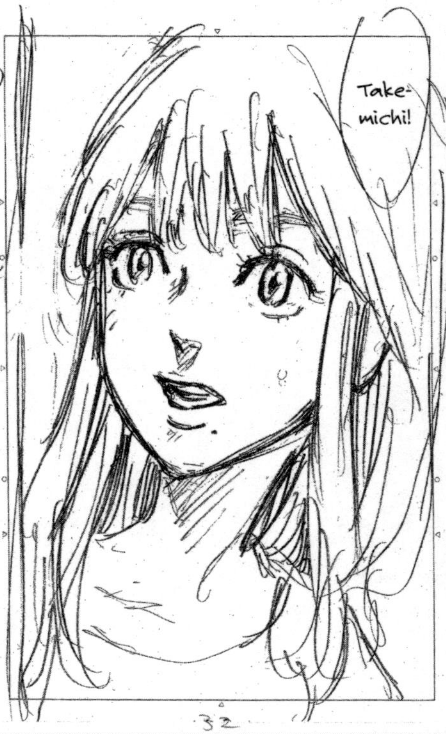
Take-michi!

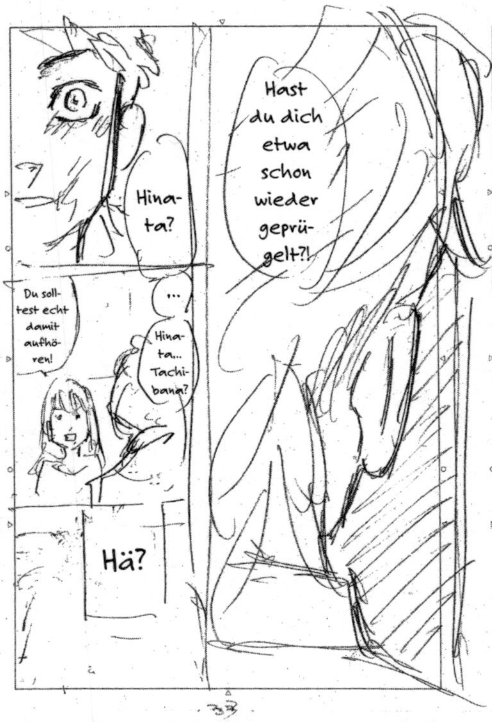
Hast du dich etwa schon wieder geprü-gelt?!
Hina-ta?
...
Hina-ta... Tachi-bana?
Du soll-test echt damit aufhö-ren!
Hä?

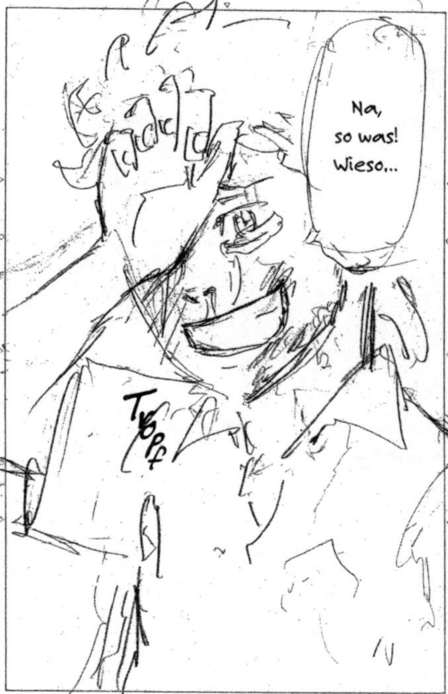
Na, so was! Wieso...
Tropf

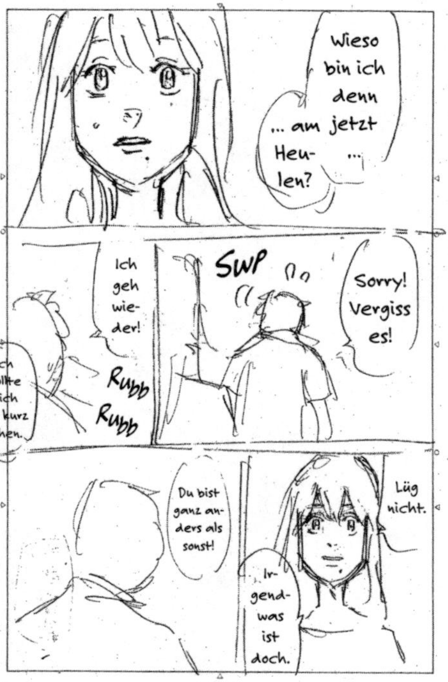
Wieso bin ich denn jetzt ...
... am Heulen?
Sorry! Vergiss es!
SWP
Ich geh wieder!
Rubb Rubb
Ich wollte dich nur kurz sehen.
Lüg nicht.
Irgendwas ist doch.
Du bist ganz anders als sonst!

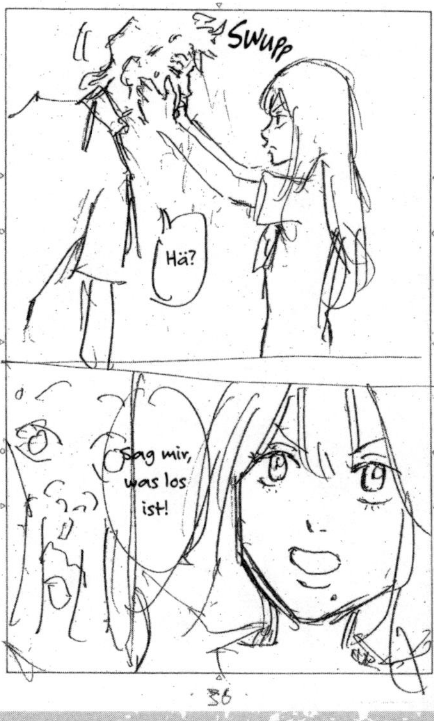
Swupp
Hä?
Sag mir, was los ist!

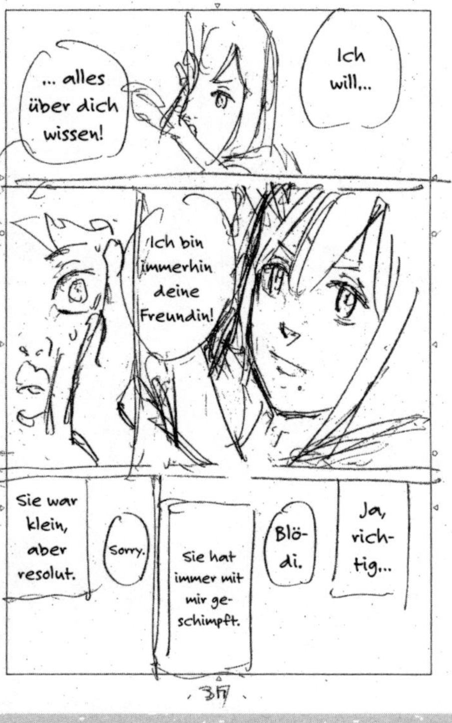
Ich will...
... alles über dich wissen!
Ich bin immerhin deine Freundin!
Ja, richtig...
Blödi.
Sie hat immer mit mir geschimpft.
Sorry.
Sie war klein, aber resolut.

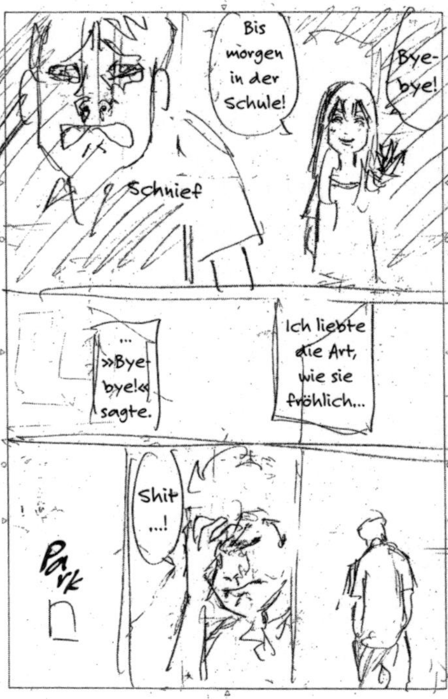
Bye-bye!
Bis morgen in der Schule!
Schnief
Ich liebte die Art, wie sie fröhlich...
... »Bye-bye!« sagte.
Shit ...!
Park

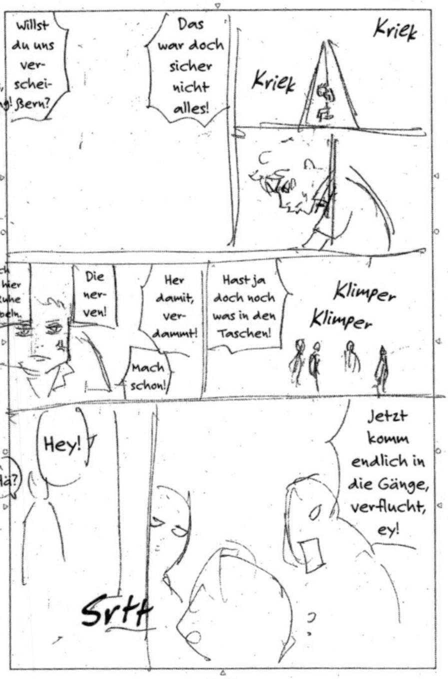
Kriek
Kriek
Das war doch sicher nicht alles!
Willst du uns verscheißern?
Los, spring!
Klimper Klimper
Hast ja doch noch was in den Taschen!
Her damit, verdammt!
Mach schon!
Die nerven!
Ich will hier in Ruhe grübeln.
Jetzt komm endlich in die Gänge, verflucht, ey!
Hey!
Hä?
Srtt

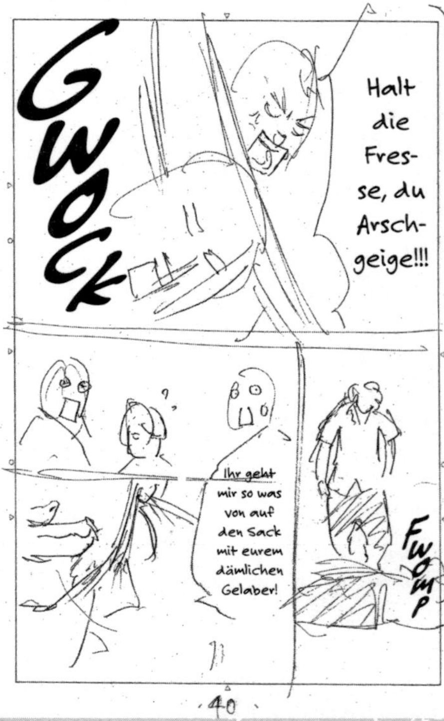
Halt die Fresse, du Arschgeige!!!
GWOCK
Fwomp
Ihr geht mir so was von auf den Sack mit eurem dämlichen Gelaber!

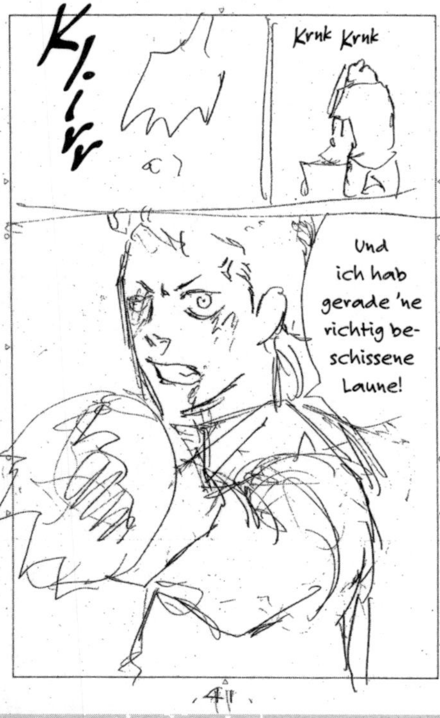
Krnk Krnk
Klirrr
Und ich hab gerade 'ne richtig beschissene Laune!

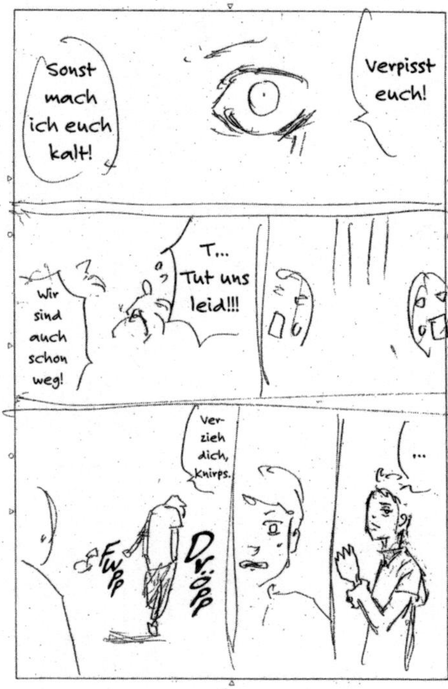
Verpisst euch!
Sonst mach ich euch kalt!
T... Tut uns leid!!!
Wir sind auch schon weg!
...
Verzieh dich, Knirps.
Dröpp
Fwpp

42

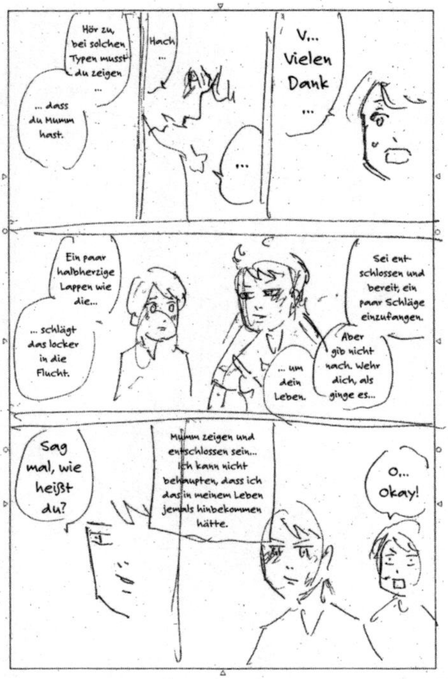
V... Vielen Dank ...
...
Hach ...
Hör zu, bei solchen Typen musst du zeigen ...
... dass du Mumm hast.
Sei entschlossen und bereit, ein paar Schläge einzufangen.
Aber gib nicht nach. Wehr dich, als ginge es...
... um dein Leben.
Ein paar halbherzige Lappen wie die...
... schlägt das locker in die Flucht.
O... Okay!
Mumm zeigen und entschlossen sein... Ich kann nicht behaupten, dass ich das in meinem Leben jemals hinbekommen hätte.
Sag mal, wie heißt du?

43

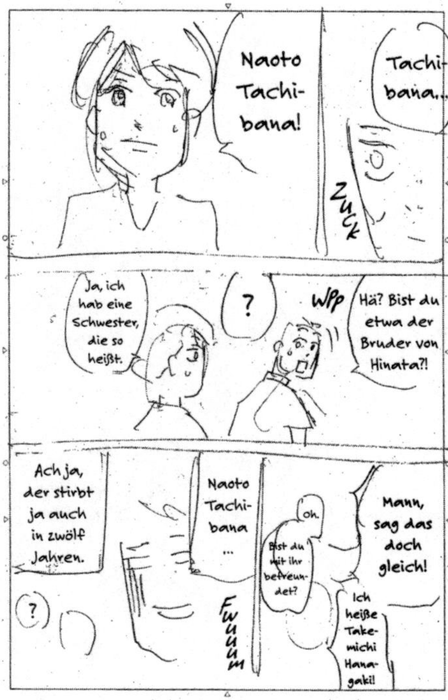
Tachibana...
Zuck
Naoto Tachibana!
Hä? Bist du etwa der Bruder von Hinata?!
Wpp
?
Ja, ich hab eine Schwester, die so heißt.
Mann, sag das doch gleich!
Ich heiße Takemichi Hanagaki!
Oh.
Bist du mit ihr befreundet?
Naoto Tachibana ...
Fwuuum
Ach ja, der stirbt ja auch in zwölf Jahren.
?

44

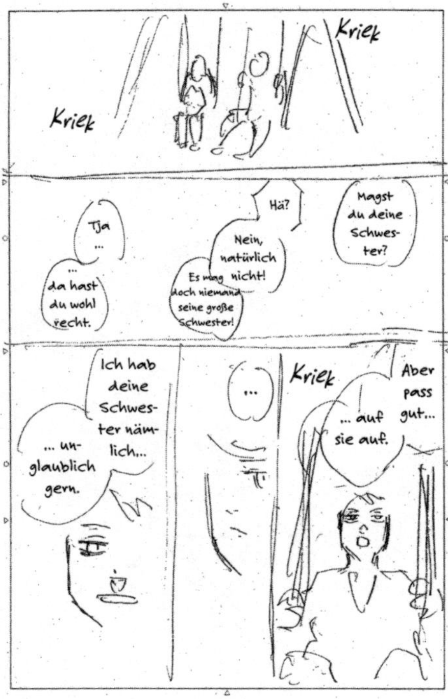
Kriek
Kriek
Magst du deine Schwester?
Hä?
Nein, natürlich nicht!
Es mag doch niemand seine große Schwester!
Tja ...
... da hast du wohl recht.
Aber pass gut...
... auf sie auf.
Kriek
...
Ich hab deine Schwester nämlich...
... unglaublich gern.

45

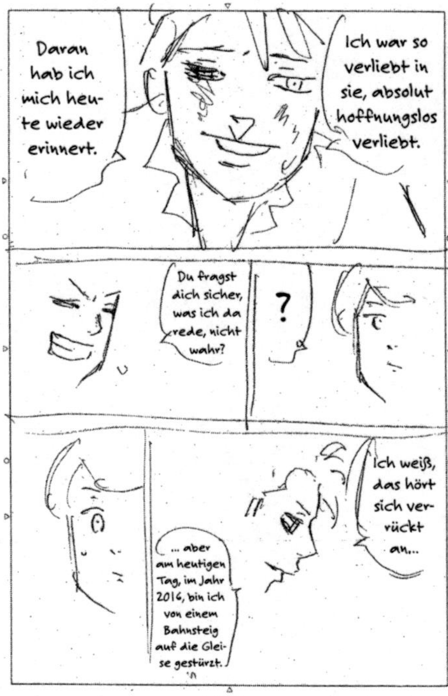
Ich war so verliebt in sie, absolut hoffnungslos verliebt.
Daran hab ich mich heute wieder erinnert.
?
Du fragst dich sicher, was ich da rede, nicht wahr?
Ich weiß, das hört sich verrückt an...
... aber am heutigen Tag, im Jahr 2016, bin ich von einem Bahnsteig auf die Gleise gestürzt.

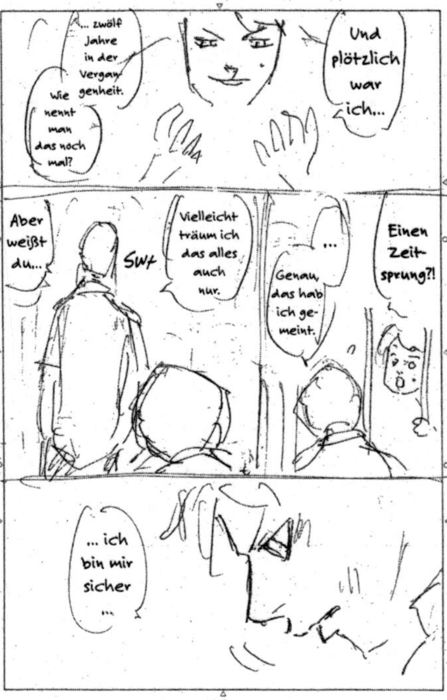
Und plötzlich war ich...
... zwölf Jahre in der Vergangenheit.
Wie nennt man das noch mal?
Einen Zeitsprung?!
...
Genau, das hab ich gemeint.
Vielleicht träum ich das alles auch nur.
SWT
Aber weißt du...
... ich bin mir sicher ...

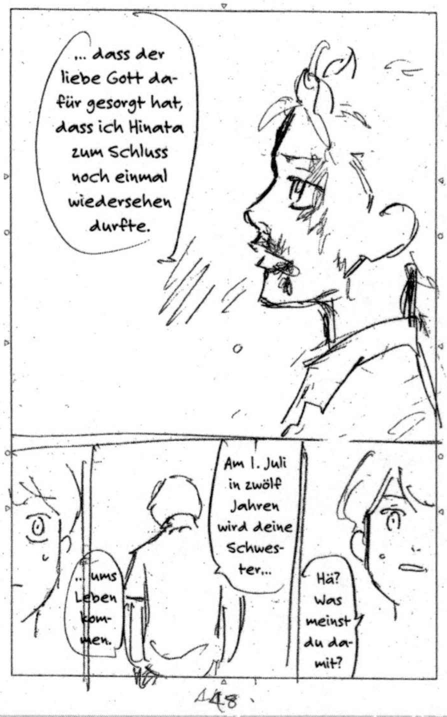
... dass der liebe Gott dafür gesorgt hat, dass ich Hinata zum Schluss noch einmal wiedersehen durfte.
Hä? Was meinst du damit?
Am 1. Juli in zwölf Jahren wird deine Schwester...
... ums Leben kommen.

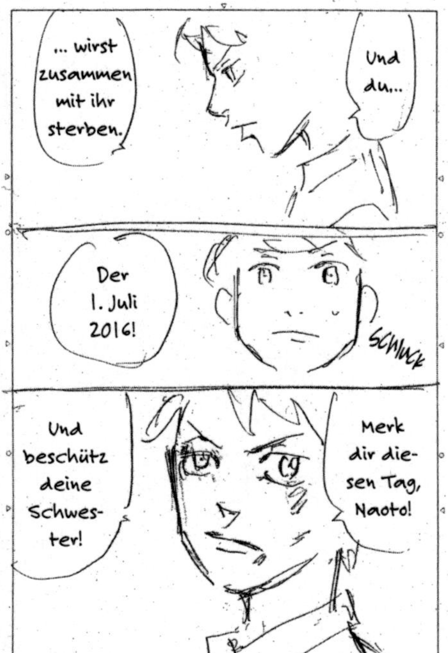
Und du...
... wirst zusammen mit ihr sterben.
SCHLUCK
Der 1. Juli 2016!
Merk dir diesen Tag, Naoto!
Und beschütz deine Schwester!

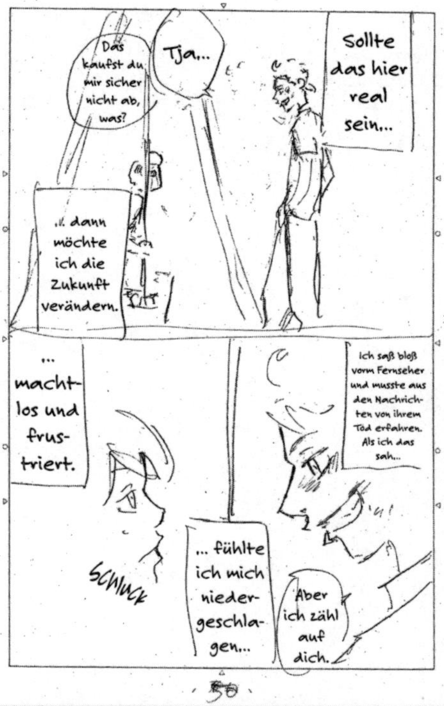
Sollte das hier real sein...
Tja...
Das kaufst du mir sicher nicht ab, was?
... dann möchte ich die Zukunft verändern.
Ich saß bloß vorm Fernseher und musste aus den Nachrichten von ihrem Tod erfahren. Als ich das sah...
Aber ich zähl auf dich.
... fühlte ich mich niedergeschlagen...
SCHLUCK
... machtlos und frustriert.

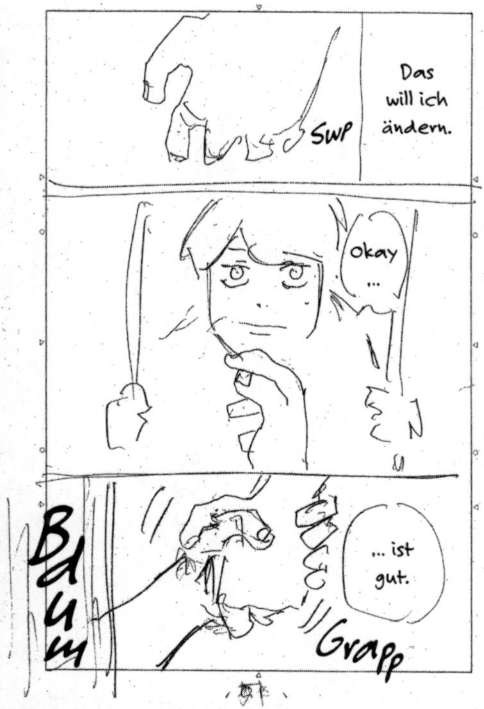
Das will ich ändern.
SWP
Okay ...
... ist gut.
Grapp
Bdum

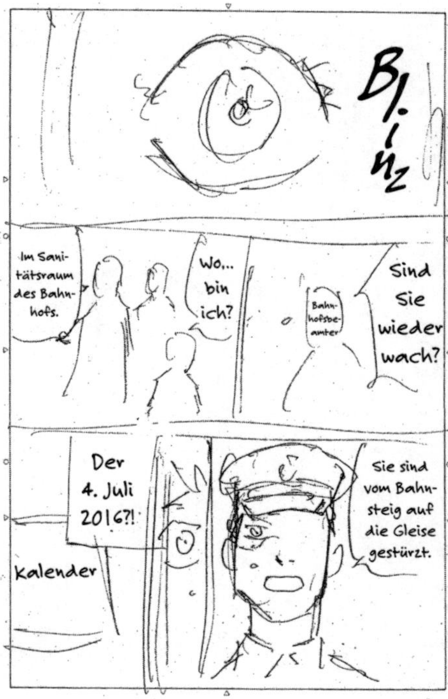
Blinz
Sind Sie wieder wach?
Bahnhofsbeamter
Wo... bin ich?
Im Sanitätsraum des Bahnhofs.
Sie sind vom Bahnsteig auf die Gleise gestürzt.
Der 4. Juli 2016?!
Kalender

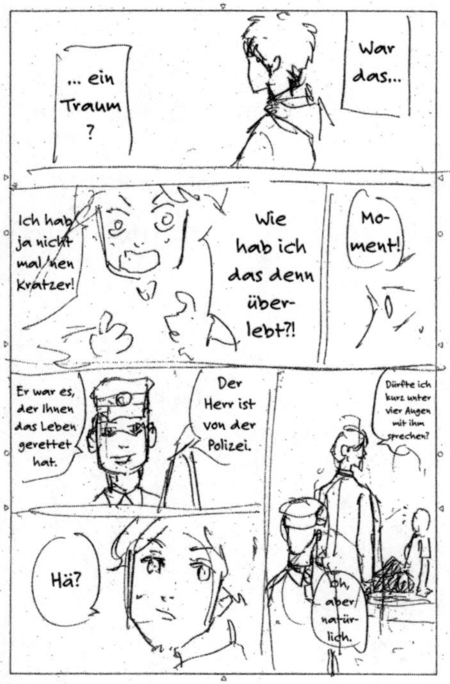
War das...
... ein Traum ?
Moment!
Wie hab ich das denn überlebt?!
Ich hab ja nicht mal 'nen Kratzer!
Dürfte ich kurz unter vier Augen mit ihm sprechen?
Der Herr ist von der Polizei.
Er war es, der Ihnen das Leben gerettet hat.
Oh, aber natürlich.
Hä?

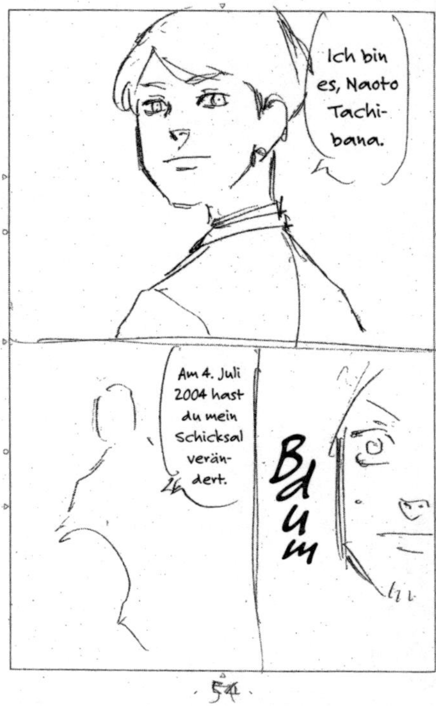
Ich bin es, Naoto Tachibana.
Am 4. Juli 2004 hast du mein Schicksal verändert.
Bdum
54

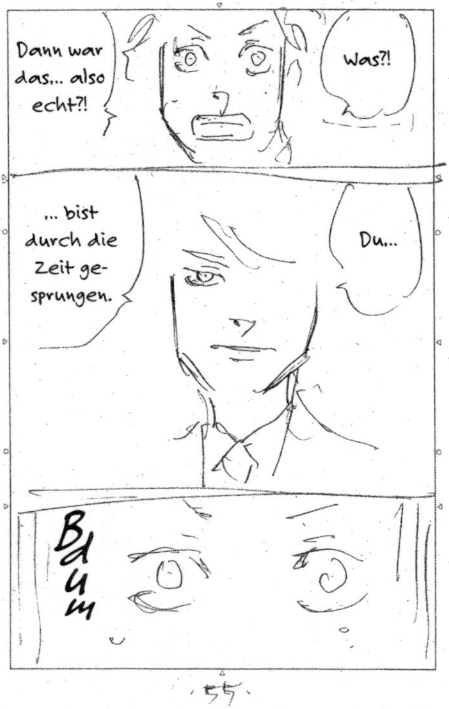
Was?!
Dann war das... also echt?!
Du...
... bist durch die Zeit gesprungen.
Bdum
55

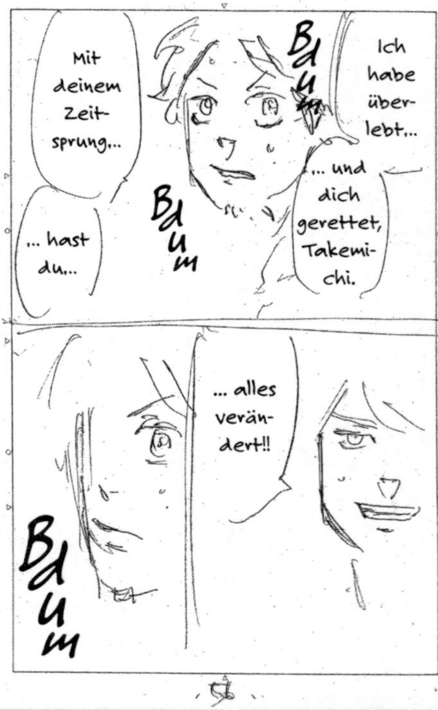
Ich habe überlebt...
... und dich gerettet, Takemichi.
Bdum
Mit deinem Zeitsprung...
Bdum
... hast du...
... alles verändert!!
Bdum
56

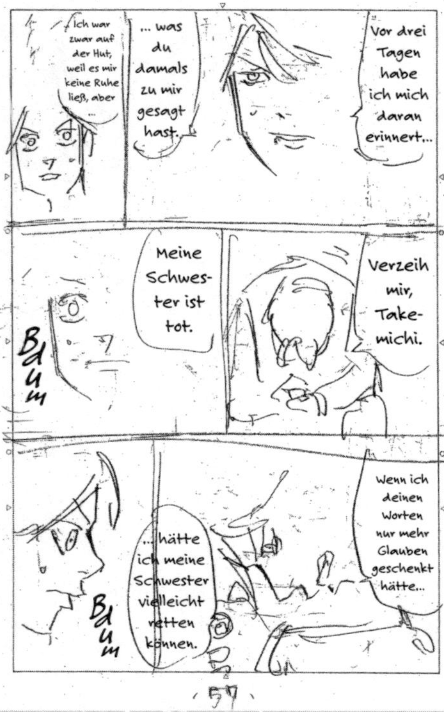
Vor drei Tagen habe ich mich daran erinnert...
... was du damals zu mir gesagt hast.
Ich war zwar auf der Hut, weil es mir keine Ruhe ließ, aber ...
Verzeih mir, Takemichi.
Meine Schwester ist tot.
Bdum
Wenn ich deinen Worten nur mehr Glauben geschenkt hätte...
... hätte ich meine Schwester vielleicht retten können.
Bdum
57

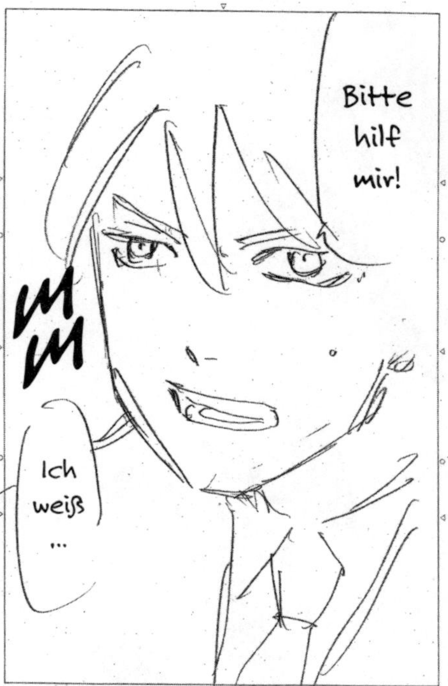
Bitte hilf mir!
MM
Ich weiß ...

58

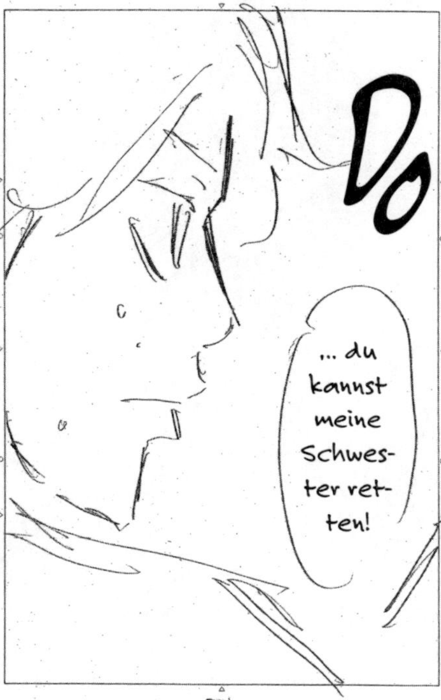
DO
... du kannst meine Schwes-ter ret-ten!

59

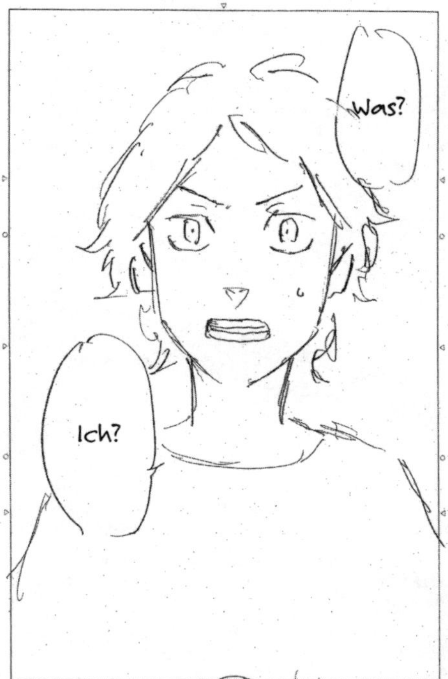
Was?
Ich?

60

HALT!

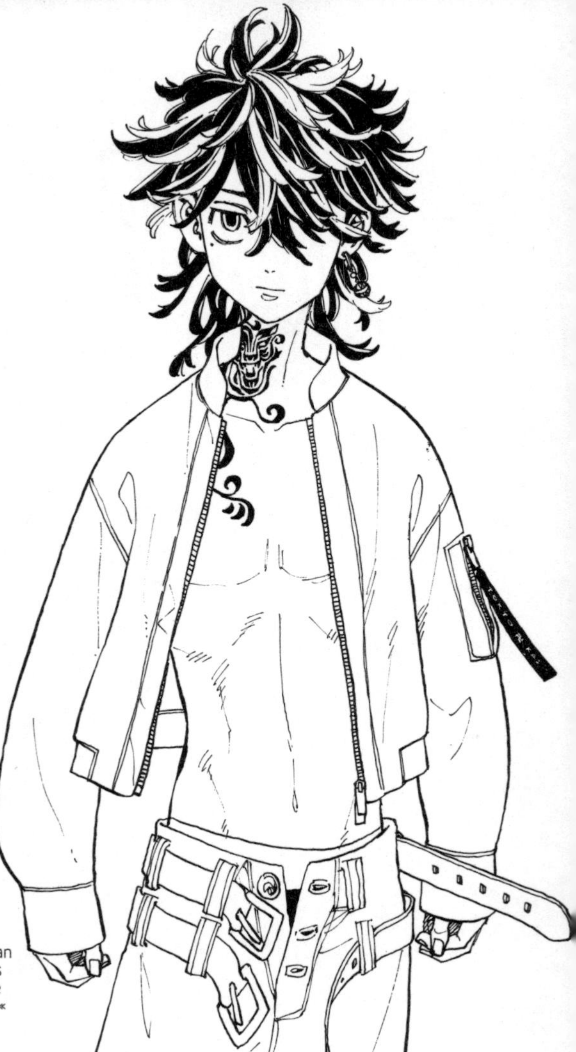

»TOKYO REVENGERS« ist eine japanische Serie, und in Japan wird von »hinten« nach »vorn« und von rechts nach links gelesen. Weil wir bei Carlsen Manga so originalgetreu wie möglich übernehmen, erscheint auch »TOKYO REVENGERS« auf Deutsch in der ursprünglichen Leserichtung. Man muss diesen Manga also »hinten« aufschlagen und Seite für Seite nach »vorn« weiterblättern. Auch die Bilder auf jeder Seite und die Sprechblasen innerhalb der Bilder werden von rechts oben nach links unten gelesen. Das ist gar nicht so schwer. Viel Spaß mit »TOKYO REVENGERS«!

CARLSEN MANGA
Deutsche Ausgabe/German Edition

Aus dem Japanischen von Martin Bachernegg

First published in Japan in 2021 by Kodansha Ltd., Tokyo
Publication rights for this German edition arranged through Kodansha Ltd., Tokyo.
Redaktion: Britta Hellwig · Herstellung: Tobias Hametner

ISBN: 978-3-551-02737-5